Jan Dietrich Reinhardt

Identität, Kommunikation und Massenmedien

KULTUR, GESCHICHTE, THEORIE
STUDIEN ZUR KULTURSOZIOLOGIE

Herausgegeber:
Clemens Albrecht, Hannelore Bublitz, Winfried Gebhardt,
Andreas Göbel, Alois Hahn

Band 3

_____

ERGON VERLAG

Jan Dietrich Reinhardt

Identität, Kommunikation und Massenmedien

ERGON VERLAG

Bibliografische Information Der Deutschen Bibliothek

Die Deutsche Bibliothek verzeichnet diese Publikation
in der Deutschen Nationalbibliografie;
detaillierte bibliografische Daten sind im Internet
über http://dnb.ddb.de abrufbar.

Printed in Germany
ISBN-10 3-89913-500-8
ISBN-13 978-3-89913-500-8

für meine klugen und hübschen Schwestern

Nina, Katia und Svenja

Inhaltsverzeichnis

Fragestellung, grundlegende Begriffe und Aufbau des Buches

Der „Begriff der Identität" (De Levita 1965/1971) hat seit geraumer Zeit Konjunktur, ob in der Alltagssprache oder den Geisteswissenschaften.

Auch die Soziologie setzt sich seit ihrer Gründungszeit als eigene Wissenschaft mit dem ‚Phänomen der Identität' (des Selbst oder der Person) auseinander: explizit unter dem Begriff des Selbst in den Arbeiten von Charles Horton Cooley und George Herbert Mead[1] und der daran anknüpfenden Theorietradition des von Herbert Blumer (vgl. 1973/1992) sog. symbolischen Interaktionismus (z.B. unter Verwendung des Identitätsbegriffs: Strauss 1959/1968) und implizit in der ebenso seit der Geburtstunde der Soziologie lebendigen, insbesondere von Georg Simmel und Emile Durkheim angestoßenen Theorielinie der Analyse sozialer Differenzierungsprozesse und korrespondierender ‚Individualisierungsphänomene'.

Beide Zusammenhänge finden sich in der autopoietischen Systemtheorie Niklas Luhmanns (vgl. z.B. Luhmann 1989/1998; Luhmann 1991/1995) wieder, wenn auch der Identitätsbegriff (es wird theoretisch auf Differenz gesetzt) und m.E. der Begriff der Person hier eine eher periphere Rolle spielt.

Eine zentrale Bedeutung kommt dem Begriff der Identität dagegen in der soziologischen Theorie Alois Hahns zu (vgl. z.B. Hahn 1987, Hahn 1988/2000a, Hahn 1993, Hahn 1997/2000, Hahn 2003a), die im Rahmen unterschiedlicher thematischer Schwerpunkte (wie Biographie, Differenzierungstheorie, Rollentheorie, Religion, Körper, Kunst etc.) die verschiedenen abendländischen soziologischen Theorietraditionen sowie die neuere Systemtheorie in der Identitätsproblematik zu verknüpfen sucht und die soziologische Identitätstheorie um nicht zu unterschätzende Theoriestücke erweitert hat.

In diese Tradition der ‚Trierer Schule' ist auch die vorliegende Abhandlung einzuordnen. Sie will in diesem Zusammenhang sowohl die soziologische Identitätstheorie sowie den Identitäts- und Personenbegriff präzisieren und weiter ausarbeiten, als auch neue Themenfelder einer Soziologie der Identität erschließen. Der Begriff der Identität wird dabei im Laufe der folgenden Seiten sowohl präziser, als auch vielfältiger in seinen thematischen Schwerpunkten werden.

Zunächst ist dabei mit *Identität* in erster Linie eine Qualität von ‚Personen' oder ‚Individuen' gemeint (und in zweiter Linie eine Qualität von Sozialsystemen, Organisationen, sozialen Gruppen und gelegentlich sozialen Objekten): im weitesten Sinne die, dass diese im Denken und der Kommunikation (als Einhei-

---

[1] In der deutschen Fassung wird dann Meads „mind, self and society" auch fälschlicherweise mit „Geist, Identität und Gesellschaft" übersetzt.

ten) auftauchen. In diesem Zusammenhang ist der Begriff wohl von Erik H. Erikson als Ich-Identität in den Sozialwissenschaften populär gemacht worden. Ähnliches wird mit dem *Selbst*-Begriff[2] bezeichnet, der sich perspektivisch auf die Selbstbeobachtungen von Individuen bezieht, während der Begriff der *Person* von Fremdbeobachtungen ausgeht.

Nicht gemeint ist zunächst der philosophisch-logische Terminus Identität (vgl. dazu Muck 1976, Lorenz 1976), insbesondere dann nicht, wenn er ontologisch gebraucht wird.

Gleichwohl ist der hier gemeinte Identitätsbegriff in Verbindung mit Letzterem entstanden. Locke spricht im Zusammenhang mit dem Selbst von „personal identity", womit etwa die Gleichheit der Person für sich (selbst) in Folge des sich selbst bewussten und erinnerungsfähigen Bewusstseins gemeint ist:

> „[...] to find wherein personal identity consists, we must consider what *person* stands for; which, I think, is a thinking intelligent being that has reason and reflection and can consider itself as itself, the same thinking thing in different times and places [...] For since consciousness always accompanies thinking, and it is that which makes every one to be what he calls *self*, and thereby distinguishes himself from all other thinking things, in this alone consists *personal identity*, i.e. the sameness of a rational being: and as far as consciousness can be extended backwards to any past action or thought, so far reaches the identity of that *person*: it is the same *self* now it was then, and it is by the same *self* with this present one that now reflects on it, that that action was done" (Locke 1690/1976: II, XXVII, 9: 162; Hervorh. i. O.).

Warum sich der Begriff 'Identität' (ohne den Zusatz 'der Person') vor allem in der Alltagssprache durchgesetzt hat, wird noch zu klären sein. Offensichtlich – so viel sei hier bereits angedeutet – trifft er ein spezifisches Problem im Spannungsfeld von Individuum und Gesellschaft besonders gut, das mit Steigerungsformen von sozialen Differenzierungsvorgängen zusammenhängt.

Vor diesem Hintergrund stellt die vorliegende Arbeit die Frage, wie Bewusstsein und Gesellschaft im Hinblick auf die Genese, die Modifikation, Bestätigung und Problematisierung von Identitäts-, Selbst- und Personenvorstellungen des Bewusstseins sowie von Personen- und Identitätskonstruktionen sozialer Einheiten (wie Sozialsysteme, Institutionen, soziale Gruppen etc.) zusammenwirken.

Unter *Gesellschaft* wird hier in Anlehnung an Luhmann (1997) eine Einheit aller Kommunikation verstanden, wobei sich die Einheit lediglich durch die Differenz zu einer (systemreferentiellen) Umwelt von Nicht-Kommunikationen ergibt

---

[2] In der substantivistischen Form mit seiner modernen Bedeutung wurde der Begriff des Selbst wohl zuerst von William Shakespeare verwendet (vgl. A. Assmann 2003). Im Hamlet rät Polonius seinem Sohn Laertes „This above all: to thine own self be true,/And it must follow as the night the day/Thou canst not then be false to any man. (I, iii, 78-80; zit. nach ebd.:9). In die Philosophie wird der Terminus dann von John Locke eingeführt (s.o.).

(vgl. ebd.: 90). Somit ist die Gesellschaft ein alle Sozialsysteme umfassendes Sozialsystem (vgl. ebd.: 88):

> „Die Bestimmung der Gesellschaft als umfassendes Sozialsystem hat zur Konsequenz, daß es für alle anschlußfähige Kommunikation nur ein einziges Gesellschaftssystem geben kann. Rein faktisch mögen mehrere Gesellschaftssysteme existieren, so wie man früher von einer Mehrzahl von Welten gesprochen hat; aber wenn, dann ohne kommunikative Verbindung dieser Gesellschaften, oder so, daß, von den Einzelgesellschaften aus gesehen, eine Kommunikation mit den anderen unmöglich ist oder ohne Konsequenzen bleibt." (ebd.: 145).

Jeder kommunikative Anschluss zwischen diesen ‚Welten' hebt somit deren Zweiheit auf.[3] Dabei ist zudem zu bemerken, dass nach der soziologischen Systemtheorie solche Anschlusswahrscheinlichkeiten in der Moderne drastisch steigen. Denn die für moderne Gesellschaft charakteristische funktionale Differenzierung tendiere zur Aufweichung territorialer Grenzen, da die funktional ausdifferenzierten Subsysteme andere Leitdifferenzen verwendeten, so dass von einer *Weltgesellschaft* ausgegangen werden müsse (vgl. Luhmann 1997: Kap. 1, X, Kap. 4, VII-XII; Stichweh 1995/2000; Stichweh 1997).

Nichtsdestotrotz kann ein (historischer) Beobachter Sozialsysteme, die keine kommunikative Verbindung aufweisen, also von einander nichts wissen, als Gesellschaften bezeichnen. Auch können bestimmte Sozialsysteme – z.B. die Politik im Falle von Nationen – sich oder bestimmte Aspekte ihrer gesellschaftsinternen Umwelt kommunikativ als Gesellschaften unter anderen beschreiben.

Unter *Kommunikation* wird im Folgenden nicht die Übertragung von Informationen an einen Sender durch einen Empfänger verstanden, die sich Informationen wie Bälle zuwerfen. Was der eine als Ball losgeworfen hatte, kann beim Anderen durchaus als Taube[4] ankommen wie folgende Abbildung 1 auf humoristische Weise illustriert. Vielmehr soll Kommunikation hier eine Operation bzw. einen Prozess meinen, in dem ein Ego eine Differenz einer *Mitteilung* eines Alter und der so mitgeteilten *Information versteht* (vgl. Luhmann: 1984/1996: Kap. 4). Kommunikation konstituiert somit als operative *Einheit einer Differenz von Verstehen, Mitteilung und Information* eine Realität sui generis bzw. Sozialität.

---

3   Diese Überlegungen weisen deutliche Parallelen zu denen George Herbert Meads (19341993: 304) über kommunikative Verbindungen von Populationen auf: „Man kann mit den Marsmenschen keinen Dialog beginnen und keine Gesellschaft [Sic! J.R.] errichten, wenn es keine vorausgehenden Beziehungen gibt. Gäbe es freilich eine Gemeinschaft auf dem Mars, die so wie die unsere beschaffen wäre, so könnten wir möglicherweise mit ihr eine Kommunikation aufnehmen; mit einer Gemeinschaft aber, die völlig außerhalb der unseren liegt, die kein gemeinsames Interesse, keine kooperative Tätigkeit aufweist, können wir keine Kommunikation aufnehmen".

4   Und ob diese dann als Friedenssymbol oder Symbol der Wollust (wie in der barocken Kunst; siehe Hahn 1999/2000: 431) aufgefasst wird, ist eine Frage der mobilisierbaren Komplexe von Bedeutungswissen (vgl. dazu Hahn 1973).

Abb. 1:
Kommunikation als Verstehen einer Differenz von Mitteilung und Information

Im vorliegenden Buch geht es in diesem Rahmen um die soziologische Rekonstruktion des Sinns[5] von Identitäten von Selbsten in Bewusstseinssystemen bzw. des Sinns von Personen und entsprechender Identitäten in Kommunikationssystemen und insbesondere darum, wie sich Kommunikation und Bewusstsein in diesen Sinnbildungsprozessen wechselseitig affizieren: ermöglichen, unterstützen, stören usw.

Einen besonderen Schwerpunkt der Arbeit bilden dabei die Massenmedien, die es ermöglichen Kommunikationen in Bezug auf einen unübersehbar großen Adressatenkreis zu verbreiten. Die Fragestellung lautet demnach auch, wie Identitätsbildungsprozesse und Personenkonstruktionen von Bewusstsein und Kommunikationssystemen durch Massenkommunikation unterstützt und beeinträchtigt werden.

Zunächst wird allerdings in einem ausführlichen allgemeinen Teil (Teil 1) versucht, die Beziehung von Identität, Kommunikation und Bewusstsein theore-

---

[5] Methodologisch lässt sich eine derartige Verfahrensweise der Soziologie bekanntlich bis zu Max Weber zurückverfolgen.

tisch zu präzisieren und für die folgende Analysen der Massenkommunikation nutzbar zu machen. Nach kurzen Überlegungen zur alltagssprachlichen Verwendung des Identitätsbegriffs und der analytischen Trennung von Sinnphänomenen in Sozial-, Sach- und Zeitdimension wird ein Kapitel (1.1) über das Konstitutionsverhältnis von Bewusstsein und Gesellschaft bzw. Kommunikation in der Phylogenese des Menschen vorangestellt, wobei soziologische und philosophische bzw. kulturanthropologische Theorien zusammengeführt werden.

Es folgt die Auseinandersetzung mit sozialdimensionalen Aspekten von Identität, insbesondere mit der Theorie des Spiegelselbst (Cooley, Mead) sowie der Personenthcorie Luhmanns (Kap. 1.2).

Ein weiter Abschnitt (Kap. 1.3) behandelt sachliche Facetten der Identitätsproblematik, nämlich: Körperbedeutungen, Namen, soziale Rollen, soziale Differenzierung und Individualisierungsphänomene.

Daran schließt sich die Thematisierung der Zeitlichkeit von Identität (Kap. 1.4) anhand sozialisations-, gedächtnis- und biographietheoretischer Überlegungen an.

In einem zweiten großen Abschnitt (Teil 2) werden alle zuvor erarbeiteten theoretischen Ansätze auf das Phänomen der Massenkommunikation bezogen, wobei zuvor die Begriffe der Massenmedien und der Massenkommunikation geklärt und gesellschaftstheoretisch eingeordnet werden. In diesem Zusammenhang erweist sich Luhmanns (1996a) Theorie des Mediensystems als fruchtbar.

Die Arbeit schließt mit einem Abschnitt über die Beziehung von Sozialisation und Massenkommunikation (Kap. 2.3.3), der neben einem ausführlichen Kapitel über die Sozialisation des Selbst und die Emergenz von Sinn in der menschlichen Ontogenese im allgemeinen Teil (Kap. 1.4.1) das auf Massenmedien bezogene ontogenetische Pendant des Eingangskapitels über die Phylogenese von Bewusstsein, Kommunikation und Selbst- sowie Personenvorstellungen darstellt.

Teil 1:
Identität und Gesellschaft

‚Identität' und verwandte Termini wie ‚Identifikation' werden im Alltagsgebrauch weitgehend ohne Reflexion ihrer Bedeutungen verwendet. Wir sprechen von ‚Identitätskrisen', davon ‚Identität preiszugeben', ‚seine wahre Identität geheim zu halten', ‚sich mit jemandem (oder einer Aufgabe, einer Gruppe) zu identifizieren', davon, dass etwas ‚Teil seiner bzw. ihrer Identität sei' etc. ohne zu problematisieren, wovon wir da eigentlich reden und welche Unterscheidungen wir gerade verwenden[6], indem wir so etwas sagen.

Die Aufgabe der Soziologie ist es dabei zunächst einmal, solche Unterscheidungen bzw. damit mögliche Bezeichnungen so zu erfassen, wie sie in den in Frage stehenden Kommunikationszusammenhängen gehandhabt werden, also das wissenschaftliche „Beobachtungsschema, mit dem zur Deckung zu bringen, das im (beobachteten) System selbst gehandhabt wird, also das System in Übereinstimmung mit ihm selbst zu identifizieren" (Luhmann 1984/1996: 245). Für ethnologische Beobachtungen hatte Cliffort Geertz (vgl. 1973/ 1987: 14f) schon früher bemerkt, dass es bei der Deskription um die Interpretation von Interpretationen (die Systemtheorie spricht von Beobachtungen von Beobachtungen oder Beobachtungen zweiter Ordnung) oder die Erklärung von Erklärungen gehe.[7]

---

[6]   Diese Formulierung verweist auf das von Luhmann (bspw. 1997) formulierte Beobachtungsparadoxon. Der Begriff der Beobachtung bezeichnet in der autopoietischen Systemtheorie eine Operation autopoietischer Systeme, die zugleich bezeichnet und unterscheidet (eine Bezeichnung ist in diesem Sinne immer eine höchst selektive Unterscheidung, und eine Unterscheidung bezeichnet eben immer eine Seite, die sie von einer anderen eben nicht bezeichneten Seite unterscheidet). Beobachtung ist nur als faktisches Operieren möglich und somit (zumindest in den hier interessierenden Fällen) Denken oder Kommunikation. „Andererseits ist Kommunikation nur als beobachtende Operation möglich" (ebd.: 538) (weil sie ja Mitteilung und Information unterscheiden muss). Als beobachtende Operation ist sie aber für die Unterscheidung, die sie zur Bezeichnung verwendet, selbst blind. Das wird in Anlehnung an Heinz von Foerster von Luhmann als ‚blinder Fleck' bezeichnet: „Als Beobachtungen sind Operationen, die Semantiken kondensieren und konfirmieren, für ihr eigenes Operieren blind. Denn sie können nicht sich selbst beobachten, ohne damit auf die Paradoxie der Einheit des Differenten aufzulaufen" (ebd.: 538). „Die Unterscheidung, die [...] jeweils verwendet [wird], um die eine oder andere Seite zu bezeichnen, dient als unsichtbare Bedingung des Sehens, als blinder Fleck" (ebd.: 69f). Wohl aber kann eine weitere Beobachtung die Unterscheidung, die eine andere Beobachtung verwendet, beobachten und somit bezeichnen, ist dabei selbst aber für die von ihr dafür benutze Unterscheidung wiederum blind usw.

[7]   Dass dies keine leichte Aufgabe ist und man dennoch Gefahr läuft, den Interpretationen von Alltagsbeobachtungen wissenschaftliches Vorwissen einzuhauchen, und die Beschreibung von Beschreibungen ‚Literalisierungen' der beschriebenen Beschreibungen erzeugt, die in ihren Ursprungskontexten nicht artikulierbar wären, bemerkt Bourdieu (1997/2001: 66ff).

Dabei ist bei Begriffen wie „Identität" freilich eine gewisse terminologische Permeabilität zwischen wissenschaftlicher und Alltagskommunikation zu berücksichtigen.

Wie bei allen Begriffen, die sowohl in der Wissenschaftssprache als auch in der Alltagssprache verwendet werden, bestehen auch im Falle des Begriffes der Identität Abgrenzungsprobleme, Widersprüchlichkeiten in Verwendung und Definitionen sowie Gefahren der (nicht reflektierten) Vermischung von Alltagsgebrauch und Gebrauch in wissenschaftlichen Kontexten. Somit herrscht nicht nur auf den ersten Blick eine gewisse Diffusität des Identitätskonzeptes und der damit verbundenen Problematik vor. Da Identität offensichtlich etwas mit der Repräsentanz von ‚Individuen' oder ‚Personen' im (eigenen) Denken oder in der Kommunikation zu tun hat und somit etwas betrifft, was jeden etwas anzugehen scheint, oszilliert der Begriff zwischen wissenschaftlichem Gebrauch und Verwendung in der Alltagskommunikation. Es kommt zu semantischen Ver- und Überlagerungen, die für die alltäglichen Interaktionszusammenhänge wesentlich unproblematischer sind als für die wissenschaftliche Auseinandersetzung mit dem Phänomen Identität – ist diese doch im Gegensatz zu jenen zu logischer Konsistenz verpflichtet. Was jedoch implizit bleibt, kann auch nicht auf Konsistenz geprüft werden und kann in Richtungen lenken, in die man gar nicht wollte.

So beginnt Anselm Strauss (1959/1968), der sich entschließt, Identität gar nicht zu definieren (vgl. ebd.: 11), in seinem Buch über Identität das Vorwort mit der Feststellung, dass „Identität als Begriff [...] genauso schwer zu fassen [sei] wie das Gefühl der eigenen persönlichen Identität" (ebd.: 7). Diese Formulierung ist ein wenig problematisch, da bestimmte Annahmen bzgl. des Gegenstandes impliziert werden, obwohl ja gerade gesagt werden soll, dass dieser nicht definiert werden soll oder kann:

Erstens: Jeder Leser kann sich etwas unter persönlicher Identität vorstellen, da er etwas Derartiges selbst hat oder mindestens kennt. Zweitens persönliche Identität ist (zumindest auch) ein Gefühl. Drittens: Dieses Gefühl ist nicht (zumindest nicht immer) unmittelbar bewusst gegeben und daher schwer zu fassen oder wenigstens schwer zu beschreiben.

An dieser Stelle soll nicht gesagt werden, dass diese Annahmen bezweifelt werden oder gar ‚falsch' sind, genauso wenig wie, dass sie ‚richtig' oder für die hier verfolgten Zwecke mehr oder weniger nützlich sind. Sondern es soll vielmehr verdeutlicht werden, dass implizites Vorwissen mit dem Identitätsbegriff verbunden ist, eben weil in alltäglichen Interaktionen und auch (und vor allem) in den Massenmedien über Identität geredet wird, weil und weswegen über Identität nachgedacht wird.

Daher soll hier im Hinblick auf die Verwendung von Identitätsterminolgie in Alltagskommunikation und Massenmedien zunächst versucht werden, Vorwissen, das sich aus dieser speist, zu explizieren, um es dann in einem zweiten

Schritt soziologisch zu qualifizieren. Später (1.2) werden dann die soziologische Tradition der Identitätstheorie oder ‚Selbst'-Theorie nachzuzeichnen und damit verbundene Begriffe zu präzisieren sein.

Grundlegend wird hier davon ausgegangen, dass Kommunikation sowie Denken *Sinn* erzeugt, womit wiederum die weitere Richtung von Kommunikation (bzw. Denken) vorstrukturiert werden kann.

Sinn ist dabei als eine Errungenschaft der Co-Evolution sozialer und psychischer Systeme (vgl. Luhmann 1984/1996: 92) zu betrachten.

> Er „bildet sich aber nur im Horizont der Welt als Identität mit nachvollziehbarer Verweisung auf andere Möglichkeiten. Sinn ist Selektion aus anderen Möglichkeiten und damit zugleich Verweisung auf andere Möglichkeiten. Das Woraus der Selektion, die reduzierte Komplexität, bleibt im Sinn erhalten [...] Sinn dient der Erfassung und Reduktion von Weltkomplexität" (Luhmann 1970: 116).[8]

Wichtig ist, dass Komplexität durch *bestimmten* Sinn nur insofern reduziert wird, als sie für einen Moment auf lediglich einen (Aktualität) gegenüber einem anderen (Horizont) Nenner gebracht wird. Möglichkeiten müssen dabei für Folgeoperationen der nächsten Momente aktualisierbar bleiben und Aktualität potentialisierbar. In diesem Sinne (!) ist Sinn „Universalmedium" (Luhmann 1997: 51) von Kommunikation und Bewusstsein.

Unter einem *Medium* sei dabei zunächst in einem allgemeinen Sinne mit Luhmann (ebd.: 190ff) ein Pool lose gekoppelter Elemente bzw. Möglichkeiten verstanden, die für Formungen verfügbar sind und genutzt werden, wie sich im Falle des Sprachmediums mit Wörtern Sätze bilden lassen. Es geht also immer um eine Differenz von Medium und Form (die selbst eine Form im Medium Sinn ist). Dabei wird das mediale Substrat durch die Formbildung nicht verbraucht, sondern bleibt stets für Anschlussformungen erhalten, wie die Töne eines musikalischen Themas in neuer Folge für eine andere Melodie verwendbar bleiben.

Nur Sinn als Supermedium der spezifisch menschlichen Operationssphären Denken und Kommunikation kann dann das garantieren, was die philosophische Anthropologie „Weltoffenheit" (siehe 1.1) genannt hatte.[9]

---

[8] Dieser Sinnbegriff ist bekanntlich bei Husserl (siehe z.B. 1931/1995: § 19) entlehnt.

[9] Insofern bedingen Operationen im Modus Sinn (insbesondere wenn Negation möglich ist) ein quasi unendliches Möglichkeitsfeld des Aktualisierbaren für Folgeoperationen und damit Selektionszwänge, die allerdings nicht allein im Medium Sinn vorstrukturiert werden können. Für Sinn alleine gilt gerade *nicht*, „daß er bestimmte Anschlussmöglichkeiten nahe legt und andere unwahrscheinlich oder schwierig oder weitläufig macht oder (vorläufig) ausschließt" (Luhmann 1984/1996: 94). Das kann nur durch die Etablierung von Sinngrenzen (anregend dazu: Stäheli 1998) in einem weiteren Medium geschehen, das man Kultur (vgl. Hahn 2004a) nennen kann (ausführlich widmet sich diesem Problem: Reinhardt 2005: Kap. 3.3).

Dies geschieht dadurch, dass Komplexität im Modus Sinn grundsätzlich erhalten bleibt, mitprozessiert wird und zwar in einer „Form der Wiedergabe, die punktuellen Zugriff, wo immer ansetzend, erlaubt, zugleich aber jeden solchen Zugriff als Selektion ausweist und, wenn man so sagen darf, unter Verantwortung stellt" (Luhmann 1984/1996: 95). Die *Welt* verschwindet nicht oder wird kleiner. Nur für die aktuelle Beobachtung muss sie blinder Fleck (vgl. Luhmann 2000/2002: 28f) werden, ist aber zugleich auch das in der Selektion mitreproduzierte anders Mögliche. Die Welt ist alles möglicherweise Sinnhafte, aus dem selektiert wird. Daher ist sie im Medium Sinn auch nicht erfassbar, weil sich keine Differenzerfahrung zu anderem Sinn einstellen kann (Man kann in dieser Einstellung auch sagen: Die Welt ist das Medium Sinn). Denn „in aller Sinnerfahrung [liegt] zunächst eine *Differenz* vor [...], nämlich die Differenz von *aktual Gegebenem* und auf Grund dieser Gegebenheiten *Möglichem*" (Luhmann 1984/1996: 111, Hervorh. im Orig.).

Diese Sinn konstituierende Grunddifferenz von Aktualität und nicht aktueller Möglichkeit kann nun (analytisch) weiter differenziert werden. Sie verwirklicht sich in konkreten Sinnerfahrungen auf drei Dimensionen: Sachdimension, Zeitdimension und Sozialdimension. „Jede dieser Dimensionen gewinnt ihre Aktualität aus der Differenz zweier Horizonte, ist also ihrerseits eine Differenz, die gegen andere Differenzen differenziert wird" (ebd.: 112).

Die *Sachdimension* dreht sich im Falle der Kommunikation um Themen (im Falle von Bewusstsein um Gegenstände der Intention) und spannt einen Doppelhorizont zwischen ,diesem' und ,anderem' bzw. ,innen und außen'. Die Zuordnung von sinnhaften Ereignissen zu dieser Dimension verwendet als Hauptschematismus die Differenz von interner und externer Attribution bzw. Erleben und Handeln (vgl. ebd. 114ff, 123ff).

Die *Zeitdimension* (vgl. ebd.: 116ff, 125) macht die Differenz von früher und später an den Horizonten Vergangenheit und Zukunft fest. Schematisiert wird über die Zurechnung zu ,variablen' oder ,konstanten' Faktoren. Auf der Zeitdimension kann ,*Geschichte*' erzeugt werden durch die wahlfreie Selektion vergangener oder zukünftiger Sinnereignisse – in Folge des Überspringens faktischer Sequenzschritte von Ereignisreihen – und deren Resequenzialisierung.

Die *Sozialdimension* (vgl. ebd.: 119ff, 125f) differenziert zwischen Ego- und Alter-Perspektive. Es geht hier um die grundsätzliche Möglichkeit von Konsens und Dissens in Bezug auf das Sinnerleben. Zugerechnet wird dabei auf Personen oder allgemeiner: Akteure bzw. soziale Adressen.[10]

---

[10] „Gleichwohl meint der soziale Schematismus nicht diese Systeme als sachliche Gegebenheiten der Welt, er betrifft vielmehr nur ihr Fungieren als Ego bzw. Alter und die daraus sich ergebenden Konsequenzen. Sprachlich wird diese Distanz zur Sachdimension durch Personalpronomina ausgedrückt, die wechseln mit dem, der sie benutzt, und trotzdem auf etwas nicht mit der Rede wechselndes bezogen werden können. Der Sachbezug ermöglicht es dann, die Konsequenzen des Zurechnungsschematismus festzuhalten, die soziale Sche-

Die Dimensionen sind in der konkreten Kommunikation freilich miteinander verknüpft. „Sie stehen unter Kombinationszwang. Sie können getrennt analysiert werden, aber sie erscheinen in jedem real gemeinten Sinn selbdritt" (ebd.: 127).

Wie die soziologische Kommunikation kann auch die Alltagskommunikation über Identität in die beschriebenen Sinndimensionen zerlegt werden. Dabei wird nicht verwundern, wenn sich Parallelen offenbaren. Schließlich sind alle Sinndimensionen der Kommunikation sozial[11] – allein schon deshalb, weil die Kommunikation sozial ist – und ‚das Soziale' Gegenstand der Soziologie. Außerdem beobachtet wie bereits erwähnt die Alltagskommunikation die wissenschaftliche Kommunikation und vice versa.

Zunächst seien einige Redewendungen über Identität, die aus dem alltäglichen Gebrauch bekannt sein dürften, angeführt und zu soziologischen Überlegungen in Bezug gesetzt.

Erstens: In der Alltagsvorstellung geht man davon aus, dass man (‚normalerweise') Identität hat, eben weil man jemand ist bzw. sich als jemand bezeichnen kann. Es wird von ‚Identitätsverlust' gesprochen, um einen pathologischen, außernormalen Zustand zu bezeichnen. In bestimmten Theaterstücken, Romanen oder Filmen verlieren die Protagonisten z.B. ihre ‚Identität', sie wissen nicht mehr wer sie sind, wodurch wiederum die Handlung erst in Gang gesetzt wird[12] (neuerdings z.B. in dem Kinofilm ‚The Bourne Identity' von Doug Liman mit Matt Damon und Franka Potente). Gewöhnlich geht man aber davon aus, dass man auf die Frage ‚Wer bist Du?' antworten kann, zumindest mit dem Namen, dem Ort, an dem man wohnt, und ähnlichem. Zugleich sagt man, etwas sei ‚Teil von jemandes Identität' (bspw. ‚Meine Heimat ist ein wichtiger Teil meiner Identität' und nicht ‚Meine Heimat ist meine Identität'). Man geht also offensichtlich davon aus, dass einzelne Bezeichnungen Identität nicht erschöpfend charakterisieren, dass man immer mehr ist, als man sagt und dass Identität aus Teilen besteht oder verschiedene Themenbereiche existieren, die identitätsrelevant sind. Wenn ich sage ‚Ich bin Soziologe', ist zugleich klar, dass ich nicht nur das bin

---

matisierung ermöglicht dagegen, beiden Partnern, beide Perspektiven, die des Ego und die des Alter, miteinander oder nacheinander zu verwenden und jeweils zu entscheiden, in wessen Perspektive was gemeint ist" (Luhmann 1984/1996: 125f). Wie noch zu zeigen sein wird, ist dieser Sachverhalt für die soziologische Identitätstheorie seit ihren Anfängen bei James, Cooley und Mead von großer Bedeutung. Wichtig ist außerdem, an dieser Stelle hervorzuheben, dass mit Ego und Alter nicht unbedingt Personen gemeint sind, es kann sich auch um soziale Systeme handeln. Es geht um Instanzen, denen Handlungen (wie auch Erlebnisse) zugerechnet werden können, *da* sie als „unendlich offene, in ihrem Grunde dem fremden Zugriff entzogene Möglichkeiten der Sinnbestimmung" (ebd.: 152) konzipiert sind.

[11] Insofern ist der Begriff Sozialdimension etwas unglücklich oder könnte verwirren. Vielleicht wäre es besser von Ego-Alter-Dimension zu sprechen.

[12] Das Muster ist aus dem klassischen Theater bekannt. Prototyp ist hier Sophokles' König Ödipus.

(sondern noch etwas anderes), und dass auch das Soziologensein (deswegen) noch weiter beschrieben werden könnte (Ich kann ein ‚guter' oder ‚schlechter' Soziologe sein, ein ‚Systemtheoretiker' oder ‚Rational Choice-Mann' usw.). Außerdem wird verlangt, dass die Dinge, von denen ich behaupte, dass sie ‚Teil meiner Identität' sind, kompatibel sind, zu einander passen, sich nicht ausschließen[13] (Ich kann nicht sagen, dass ich Pazifist bin und zugleich Soldat u.ä.). Dieser Aspekt wird hier als die Sachdimension von Identität bezeichnet werden. Weiterhin meint man, wenn etwas ‚Teil der Identität' ist, dass es eine affektive Bedeutung hat, dass man nur schwer darauf verzichten könnte bzw. dass mit diesem ‚Teil' Gratifikationen verbunden sind. Das könnte als die psychische Seite der Sachdimension von Identität, als Gegenstandsbereich sinnhafter Intention, verstanden werden.

Zweitens: Man spricht von ‚wahrer und falscher Identität', davon ‚fremde oder neue Identität anzunehmen', ‚wahre Identität geheim zu halten', oder davon dass ‚jemand nicht er selbst' sei. Das verweist darauf, dass man so tun kann oder (unabsichtlich) so erscheinen kann, als wäre man jemand, der man nicht ist. Man kann – davon wird in solchen Reden ausgegangen – eine bestimmte Identität vortäuschen, und dies kann wie alle Täuschungen (dazu insbesondere Goffman 1974/1980: Kap. 4 und 6) auffliegen, weil bestimmte Zeichen der ‚wahren Identität' entdeckt, aufgedeckt werden können. Das ist wiederum ein Thema, das besonders gerne in den Geschichten der Massenkommunikation (in Agentenfilmen und -romanen, Krimis, Hochstaplergeschichten, ménages à trois usw.) aufgegriffen wird. Man geht also davon aus, dass Identität in Alltagsinteraktionen präsentiert wird, aber auch (dem Präsentierenden unbewusst) ‚durchscheint'; außerdem davon, dass sie von anderen bestätigt werden muss (sonst könnte eine ‚falsche Identität' nicht entdeckt werden), dass Identität mit Hilfe anderer erworben wird (sonst wüsste man nicht, wie man sie präsentieren soll), und dass Identität konsistent dargestellt werden muss (nur Inkonsistenzen ermöglichen das Auffliegen). Dies ist die Sozialdimension.

Drittens: Es wird angenommen, dass man Identität verändern kann, genauso wie man sie verlieren kann (s.o.). Im Falle der Vortäuschung ‚falscher Identität' ist diese Veränderung nur eine scheinbare und illegitime. Man kann aber auch legitimerweise eine neue Identität annehmen oder ‚erhalten'[14], kann sich verbessern, verschlechtern, ein Anderer werden, erwachsen werden, etwas erreichen (bspw. ‚Der hat es geschafft', ‚Du hast Dich aber verändert') usw. Zugleich wird unterstellt, dass man das, was man einmal war, niemals völlig verdrängen und vergessen kann, dass es einen begleitet und in die ‚neue Identität' ‚hereinragt', so

---

[13] Es lässt sich in diesem Zusammenhang zwischen logischer und semantischer Konsistenz unterscheiden.

[14] Das kommt z.B. im Zusammenhang mit den sog. Zeugenschutzprogrammen in den fiktionalen und non-fiktionalen Beiträgen der Massenmedien vor.

dass man, wenn man etwas Neues wird, dennoch auch das Alte bleibt oder zumindest einen Bezug dazu aufrecht erhält[15]. Und: Es ist leicht zu erkennen, dass Identität in der Alltagsvorstellung nicht nur Vergangenheit und Gegenwart beinhaltet, sondern auch Träume, Wünsche, Ziele[16] sowie Vorstellungen über deren Realisierbarkeit, also Zukunft (und deren Finalisierung) umgreift. Identität hat also eine zeitliche Dimension, die ebenso wie die Sozialdimension von Konsistenzunterstellungen durchsetzt ist. Die sprachliche Repräsentanz der identitätsrelevanten (bzw. für identitätsrelevant gehaltenen) aktualisierten Vergangenheit (also Geschichte) nennt man im Falle von ‚Personen‘ Biographie[17].

Man sicht, dass auf allen drei Sinndimensionen Anschlüsse auf beide Horizonte hin strukturiert sind: Man ist dies und anderes nicht, aber auch nicht nur dies, sondern zugleich anderes. Man handelt und erlebt das Handeln zugleich. Man ist nie ganz innen, nie ganz außen. Man ist Ich, aber auch Du und das Du ist ein anderes Ich. Man ist Vergangenes aber auch zukünftiges Ziel. Die Vergangenheit erzeugt die Zukunft genauso wie die Zukunft die Vergangenheit. Man ist variabel und doch bleibt etwas konstant.

Viertens: Der Begriff der Identität wird alltagssprachlich nur im Singular gebraucht. Man spricht nicht davon, dass jemand mehrere Identitäten habe (allenfalls im Zusammenhang mit pathologischen oder devianten Zuständen). Das verweist noch einmal auf die Konsistenzforderungen in allen drei Sinndimensionen des Kommunikationsthemas Identität, aber auch darauf, dass im Prozessieren von Identität konstituierendem Sinn zwischen den Dimensionen Konsistenz erwartet wird So wird bspw. angenommen, dass man sich gegenüber bestimmten Interaktionspartnern in Zukunft ähnlich verhalten wird wie in der Vergangenheit, dass diese ähnlich reagieren und dass die Themen, an denen Identität kondensiert, nicht laufend verschiedene sind.

Fünftens: Der Begriff der ‚Identitätskrise‘ (oft synonym mit ‚Lebenskrise‘ oder ‚Sinnkrise‘ verwendet) bezeichnet Identität als etwas prekäres, gefährdetes, das durch äußere oder innere Faktoren erschüttert werden kann. Impliziert ist damit, dass (wenigstens unter bestimmten Bedingungen) Anstrengungen erforderlich sind, um Identität und die auf Sach-, Sozial- und Zeitdimension eingeforderte Konsistenz aufrechterhalten zu können.

Alle diese durch die Alltagssprache nur implizierten Aspekte von Identität sind Gegenstand einer langen soziologischen Theorietradition, deren wichtige Eckpunkte im Folgenden rekonstruiert werden (1.2 bis 1.4). Es wird mit der Sozialdimension begonnen, weil diese bereits in der klassischen soziologischen

---

[15] ‚But where do you go to my lovely, when you're alone in your bed?‘ heißt es in einem Song von Peter Sarstedt.

[16] So wie man Kinder dadurch zu charakterisieren sucht, dass man sie fragt, was sie werden möchten.

[17] Wobei der Ausdruck auf die Schriftform verweist.

Identitätstheorie eine herausragende Bedeutung innehat. Dabei ist aber im Auge zu behalten, dass die Sinndimensionen nur analytisch trennbar sind. Daher wird diese Differenzierung nicht immer aufs Schärfste durchgehalten.

Zunächst aber seien einige allgemeinere Ausführungen über Gesellschaft und Bewusstsein vorangestellt, wobei hier eher anthropologische und gelegentlich phylogenetische Aspekte einer Vernetzung von Sozio- und Psychogenese und nur andeutungsweise sozialisationstheoretische Aspekte der Psychogenese (dazu 1.4.1) im Vordergrund stehen. Dabei operieren die folgenden Ausführungen an der Schnittstelle zwischen Philosophie und Soziologie. Auf diese Weise soll die Auffassung einer basalen Verschränktheit von Menschsein und Gesellschaft, wie sie in der Soziologie vor allem durch die großartigen Werke von Charles H. Cooley, George H. Mead, Friedrich H. Tenbruck und Niklas Luhmann und in der Philosophie insbesondere durch die philosophische Anthropologie (Scheler, Plessner, Gehlen, Portmann), aber auch durch John Deweys „Instrumentalismus" repräsentiert ist, erweitert und präzisiert, mindestens aber dadurch zu erhellen versucht werden, dass sie auf neue Art und Weise formuliert wird. Es geht dabei dann auch darum (dies ist eine grundlegende Methode der ‚Trierer Schule') Konvergenzen zwischen Theorien unterschiedlichster Herkunft aufzuzeigen und auf dieser Basis dann abzuschätzen, ob sich Divergenzen komplementär lesen lassen, auf dass die daraus entstehende soziologische Theorie zugleich bestimmter *und* allgemeiner (vgl. Popper 1934/1994: 85ff) werde.[18]

1.1 Gesellschaft und Bewusstsein

Oben wurde behauptet, dass alle drei Sinndimensionen in gewisser Weise sozial sind. Das gilt in einem weiteren Sinne nicht nur für die Kommunikation als Sinngenerator, sondern auch für das Denken bzw. dessen Bedingungen. So wie die Themen der Kommunikation sind die Gegenstände des Bewusstseins nicht an sich gegeben. Sie verweisen immer auf andere, auf die Gesellschaft und das in vielerlei Hinsicht.

Aus anthropologischer Perspektive kann die konstitutionelle Weltoffenheit[19]

---

[18] Im Übrigen ist auch Talcott Parsons so vorgegangen (vgl. Münch 1982).

[19] Weltoffenheit (in der Gehlenschen, m. E. nicht in der Schelerschen Variante, siehe 1.4.1) ist *der* klassische Ausgangspunkt neuzeitlicher Anthropologie und auch einer Kultur- bzw. Wissenssoziologie Tenbruckscher oder Luckmannscher Prägung. Im Rahmen der Theorie operativ geschlossener autopoietischer Systeme Luhmanns ist der Begriff ‚Weltoffenheit' freilich problematisch. Hier muss vielmehr von operativer Schließung (von Wahrnehmungssystemen) in Verbindung mit Umweltirritierbarkeit über strukturelle Kopplungen bei hohem evolutionärem Potenzial für den Aufbau von Eigenstrukturen des Wahrnehmungsapparats gesprochen werden. Weltoffenheit ist dann als Potenzialität zu betrachten, sie *kann* durch die Emergenz von Sinn *werden*. Diese Perspektive wird im Folgenden be-

des Menschen und das Fehlen echter, artweit vorhersagbares Verhalten bedingender Instinkte angeführt werden. Dadurch ergibt sich ein unendlicher Horizont an möglichen Wahrnehmungs- und Verhaltensweisen. Positiv gesehen stellt dieser Möglichkeitshorizont „ein Erfindungsfeld [dar], in dem die Mannigfaltigkeit so groß ist, daß der Mensch unter allen Umständen einige Mittel findet und ausnutzen kann, um eine das Leben ermöglichende Veränderung hervorzubringen" (Gehlen 1940/1974: 40). Negativ betrachtet ergibt sich eine „Reizüberflutung", eine „Fülle einströmender Eindrücke, die er irgendwie zu bewältigen hat" (ebd.: 36) und damit der Zwang zur Selektion. Da aber angeborene Selektionsmechanismen nicht mehr existieren (oder durch Sinnemergenz so entstellt werden, dass sie ihre Selektionsfunktion verlieren; s.u.), müssen sie mit Hilfe anderer erlernt werden. Und noch weiter: Die möglichen Gegenstände des Bewusstseins, also das „woraus", aus dem gewählt wird, sind unmittelbar allenfalls als auf die Wahrnehmung einströmendes Alles (und damit Nichts[20]) gegeben. Die Welt muss klassifiziert und kategorisiert werden, um bewusst wahrgenommen werden zu können, ja sie muss als Möglichkeitshorizont erst erschaffen werden.

Insofern kann Weltoffenheit auch nicht als Resultat rein biologischer Evolution begriffen werden. Die biologische Evolution (sowie die anorganische Umwelt) des (menschlichen) Lebens bietet vielmehr wohl in irgendeiner Zeitspanne, die dann offensichtlich genutzt wird, Potenzial für die Abspaltung eines völlig

---

reits angerissen, später im Zusammenhang mit sozialisationstheoretischen Überlegungen (1.4.1) aber ausführlicher thematisiert. An dieser Stelle sei aus didaktischen und theoriehistorischen Gründen zunächst die klassische Annahme als Ausgangspunkt gewählt. Siehe für eine Gegenüberstellung von Systemtheorie und Anthropologie auch Hahn (2004b).

20 Nach Dewey (1925/1929/1995: 215) ist es eine (durch eine bestimmte philosophische Tradition, namentlich Lockes ‚simple ideas', gestützte) Illusion, dass der Geist (mind), „sich von geläufigen festverwurzelten Klassifikationen und Interpretationen der Welt zu lösen [vermöchte]. Die Schwierigkeit in dieser Hinsicht wird freilich durch die Vorstellung erleichtert, daß es schließlich nur der Irrtum sei, wovon sich der Geist freimachen müsse, und daß er dies durch einen direkten Rückgriff auf die Natur tun könne, indem er reine Beobachtung und Reflexion auf reine Objekte anwendet. Diese Vorstellung ist natürlich eine Fiktion; Objekte des Wissen werden uns nicht [durch ihr bloßes Sein; J.R.] definiert, klassifiziert und mit Etiketten versehen gegeben, so recht geeignet für Namen und Schubfächer. Wir tragen an die einfachsten Beobachtungen einen komplexen Apparat von Gewohnheiten, von akzeptierten Bedeutungen und Techniken heran. Andernfalls wäre die Beobachtung ein leeres Starren und das natürliche Objekt ‚eines Toren Fabel nur, von Schall und Wahn, jedweden Sinnes bar'. [A.d.Ü.: Macbeth, V,5]". Und Tenbruck (1962/1986: 176f) meint: „Wenn es möglich wäre, den Menschen außerhalb der Gesellschaft aufwachsen zu lassen, so hätten wir ihn uns vorzustellen als ein Wesen, das in seinem äußeren Tun wie in seinem inneren Sein erratisch wäre. Welche Verhaltensweisen in einem solchen Zustand entwickelt werden könnten, ist überaus fraglich und äußerst unsicher. In jedem Falle hätten wir sie uns als impulsive und reaktive Formen vorzustellen, die hochgradig momentan wären. Das Tun wäre überaus situationsbedingt und erratisch, längere Handlungsabläufe selten. Entsprechend hätten wir uns die inneren Vorgänge als eine Folge von momentanen Empfindungen und Zuständen vorzustellen. Diese Zustände besäßen für den Menschen nicht eigentlich Realität".

neuartigen Evolutionsstranges, nämlich von Sinnevolution bzw. soziokultureller Evolution. So hatte Alfred Russel Wallace, der beinahe zeitgleich mit Charles Darwin eine sehr ähnliche Theorie der Entstehung der Arten vorlegte, gegenüber Darwin hervorgehoben, dass menschliche Evolution mit dem Mechanismus der natürlichen Zuchtwahl nicht zureichend beschrieben werden könne. Das begründet er ausführlich im Hinblick auf mathematische und künstlerische Fähigkeiten des Menschen. Er kommt anhand dieser Erwägungen, die ich hier nicht im Einzelnen nachzeichnen kann, jedenfalls zu folgendem Schluss:

> „So finden wir denn, dass der Darwinismus [...] dem Glauben an eine spirituelle Seite der Natur des Menschen nicht nur nicht widerstreitet, sondern ihm vielmehr eine entscheidende Stütze bietet. Er zeigt uns, wie der menschliche Körper sich aus niederen Formen nach dem Gesetze der natürlichen Zuchtwahl entwickelt haben kann; aber er lehrt uns auch, dass wir intellektuelle und moralische Anlagen besitzen, welche auf solchen Wegen sich nicht hätten entwickeln können, sondern einen anderen Ursprung gehabt haben müssen – und für diesen Ursprung können wir eine ausreichende Ursache nur in der unsichtbaren geistigen Welt finden" (Wallace 1891:741f).

Diese unsichtbare geistige Welt ist eine Welt des Sinns, die in einer Co-Evolution von Kommunikation und Bewusstsein (plus neurobiologische Evolution), auf die später näher einzugehen sein wird, emergiert. Die Sinn konstituierende Grunddifferenz von Aktualität und Potenzialität weist dann alles, was ist, als Selektion, als auch anders möglich aus und erzeugt erst so die unstrukturierte Mannigfaltigkeit einströmender Eindrücke, von der Gehlen gesprochen hatte. Dies geschieht in zeitlicher Hinsicht, da im Prozessieren von Sinn permanent Aktualität potenzialisiert und Potenzialität aktualisiert wird. Erst unter der Bedingung Sinn haben wir es mit Weltoffenheit und einem entsprechenden Strukturierungsbedarf für Kanalisierungen von Sinnanschlussmöglichkeiten und Notwendigkeiten für die Etablierung von Grenzen des Sinns zu tun. Es geht um die Handhabbarkeit des Sinnmediums über Submedien wie Sprache und Sprachäquivalente (wie Musik und bildliche Repräsentation) und die Zusammenschweißung von Sinnmöglichkeiten zu semantischen Komplexen im Medium Kultur (vgl. Hahn 2004a; Reinhardt 2005: Kap. 3).

Der mit Sinnevolution sich auftuende Möglichkeits*horizont* muss gleichsam thematisch (vgl. Luhmann 1984/1996: 224f) in Möglichkeits*horizonte* gegliedert werden. Wir können uns dies gewissermaßen als ein riesiges dynamisches Feld mit Subfeldern konzentrischer Kreise vorstellen, die sich in einem vieldimensionalen (wegen der Sinndimensionen mindestens dreidimensionalen Raum) auf die unterschiedlichsten Weisen partiell überschneiden. Nur in einem durch Kultur strukturierten Kommunikationssystem Gesellschaft kann Wahrnehmung im Modus Sinn wahrnehmen, was und dass sie wahrnimmt, kann sich bewusstes Wahrnehmen einstellen.

Das gilt ebenso für Bedürfnisse, wie bereits Adam Smith feststellt: Für einen Menschen ohne Gesellschaft ergeben sich allenfalls spontane, zufällige Aufmerksamkeitszuwendungen gegenüber irgendwelchen Objekten.

Diese „could scarce be object of his thoughts [...]. The consideration of his joy could in him excite no new joy, nor that of sorrow any new sorrow, though the consideration of the causes of those passions might often excite both. Bring him into society, and all his own passions will immediately become the causes of new passions. He will observe that mankind approve of some of them, and are disgusted by others" (Smith 1759/1979: 110f).

Bedürfnisse sind eben bereits sozial bewertete und kanalisierte Triebreste, davon wird jedenfalls im Folgenden ausgegangen. Wir können sogar soweit gehen zu behaupten, dass Instinkte zumindest teilweise überhaupt erst durch Sinnevolution zu Instinktresiduen deformiert werden, was dann wiederum kulturelle Überformung in Lernprozessen notwendig macht. Wir denken also genau anders herum, als die klassische Anthropologie Gehlens es nahe legen würde bzw. präziser: nehmen einen co-evolutiven Zusammenhang von Sinnemergenz und Instinktrückbildung an. Ebenso wie Instinktarmut Möglichkeitsräume für Sinnemergenz öffnet, kann Sinnemergenz und (kommunikative) Sinnevolution sowie sozialisatorischer Sinnerwerb der Wahrnehmung (Bewusstsein) gerade bei längeren Verhaltensketten zur Instinktunterbrechung (probieren Sie einmal bewusst zu atmen) und Insinktentstellung via Bewusstwerdung alternativer Verhaltensmöglichkeiten führen. Sinnresistente Instinkte bieten in einer Sinnumwelt dann keinen Selektionsvorteil mehr. Im Gegenteil führt die Sinnevolution zu einem umgekehrten Selektionsdruck und im selben Zuge zu einer Tendenz zur Instinktausschaltung in der Population, so dass die Möglichkeit der Organentlastung, -ausschaltung und des Organersatzes durch Technik als Potenzial allererst freigeschaltet wird. Dafür spricht z.B., „daß die ältesten und grundlegensten Erfindungen ohne Naturvorbild gemacht worden sind" (z.B. das Rad), wie Gehlen (1957: 9) sehr plausibel vorführt, ohne sich der theoretischen Konsequenz bewusst zu werden. Auch sind Fossilfunde des homo sapiens wohl weitaus früher datiert als Werkzeugfunde (vgl. Frankfurter Allgemeine Zeitung vom 23.2.2005, Nr. 45, S. N1). Ebenfalls haben sich Hirngröße und -struktur des homo sapiens seit dem ersten Erscheinen der Art nach aktuellen evolutionsbiologischen Erkenntnissen nicht wesentlich weiterentwickelt (vgl. Mayr 2001). Die vorhandenen Strukturen reichen offenbar, weil sie die Möglichkeit von Sinnemergenz in Einzelpsychen in ausreichendem Maße zur Verfügung halten. Die Sinnevolution übernehmen primär Kommunikationssysteme, freilich angeregt durch die Sinneinfälle (und vor allen Dingen: Missverständnisse von Mitteilungs-Informations-Differenzen!) von Bewusstsein.

Die Kanalisierung von Weltoffenheit durch Kultur ist jedenfalls kein rein biologisches Programm, sondern wird in Sozialisationsvorgängen kommunikativ vermittelt und kann nur so im Bewusstsein Repräsentanzen von Weltaspekten und somit Orientierung erzeugen.

In diesem Sinne ist auch Handeln (Weber 1921/1980) mit einem ‚subjektiven‘ Sinn, der *nicht* auf andere bezogen ist, nicht vorstellbar, wie Tenbruck (1962/1986: 146f) sehr schön an dem Weber'schen Regenschirm-Beispiel zeigt[21].

Das Beispiel zeigt auch, dass die Gegenstände des Bewusstseins auf kommunikative Anweisungskontexte und häufig auf Sprache hindeuten. Denn:

„Mittel und Anwendungen, Werkzeuge und Gebrauchsarten sind an jedem Punkt mit Anweisungen, Hinweisen und Erklärungen verknüpft, die durch Sprache ermöglicht worden sind" (Dewey 1925/1929/1995: 169), „ein Werkzeug zu sein oder als Mittel für Konsequenzen benutzt zu werden heißt, Sinn zu haben und Sinn zu verleihen, so ist die Sprache, als Werkzeug aller Werkzeuge, die Pflegemutter aller Signifikanz. Denn andere Instrumente und Tätigkeiten, die Dinge, die man sich gewöhnlich unter Geräten,

---

[21] „In diesem Sinn ist alles menschliche Handeln [...] soziales Handeln. Handeln ist schon in seinem Ursprung an anderen orientiert, weil sonst über den Sachsinn des Handelns hinaus kein Sinn möglich wäre. Es ist in der Wurzel nicht etwa so, daß der Mensch aus sich selbst heraus schon handelt und nur in der Ausführung das Handeln der anderen in Rechnung stellt. Das Handeln ist in seiner Konzeption am anderen Ich orientiert und gewinnt erst dadurch seine Sinndimension. Besser: erst indem der Mensch am anderen Ich orientiert ist, wird sein Handeln sinnhaftes Handeln" (Tenbruck 1962/1986: 146). Und es muss hinzugefügt werden: Auch ein Sachsinn würde sich ohne (evtl. unbewusste) Orientierung an anderen nicht einstellen. Auch die möglichen Gegenstände von Intentionen – und damit die Bedingung der Möglichkeit der Fixierung auf ein ‚dieses‘ des Sinns – sind erlernt bzw. ‚sozialisiert‘. Der Schirm, den man aufspannt, ist in diesem Aspekt gar nicht soweit entfernt, von dem Baum, unter dem man sich unterstellt, denn genauso, wie die Benutzung des Schirms ist die Benutzung des Baumes (und nicht nur in der Hinsicht, dass man Buchen suchen und Eichen weichen soll) sozial gelernt und erst ab einem sozial definiertem Grad der Regenstärke angezeigt. Vor diesem Hintergrund lässt sich von einem Primat der Sozialdimension des Handlungssinns sprechen. Dass was wir bewusst tun (also mit ‚subjektivem‘ Sinn verbinden, wobei der Ausdruck ‚subjektiv‘ eigentlich schon verwirrend ist), muss auf Gelerntes aufsetzten, also auf etwas, was zunächst einmal in der Perspektive anderer etwas als Bestimmtes Vorhandenes war und ist und so Bestandteil unserer Perspektive wurde und wird (vgl. dazu auch Dewey 1925/1929/1995: Kap. 5). Die Bestimmung ‚subjektiven‘ Sinns aber verweist immer auf mögliche Intentionen und Nicht-Intentionen, auf soziale und natürliche Rahmen (vgl. Goffman 1974/1980: Kap. 2; dabei ist die Zurechnung zu natürlichen Rahmen auch eine soziale und historisch höchst variable), auf (mögliche) Zusammenhänge mit anderen Gegenständen des Bewusstseins, und auf deren gewollte (also handelnde) oder geschehene (also erlebende) Herstellung (Man kann einen Ast zersägen, er kann auf den Kopf fallen oder man kann damit geschlagen werden). Auch insofern kann man sagen, dass alles Handeln sozial ist, weil es sozial bzw. kommunikativ zu Personen (wenn nicht zu Ereignissen der natürlichen Umwelt), die Intentionen verfolgen, zugerechnet werden muss oder (im Falle der Benutzung sozialer Schemata und Skripten) bereits zugerechnet ist (vgl. zu dem Verständnis von Handlung als kommunikativer Zuschreibung Luhmann 1984/1996: Kap. 4, Heidenescher 1992). Auch das Bewusstsein kann sich nur Intentionen zuschreiben, wenn vorher Zuschreibungsprozesse der sozialen Umwelt, der Kommunikation beobachtet wurden. Wie sonst sollte man darauf kommen, dass man etwas will, Zwecke verfolgt, die von anderen Absichten unterschieden werden können.

Tätigkeiten und Ausrüstungsgegenständen vorstellt, können nur in sozialen Gruppen, die durch Sprache möglich gemacht werden, entstehen und sich entwickeln" (ebd.: 185).

Mindestens teilweise geschieht das bewusste Denken in sprachlicher Form, wobei das Sprachmedium allerdings zumeist wohl in andere Formungsarten überführt wird, als diese in der Kommunikation üblich sein mögen. Nur ein Zeichensystem wie Sprache (wobei nicht vergessen werden soll, dass es auch andere Möglichkeiten der Symbolisierung gibt) kann Sinn als Auswahl von Aktuellem aus Möglichem auf (freilich relative) Dauer stellen und damit *sinn*volles Denken erst ermöglichen. Denn ohne sinnkonservierende Zeichen[22] gäbe es keinen Auswahlmodus, allenfalls – wie im Falle von Instinkten – Aktualität, aber keinen Möglichkeitshorizont. Das sieht bereits John Dewey (und Cooley und Mead, die sich auf Dewey beziehen):

> „Wenn sie erst einmal benannt worden sind, führen Ereignisse ein unabhängiges und zwiefaches Leben. Zusätzlich zu ihrer ursprünglichen Existenz sind sie einem idealen Experiment unterworfen: ihre Bedeutungen können in der Phantasie unendlich kombiniert und neu angeordnet werden, und das Ergebnis dieses inneren Experiments – des Denkens – kann sich in Interaktionen mit unfertigen oder rohen Ereignissen äußern [...]. Wo es Kommunikation gibt, erwerben Dinge dadurch, daß sie eine Bedeutung erhalten, Repräsentanten, Surrogate, Zeichen und Implikate, die unendlich leichter handhabbar, dauernder und annehmbarer sind als die Ereignisse in ihrem ersten [rohen, s.o.; J.R.] Zustand. Auf diese Weise üben qualitative Unmittelbarkeiten nicht länger eine stumme Gewalt über uns aus, eine Besitzergreifung, die Besessenheit ist, und eine Einverleibung, in der wir untergehen: Bedingungen, die sich in Empfindungen und Leidenschaften finden [...]. Selbst das sprachlose Pochen eines Schmerzes erhält eine bedeutsame Existenz, wenn es bezeichnet und kommentiert werden kann; es hört auf lediglich bedrückend zu sein, und wird wichtig; es gewinnt Wichtigkeit, weil es repräsentativ wird; es hat den Wert einer Funktion" (ebd.: 167f).[23]

Es sind keine einzelnen Zeichen, die gemeint sind, sondern ein Pool von Zeichen (Medium), der über kulturell eingespielte semantische und grammatikali-

---

22 Zu Zeichen siehe Luhmann 1997: 208ff in Ahnlehnung an Saussure. Viele Parallelen finden sich bei Dewey 1925/1929/1995: Kap. 5.
23 Ähnlich formuliert Tenbruck (1962/1986: 190f), wobei wiederum das Verständnis von Handlungen als Zuschreibungen durchklingt: „Alle menschlichen Handlungen vom äußeren Tun bis zu den rein inneren Vorgängen sind wesentlich symbolischer Natur. Der Mensch ist das symbolische Wesen, und die Realität, um welche es in der Realität der Symbole geht, besteht nicht außer ihm in irgend einem Sinn tangibler Unabhängigkeit. Er legt sich selbst, die Welt und die Gesellschaft in Symbolen, sprachlichen wie nichtsprachlichen fest. Dieser fragile Sinnkosmos, in dem sich auch sein äußerliches Handeln bewegt und erst sinnhaftes Handeln werden kann, umgibt ihn nicht mit der Tangibilität, mit welcher die elementaren Einzelheiten der gegenständlichen Umwelt ihn umstellen könnten. Er ist ein Irrealist, der der Realitätsbestätigung in der sozialen Darstellung bedarf. Es ist vom Standpunkt der Tangibilität eine künstliche Welt, die dem Menschen ständig ins Schemenhafte zu entgleiten droht, wenn sie sich nicht mit der ganzen Handlungsbreite seines Daseins verhakt und von seinem sozialen Gegenüber beantwortet und honoriert wird".

sche Erwartungen für momenthafte Sinnformungen nutzbar wird. Nur die Kombination und Rekombination von Symbolen ermöglicht Sinn als echte Auswahl (sonst wäre alles ja immer nur eins). Die Struktur der Sprache (klassisch: Whorf 1956/2003)[24], die wir vorfinden, oder allgemeiner: die Struktur der kommunikativen bzw. sozialen Welt ermöglicht das Denken als Freiheit und Beschränktheit zugleich.[25] Sprache ist das Medium und Kommunikation die Operation, in dem bzw. in der sich der Mensch als soziales Wesen ver*wirklicht*. Das meint Dewey in diesem Zusammenhang mit „Interaktion" oder Cooley mit „Kooperation": Nichts, was gesagt oder gedacht wird, ist unabhängig von vorherigem Sinnprozessieren und damit von Anderen, dem ‚gesellschaftlichen Prozeß', „in dem Kommunikation die Hauptrolle spielt" (Mead 1934/1993: 119). Das ist es auch, was Cooley meint, wenn er schreibt:

> „Mind is an organic whole made of coöperating individualities, in somewhat the same way that the music of an orchestra is made up of divergent but related sounds. No one would think it necessary or reasonable to divide the music into two kinds, that made by the whole and that of particular instruments, and no more are there two kinds of mind, the social mind and the individual mind [...] The unity of the social mind consists not

---

24 Damit soll allerdings nicht gesagt sein, dass das Denken nur in sprachlicher Form abläuft, nichtmals, dass es zu großen Teilen kommunikationsanalog geschieht, also Bewusstseinsvorgänge (bis auf Ausnahmen, die das Sprechen vorbereiten) eins zu eins kommunizierbar wären: „Das, was sich in unseren Gedanken und Vorstellungen abspielt, ist, so wie es sich abspielt, nicht der sprachlichen Wiedergabe fähig. Das Ausgesprochene kann aber so viele nicht ausgesprochene bewußte und unbewußte Hintergründe und Veranlassungen haben, daß der Schluß vom Gesprochenen auf den Bewußtseinsprozeß, der es entlässt, keineswegs als abspiegelnde Erfassung des Letzteren gelten kann. Völlig verschiedene Aktualisierungen des Bewusstseinslebens können zu identischen sprachlichen Resultaten führen" (Hahn 1998: 507, siehe dort auch das trefflich passende Zitat von Georg Simmel). Umgekehrt können ähnliche Bewusstseinserlebnisse (je nach kommunikativer Situation, also z.B. je nachdem, ob man seiner Frau oder seinem Chef gegenübersitzt) zu völlig unterschiedlichen sprachlichen Äußerungen veranlassen. Hahn (ebd.: 508) schließt daraus, dass „[u]nsere Verlautbarungen [...] bereits Darstellungen, Inszenierungen und Vorführungen [...] [sind]. Sie sind in jedem Fall eine Auswahl aus der unendlichen Mannigfaltigkeit dessen, was in uns vorgeht". Damit ist aber keineswegs ausgeschlossen, dass das, was *bewusst* in uns vorgeht, als Erfassen des Erfassbaren, als Auswahl aus Möglichkeiten und als den Anschluss weiterer Möglichkeiten beschränkende Aktualität an Kommunikation insbesondere durch das Sprachmedium strukturell gekoppelt (zum Begriff der strukturellen Kopplung siehe Luhmann 1997: Kap. 1, VI) ist: in Form von Irritierbarkeit des Bewusstseins und von Irritiertheit des als Aktualisiertes Bewusstsein strukturierenden Gedächtnisses.

25 Bourdieu (1997/2001: 148f) formuliert: „Ob Künstler, Schriftsteller oder Wissenschaftler: Jeder, der sich an die Arbeit macht, ist dem Komponisten vergleichbar, dessen Klavier der Erfindung bei der Niederschrift – und der Interpretation – scheinbar unbeschränkte Möglichkeiten bietet, zugleich aber Zwänge auferlegt und Grenzen setzt, die seiner Struktur (zum Beispiel der Reichweite der Tastatur und der entsprechenden Stimmlage) immanent sind, die ihrerseits von der Bauweise bestimmt ist; und Zwänge und Grenzen liegen auch in den Dispositionen des Künstlers beschlossen, die wiederum von den Möglichkeiten des Instruments abhängen, selbst dann, wenn sie diese erst an den Tag bringen und mehr oder weniger vollständig zum Leben erwecken." Man beachte die Nähe zu dem am Anfang von Teil 1 dieses Buches kurz vorgestellten Medium-Form-Konzept Luhmanns.

in agreement but in organization, in the fact of reciprocal influence or causation among its parts, by virtue of which everything that takes place in it is connected with everything else, and so is an outcome of the whole. Whether, like the orchestra, it gives fourth harmony may be a matter of dispute, but that its sound, pleasing or otherwise, is the expression of a vital coöperation, cannot well be denied. Certainly everything I say or think is influenced by what others have said or thought, and, in one way or another, sends out influence in turn" (Cooley 1909/1956: 3).

Wenn man bedenkt, dass für Cooley wie auch für Dewey und Mead Kommunikation die soziale Basisoperation schlechthin ist[26], dann ist die hier zitierte Auffassung gar nicht soweit entfernt von der Luhmann'schen Vorstellung einer *Co-Evolution von Denken und Kommunikation* bzw. Bewusstsein und Gesellschaft.[27]

---

[26] „Without communication the mind does not develop a true human nature, but remains in an abnormal and nondescript state neither human nor properly brutal" (Cooley 1909/1956: 62, vgl. ebd.: 61ff). Vgl. Dewey 1925/1929/1995: Kap. V, Mead 1934/1993: insbesondere Kap. 10, 11, 31 und 33.

[27] Freilich fällt es den Klassikern offensichtlich schwer, sich vom Denken in eindeutigen Kausalitäten, also der Vorstellung, dass entweder das Bewusstsein die Ursache der Gesellschaft oder die Gesellschaft Ursache des Bewusstseins ist, zu lösen, wodurch die Frage, wie nun Gesellschaft oder Bewusstsein als jeweilige Ursache des jeweils anderen entsteht, ausgeklammert werden muss. Dewey (1925/1929/1995) sieht kooperatives, externalisiertes und objektiviertes Verhalten und somit die immer schon vorausgesetzte Gesellschaft (wie sein Verkehrspolizistenbeispiel deutlich macht, siehe ebd.: 188f) als alleinigen Entstehungsgrund von Sinn an, der somit „überhaupt nichts Psychisches" sei, sondern primär eine „Eigenschaft des Verhaltens und sekundär eine Eigenschaft von Objekten" (ebd.: 179). Mit ‚Verhalten' ist hier eher eine „kontinuierliche Methode organisierten Handelns" gemeint, die „kein Einzelding und folglich keine physische oder psychische Existenz" (ebd.: 194) sei und somit mehr Ähnlichkeit mit Durkheims (1895/1995) sozialen Tatsachen als mit einer behaviouristisch-naturalistischen Engsicht, wie Luhmann (1984/1996: 92f, Fn. 2) meint, hat. Ein „geistiger Aspekt" wird zwar eingestanden, aber auf „Genüsse und Probleme, die sonst nicht vorkommen würden" (Dewey 1925/1929/1995: 194), also auf psychische Konsequenzen von Gesellschaft, reduziert. Ganz ähnlich – mit explizitem Bezug zu Dewey – sieht das Mead (1934/1993: 119), der wiederum Cooley Bewusstseinslastigkeit und „Solipsismus" vorwirft, da dieser den „Erfahrungsinhalt gänzlich individuell und auf keinen Fall primär durch den gesellschaftlichen Prozeß zu erklären" (269; Fn. 26) suche. Dieser Vorwurf ist – mindestens angesichts des oben aus ‚Social Organization' angeführten Zitats – unhaltbar. Ebenso lässt sich im Übrigen an ‚Human Nature and the Social Order' (worauf sich Mead bezieht) zeigen, dass Cooleys Vorstellungen denen einer Co-Evolution von Bewusstsein und Gesellschaft am Nächsten kommen. Obgleich Cooley – mindestens im Vergleich zu der Terminologie Luhmanns – begrifflich eher unpräzise argumentiert, und das Argument hier nicht bis ins Letzte verfolgt werden kann, sei ein weiteres Zitat gegeben: „Of course the view which I regard as sound, is that individuality [hier müsste gezeigt werden und ließe sich zeigen, dass mit ‚individiuality' auch die Einzigkeit und Inkommensurabilität von Bewusstseinsakten gemeint ist; J.R.] is neither prior in time nor lower in moral rank than sociality; but that the two have always existed side by side as complementary aspects of the same thing, and that the line of *progress* is from a lower to a higher type of *both, not from one to the other*" (Cooley 1902/1922/1956: 45, meine Hervorh.; siehe auch die Einleitung Cooleys, in der auf die Evolutionstheorie Bezug genommen wird und zwei parallele Kanäle von menschlicher Evolution, namentlich „heredity" und „communication" hervorgehoben werden).

Bewusstes Denken und Kommunikation sind jeweils Voraussetzung für einander, obgleich sie als differente Operationen, die Differenz operativ geschlossener psychischer und sozialer Systeme erzeugen. Sie können nur zusammen entstehen, da die „jeweils eine Systemart [...] notwendige Umwelt der jeweils anderen" (Luhmann 1984/1996: 92) ist. Nur diese aufeinander bezogenen und miteinander verschränkten Entwicklungen von Kommunikation und Bewusstsein können evolutionäre Errungenschaften wie Sinn und Sprache hervorbringen.

Eine der bedeutsamsten Vorraussetzungen für die Entstehung von Sprache und damit verbunden von Gesellschaft und Bewusstsein ist nun „das Wahrnehmen des Wahrnehmens und insbesondere das Wahrnehmen des Wahrgenommenwerdens" (Luhmann 1997: 207).[28] (Vokale) Gesten (Mead) oder signalisierende Akte (Dewey) sind zwar „materielle Bedingung der Sprache [...], [aber] weder [sind sie] selbst Sprache, noch sind sie deren *hinreichende* Bedingung" (Dewey 1925/1929/1995: 177; Hervorh. i. O.). Um zu Sprache mit stereotypisierten und generalisierbaren Zeichen zu werden, muss wahrgenommen werden, dass sie wahrgenommen werden, und dass sie Konsequenzen (Dewey) oder Anschlüsse erzeugen *können* und dies auch mit gewisser Regelmäßigkeit geschieht. Dazu muss Ego die Perspektive Alters rekonstruieren können. Alter muss in Egos Bewusstsein als jemand, der wahrnimmt und das Wahrgenommene zum Anlass für Reaktionen nimmt, erscheinen. Daher muss Ego sich mit Alter vergleichen, parallelisieren und projizieren und zugleich das Anderssein der Perspektive Alters in Rechnung stellen. Diese „menschliche Grundhaltung, sich des anderen als eines Ich bewusst zu sein und die Welt nicht nur aus der Perspektive des eigenen,

---

Angemerkt sei noch, dass auch die hier gemachten Ausführungen als gesellschaftslastig angesehen werden könnten, und der Bedingungscharakter des Bewusstseins für Gesellschaft vernachlässigt erscheinen könnte. Das geschieht hier mit Sinn und Zweck. Erstens ist die Vorstellung, dass Gesellschaft Bewusstsein erst möglich mache, von der Alltagsvorstellung weiter entfernt als die umgekehrte. Zweitens steht hier die soziologische Perspektive im Vordergrund und es wird bezweckt, von der sozialen Bedingtheit des Bewusstseins auf die Sozialität von Identität überzuleiten. Drittens würde eine ausführliche Erläuterung der bewusstseinsseitigen Bedingtheit von Gesellschaft (bspw. Gedächtnis, Abrufbarkeit von Gedächtnisinhalten, Motivation, kreative Intelligenz) zu weit von der hier fokussierten Thematik wegführen.

28 Das „Wahrnehmen des Wahrnehmens" ist wahrscheinlich eine Anspielung auf Locke (1690/1976), der es für „being impossible for anyone to perceive without perceiving that he does perceive" (II, XXVII, 9, p. 162) hält, aber den Fehler macht, Denken (Thinking) und Wahrnehmung ontologisch bzw. a priori gleichzusetzen (wobei ‚reflection' die Wahrnehmung des eigenen Denkens meint) und daher von ‚simple ideas' ausgeht, die dem Geist (mind) infolge der Wahrnehmung unmittelbar gegeben sein sollen. Damit geht er freilich hinter Platon zurück, der immerhin sieht – wobei hier keineswegs die platonische Ideenlehre mit ihren Implikationen bzgl. a priori gegebenen reinen Wesenheiten, die wiedererkannt werden, unterstützt werden soll – , dass Kategorien Voraussetzungen der bewussten Wahrnehmung (Denken) sind. Hier wird davon ausgegangen, dass Wahrnehmung infolge ihrer Überformung durch sinnbasierte Schematismen mittels Irritation durch Kommunikation zu Bewusstsein werden kann (siehe auch 1.4.1). ‚Einfache Ideen', wären somit immer ‚Ideen' der Kommunikation.

sondern auch des anderen Ich zu erleben" (Tenbruck 1962/1986: 138) wird auch als Empathie[29] bezeichnet.

Diese Fähigkeit ist „empirisch kaum ableitbar und muß als Moment der [...] Weltoffenheit [des Menschen] vorausgesetzt werden" (ebd.: 149). Sie ist deswegen so schwer ableitbar, weil sie auf der Grenze zur Entstehung von Kommunikation, Sprache und Bewusstsein angesiedelt ist. Sie ist als Bewusstseinsleistung Voraussetzung für Kommunikation und gleichzeitig ist Kommunikation ihre Voraussetzung. Empathie ist der hier vertretenen Auffassung nach eine emergente Errungenschaft der Co-Evolution von Bewusstsein und Kommunikation.[30] Ego tut etwas und Alter auch. Mit einem Mal bemerkt Ego, dass das, was Alter tut, mit seinem Verhalten zu tun hat, und zugleich, dass was er tut, mit Alter zusammenhängt. Folglich taucht Alter in Egos Perspektive als jemand auf, aus dessen Perspektive Ego Alter ist (also als alter Ego). Hieraus kann Ego wieder ableiten, dass Alter das auch so sehen könnte. Er kann dementsprechend mit seinem Verhalten experimentieren und es so einrichten, dass er dabei zugleich berücksichtigt, wie er darauf reagieren würde, wenn er Alter wäre. Wenn beide das so sehen, entsteht Kommunikation als Egos *und* Alters Verstehen einer Differenz von Information und Mitteilungsabsicht im Verhalten des jeweils anderen[31] und

---

29 Der Begriff weist große Ähnlichkeit mit Adam Smiths (1759/1979) „sympathy" auf, wobei letztere allerdings häufig mit einer affektiven Konnotation (Mitgefühl, Mitleid usw.) versehen ist. Tenbruck zieht daher den unbesetzten und neutralen Terminus ‚Empathie' (Scheler) vor.

30 Offensichtlich gibt es hier allerdings auch neurobiologisch evoluierte Bedingungen der organischen Umwelt von Kommunikation und Bewusstsein, die eine solche Co-Evolution ermöglichen. Wie neuere neurowissenschaftliche Forschung zeigt, simulieren sog. Spiegelungsneuronen bei der Beobachtung von Verhalten anderer Individuen neurophysiologische ‚Haltungen', die sich auch einstellen, wenn entsprechendes Verhalten selbst ausgeübt wird. So zeigen z.B. Studien an partiell gelähmten Schlaganfallpatienten, dass sich die Bewegungsabläufe durch das Zeigen von Videofilmen mit entsprechenden Bewegungen wieder verbessern ließen. Siehe: Stefanie Schramm: Einsicht in die Absicht. In: Frankfurter Allgemeine Zeitung vom 2. März 2005, Nr. 51, S. N1f. Solche neurophysiologischen Grundlagen dürften bei der Entstehung signifikanter Symbole (Mead; s.u.) mitgewirkt haben, können sie aber nicht hinreichend erklären, da im Falle von Kommunikation Ego Verhaltensaspekte von Alter (Mitteilung) zusätzlich als auf sein eigenes Verhalten bezogen vorstellen muss. Zudem muss dafür selbstredend zwischen beobachtetem und eigenem Verhalten unterschieden werden können.

31 Konstruieren wir ein einfaches Beispiel: Ego greift nach einem am Boden liegenden Obst, sagen wir nach einem Apfel. Alter schlägt daraufhin Ego. Der Schlag wird nun nicht mehr als bloße Information wahrgenommen, sondern es wird verstanden, dass Alter damit mitteilen will, dass er den Apfel für sich beansprucht. Das Verständnis dieser Differenz von Information und Mitteilung impliziert die Unterstellung, dass Alter das auch so versteht. Ego kann nun seinerseits die Faust schütteln (man denke an Meads Beispiel), um Alter seinen Anspruch auf den Apfel zu verdeutlichen usw. Das Faustschütteln ist dabei eben keine instinktiv festgelegte Drohgebärde, die als bloße reizhafte Information eine Reaktion auslöst, sondern es wird verstanden, dass damit die Bereitschaft zum Kampf um den Apfel signalisiert wird. Anders als beim Knurren des Hundes (ebenfalls ein Beispiel von Mead), das als Drohgebärde im Instinktrepertoire festgelegt ist, könnte das Faustschütteln ja auch

zugleich Bewusstsein als Bewusstsein der Perspektivität und des eigenen Vorhandenseins.[32] „Der Mensch versetzt sich selbst auf den Standpunkt einer Situation, an der zwei Parteien teilhaben. Dies ist die wesentliche Eigentümlichkeit von Sprache oder Zeichen" (Dewey 1925/1929/1995: 177). Das ist – etwas anders formuliert – eine Resultante von Doppelkontingenzunterstellungen.[33] Mit dem sog. *Problem doppelter Kontingenz* (vgl. dazu Parsons 1951/1966: 10, 36ff; Luhmann 1984/1996: Kap. 3; Hahn 1998) ist gemeint, dass Egos und Alters Verhalten für die jeweils andere Partei zunächst einmal undurchsichtig und zufällig sind, dass aber jeweils eigene Gratifikationsbeiträge (Parsons) bzw. – neutraler formuliert – Anschlussoperationen davon abhängen. Will man Normen nicht voraussetzen (wie Parsons das tut), kann das Problem nur durch Kommunikation gelöst werden, ganz gleich, ob die Parteien übereinstimmen oder nicht, und ob sie sich missverstehen oder nicht. Wichtig ist nur, dass verstanden wird, und dass an dieses Verstehen Anschlussoperationen geknüpft werden können.[34] Damit muss wiederum Bewusstsein als Bewusstsein von Perspektivität (oder wenn Ego und Alter soziale Systeme sind: Kommunikation als Kommunikation von Per-

---

ganz Anderes bedeuten etwa Freude oder den Versuch der Belebung der verletzten oder ‚eingeschlafenen' Hand.

32   Hierin, in dieser Möglichkeit der Perspektivität, ist also die Grundlage für die Entstehung signifikanter Symbole (Mead) zu sehen. Um es nochmals anders zu formulieren: Ego versteht, dass Alter versteht und anschließen kann, weil er gleichzeitig versteht, dass er verstehen kann, was Alter tut (oder besser mitteilt, dass er also eine Differenz von Information und Mitteilung (Luhmann) verstehen kann) und seinerseits anschließen kann, und dass Alter das auch weiß. Dies ist nur eine weniger behavioristische – dafür eher systemtheoretische – Formulierung für Meads (1934/1993: 113) Feststellung, dass wir wenn „ein Wesen auf diese Weise handeln kann, wenn die von ihm ausgelöste Haltung für es selbst zu einem Reiz für eine andere Handlung werden kann, [...] sinnvolles Verhalten vor uns [haben]. Wo die Reaktion der anderen Person hervorgerufen wird und zu einem Reiz für die Kontrolle der eigenen Handlung wird, tritt der Sinn der Handlung der anderen Person in der eigenen Erfahrung auf. Das ist der allgemeine Mechanismus des ‚Denkens', denn dafür sind Symbole notwendig, in der Regel vokale Gesten, die im Individuum selbst die gleiche Reaktion wie in den anderen auslösen, und zwar so, daß es vom Standpunkt dieser Reaktion aus in der Lage ist, sein späteres Verhalten zu lenken".

33   In seiner auf Aristoteles rückführbaren „ursprüngliche[n] modaltheoretische[n] Fassung" wird der Kontingenzbegriff „gewonnen durch Ausschließung von Notwendigkeit und Unmöglichkeit. Kontingent ist etwas, was weder notwendig, noch unmöglich ist; was also so ist, wie es ist (war oder sein wird), sein kann, aber auch anders möglich ist [...] Er setzt die Welt voraus, bezeichnet also nicht das Mögliche überhaupt, sondern das, was von der Realität aus gesehen anders möglich ist" (Luhmann 1984/1996: 152). Da die Welt aller mögliche Sinn ist, ist nur konkreter Sinn als kontingent erlebbar. Doppelte Kontingenz besteht nun dann, wenn zwei sinnprozessierende Systeme sich wechselseitig (durch ihr Sinnprozessieren in ihrem Sinnprozessieren) irritieren, und so „die Ausdifferenzierung einer besonderen Weltdimension für sozial unterschiedliche Sinnperspektiven (Sozialdimension)" (ebd.) und die Ausdifferenzierung sozialer Systeme, in denen Handlungen kommunikativ zugerechnet bzw. Kommunikationen als Handlungen ausgeflaggt werden können, ermöglichen.

34   Ein wichtiger doppelte Kontingenz regulierender Nebeneffekt ist die Entstehung personenbezogener Erwartungen, auf die im nächsten Kapitel eingegangen wird.

spektivität) einhergehen bzw. es muss unterstellt werden, dass eine Unterscheidung von (personaler) Selbst- und Fremdreferenz auch auf der jeweils anderen Seite vorkommt. Weil der Andere im eigenen Bewusstsein vorkommt sowie das Bewusstsein des anderen als Bewusstsein, in dem man auch selbst vorkommt, kann man den anderen verstehen und zugleich versuchen, sich verständlich zu machen. Damit ist keineswegs gemeint, dass das Bewusstsein Alters im Bewusstsein Egos (oder im Falle von Sozialsystemen die Kommunikation von A in der Kommunikation von E) eins zu eins vorkommt.[35] Alois Hahn (1998: 508, auch bereits 1989/2000a) weist darauf hin, dass nicht nur Verständigung, sondern auch Verstehen strategische, mindestens eigenselektive Komponenten aufweist:

> „[A]uch derjenige, der verstehen will, ist auf Auswahl angewiesen. Niemals kann er hoffen, sein eigenes Bewusstsein sachlich und zeitlich dem des oder der anderen gleichsam parallel zu führen. Insofern gleicht der Verstehensprozess nicht zwei hell erleuchteten Zügen, die nebeneinander herfahren, sondern eher zwei einander begegnenden Fahrzeugen, die für einen Moment optisch verkoppelt sind, um dann wieder in entgegengesetzte Richtungen zu rasen." Es geht „nicht um Einsichten in ein fremdes Bewusstsein, sondern um Konstruktionen, um Sinnunterstellungen. Deren Funktion besteht vor allem darin, Erwartungen für anschließbare und anschließende Handlungen zu tragen" (Hahn 1998: 509).

Das Bewusstsein des anderen ist in seiner Funktionsweise und seinen Inhalten eine Konstruktion des verstehenden Systems. Aber es muss von Ego als solches, das auch Ego als alter Ego enthält, konstruiert sein, damit Egos Ichhaftigkeit – wie auch immer diffus – im eigenen Bewusstsein aufscheinen kann und so gleichzeitig Kommunikation erst ermöglicht wird. Doppelkontingenzunterstellungen des Bewusstseins – als Öffnungen von Möglichkeitsräumen für Annahmen über das Andere und das Eigene – entstehen mit Kommunikation, die sie zugleich ermöglichen. Bewusstsein und Kommunikation gehören so zusammen wie Nacht und Tag.

Bewusstseinssysteme können nun, wenn sie im Zuge der Bildung von Kommunikationssystemen einmal entstanden sind, Kommunikation wiederum beobachten und feststellen, dass sie dort als „Du" oder als Person, wenn Dritte im Spiel sind[36], vorkommen, und dass ihnen Eigenschaften und Handlungen zugeschrieben werden, die sich mit den eigenen Vorstellungen und Wünschen mehr oder weniger decken. In jedem Fall geht das Bewusstsein vom Bewusstsein des Anderen mit der Selbstbewusstheit Hand in Hand, wobei beides zugleich Vor-

---

[35] Im Falle von unterschiedenen sozialen Subsystemen schon deshalb nicht, weil die Codes, vor deren Hintergrund Aussagen interpretiert werden, sich unterscheiden. Die gleiche Aussage bedeutet jeweils völlig Verschiedenes. Generell aber ist die Wiederholung einer Aussage niemals mit dieser selbst identisch. Als Wiederholung meint sie immer anderes, da mindestens der Zeithorizont (und in unserem Fall auch die soziale Perspektive) verschoben ist.

[36] Man denke an Simmels (1895/1908/1992) gruppensoziologische Ausführungen über den Dritten.

aussetzung und Funktion von Kommunikation ist[37] Bewusstsein allein kann eben *nicht*, wie Husserl (1931/1995: V, §45, 102f; Hervorh. i.O.) meint, „[i]nnerhalb und mit den Mitteln dieses Eigenen [...] die ‚objektive' Welt als Universums eines ihm fremden Seins, und in erster Stufe das Fremde des Modus *alter ego*" vorstellen. Genauso wenig wie sich die Konstitution einer objektiven Welt in Bewusstsein ohne Intersubjektivitätsunterstellungen ableiten lässt[38], ist Selbstobjektivation und Ich-Wahrnehmung ohne Intersubjektivität denkbar. So kann sich in der von Husserl sog. Primordialsphäre (die sich der Vorstellung durch Ausklammern von Intersubjektivität öffnet) gar keine Ich-Erfahrung und damit kein Wahrnehmen des Wahrnehmens, also Bewusstsein in diesem Sinne einstellen. Wovon soll man sich ohne objektive Welt auch unterscheiden, um sich überhaupt als Ich im Sinne des Subjekts des eigenen Denkens wahrnehmen (transzendentale Apperception) zu können?

Kommunikation, Intersubjektivität, ‚objektive' Realität und Bewusstsein sind eben nur in dieser Vierfaltigkeit zu haben.

So stellen Bewusstseinssysteme in Folge der Unterstellung von Ego-Alter-Differenzen Eigenkomplexität zum strukturellen Aufbau sozialer Systeme zur Verfügung (*Inklusion*) und begründen so „die Möglichkeit, daß Kommunikation verstanden (nämlich auf gemeinten Sinn bezogen) und Handlung zugerechnet wird" (Luhmann 1989/1998: 162). Bewusstsein hat somit die evolutionäre Funktion Kommunikation zu ermöglichen.

Umgekehrt müssen, damit dies wiederum möglich wird, Sozial- bzw. Kommunikationssysteme strukturelle Komplexität (insbesondere Semantiken) für den Strukturaufbau von Bewusstsein bereitstellen (*Sozialisation*); „vor allem durch die Vermittlung von Sprache und von sinnvollen Handlungszwecken" (ebd.: 163) und die damit mögliche Adressierung sowie Thematisierung menschlicher Individuen als Personen (siehe 1.2) in der Kommunikation (Inklusion). So ist, wenn Kommunikation phylogenetisch einmal (co-)evoluiert ist, die Emergenz von Sinn in der Ontogenese psychischer Systeme immer der Interpenetration mit Sozialsystemen geschuldet. Sozialisation ermöglicht Intentionalität in Bezug auf Erwartungen und somit Inklusion in Sozialsysteme mit personalen Zurechnungsmechanismen, die Kommunikationen selbstreferenziell in Handlungen transformieren; und umgekehrt zeitigt nur Inklusion (Selbst-)Sozialisationseffek-

---

[37] Es ist in diesem Zusammenhang nicht unbedingt notwendig, dass der jeweilige alter Ego ein Mensch ist, es geht lediglich um das Bewusstsein vom Bewusstsein des anderen und keineswegs um dessen tatsächliches Vorhandensein. So gibt es in manchen Stammesgesellschaften „Kommunikationspartner, also Beziehungen doppelter Kontingenz, in Bereichen, die wir heute ausschließen würden: Götter, Geister, Tote (vor allem: Verwandte), bestimmte Pflanzen und Tiere, ja sogar unbelebte Dinge" (Luhmann 1997: 643). Eine interessante psychoanalytische Interpretation des Animismus bietet übrigens Freud (1912/1956: Kap. III).

[38] In dieser Feststellung liegt einer der großen ‚soziologischen' Verdienste der Husserlschen Philosophie.

te (siehe 1.4.1). Und das ist auch damit gemeint, wenn gesagt wird, dass Handeln insofern eine Leistung von Sozialsystemen ist, als es kommunikativ (Intentionen von Bewusstsein) zugeschrieben wird (vgl. Luhmann 1984/1996: Kap. 4; VIII). Das heißt nicht, dass diese Zuschreibung ständig explizit vorgenommen werden muss, jeder Handlung also eine kommunikative Einheit entspricht. Vielmehr kann die kommunikative Zuschreibung des Handlungssinns in der Vergangenheit, z.B. in der Primärsozialisation, liegen:

> „Was eine Einzelhandlung ist, lässt sich nur aufgrund einer sozialen Beschreibung ermitteln. Das heißt nicht, dass Handeln nur in sozialen Situationen möglich wäre; aber in Einzelsituationen hebt sich eine Einzelhandlung aus dem Verhaltensfluss nur heraus, wenn sie sich an eine soziale Beschreibung erinnert" (ebd.: 228).[39]

Natürlich kann z.B. ein Neandertaler allein auf die ‚Idee' kommen einen Stein als Faustkeil zu verwenden, aber damit diese Verhaltensweise als sinnvolle Handlungsmöglichkeit auf Dauer gestellt werden kann, bedarf es kommunikativer (z.B. gestischer) Anweisungsszenarien, die wiederum nur durch Unterstellungen von Ego-Alter-Differenzen in beteiligtem Bewusstsein möglich sind, und in Folge derer sich dann die Handlung repräsentierende Zeichen i.w.S. herauskristallisieren. Das sieht bereits Tenbruck (1962/1986: 172):

> „Handeln ist in der Wurzel sozial [...] Handeln ist kein Agieren aus der Substanz eines vorsozialen Individuums heraus. Sondern im Handeln agiert der Mensch grundsätzlich aus zwei Standpunkten. Er handelt als ein Ich und Selbst, das er nur ist und sein kann, weil darin schon der Andere virtuell enthalten ist".

Ich bin ich, weil ich für andere Du bin. Oder warum spanne ich den Regenschirm nicht bei ein paar Tröpfchen auf? Das ist ein Aspekt der Identitätsthematik, der wir uns im Folgenden ausführlich zuwenden.

1.2 Das Selbst und das andere Ich – Der Primat der Sozialdimension von Identität

Die vorhergehenden Ausführungen zu der co-evolutionären Beziehung von Kommunikation und Bewusstsein dienten dem Zweck zu zeigen, dass Objekte der Kommunikation und des Bewusstseins in einem Verweisungszusammenhang stehen. Dabei wird *Kommunikation* ganz im Luhmannschen (1984/1996) Sinne als operatives Letztelement von Gesellschaft verstanden, während *Handlung* als Letztelement der Selbstreferenz von Kommunikation aufzufassen ist, da sich Kommunikationen als Handlungen ausgeben müssen, damit die sie konstituierende Differenz von Mitteilung (Handlungsaspekt) und Information (themati-

---

[39] In ähnlicher Weise hatte auch schon Schütz (1932/1974) zwischen Handeln (als mit Sinn verbundenem Verhalten) und Handlung (als dessen sozialer Beschreibung) unterschieden. Siehe auch Heidenescher (1992).

scher Aspekt) verstanden werden kann, und Anschlusskommunikation möglich wird. Aber auch andere Formen der Verhaltensbeobachtung und korrespondierender Sinn- und Intentionszuschreibungen werden durch Kommunikation im weitesten Sinne möglich, so daß Handlungen gerade als sinnbasiertes Bindeglied zwischen Verhalten (Organismus), Bewusstsein und Kommunikation aufgefasst werden müssen und eben keiner dieser Systemarten allein zugerechnet werden können.[40]

Ebenso wurde versucht zu verdeutlichen, dass auch bewusste Vorstellungen vom ,Selbst' oder der eigenen ,Person' ohne Kommunikation undenkbar sind, da die Kommunikation einerseits den Anlass und andererseits die Semantiken für Selbsterfassung liefert.

Genauso ist aber auch die Kommunikation ohne Selbstbewusstheit unvorstellbar. Denn einerseits können Mitteilungsaspekte von Informationsaspekten nur geschieden werden, wenn ein dies verstehender Ego sich als Adresse von Mitteilungen eines Alter zu sehen vermag. Andererseits kommen empirische Mitteilungsmotivationen eines Alter nur vor, wenn sich dieser als wahrnehmbares Objekt eines alter Ego vorstellt und somit auch Objekt seines eigenen Denkens wird. Diese Erkenntnis führt dazu, dass von einem wechselseitigen Konstitutionsverhältnis von Kommunikation und Bewusstsein (inkl. Selbstbewusstsein) im Rahmen von Sinn- und in der Folge Kulturevolution ausgegangen werden muss.

Darüber hinaus wird über das ,Du' (,Du sagst', ,Du bist' etc.) und ,Ich' kommuniziert, woraus wiederum auf Bewusstseinsrepräsentanzen, konkrete Vorstellungen vom ,Du' und ,Ich' geschlossen wird, wie auch immer selektiv und verzerrt diese in der Kommunikation vorkommen mögen.

In jedem Fall werden uns über die Kommunikation Erwartungen angedungen, wie wir sind und nicht sind, sein könnten und sein sollten. Der Fluss der Kommunikation, die kommunikativen Anschlüsse an unser Reden und Verhalten erlauben immer auch Schlüsse als Sinnunterstellungen, nicht nur darüber, *dass* wir wahrgenommen werden, sondern auch *wie* wir wahrgenommen werden, und daher darüber, *was* und *wer* wir sind – d.h. Schlussfolgerungen über unsere Einordnung in aus der Kommunikation vertraute Kategorien oder ,Eigenschafts-Schemata' bzw. *Personensemantiken* (wie attraktiv/unattraktiv, intelligent/unintelligent, sympathisch/unsympathisch, Mann/Frau usw.). Durch derartige Semantiken werden (kulturspezifische) „Variationsachsen" von Personalität geöffnet (vgl. Cahill 1998: 134).

Aus der Beobachtung von Kommunikation sind uns zudem *Zuordnungs-Schemata* (in der Systemtheorie auch Programme genannt) bekannt, die nahele-

---

[40] Genau aus diesem Grund konnte Talcott Parsons in seiner voluntaristischen Handlungstheorie (siehe für eine der letzten Fassungen Parsons & Platt 1972/1990), die Handlungen als Realitätsbasis ansieht, nur von analytischer Systemdifferenzierung sprechen.

gen, wie wir uns in diese ‚*Eigenschafts-Schemata*' einordnen können – z.B. dass eine bestimmte Wortwahl oder ein bestimmter Tonfall bedeutet, dass man uns für unsympathisch hält, oder eine bestimmte Form des Lächelns, dass die Verkäuferin Alois Hahns Borsalino sexy findet.

In Folge von Kommunikation entwickeln wir also Vorstellungen über uns, die wir wiederum in folgende Kommunikation ‚einbringen' bzw. die mindestens im Hintergrund (als Habitusformen) mitlaufen, so dass wir Kommunikation immer auch auf Dissens oder Konsens von Eigen- und Fremdperspektive ‚*auf uns selbst*' ‚abklopfen'. Dadurch wird die Entstehung von Selbstvorstellungen erst ermöglicht, die dann ggf. aufgrund von Folgekommunikation zu modifizieren sind.

Identität im Sinne von auf Einheit fixierten Selbst- und Personenvorstellungen und Perspektivität (d.h. die Unterscheidbarkeit von Fremd- und Selbstreferenz der Fremd- und Selbstwahrnehmung im Modus Sinn; siehe Abb. 1.2.1) sind daher untrennbar verflochten. Wir kämen gar nicht darauf, dass wir etwas oder jemand bestimmtes sind, wenn wir nicht irgendwann durch Kommunikation erfahren hätten und aus der Kommunikation geschlossen hätten, dass wir dieses etwas oder dieser jemand in der Perspektive eines Fremdbewusstseins (Fremdreferenz der Selbstwahrnehmung; siehe 1.4.1) sind.

Abbildung 2:
Perspektivität in der Selbst- und Fremdwahrnehmung eines Ego in Anlehnung an Meads Unterscheidung (s.u.) von ME und I (in Klammern: Extremformen)

	Fremdreferenz von ...	*Selbstreferenz von ...*
Selbstwahrnehmung	ME Egos Vorstellung von Alters Wahrnehmung seiner Person (Narzißmus)	I Egos Vorstellung von seinen Selbstvorstellungen, -empfindungen (Autismus)
Fremdwahrnehmung	HE/SHE Egos Vorstellung von Alters Selbstvorstellungen und Präsentationsabsichten (Liebe)	HIM/HER Egos Vorstellung von seiner Vorstellung Alters (Autoritarismus)

Perspektivität ermöglicht in Dyaden genau vier Möglichkeiten der Fremd- und Selbstwahrnehmung, die wir in der obigen Abbildung in Anlehnung an George H. Mead ME, I, HE/SHE, HIM/HER genannt haben. Dabei sind die einzelnen Perspektiven ausgehend von der Zelle oben links im Urzeigersinn zu lesen, wobei die jeweils vorhergehenden Perspektiven Voraussetzungen für die Ermöglichung der jeweils nächsten Perspektive sind. Ego muss sich zunächst als Alter eines alter Ego auffassen, um sich selbst von der Welt unterscheiden und sich dann sowohl als Objekt als auch Subjekt seiner eigenen Wahrnehmungen auffassen zu können. Sodann wird es möglich, die eigene Wahrnehmung des Anderen als Objekt zu fokussieren und schließlich, den anderen als Objekt und Subjekt seiner (Fremd-)Wahrnehmung zu konstituieren und nachzuvollziehen.

Es ist dabei durchaus möglich, auf einer der Stufen von Perspektivität stehen zu bleiben oder vorher durchlaufene Stadien von Perspektivität wieder auszuklammern. Geschieht dies und konzentriert sich ein Ego vor allem auf eine der Perspektiven, kommt es zu den in den Klammern angeführten Extremformen.

Richtet jemand seinen Verhaltensfluss und sein Auftreten hauptsächlich an den (vorgestellten) Vorstellungen eines bzw. der Anderen aus, kann man von Narzißmus sprechen. Da die Vorstellungen der Anderen aber vorgestellt sind, kommt es in Folge des Nicht-Erwerbs bzw. der (partiellen) Ausklammerung der anderen perspektivischen Einstellungen zu einer Verwischung von Spiegelung und Anderem wie aus dem Mythos des Narziß bekannt.

In ausschließlicher Selbstbeobachtung eines ‚Bewusstseins' kommt es dagegen zu einem Verlust von Umweltkontakt und der Möglichkeit der Teilhabe an Kommunikation, was man als ‚Autismus' bezeichnen kann.

Interessieren nun Alters Eigenwahrnehmungen überhaupt nicht, sondern werden die Vorstellungen, die sich Ego von ihm oder ihr gemacht hat, absolut gesetzt, kann man diese Einstellung mit dem Begriff des ‚Autoritarismus' beschreiben.

Ist es einem Ego dagegen hauptsächlich wichtig, Alters Welt- und Ichverhältnis zu beobachten und zu rekonstruieren, lässt sich von ‚Liebe' reden.

In der Regel werden die Perspektiven aber allesamt rekonstruiert und aufeinander bezogen, so dass sich wesentlich komplexere Selbst- und Fremdbilder einspielen.

Denkt man ferner einen Dritten (vgl. insbesondere Simmel 1895/1908/1992) hinzu, werden die aufeinander beziehbaren Perspektiven multipliziert und die Komplexität von Perspektivität weiter gesteigert – z.B. indem sich Vergleichsmöglichkeiten von Personenwahrnehmungen ergeben, sich so Objektivität einspielen lässt sowie die wechselseitige Konstitution von Alter1 und Alter2 für Ego beobachtbar wird. Es wird dann vor allem neben der Addressabilität von Personen (Mitteilungsaspekt) auch deren Thematisierbarkeit (Informationsaspekt) sichtbar, so dass Personalität auf allen Seiten der Kommunikation konstituierenden Grunddifferenz von Verstehen, Mitteilung und Information erfassbar wird. Thematisierbarkeit und Addressabilität von Personen werden dabei in verschiedenen Kulturkomplexen auf unterschiedliche Art zusammengeschweißt. Davon später mehr.

Im Folgenden wenden wir uns aber zunächst einer näheren Bestimmung der Begriffe Selbst, Person und Identität zu, indem wir uns ein stückweit an der philosophischen und vor allem sozialwissenschaftlichen Begriffsgeschichte entlang bewegen.

Es wird vielleicht verwundern, dass der *Begriff des Selbst* im philosophischen Diskurs überhaupt erst von John Locke (1690/1976) im Zusammenhang mit dem

Problem der ‚Identität der Person' (und des Selbst) exponiert wird (siehe auch die Ausführungen in der Einleitung).[41] Die Diskussion um diesen Begriff rankt sich dann bis vor etwa hundert Jahren[42] um den Komplex Denken versus Substanz. Entweder ist man der Meinung, dass das Selbst bzw. die (logische) Identität der Person nicht viel anderes als der sich selbst bewusste Strom des Bewusstseins sei, es also um die Verdichtung einfacher wie komplexer Wahrnehmungsakte zu einer Einheit in der Erinnerung gehe (wie Locke meint), oder aber man vertritt die Auffassung (wie es bspw. Butler (1736/1986) in Auseinandersetzung mit Locke tut), dass das Selbst als Objekt des Bewusstseins eine diesem vorgängige Substanz oder eine Eigenschaft einer anderen Substanz sei.[43]

Eine wichtige Ausnahme sind die schottischen Philosophen Adam Smith[44] und David Hume, von denen die Perspektivenfrage behandelt und die Spiegelmetapher in den philosophischen Diskurs eingeführt wird.

Darin können sie sich wiederum auf Shakespeare als Wegbereiter stützen, der in vielen Stücken mit der Spiegelungstheorie spielt. Besonders deutlich wird dies im Hamlet wie Aleida Assmann (2003) eindrucksvoll zeigt. Shakespeare lässt Hamlet z.B. zu seiner Mutter sagen:

„You go not till I set you up a glass
Where you see the inmost part of you"
Worauf Sie entsetzt antwortet:
What wilt thou do? Thou wilt not murder me?
Help, Ho! (III, iv, 18-21; zit. nach ebd.: 13) [45]

Smith und Hume geht es nun allerdings weniger um die Neubestimmung der Begriffe „Selbst" und „personale Identität" als um Selbstwahrnehmung, Selbstbewertung, Selbstliebe und ‚natürlich' Moral.

---

[41] Aleida Assmann (2003: 9) verweist darauf, dass sich der Begriff Selbst in subjektivierter Form und moderner Bedeutung zuerst in Shakespeares Hamlet findet. Dort rät Laertes seinem Sohn Polonius u.a.: „This above all: to thine own self be true,/And it must follow as the night the day/Thou canst not then be false to any man" (Hamlet; I, III, 78-80; zit. nach ebd.).

[42] Man sieht die Nachwehen der cartesianischen Unterscheidung von res cogitans und res extensa (die ja in ihrer subjektivistischen Neuheit eigentlich bereits die postsubstanzialistische Wende einläutet).

[43] Letztere Vorstellung findet sich auch in Leibniz Monadentheorie. Hier kann nicht die gesamte philosophische Tradition der Begriffe Selbst und Identität nachgezeichnet und/oder berücksichtigt werden. Daher sei auf den Überblick bei Schrader (1995) verwiesen.

[44] Für den Hinweis auf Smith danke ich Alois Hahn.

[45] Ebenso dient das Stück im Stück der Spiegelung von Claudius' Verbrechen. Auch in anderen Stücken Shakespeares wird mit Spiegelungsmetaphorik gearbeitet: besonders deutlich im Sommernachtstraum durch die zauberhafte Verdrehung der Liebesverhältnisse oder wiederum das Stück im Stück oder im King Lear, wo sich Haupt- und Nebenhandlung ineinander spiegeln.

Dessen ungeachtet ist nicht zuviel gesagt, wenn wir hier behaupten, dass die Schotten die Perspektive(n) anderer und damit die Gesellschaft und Kommunikation ins philosophische Spiel gebracht haben.

Adam Smith (1759/1979: 110) meint z.B.:

„Were it possible that a human creature could grow up to manhood in some solitary place, without any communication with his own species, he could no more think of his own character, of the property or demerit of his own sentiments and conduct, of the beauty or deformity of his own mind, than of the beauty or deformity of his own face. All these objects which he cannot easily see, which naturally he does not look at, and with regard to which he is provided with no mirror which he can present them to his view. Bring him into society, and he is immediately provided with the mirror which he wanted before".

Sehr ähnlich heißt es im Zusammenhang mit persönlicher Schönheit, Reichtum und Macht bei David Hume (1738/1968: II.ii.5: 83):

„In general we may remark, that the minds of men are mirrors to one another, not only because they reflect each other's emotions, but also because those rays of passion, sentiments and opinions, may be often reverberated, and may decay away by insensible degrees".[46]

---

[46] Im Übrigen behandelt Hume die Frage der personalen Identität als Vorstellung der Einheit des Bewusstseins ähnlich wie Locke, allerdings mit (wen wundert es?) größerer Skepsis, was ihren Realitätscharakter betrifft. Die Identität der Person ist für Hume nicht real, sondern „a fictious one" (Hume 1738/1968: I.iv.6: S. 245). Personale Identität ergibt sich aus den Vorstellungen von Ähnlichkeit, Kontinguität und/oder Kausalität der Perzeptionen des Bewusstseins und so aus dem „smooth and uninterupted progress of the thought along a train of connected ideas" (ebd.: 246). Solche Vorstellungen sind uns aber nur in der Erinnerung gegeben, welche die Identität folglich (im Falle der kausalen Beziehungen) entdeckt (discovers) bzw. (im Falle der Ähnlichkeitsbeziehungen) produziert (produces) und durch Analogieschlüsse über das Erinnerungsvermögen hinaus ausdehnt. „As memory alone acquaints us with the continuance and extent of this sucession of perceptions, it is to be considered, upon that account chiefly, as the source of personal identity. Had we no memory, we never should have any notion of causation, nor consequently of the chain of courses, which constitute our self or person. But having once acquired this notion of causation from the memory, we can extend the same chain of causes, and consequently the identity of our persons beyond our memory, and can comprehend times, and circumstances, and actions which we have entirely forgot, but suppose in general to have existed" (ebd.: 247). Eine derartige Vorstellung von personaler Einheit wirkt dann wieder wie eine einfache Vorstellung bzw. Wahrnehmung auf das Bewusstsein, so dass „we attribute simplicity to it, and feign a principle of union [der Substanz; J.R.] as the support of this simplicity, and the centre of all the different parts and qualities of the object" (ebd.: 248). Im Anhang gibt Hume dann zu, dass er rückblickend bzgl. des Kapitels über personale Identität, sich „involved in such a labyrinth that, I must confess, I neither know how to correct my former opinions, nor how to render them consistent" (ebd.: II., Appendix: 317) sieht. „In short, there are two principles which I cannot render consistent, nor is it in my power to renounce either of them, viz. that all our distinct perceptions are distinct existences, and that the mind never perceives any real connection among distinct existences" (ebd.: 319). Dieser Widerspruch lässt sich beobachtungstheoretisch (1. u. 2. Ordnung) auflösen.

Gegen Ende des neunzehnten Jahrhunderts entstehen dann zwei neue Wissenschaften: Soziologie und Psychologie, die an solche Vorarbeiten anknüpfen.

William James (1890/1950) – einer der Gründerväter der Psychologie – nimmt den Begriff des Selbst auf und versucht, in ihm die unterschiedlichen Identitäts-Diskurse seiner Zeit (Selbstwahrnehmung, Selbstsein, Körpersein und Ichsein) zusammenzuführen. Nachfolgend wird James deswegen auch ausführlicher behandelt, um zu allen diskursiven Komplexen eine erste Stellung zu beziehen (einen kurzen, gut verständlichen Überblick über James Gesamtwerk bieten: Diaz-Bone & Schubert 1996).

James (1890/1950: 292) unterscheidet zwischen drei Elementen der „history" des Selbst „in its widest sense" (auch als „personality" bezeichnet): nämlich zwischen seinen konstituierenden Bestandteilen, den Gefühlen, die diese auslösen („self feelings"), und den Handlungen, die auf die Bestandteile des Selbst zielen, „self seeking and self preservation". Die Bestandteile des Selbst unterteilt er wiederum in zwei Klassen: das reine Ich (*„pure ego"*) und das empirische Selbst (*„empirical self"*) oder „me".[47]

Das *empirische Selbst* setzt sich nach ihm zusammen aus drei Komponenten: einem *materiellen Selbst*, einem *spirituellen Selbst* und einem *sozialem Selbst*.

Das *materielle Selbst* (vgl. ebd.: 292f) soll alle materiellen Dinge umfassen, die eine Person ihrem Besitz zuschreibt. James nennt, in dieser Reihenfolge: Körper und bestimmte Körperteile, die „seem to be more intimately ours, than the rest" (ebd.: 292), Kleidung, Familie, Heimat, selbstgeschaffene Produkte und akkumuliertes Vermögen von Besitztümern (possessions). Aber die Ausführungen von James, dass wir diese Dinge besitzen, und dass das Besitzen bestimmter Dinge oder bestimmter Körperteile wichtiger für das Selbst sei als das anderer, ebenso der Verweis auf Kleidung und darauf, dass Kleidung wichtiger sei als ein schöner Körper (vgl. ebd.), auf die Bedeutung von Familie („bone of our bone and flesh of our flesh"; ebd.) und insbesondere die Bemerkung: „as we will be appealing to anti-snobbish first principles, we cannot escape an emotion, open or sneeking, of respect and dread" (ebd.: 293), zeigen, dass eben nicht materielle Substrate das Entscheidende sind, sondern deren Bewertung durch andere, durch die wir lernen, sie selbst zu schätzen und unser eigen zu nennen. Das hatten ja schon Hume und Smith (s.o.) festgestellt. Es ist müßig zu fragen, ob James diesen Aspekt gesehen hätte, wenn er nicht von einem „instinctive impulse [that] drives us to collect property" (ebd.) ausgegangen wäre.

Das *spirituelle Selbst* (vgl. ebd.: 296ff) meint nun für James die Selbstaufmerksamkeit des Bewusstseins als Bewusstsein von den eigenen Gedanken oder den daraus abstrahierten Fähigkeiten oder (moralischen) Dispositionen; also in etwa das, was Locke mit „sense of personal identity" oder „self" bezeichnet hatte:

---

[47] „The Empirical Self of each of us is all that he is tempted to call by the name of *me*" (James 1890/1950: 291; Hervorh. i. Org.).

„[W]hether we take it abstractly or concretely, our considering the spiritual self at all is a reflective process, is the result of our abandoning the outward-looking point of view, and of having become able to think of subjectivity as such, to *think ourselves as thinkers*" (ebd.: 296; Hervorh. i. Org.).

Wie oben bereits versucht wurde zu zeigen, kann dieser Verzicht auf die Außenperspektive nur mit Hilfe der Außenperspektive bzw. deren vorausgegangenen Erwerbs vorgenommen werden. Intersubjektivität im Modus alter Ego ist eine Vorrausetzung von Selbstbewusstsein, wie oben in Abgrenzung gegenüber Husserl bemerkt worden war. Das eigene Bewusstsein, seine bewusste Regulierung kann überhaupt nur mit Aufmerksamkeitszuwendungen rechnen, wenn es als solches durch Wahrnehmung des Wahrgenommenwerdens – also dadurch, dass eine Differenz von Mitteilung und Information verstanden wird[48] – erst (als Adresse) erkannt und somit konstituiert wird. Erst „[w]hen it [the self] has arisen we can think of a person in solitary confinement for the rest of his life, but who still has himself as a companion, and is able to think and converse with himself as he has communicated with others" (Mead, zit. nach Tenbruck 1962/1986: 175). Ebenso verweist James Rede von Fähigkeiten und Dispositionen und die Bemerkung, dass „[o]nly when these are altered *is man said* to be alienatus a se" (James: 1890/1950: 296; meine Hervorh.), auf soziale Eigenschafts- und Zurechnungsschemata und Bewertungsprozesse, also auf Konsens oder Dissens über das Vorhandensein oder Fehlen derartiger konkreter Dispositionen.

Das *soziale Selbst* schließlich meint genau das:

„A man's Social Self is the recognition which he gets from his mates. We are not only gregarious animals, liking to be in sight of our fellows, but we have an innate propensity to get ourselves noticed, and noticed favourably, by our kind. […] If no one turned round when we entered, answered when we spoke, or minded what we did, but if every person we met 'cut us dead' and acted as if we were non-existing things, a kind of rage and impotent despair would ere long well up in us, from which the cruellest bodily tortures would be a relief" (ebd.: 294).

Nach James hat jeder Mensch so viele soziale Selbste[49] wie soziale Beziehungen zu anderen ‚Individuen', die sich ein Bild von ihm machen[50]. Er weist weiter darauf hin, dass diese ‚Individuen' in Klassen oder soziale Gruppen eingeteilt werden können, so dass „we can pratically say that he has as many different social selves as there are distintct groups of persons about whose opinion he cares. He generally shows a different side of himself to each of these different groups" (ebd.). Es wird also eine Erwartungsseite (image) und eine Präsentationsseite un-

---

48 Deswegen nimmt bei Luhmann ja der Kommunikationsprozess auch seinen Anfang im Verstehen. Ego ist sozusagen der Empfänger und nicht der Sender.
49 Bezeichnender Weise akzeptiert die automatische Rechtschreibung meines Textverarbeitungsprogramms den Plural nicht.
50 Es wurde bereits darauf hingewiesen, dass das entscheidende ist, dass sich Ego ein Bild von einem Bild macht, von dem er unterstellt, dass es Alter sich macht.

terschieden. Die Präsentation kann dabei die Erwartungen erfüllen oder nicht („To wound any one of these images is to wound him", ebd.). Und: Die Erwartungen können einander widersprechen bzw. mehr oder weniger gut in Einklang gebracht werden:

> „this may be a discordant splitting, as where one is afraid to let one set of his acquaintances know him as he is elsewhere; or it may be a perfectly harmonious division of labour, as where one tender to his children is stern to the soldiers or prisoners under his command" (ebd.).

Mit „*pure ego*" oder „sense of personal identity" meint James (vgl. ebd.: 329ff) weiter eine Art einheitsstiftende Funktion des (sich selbst bewussten und bewertenden) Gedankenstroms[51], der zwischen den Komponenten des empirischen Selbst oder der ‚empirischen Person' vermittelt und in einer Art ‚eidetischen Reduktion' (vgl. Husserl 1931/1995) ein Zentrum der Person als Identität in ihren Variationen ausmacht:

> „We may sum up by saying that personality implies the incessant presence of two elements, an objective person known by the passing subjective thought and recognized as continuing in time. Hereafter let us use the words ME and I for the empirical person and the judging thought" (ebd.: 371; Hervorh. i. O.).

Diese grundlegenden Elemente des Selbst, eine aktive und eine reaktive Komponente, haben auch bei den pragmatistischen Vorläufern des symbolischen Interaktionismus Charles H. Cooley und George H. Mead eine bedeutende Rolle gespielt. Beide bemerken jedoch die grundlegende Bedeutung der Perspektive des Anderen und reduzieren daher das Selbst – zumindest für die ME-Komponente – auf das von James sog. soziale Selbst.

---

[51] Eine derartige einheitsstiftenden bzw. synthetisierende Funktion wird auch bekanntlich in der psychoanalytischen Identitätstheorie der Instanz des ‚Ich' zugeschrieben. Diese Instanz hat bei Freud (siehe bspw. 1938/2002) die Aufgabe zwischen Ansprüchen der Triebstruktur (Es) und der Gesellschaft (Über-Ich) zu vermitteln. Erikson (1956/1973: 191) bemerkt mit Bezug zu Hartmanns Begriff der „Selbst-Repräsentanz": „Man könnte behaupten, daß hinsichtlich des wahrnehmenden und regulierenden Verkehrs des Ichs mit seinem Selbst die Bezeichnung ‚Ich' für das Subjekt, die Bezeichnung ‚Selbst' für das Objekt reserviert werden sollte. Es stünde dann dem Ich als der organisierenden Zentralinstanz im Laufe des Lebens ein veränderliches Selbst gegenüber, das jeweils verlangt, mit allen zurückliegenden und in Aussicht stehenden Selbsten in Übereinstimmung gebracht zu werden." Eine daraus resultierende Selbstdefinition müsse dann wieder sozial anerkannt werden bzw. das in den aufeinanderfolgenden Kindheitskrisen entwickelte „allgemeine Wirklichkeitsbild" und die „tatsächliche soziale Struktur der Umwelt" müssten in Einklang gebracht werden, so dass „die Identitätsbildung sowohl einen Selbst- wie einen Ich-Aspekt besitzt" (ebd.). Es kann gar nicht oft genug betont werden, dass in der hier vertretenen Perspektive Subjekt- und Objekthaftigkeit der Person untrennbar verknüpft sind, das eine sich nur aus dem anderen ergeben kann und gerade nicht von einer (nicht begründbaren) Vorgängigkeit des Ichs als organisierender Zentralinstanz ausgegangen wird. Allein die Organisationsprinzipien, die synthetisieren, – genauso wie, dass synthetisiert werden muss und was synthetisiert werden muss – können keineswegs als natürliche Ausstattung vorausgesetzt werden.

Eine der eingängigsten Formulierungen dieses soziologischen ‚Axioms' findet sich bei Cooley:

> „Social consciousness, or awareness of society, is inseparable from self-consciousness, because we can hardly think of ourselves excepting with reference to a social group of some sort, or of the group except with reference to ourselves […] In general, then, most of our reflective consciousness, of our wide-awake state of mind, is social consciousness, because a sense of our relation to other persons, or of other persons to one another, can hardly fail to be a part of it. Self and society are twin-born, we know one as immediately as we know the other, and the notion of a separate and independent ego is an illusion" (Cooley 1909/1956: 5).[52]

Mit „reference to a social group" können hierbei zwei Facetten von Identität gemeint sein: Selbstbeschreibung über Zugehörigkeit zu sozialen Gruppen bzw. über Konformität oder Inklusionsunterstellungen einerseits und (gleichzeitig) über Distinktion bzw. Exklusionsunterstellungen andererseits. Dieser Aspekt, dass man eben dieses und damit anderes nicht sei, soll als Sachdimension von Identität behandelt und später im Zusammenhang mit sozialen Differenzierungsvorgängen genauer unter die Lupe genommen werden.

Wichtig ist an dieser Stelle, dass sich dieser Sachsinn nur daraus ergeben kann, dass man von anderen auch als Person, Gruppenmitglied bzw. Rollenträger wahrgenommen wird oder mindestens wahrnehmen kann, dass Dritte als Personen, Rollenträger und Gruppenmitglieder wahrgenommen werden. Nur in der Teilhabe an oder der Beobachtung von Kommunikation können aber auf derartige Status bezogene Erwartungen auch bewusstseinsseitig kondensieren. Wenigstens ermöglicht und erfordert die Kommunikation Unterstellungen darüber, wie diese Erwartungen sind und wie man sie erfüllen kann. Auf diese Weise können wir Erwartungen erwarten (vgl. zu reflexiven Erwartungen Luhmann 1966) und nur so uns selbst gleichzeitig als Objekt dieser Erwartungen konstruieren. Wie unterschiedlich der Spielraum auch sein mag, den diese Erwartungen zugleich öffnen und schließen, sie werden zu Orientierungspunkten für unser Verhalten. Erst vor dem Hintergrund ihrer Erfüllung oder Nicht-Erfüllung ist eine sinnvolle Klassifikation unserer selbst möglich. Auch die Freiheit, Erwartungen nicht zu erfüllen, ist eben nur unter der Voraussetzung erwarteter Erwartungen und erwarteter Konsequenzen ihrer Erfüllung und Nicht-Erfüllung denkbar. Wir machen uns ein Bild unserer selbst, indem wir erwarten, dass die anderen sich ein Bild von uns machen, weil sie Erwartungen hegen, vor deren Hintergrund sie uns einordnen. Wir schließen aus dem Fluss von Kommunikation, an dem wir beteiligt sind, inwiefern wir diese Erwartungen erfüllen, und damit wer und wie wir

---

[52] Wie bereits erwähnt, ist angesichts derartiger Aussagen Cooleys Meads (1934/ 1993: 269, Fn. 26) Vorwurf, diese Theorie gehe von isolierten Einzelbewusstseinen aus und führe daher zu Solipsismus, vollkommen unhaltbar.

sind. Diese Auffassung ist seit Cooley als Theorie des Spiegelselbst bekannt (es wurde oben gezeigt, dass sie bereits bei Smith und Hume entwickelt ist).

Wie James und Mead geht Cooley (vgl. 1902/1922/1956: Ch. V) in seiner Theorie vom *„looking glass self"* von einer analytisch trennbaren Zweiheit des Selbst aus. Einerseits geht es um spontane Ich-Leistungen[53], die mehr oder weniger offensichtlich appropriativ oder possessiv sind.[54] Andererseits erleben wir Reaktionen anderer auf unser Verhalten. Dabei stellen wir uns vor, wie andere uns sehen und auf uns reagieren (Mead nennt das „ME"). Insofern spiegeln wir uns bildlich in den Augen anderer, auch, wenn diese Spiegelung oft undeutlich oder verzerrt sein mag:

> Wir bilden „[i]n a very large and interesting class of cases [...] a somewhat definite imagination of how one's self – that is any idea he appropriates – appears in a particular mind, and the kind of self-feeling one has is determined by the attitude toward this attributed to that other mind. A social self of this sort might be called the reflected or looking glass self [...] A self-idea of this sort seems to have three principal elements: the imagination of our appearance to that other person; the imagination of his judgement of that appearance, and some sort of self-feeling, such as pride or mortification"[55] (Cooley 1902/1922/1956: 183f).

Dies impliziert, dass Ego die Perspektive Alters rekonstruieren und Alters Erwartungen antizipieren muss, vor deren Hintergrund er oder sie sich dann einordnet und präsentiert. Auf Alters Seite geht der gleiche Prozess mit umgekehrtem Vorzeichen vonstatten:

> „Jeder präsentiert sich anderen und sieht sich in den Spiegeln ihrer Urteile. Die Masken, die er der Welt und ihren Bürgern zeigt, sind nach den Antizipationen ihrer Urteile geformt. Auch die anderen präsentieren sich; sie tragen ihre eigenen Masken und werden ihrerseits eingeschätzt" (Strauss 1959/1968: 7).

Mead (vgl. 1934/1993: 216ff, 300ff) spricht in diesem Zusammenhang von der Übernahme der Haltungen anderer oder Rollenübernahme (role taking).

Leistungen des Ich (I) sind für ihn nur als Reaktionen (des Organismus, siehe ebd.: 218) auf diese vorgestellten Haltungen anderer der eigenen Person gegenüber (ME) denkbar. Spontaneität und Kreativität des Ich (I) und damit die eigene Beteiligung an Prozessen der Generierung des Selbst sind bei Mead demnach nur in der Orientierung an und Auseinandersetzung mit (ursprünglichen) Fremderwartungen möglich. Diese Erwartungen und das soziale Symbolsystem ermögli-

---

53 Mead (1934/1993) nennt etwas ähnliches ‚I', versucht die zwei Instanzen des Selbst aber systematischer zu verknüpfen (s.u.).

54 Das ist Meins und nicht Deins; ich habe dieses oder jenes getan, gesagt, gedacht usw.

55 Smith (1759/1979: 112) bemerkt, dass ein Selbstbild für die Empfindung von Scham bereits entwickelt sein muss. Wenn wir uns für attraktiv halten, weil wir bereits für attraktiv gehalten worden sind, wird es uns kaum belasten, wenn jemand kleine Schwächen an uns hervorhebt, halten wir uns dagegen für unattraktiv, wird jeder Hinweis auf einen noch so kleinen Makel wie ein pars pro toto wirken und uns beschämen.

chen dem Ich erst die Selbstschöpfung als Positionierung in einem prinzipiell re-kombinierbaren Erwartungsfeld und die kreative Beteiligung an gesellschaftli-chen Prozessen. „Dadurch aber, daß das „I" stets auch ein neues Moment in die Interaktion trägt, verändert es zugleich den gesamten Prozeß, da sein Beitrag zu dem Material zählt, das über ‚role taking' ins ‚me' der anderen aufgenommen wird" (Krappmann 1969/2000: 59). Ebensolches gilt aber für die Integration in ein eigenes ‚ME'. Denn das eigene Handeln kann wiederum nur vor dem Hin-tergrund der Reaktionen der anderen und bereits internalisierter Erwartungen ob-jektiviert werden. Es geht um ein Erfahrungsprimat des ‚ME'. Wie im Falle des Wettlaufs von Hase und Igel ist der alter Ego immer schon da:

> „Wenn man also fragt, wo das ‚Ich' [I] in der eigenen Erfahrung auftritt, lautet die Ant-wort: als historische Figur. Was man eine Sekunde vorher war, das ist das ‚Ich' des ‚ICH' [ME]. Es ist ein anderes ‚ICH' [ME] das diese Rolle übernehmen muß. Man kann die unmittelbare Reaktion des ‚Ich' [I] nicht in den Prozeß hereinbekommen" (Mead 1934/1993: 218).

Mead hebt des weiteren bekanntlich einen sozialisationstheoretischen Aspekt dieses Sachverhaltes hervor, der eigentlich der ‚Zeitdimension von Identität' zu-gehört, aber wegen der zentralen, später vorausgesetzten begrifflichen Unter-scheidung in signifikante und generalisierte Andere bereits hier abgehandelt wer-den soll.

Zunächst übernimmt das Kind demnach die Haltungen konkreter Bezugsper-sonen, sog. *signifikanter Anderer*, indem es sich spielerisch in deren Rollen hinein versetzt und diese nachspielt (play at roles[56]), sich so „in der imaginativen Ver-tauschung der Rollen des eigenen Spiegelbildes, wie man es aus der sozialen Umwelt dunkel erlebt, sicherer zu bemächtigen" (Tenbruck 1962/1986: 173)

---

[56] Ein wesentlich differenzierteres Bild von kindlicher Sozialisation und Identitätsbildung bietet aus psychoanalytischer Perspektive Erikson (1950/1973). Er bemerkt auch, dass das Spiel nicht nur der Bewusstwerdung von Erwartungen von Rollenpartnern in Bezug auf aktuelle Rollen dient (wie bei dem Kind, das einer Puppe gegenüber Mutter spielt), son-dern auch dem Ausprobieren zukünftiger Rollen (was natürlich auch wieder erwartet und mehr oder weniger unterstützt wird). Es bildet sich also nicht nur ein Bewusstsein der ei-genen Rollen und Komplementärrollen, sondern auch ein Bewusstsein davon, dass es an-dere Rollen gibt, die man selber nicht innehat, die man aber (zu einem späteren Zeit-punkt) innehaben könnte (also bspw. wenn ein Kind Polizist spielt). Diese Zuwendung zu anderen Rollensets als solchen, in die das Kind unmittelbar eingebunden ist, ist der hier vertretenen Auffassung nach allerdings nicht der Suche nach der Befreiung von ödipalen Schuldgefühlen, die mit der Identifikation mit dem gleichgeschlechtlichen Elternteil ein-hergehen, geschuldet, sondern resultiert einfach aus der Beobachtbarkeit von Interaktions-zusammenhängen von Rollenensembles der sozialen Umwelt, sei es in der unmittelbaren Umgebung oder in den Massenmedien, in Verbindung mit der (kommunizierten) Erwar-tung, dass man etwas werden soll und wird, ‚wenn man groß ist'. Insofern weist diese Stufe des ‚play at roles' bereits eine große Ähnlichkeit mit dem experimentellen Ausprobieren möglicher künftiger Rollen innerhalb eines (für moderne, westliche Gesellschaften charak-teristischen und nicht, wie Erikson (1956/1973: 185) meint, in jeder Gesellschaft üblichen) psychosozialen Moratoriums in der Adoleszenszeit (vgl. Erikson 1956/1973: 145) auf.

sucht und ein objektorientiertes Verständnis der eigenen Handlungen und sonstiger personaler Attribute erwirbt[57]. Auf diese Weise erfährt es bestimmte Rollen als sinnvolle Ergänzung anderer und lernt so auch mit der Zeit unabhängig von konkreten Personen bestehende Erwartungs- und Rollenzusammenhänge bzw. Institutionen kennen (*generalisierter Anderer*). Diese generalisierten Erwartungen ermöglichen ihm die Teilhabe an organisierten gesellschaftlichen Vorgängen[58] und erzeugen so eine Vorstellung der Gesellschaft und des eigenen Platzes in dieser – also eine Vorstellung des Verhältnisses von Gesellschaft und (eigener) Person. So wird die ‚Persönlichkeit' dann ebenfalls generalisierbar; sie wird „zur Institution in einem Fall" (Gehlen 1957: 18).

> „Die in den allgemeinen Lebensprozeß eingeschalteten Individuen, deren organisierte Manifestationen die gesellschaftlichen Institutionen sind, können nämlich nur insoweit eine wirklich ausgereifte Persönlichkeit entwickeln oder besitzen, als jedes von ihnen in seiner individuellen Erfahrung die organisierten gesellschaftlichen Haltungen spiegelt oder erfasst, die die gesellschaftlichen Institutionen verkörpern oder repräsentieren." (Mead 1934/1993: 309).

Wichtig ist im vorliegenden Kontext erstens, dass zunächst die Beobachtung von Rollenhandeln anderer in konkreten Interaktionen – und zwar in solchen, in die man selbst eingebunden ist, aber auch in solchen, die man als Dritter beobachtet – die grundsätzliche Existenz aufeinander bezogener und prinzipiell austauschbarer Ego- und Alter-Perspektiven erkennen lässt, dass also Alter für Ego ein alter Ego ist und umgekehrt, man selber also auch ein Ego und alter Ego zugleich ist.

Zweitens wird bemerkt, dass – wahrscheinlich zunächst durch die eigene Erfahrung positiver oder negativer Sanktionen in Bezug auf eigenes Verhalten oder sonstige Attribute – eigentümliche Erwartungen der alter Egos bestehen, vor deren Hintergrund die eigene Person klassifiziert und identifiziert wird.

Drittens werden diese Erwartungen und die eigene Klassifikation in Bezug auf sie als vorgestellte Erwartungen und Klassifikationen Gegenstand der eigenen Erfahrung, in diesem Sinne ‚internalisiert' bzw. besser: intern erzeugt. Die vorgestellten Erwartungen bilden sozusagen den Spiegel, die Einschätzung ihrer Erfüllung oder Nicht-Erfüllung das Spiegelbild.[59] Die Spiegelung findet nur virtuell

---

57 „Welche Schwierigkeit und welch ungeheurer Sprung in dem Erwerb des objektivierten Handlungsverständnisses liegt, ist weiter sehr schön daran zu beobachten, daß Kinder ursprünglich alle Stellungnahmen zu wiederholen pflegen. ‚Bubi ist bös', ‚Bubi ist lieb', ‚Bubi hat das und das getan', in diesen Wiederholungen tritt dem Kind sein eigenes Handeln in den Augen anderer und von außen entgegen" (Tenbruck 1962/1986: 173).

58 Z.B. die Teilnahme an „games" als regelhaften Spielen, die die Kenntnis der Rollen aller Beteiligten und ihrer Beziehung zu einander erfordern.

59 Diese Fassung der Metapher des Spiegelselbst dürfte den Einwand Luhmanns (1984/1996: 153f), dass die Perspektiven Egos und Alters höchst eigenselektiv sind und zwar sowohl in dem, was jeweils erwartet und verstanden wird, als auch in dem, was präsentiert wird, dass somit Ego Alter und Alter Ego überhaupt nicht erfassen und daher keinesfalls spiegeln könne und dass auch, wenn man von Zerrspiegeln spreche, diese Zerrspiegel die Verzer-

im Bewusstsein der anderen statt, sie wird im eigenen Bewusstsein unterstellt. Aber sie wird unterstellt, weil kommuniziert und das Bewusstsein dadurch irritiert wird, dass es aktueller oder potenzieller Adressat von Mitteilungen ist, die es verstehen soll, und weil es sich selbst als Mitteilendes konstruiert, das sich also verständigt und verstanden wird. Durch die Übernahme der Erwartungen anderer in die eigene Perspektive werden dann nicht nur Erwartungserwartungen und Komplementärerwartungen erzeugt, sondern, da die Erwartungen vorgestellt sind, sind und werden sie auch eigene Erwartungen. Die Fremdperspektive kann invisibilisiert werden, indem „das Hinnehmen der Perspektive anderer habitualisiert [wird], so lernt der Mensch damit, sich auch unabhängig von den tatsächlichen Reaktionen der anderen von außen [zu] sehen" (Tenbruck 1962/1986: 174). Das eigene Verhalten und Auftreten wird zum Gegenstand dieser ehemals dem Fremdbewusstsein unterstellten und nun eigenen Erwartungen. Man findet sich selbst z.B. hübsch, unhöflich und intelligent. Man kann sagen, man ziehe sich so oder so an, weil man sich selbst so wohlfühle, ungeachtet dessen, was die anderen dächten, ohne, dass man darauf käme, dass dieses Wohlfühlen auf einen

---

rung des anderen Spiegels nicht erfassen könnten und die Spiegel infolgedessen zerbrächen, zumindest abschwächen. Auch Hahn (1998: 502) bemerkt, dass, „wenn bei Cooley und Mead vom Spiegel die Rede ist, [...] dabei zu bedenken [ist], daß bei ihnen nicht behauptet wird, daß sich die volle Komplexität der Kommunikationspartner in den sozialen Beziehungen wiederspiegelt, an denen sie partizipieren. Vielmehr geht es diesen beiden Autoren umgekehrt darum zu zeigen, daß [es] der Begriff [ist], den die Individuen von sich selbst haben, aus dem abgeleitet wird, was ihrer eigenen Interpretation nach in der Beziehung mit anderen wirklich ist. Nicht das Selbst spiegelt sich dann in der Beziehung, sondern die Beziehung im Selbst". Der letzte Satz setzt freilich die Existenz eines Selbst bereits voraus. Um auch die Entstehung des Selbst erklären zu können und es nicht einfach vorauszusetzen, muss eine Modifikation vorgenommen werden: Die Beziehung spiegelt sich im Bewusstsein und diese Spiegelung kann Bestandteil des Selbst werden. Meine Großmutter pflegte eine Geschichte über meinen Vater zu erzählen, die das Gemeinte verdeutlichen dürfte. Dieser wurde als Kind wegen seiner damals blonden Lockenpracht von den Eltern und anderen Verwandten und Bekannten als ‚der Süße' bezeichnet. Eines Tages soll er dann auf die Eltern mit den Worten ‚Der Süße tommt (kommt)' zugelaufen sein. In solcher einfachen Übernahme von Fremdbeschreibungen stellt sich ein unterstellter Konsens von Fremd- und Eigenperspektive quasi automatisch ein. Erst jetzt wird eine Spiegelung von Beziehungen vor dem Hintergrund einer solchen Eigenperspektive möglich. Es muss sich ja erst irgendwie ein Selbstbild ergeben, bevor auch Beziehungen bzw. Kommunikation vor dessen Hintergrund gedeutet werden können. Es muss zunächst um Konsens von Eigen- und Fremdperspektive gehen, die unterstellte Fremdperspektive muss die eigene Perspektive erst erschaffen, bevor „der eigene Konsens oder Dissens gegenüber der unterstellten Perspektive der anderen" (ebd.) relevant werden kann. An der Geschichte kann man im Übrigen schön sehen, dass Erinnerungen an Handlungen einer Person mindestens teilweise sozial aufbewahrt und dem Selbst durch kommunikative Redundanz eingeprägt werden, auch und gerade wenn es vielleicht die Erinnerung ohne Kommunikation, also rein bewusstseinsseitig nicht reproduzieren könnte (siehe 1.4.2). Häufig kann dann auch überhaupt nicht mehr zwischen Erinnerung an den kommunizierten und den erlebten Sachverhalt unterschieden werden, ja über Kommunikation lassen sich sogar bewusstseinsseitige Erinnerungen an Erlebnisse, die definitiv nicht stattgefunden haben, erzeugen (vgl. Loftus & Pickrell 1995, Spitzer 2004; siehe Kap. 1.4.2b)

in der Vergangenheit unterstellten Konsens von Eigen- und Fremdperspektive (signifikanter und generalisierter Anderer[60]) zurückzuführen sein könnte. Der Zusammenhang fällt erst wieder auf, wenn die Erwartungen verletzt werden sollten. Dass man sich z.B. im Kölner Dom ohne Hosen wohlfühlt, wird einem schnell ausgetrieben werden. Noch einmal: Der Spiegel ist nicht der signifikante oder generalisierte Andere. Der Spiegel ist selbst gebaut. Er existiert nur im eigenen Bewusstsein. Aber er würde dort ohne Kommunikation nicht vorkommen. Die Kommunikation ist sozusagen Anlass für die Spiegelkonstruktion des Bewusstseins und die Spiegelkonstruktion motiviert wiederum zur Teilnahme an Kommunikation und sichert ihren Fluss vor dem Hintergrund erwartbarer, erwarteter, nicht erwartbarer und nicht erwarteter Anschlüsse und Zuschreibungsvorgänge. Anders ausgedrückt: Die kommunikativ angeschobenen Spiegelungsunterstellungen des Bewusstseins etablieren Sinngrenzen des Selbstseins bzw. Habitusformen, die Möglichkeiten für die Selbstbeobachtung des Bewusstseins öffnen, indem sie sie permanent gegen andere Möglichkeiten schließen.

Viertens betonen die Pragmatisten und noch deutlicher die symbolischen Interaktionisten zumeist das eigene Teilnehmen an Interaktionssystemen und die daraus resultierende Rekonstruktion von Erwartungen. Hier wird – wie bereits mehrfach angedeutet – behauptet, dass die nicht-teilnehmende Beobachtung[61] von Kommunikation genauso bedeutsam ist. Phylogenetisch mag es sogar wahrscheinlicher sein, dass Mitteilungs-Informations-Differenzen zunächst in der Beobachtung aufeinander bezogenen Verhaltens Dritter verstanden werden, da eine solche ‚unbeteiligte‘ Beobachtung eher in einem Zustand relativer motorischer und kognitiver Entlastung stattfindet. In bereits emergierten Kommunikationssystemen kann so jedenfalls nicht nur bemerkt werden, dass Kommunikation durch Erwartungen strukturiert ist. Vielmehr wird auch deutlich, dass Personen nicht nur *Adressen*, sondern auch (ein bestimmtes Stadium der Kulturevolution vorausgesetzt) Gegenstand von Kommunikation sind, dass sie beobachtet wer-

---

60 Konkrete Andere spielen natürlich auch bei der Vermittlung der Erwartungen generalisierter Anderer (wie gesellschaftlichen Gruppen, Institutionen, der Gesellschaft) eine Rolle. Der Unterschied, der hier gemeint ist, bezieht sich aber auf die Natur der Erwartungen. Diese können partikularistisch (‚Dir steht blau gut‘) oder universalistisch sein (‚Männer tragen keine Röcke‘).

61 Der Ausdruck „nicht-teilnehmende Beobachtung", der zudem mit empirischer Sozialforschung assoziiert werden könnte, ist natürlich etwas verwirrend. Man nimmt ja teil, weil man etwas versteht, ansonsten könnte man ja auch nicht beobachten. Gemeint ist hier, dass man in der beobachteten Kommunikation nicht als direkter Adressat vorkommt, wobei dadurch nicht ausgeschlossen ist, dass man in der Eigenschaft als Beobachter wiederum Adressat ist wie etwa bei einem Kinofilm oder einem inszenierten Gespräch, dessen Beobachtung wiederum bestimmte Anschlüsse zeitigen soll. Smith (1759/1979) verwendet den Begriff des „impartial spectator". Erstens ist aber ‚impartial‘ unglücklich gewählt, weil das Nicht-Teilnehmen nicht unbedingt Nicht-Parteilichkeit (im wertenden Sinne) heißen muss, und zweitens verwendet Smith den Begriff auch in Bezug auf die Perspektivenübernahme in Dyaden.

den, *Thema* sind sowie Zuschreibungsinstanzen für Handlungen und Eigenschaftsbündel.[62] Nur in dieser nicht-teilnehmenden Beobachtung der Objekthaftigkeit von Personen kann eine Vorstellung vom generalisierten Anderen, vom *„man"* (vgl. von Wiese 1962: 87ff) entwickelt werden. Es wird dann evtl. auch beobachtet, dass es spezifische *Personensemantiken* gibt, die sich in merkwürdigen Verschränkungen von Erwartungen und Definitionen bzw. in sog. *Charakteristiken* auf Personen beziehen.

Diese *Charakteristiken* sind ein Spezialfall der von Berger und Luckmann (1966/1997: 33ff, 74ff, 185f) sog. *Typisierungen*. Denn obgleich diese den Begriff fast ausschließlich personenbezogen verwenden, sind ja auch Typisierungen von Dingen, Tieren, Situationen, Aussprüchen usf. offensichtlich.

> „Die gesellschaftliche Wirklichkeit der Alltagswelt [die ja nicht nur aus ‚Leuten' besteht; J.R.] wird also als ein kohärentes und dynamisches Gebilde von Typisierungen wahrgenommen, welche umso anonymer werden, je mehr sie sich vom ‚Jetzt und Hier' der Vis-à-vis-Situationen entfernen. An dem einen Pol dieses Gebildes befinden sich diejenigen Anderen, mit denen ich häufige und enge Kontakte pflege [also in Meads Terminologie die signifikanten Anderen; J.R.], mein ‚innerer Kreis' sozusagen. Am anderen Pol stehen höchst anonyme ‚Abstraktionen', die ihrem Wesen nach niemals für Vis-à-vis-Interaktionen erreichbar sind [also generalisierte Andere; J.R.]" (ebd.: 36).

Unter *Personensemantiken* sollen in diesem Zusammenhang hier spezifische Unterscheidungen oder Sinnformen verstanden werden, die personenbezogene Typisierungen, die wir auch als Charakteristiken bezeichnen, ermöglichen, mögen sie sich auf konkrete Einzelpersonen oder Personengruppen beziehen. Nur mit Hilfe von Unterscheidungen, die sich auf Personen beziehen, können Unterschiede von Personen und Personengruppen ausgemacht werden, die dann in Charakteristiken fixiert werden. Gregory Bateson (1972/1981: 582) paraphrasierend könnte man sagen, Personensemantiken sorgen dafür, dass aus einer schier unendlichen Anzahl möglicher Personenmerkmale nur bestimmte Unterschiede sozial und kulturell Unterschiede machen, also in diesem Sinne personenrelevante Informationen sind.

Jedenfalls werden Personen, indem ihnen mittels Personensemantiken Eigenschaften zugeschrieben werden, in einem Feld von Typisierungen verortet. Sie sind z.B. Priester, Ärztin oder Mutter, klug oder dumm, verstehen Humor oder nicht, sind hübsch oder hässlich, groß oder klein usw.

Hinter diesen Zuschreibungsakten stehen partikularistisch oder gar universalistisch sozial gedeckte Erwartungen (siehe 1.3.1c) über die Legitimität der Inhaberschaft von Positionen, über das angemessene Verhalten von Positionsinha-

---

[62] Diese Sichtweise wird in klassischen Soziologie von Emile Durkheim (für den Begriff der Seele immer noch sehr lesenswert: 1912/1994: Kap. 8) und besonders Marcel Mauss (1938/1997) auf den Weg gebracht; einen schönen, kritischen Überblick bietet Spencer E. Cahill (1998).

bern im Ausüben der Position (Rollenerwartungen), über die soziale Bewertung von Merkmalen des Verhaltens und der äußeren Erscheinung. Ebenso wird aus der Kommunikation wiederum ersichtlich, wie auf die Erfüllung oder Nicht-Erfüllung dieser Erwartungen geschlossen wird, und welche Anschlüsse jeweils erfolgen können[63]. Damit wird für konkretes Personsein ein davon unterscheidbarer *Möglichkeitshorizont* aufgemacht von Eigenschaften, die nicht aktuell attribuiert sind, aber potentiell zugeschrieben werden könnten, sowie ein ,*Wirklichkeits*'-Horizont[64] von anderen Personen, die aufgrund differenzieller Attributkombinationen unterschieden sind (s.u.).

Es ist ferner beobachtbar, dass die Erwartungen, die sich auf Personen beziehen, einerseits situativ und andererseits mit den Erwartungsabsendern variieren, dass es sich also immer um eine Mehrzahl von Erwartungen handelt, die für Personencharakteristiken herangezogen werden, und dass die Erwartungen jeweils mehr oder weniger große Spielräume für Verhalten lassen, welches sich auf wiederum andere Erwartungen bezieht.

Krappmann (1969/2000: 38) spricht in Anlehnung an Strauss davon, dass „die Identität der Person schließlich nur noch als Bündel von Reflexen in einem Spiegelkabinett" erscheine. Gerade aber aus der Mehrzahl der Erwartungen und ihrer Absender, ob sie nun konsistent verbunden werden können oder nicht, ergeben sich individuelle Erfordernisse der Interpretation sowie Möglichkeiten der Kombination und Rekombination. Gerade aus der Notwendigkeit, Erwartungen zu unterstellen und aus Kommunikation zu schließen, ihrem Möglichkeitscharakter also, ergibt sich das Erfordernis der Präsentation oder Verständigung, deren vorläufiger und riskanter Charakter ja immer etwas *Eigen*artiges und Neues, man könnte sagen ,etwas Persönliches', in die Kommunikation einführt. Ähnlich lautet eine These von Krappmann (ebd.: 128), „daß ein Individuum gerade dann erfolgreich in Rollensystemen interagieren kann, wenn es den vorgegebenen Bezugsrahmen von Normen und Sprache benutzt, als ob es sich in ihm darstellen könnte, jedoch dabei den Vorbehalt des ,als ob' sichtbar macht".[65] Jedenfalls

---

[63] Erwartungen, die sich auf Zeichen der Erfüllung anderer Erwartungen oder allgemeiner auf die Zuordnung zu einer Seite einer Unterscheidung beziehen, wurden am Anfang dieses Kapitels als ,Zuordnungsschemata' oder Programme bezeichnet.

[64] Die Anführungszeichen sind gesetzt, weil dieser ,Wirklichkeits-'horizont auch fiktive Personen beinhalten kann.

[65] Hier wird freilich ein modern strukturiertes, d.h. primär funktional ausdifferenziertes Gesellschaftssystem vorausgesetzt. Für die Individuen bedeutet dies dann Multipositionalität mit divergierenden evtl. widersprüchlichen Rollenerwartungen und in der Folge Exklusionsindividualität, d.h. individuelle Identität, verstanden als Einheit divergierender Teilidentitäten, kann sozial m.E. nicht mehr repräsentiert werden (siehe 1.3.2). Wiederum taucht die Problematik in der Literaturgeschichte zuerst in Shakespeares Hamlet auf. Identität und Authentizität werden hier als unstrukturierte Leerstellen aufgefasst, die sich zunächst nur als Negativ der Rollenträgerschaften verstehen lassen (vgl. A. Assmann 2003: 17f), so dass die Selbstdarstellung gerade deswegen auf ,als ob'-Vorbehalte angewiesen ist.

wird deutlich, dass sich die Menschen manchmal ähnlich, aber nie völlig gleich verhalten.

Da nun ja fünftens auch das eigene Vorkommen in Kommunikation als Thema beobachtet werden kann (wenn bspw. die Mutter dem Vater erzählt, dass ‚Bubi bös war‘ oder ‚Bubi ein süßes Kind ist‘), wird man sich der eigenen Personenhaftigkeit bewusst, wird man zum „impartial specator" (Smith) bzw. nicht-teilnehmenden Beobachter seiner eigenen Personalität (siehe zur Beziehung von ‚impartial spectator‘ und generalisiertem Anderen: Jäckel 1997). Man ist nicht nur Angesprochener und Ansprechender, sondern ist in der distanzierten Beobachtung als thematisch Eingeschlossener, aber handlungsmäßig Ausgeschlossener wirklich gegenständlich geworden und kann spätestens jetzt auch die gegenüber anderen Personen als Gegenstand von Kommunikation explizierten und implizierten Erwartungen auf die eigene Person beziehen. Man erhält – wie es Luhmann (1991/1995) in Anlehnung an George Spencer-Browns Formenbegriff formuliert – eine Form Person/Unperson als eine Unterscheidung, von der ein Drittes eben Nicht-Personenrelevantes als Nicht-Unterschiedenes ausgeschlossen ist.

> „Als Unperson auf der anderen Seite kann nur etwas zählen, was nicht die Person selbst bezeichnet, aber ihr attribuiert werden könnte und gegebenenfalls auf sie durchschlägt – etwa lange verborgene Enklaven in der bürgerlichen Lebensführung eines angesehenen Mitmenschen oder die Neigung zu epileptischen Anfällen, die, wenn sichtbar geworden, dann unvermeidbar auf die Person angerechnet wird. Alles andere ist Zustand oder Vorkommnis in der Welt und kommt weder für die eine noch für die andere Seite des Personenschemas in Betracht" (ebd.: 149).

Der Ausdruck „Unperson" verführt (auch Luhmann?) dazu, sich die andere Seite des aktualen Personseins als etwas Verruchtes vorzustellen, hier Dr. Jekyl, dort Mr. Hyde, der Drogen nimmt oder an der Bar unprüfbare stories erzählt (vgl. ebd.: 154). Tatsächlich ist es nur der *personensemantische Möglichkeitshorizont*, der dem aktualen Personsein in der Kommunikation immer parallel läuft[66]. Mit den Personensemantiken wird Personalität eben so bestimmt, dass einerseits für aktuelle Personalität in Kommunikationssystemen nicht alle kulturell mobilisierbaren Semantiken herangezogen werden, und andererseits jeweils nur eine Seite der semantischen Unterscheidung benutzt wird (man kann eben nicht gleichzeitig schön und hässlich sein).

---

[66] Zumindest wird das hier so verstanden. Natürlich kann die Personenform durch andere Schemata wie Normativität/Devianz, Normalität/Abnormalität, Gesund/Krank usw. überformt werden. Wenn hier eines dieser Schemata im Bezug zur Personensemantik gemeint wäre würde Luhmann aber wohl nicht von ‚der Person‘ (Einzahl und bestimmter Artikel), sondern von ‚Personen‘ sprechen müssen, wollte er nicht zwei differenzielle Dimensionen vermischen. In dem Zitat zur ‚Unperson‘ (s.o.) sagt Luhmann eben „was nicht die Person selbst bezeichnet, aber ihr attribuiert werden könnte". Auch im Falle eines sog. Doppellebens wäre man ja in seinem ‚Zweitleben‘ wieder eine Person, aber eben eine andere.

Nicht herangezogene Semantiken und die jeweils anderen Seiten semantischer Unterschiede bilden dann den *Möglichkeitshorizont von Personalität*, von dem oben bereits gesprochen wurde.

Mit diesem wird zudem die Strukturierung eines (ebenso bereits erwähnten) *personalen Wirklichkeitshorizontes* möglich, der andere ‚reale' und ‚fiktive' Personen als jeweils spezifische Eigenschaftsbündel enthält. Dieser Wirklichkeitshorizont von Personalität kann wiederum den Möglichkeitshorizont strukturell überformen, da er Möglichkeiten und Grenzen der Kombinierbarkeit von Personensemantiken etabliert. Die einem beliebigen Individuum kommunikativ angesonnene aktuelle Personencharakteristik, deren Möglichkeitshorizont und der Wirklichkeitshorizont anderer kommunikativ thematisierbarer Personen bilden gemeinsam die Form Person, die wiederum von anderen Sinnformen unterschieden werden kann.

Personalität kann man dann als Medium verstehen, das derartige Formungen ermöglicht, indem es alle kulturell verfügbaren Personensemantiken in einem Elementpool lose koppelt.

Wirklichkeits- und Möglichkeitshorizont der Personenform zusammen wollen wir hier des weiteren als *personalen Kontingenzhorizont* bezeichnen, die jeweils aktuellen Selektionen vor deren Hintergrund als *aktuelles Personsein*.

Das ausgeschlossene Dritte ist dabei freilich auch Kontingenzhorizont von personenbezogener Sinnaktualität, aber es ist der Kontingenzhof der (Einheit der) Unterscheidung und nicht des aktual Unterschiedenen. Es macht einen Unterschied, ob Personenerwartungen gebildet werden oder bspw. Erwartungen bzgl. des Wetters. Im Zuge der personalen Erwartungsbildung selbst ist dann aber nur noch relevant, ob die Person z.B. klug oder dumm, groß oder klein, schüchtern oder eloquent usw. ist und nicht, dass es regnet oder die Sonne scheint. Die andere Seite des durch die Personenform gezogenen Unterschieds, der Möglichkeitshorizont bzw. die nicht aktualisierte Seite der Form wird dem Bewusstsein dann dadurch verfügbar, dass es die Kommunikation über andere Personen und die entsprechenden Attribuierungsvorgänge beobachtet (Wirklichkeitshorizont) und sich so vorstellen kann, wie es als Person sein will, sein wird, sein könnte usw., genauso wie es beobachten kann, wie es in der Kommunikation als Person ist. Immer jedoch geht es bei dieser Erschaffung des Selbst durch das Bewusstsein um die Repräsentanz von vergangenen, aktualen, zukünftigen und möglichen Beziehungen des eigenen Bewusstseins und Körpers zu darauf bezogenem Verhalten anderer bzw. zu Kommunikation.

Das *Selbst des Bewusstseins* bildet sich also als kognitive Repräsentanz oder besser: Konstruktion dieser Beziehungen, als die eine Seite einer spezifischen strukturellen Kopplung zwischen Sozialsystemen und Bewusstsein, genau wie auf der anderen Seite „Personalität entsteht, wo immer das Verhalten anderer als gewählt vorgestellt wird und durch das eigene Verhalten kommunikativ zu beeinflussen ist" (Luhmann 1997: 643). Das Selbst des Bewusstseins wird durch seine Personenhaftigkeit in der Kommunikation irritiert und erzeugt und die Bewusstseine irritieren in ihrer unterstellten Ichhaftigkeit die Kommunikation, die mit dem Personenschema auf die Irritation reagiert. „Die Person fungiert als Adresse in der Kommunikation, als Schema, als strukturelle Kopplung für psychische und soziale Systeme, indem sie individuell attribuierte Einschränkungen von Verhaltensmöglichkeiten fixiert." (Bohn 2003a: 179). Aber nicht nur als „individuell attribuierte Einschränkung von Verhaltensmöglichkeiten" (Luhmann 1991/1995: 148) wird die „Form ‚Person'" fixiert, sondern auch als individuell attribuierte Einschränkung von Möglichkeiten des Wahrgenommenwerdens in Form von Wahrnehmungsberichten (etwa „Bubi ist ein schöner, großer, kräftiger Bub"). Zumindest unter modernen Bedingungen ist nun Personsein nur „eine Facette des Selbstseins" (Bohn 2003a: 179), da ja synchron je nach Subsystem und diachron im Lebensverlauf von Individuen ganz unterschiedliche Erwartungen und kommunizierte und in der Kommunikation unterstellte Eigenschaften der Person – man könnte m.E. sagen mehrere Personen – relevant werden (siehe ausführlich Kap. 1.3.2).

Und trotzdem bleibt Sokrates Sokrates und Nestor Nestor (siehe Locke 1690/1976: 165f), obgleich deren Bewusstseine je nach kommunikativem Personsein andere Dinge erinnern, die Dinge anders erinnern und eine andere Selbigkeit konstituieren. Der hier vertretenen Auffassung nach ist die (logische) Identität der Person eben nicht in einem Fluss aufeinander bezogener oder beziehbarer Bewusstseinsakte gegeben, wobei das Bewusstsein selbst das Gleiche bleibt. Denn das Bewusstsein ist in der Aktualität seines Sinnprozessierens ja von Moment zu Moment verschieden und daher niemals ein Identisches. Die Einheit des Bewusstseins ist eben nicht in diesem selbst zu suchen, sondern – systemtheoretisch formuliert – in der Differenz des Bewusstseins zu einer Umwelt, die eben nicht dieses Bewusstsein ist. Allein diese Differenz bleibt logisch mit sich selbst identisch, auch dann, wenn sich Bewusstsein und dessen Umwelt ständig verändern. Die Beobachtung dieser Differenz durch das Bewusstsein mit Hilfe der Kommunikation und umgekehrt – man erinnere sich an die Ausführungen zur Co-evolution von Bewusstsein und Gesellschaft – führt zu einer kommunikativen *und* kognitiven *Konstruktion* der Identität der Person bzw. des Selbst. Der Identität von Selbst bzw. Person im Denken oder der Kommunikation entspricht eben keine logische Identität des Bewusstseins: Nicht „trotz der Verschiedenheit der Bezeichnung [...] ist das Bezeichnete nichts Verschiedenes" (Muck 1976: Sp. 144), sondern Verschiedenes wird nicht verschieden bezeichnet und so als Gleiches behandelt. So verhält es sich etwa, wenn man jemandem vergangene Handlungen vorhält, oder zu erklären versucht, warum der Kommandant eines KZ zugleich Mörder und liebender Familienvater sein kann. Die Identität der Person ist eine normative und kognitive Unterstellung, ein Postulat der Kommunikation. Man könnte auch sagen: eine identifikatorische Illusion, die sich an Namen, Pässe, Fingerabdrücke, biometrische Merkmale (vgl. Bohn

2003b) oder Narben (vgl. Hahn 2003a) klammert, obgleich ihr die Differenzerfahrungen des Bewusstseinslebens völlig inkommensurabel sind. „Ich bin nicht Stiller" sind die ersten Worte die Max Frisch seinem Helden Stiller in dem gleichnamigen Roman (1954/1973), auf den wir noch des Öfteren zu sprechen kommen werden, in den Mund bzw. die Kladde legt.

Auch konstante Persönlichkeitsmerkmale im Sinne der Persönlichkeitspsychologie (z.B. Intraversion/Extraversion usw.) sind in unserer Perspektive im Übrigen auf personale Identität fokussierte kommunikative Konstruktionen. So haben Shweder und Bourne (1984) in einer vergleichenden Untersuchung von Personenbeschreibungen durch Inder und US-Amerikaner z.B. festgestellt, dass nur die Amerikaner auf konstante Persönlichkeitsmerkmale abstellten, während die Inder durchaus inkonsistente Fallbeispiele aus differenziellen Rollenkontexten heranzogen.

Entspräche den kommunikativen Identitätsunterstellungen von Personen jedenfalls eine logische Identität des Bewusstseins, so gäbe es überhaupt keine Identitätsproblematik, die zudem überhaupt keine interkulturell synchron oder intrakulturell diachron zu beobachtende Universalie ist. Ebensowenig gäbe es in einem solchen Falle Bewusstsein, dessen Funktionsweise ja gerade auf die Differenz seiner aneinander sich knüpfenden Operationen angewiesen ist, auf einen Gedankenstrom (vgl. James 1890/1950), in dem sich unterschiedliche Gedanken ablösen (ohne diesen Sachverhalt wäre auch Kommunikation unmöglich, da keine Differenzen verstanden werden könnten).

Hier soll daher von Personen nur dort gesprochen werden, wo Sozialsysteme psychische Systeme beobachten und so für die Kommunikation rekonstruieren (es wird in dieser Hinsicht von der Definition Luhmanns (1984/1996: 155) leicht abgewichen). Psychische Systeme können dagegen andere psychische Systeme nur insofern beobachten, als sie als Personen in der Kommunikation vorkommen[67], dort als Personen adressiert werden, ihre Personenhaftigkeit präsentieren und Thema von Kommunikation sind.

---

[67] In diesem Sinne spricht Luhmann (1984/1996: 125) ja auch davon, dass „[i]n der Sozialdimension [...] Ego und Alter personalisiert bzw. mit bestimmten *Sozialsystemen identifiziert*" (meine Hervorhebung) werden. Das Personenschema bzw. der Umweg über Sozialsysteme ist nötig, da das andere Bewusstsein eben weder operativ noch direkt strukturell mit dem eigenen Bewusstsein verkoppelt ist. Es irritiert nur insofern als es wegen Kommunikation unterstellt wird. Man könnte auch sagen die strukturelle Kopplung zwischen Bewusstseinen ist die Gesellschaft bzw. ihr Personenschema. Dabei ist die Kommunikation wieder an Verstehens*unterstellungen* der Bewusstseine gebunden. „Für Gesellschaften ist es deshalb fundamental, daß Kommunikation auch ohne ‚richtiges' Verstehen funktioniert. Diese an jenes zu binden, würde Kommunikation verunmöglichen. Es reichen allemal Verstehensunterstellungen und fiktive Verständnisse, um die Kommunikation in Gang zu halten. Was zählt ist nicht, daß richtig verstanden wurde, sondern, daß irgend etwas verstanden wurde und daß man davon ausgehen kann, damit es weitergehen kann. Gerade die Unwahrscheinlichkeit des Sich-Verstehens macht Kommunikation zu einer unendlichen Geschichte". (Hahn 1989/2000a: 88f).

Damit hängt auch das zusammen, was Hahn (1988/2000a: 97) als Paradoxie der Selbstaussage bezeichnet. Auch, wenn man über sich selbst redet, „ist man ja zunächst jemand der redet und erst in zweiter Linie jemand, über den geredet wird. Man kann sich nur dadurch präsentieren, dass man sich zum Gegenstand einer Aussage macht, womit man sich immer auch distanziert" (ebd.).

Jedenfalls sollte bislang deutlich geworden sein, dass Kommunikation (und Bewusstsein) nur dadurch zustande kommen kann, dass das Problem doppelter Kontingenz durch i.w.S. personale Erwartungsbildung im Medium Sinn (paradoxerweise in Folge von Kommunikation und Bewusstsein, also durch Emergenz) gelöst wird:

> „Personen kondensieren demnach als Nebeneffekt der Notwendigkeit, das Problem der doppelten Kontingenz sozialer Situationen zu lösen, wenn es überhaupt zur Bildung sozialer Systeme kommen soll. Deshalb Erwartungsdisziplin, deshalb Einschränkung der Verhaltensrepertoires, deshalb die Notwendigkeit, der zu bleiben, der zu sein man vorgetäuscht hatte. Und deshalb auch das Mitgemeintsein einer anderen Seite, zu der hinüber man kreuzen könnte im Rahmen weiterer Möglichkeiten, über die ein psychisches System verfügt. Die Form selbst dient also nicht psychischen Bedürfnissen, sondern löst – zusammen mit anderen Referenzen – ein Problem sozialer Systeme" (Luhmann 1991/1995: 149f).

Aber: Dass die eigene Person Adresse und Gegenstand von Kommunikation ist und dort beobachtet werden kann, führt nun allerdings zu einer neuen Qualität der Selbstbeobachtung des Bewusstseins und seiner Beobachtung von Kommunikation, nämlich zu einer solchen, die eine Selbstbeschreibung und damit Selbstkonstitution erst ermöglicht.[68] Dies geschieht, indem Bewusstsein kommunikativ erfahrene Personenqualitäten in einem Feld von anderen Möglichkeiten und anderen Personen sowie deren Erwartungen verortet und sich selbst so im Hinblick auf vergangene, gegenwärtige und zukünftige Beziehungen zu anderen hin (man könnte auch sagen im Hinblick auf Kommunikation) entwirft. Dabei wird unterstellt, dass die eigene so entworfene Beschaffenheit auch in den Bewusstseinen der anderen wieder auftaucht, erkannt oder verkannt wird, und dass Konsens und Dissens von Eigen- und Fremdperspektive aus der Kommuni-

---

[68] Wir weichen in dieser Hinsicht entschieden von Luhmann (1991/1995: 151ff) ab. Ohne Personenform gibt es kein „Selbstkonzept der Unterscheidung Selbstreferenz/Fremdreferenz", weil die Unterscheidung zwar für Beobachtungsvorgänge genutzt wird, selbst als Unterscheidung aber nicht beobachtet werden kann. Es geht nicht um Überformung eines auch ohne kommunikatives Personsein vorhandenen Selbstkonzepts, sondern um dessen Ermöglichung, nicht um die Überformung einer Form durch eine andere, sondern um die Beobachtung des Bewusstseins durch eine Form der Kommunikation, die dem Bewusstsein, dann wiederum zur Selbstbeobachtung seiner eigenen Beobachtungsformen und auch seines Körpers dienen kann (siehe 1.4.1). Dabei ist es müßig zu erwähnen, dass soziale und psychische Systeme in der Verwendung der gleichen Form freilich zu ganz anderen Schlüssen kommen können.

kation ablesbar sind, die Kommunikation also Testfall für den Entwurf ist. Um noch einmal Dewey (1925/1929/1995: 237) zu zitieren:

> „Soziabilität und Kommunikation sind genauso unmittelbare Eigenschaften des konkreten Individuums wie die Privatheit des Bewusstseinskämmerleins. Es ist gleichermaßen natürlich wie unvermeidlich, sein eigenes Selbst [es ließe sich ergänzen: angeregt durch Kommunikation] innerhalb geschlossener Grenzen [denn das Bewusstsein kann sich ja nicht in die Umwelt entäußern] zu definieren und dann zu versuchen, das Selbst in expanisiven Akten zu erproben, die unvermeidlich zuletzt im Zusammenbruch des eingemauerten Selbst enden. Hier liegt die letzte ‚Dialektik‘ des Allgemeinen und des Individuellen. Kaum hat jemand sein privates und subjektives Selbst eingerichtet, da verlangt er schon, daß es von anderen erkannt und anerkannt werden soll, selbst wenn er ein imaginäres Publikum oder ein absolutes Selbst erfinden muß, um diese Forderung zu erfüllen".

Erst nach sozusagen bestandenem oder nicht bestandenem Testlauf kann dann auch eigener Dissens und Konsens gegenüber einer aufgrund folgender Kommunikation unterstellten abweichenden Perspektive anderer sich ergeben[69]. Diese Form von selbstbezüglicher Beobachtung des Bewusstseins durch Selbstpersonalisierung mit Hilfe von Kommunikation soll hier Selbst und, wenn es um entsprechende Einheitskonstruktionen geht, Identität genannt werden.

Insofern kann auch von einem Primat der Sozialdimension von Identität gesprochen werden. Dieses oder jenes – ein Feuerwehrmann, eine hübsche Frau, ein Soziologe – ist man ja immer zunächst in der Kommunikation und daraus abgeleitet in den Augen anderer. So braucht man z.B. zumeist ein wenig Zeit, um sich, wenn man sein Diplom überreicht bekommt bzw. sein Studium beendet hat, ‚bewusst zu machen‘, dass man jetzt eben kein Student mehr, sondern Kaufmann, Biologe, Soziologe etc. ist.

Ebenso ist festzustellen, dass die kommunikativen Beschreibungsmöglichkeiten für Personen und somit auch die Erwartungen, die die eigene Person betreffen können, sowie die Vielzahl der daraus resultierenden möglichen Selbstbeschreibungen historisch (vgl. z.B. Mauss 1938/1997, Führmann 1989, Kible

---

[69] Diesen Zusammenhang macht Max Frisch (1954/1973: z.B. 139ff)) in „Stiller" im Hinblick auf Stillers missglückte Identität als Spanienkämpfer sehr deutlich. Stiller hat im Bürgerkrieg als Kämpfer versagt, weil er die (unterstellten) Erwartungen seiner Truppe und insbesondere seiner damaligen Freundin nicht erfüllt und nicht die „Franco-Spanier" geschossen hat, die einen Fluss (den Tajo) überqueren, den er bewachen sollte. Als er später in einer Gesellschaft von Freunden und Bekannten dieses Erlebnis erzählt und angibt, er habe nicht geschossen, weil er nicht auf Menschen schießen könne, wird mit Hilfe von Stillers Freund Sturzenegger schnell Konsens darüber erzielt, dass dies „einen Sieg des Menschlichen, einen Sieg des konkreten Erlebnisses über alles Ideologische und so fort" (141) darstelle. Dennoch kann Stiller diese ihm angesonnene Fremdperspektive nicht mehr in die Eigenperspektive übernehmen. Er muss eigenen Dissens gegenüber dieser Auffassung konstatieren (wie es insbesondere in einem späteren Gespräch mit Sybille deutlich wird, siehe S. 268f), das aber kann er nur, weil er bereits eine andere Fremdperspektive, in der er eben ein Versager ist, für den Aufbau einer diesbzgl. Eigenperspektive genutzt hat hat.

1989, Scherer 1989, Schütt 1989, Schild 1989) und interkulturell (vgl. z.B. Mauss 1938/1997, Read 1956, Geertz 1966/1987, Shweder & Bourne 1984) höchst variabel sind. Wir werden später (Kap. 1.3.2) sehen, dass hier Zusammenhänge mit Sozialstrukturen bzw. Differenzierungsgraden jeweils historisch gegebener Gesellschaftsformationen bestehen.

Mit den Beschreibungsformeln und identitätsrelevanten Themen und Kategorien ändern sich in soziokultureller Evolution dann ebenso *Identitätsnormen* als soziale Erwartungen, die sich darauf beziehen, wie Identität sein sollte (also was positive und negative Identität ist, dass Identität konsistent präsentiert werden muss etc.). Identität wird mit wachsender sozialer Differenzierung zunehmend zum Problem, da die Erwartungen und Beschreibungen zunehmend aus unterschiedlichen und nicht mehr zweifelsfrei integrierbaren kommunikativen Zusammenhängen stammen. Dieser Blickwinkel und verschiedene identitätsrelevante Kategorien (wie Körper, Namen und Rollen) sollen im Folgenden als Sachdimension von Identität diskutiert werden.

Daran anschließend wird die Zeitdimension von Identität behandelt. Personen haben Geschichte, sie haben Lebensläufe und Biographien, verfolgen Karrieren usw. Sie sind zu verschiedenen Zeiten ihres Lebens etwas anderes und streben in der Moderne paradoxerweise danach, etwas anderes zu werden und zugleich irgendwie dasselbe zu bleiben. Deutlich ist jedoch, dass diese Geschichten nie rein persönliche sind. Unterschiedlichen Lebensaltern korrespondieren unterschiedliche soziale Erwartungen und in unterschiedlichen sozialen Situationen werden unterschiedliche Aktualisierungen biographischer Daten relevant. Ja, was überhaupt in die Biographie eingeht, was auch nur möglicherweise biographierelevant ist, ergibt sich nicht aus dem Leben selbst, sondern aus angesonnenen und mehr oder weniger internalisierten Fremderwartungen, von der Verknüpfung biographierelevanter Daten zu einem ‚sinnvollen Ganzen' ganz zu schweigen.

> „Aber nicht nur die Vorstellung von unserem eigenen Wesen, auch das Bewusstsein der zeitlichen Identität unserer selbst wird konkret von der sozialen Dimension her ausgefüllt. Wir erfahren unsere zeitliche Identität im Spiegel der Gruppe, welche bestimmte Handlungen von uns aufbewahrt und uns vorenthält und andere nicht. Durch diese sind wir für sie in der Erinnerung festgelegt. Das macht unsere Identität aus. Wo die Gruppe das nicht leistet, zerfällt unser Dasein in Stücke bloßer Erinnerung, so wie unserer Charakter in ein bloßes Konglomerat von Möglichkeiten zerstäubt, wenn die Gruppe uns kein umrissenes Selbstbildnis mehr zu liefern vermag" (Tenbruck 1962/1986: 170).

Von der Zeitdimension von Identität, von Biographien und Lebensverläufen, Erinnerung und Sozialisation handelt der übernächste Abschnitt.

Hier halten wir fest, dass die nur in der Sozialdimension aufmachbare Ego-Alter-Differenz der Verortung von Person und Selbst auf den anderen Sinndimensionen vorgängig ist, und dass die Problematisierung der Identität von Personen und Selbsten ein historischer und kultureller Sonderfall ist.

1.3 Identität, identitätsrelevante Kategorien und soziale Differenzierung – die Sachdimension

Das Selbst des Bewusstseins wurde bisher gefasst als kognitive Repräsentanz der vergangenen, aktuellen, zukünftigen und möglichen sozialen Beziehungen eines Ich-bewussten (psychischen) Systems, als Selbstbeschreibungsvorgang eines Bewusstseins, das beobachtet, dass und wie es in Kommunikation als Person – als Adresse und Gegenstand – vorkommt, vorkam, vorkommen wird und vorkommen kann. Diese Beobachtung und Bezeichnung ist dabei genauso Eigenleistung des Bewusstseins wie das Vorstellen von Erwartungen und kognitiven Repräsentanzen der eigenen Person in anderen Personen. Die Kommunikation liefert das Material, welches das Bewusstsein zu einem Selbstbild (oder mehreren Selbstbildern) zusammenfügen muss, um es sodann wieder in der Kommunikation zu testen (und ggf. zu modifizieren), indem es sie auf direkte und indirekte Hinweise auf die eigene Person absucht. Dabei werden auch andere Personen beobachtet. Es wird auf Ähnlichkeiten und Unähnlichkeiten geachtet und es werden Vergleiche angestellt.[70]

Auch die Identität des Selbst ist somit ein Entwurf von Relationen zwischen beobachteten Bewusstseinsvorgängen und beobachtetem personalem Vorkommen in Kommunikation, zwischen eigenem Vorkommen und dem Vorkommen anderer Personen, zwischen Erwartungen, als deren Adressat das Bewusstsein sich rekonstruiert, und (wiederum gelernten) Bedürfnissen, zwischen diesen Erwartungen untereinander, zwischen ihren Absendern und Bewusstseinsvorgängen usw. Das Ich wird in der Gesellschaft und mit Hinblick auf seine (mögliche) Teilhabe an der Gesellschaft verortet. Das Entwurfartige daran muss nicht unbedingt problematisch sein und keineswegs bewusst. Es wird erst in dem Maße problematisch, als die Wahrscheinlichkeit steigt, dass derartige Entwürfe nicht oder nicht immer und in allen sozialen Situationen bestätigt werden, und dass der Entwurf selbst problematisch wird, weil die repräsentierten Relationen untereinander widersprüchlich erscheinen. Erst dann wird Identität zum Problem. Das ist vor allem unter bestimmten Bedingungen der Fall, die von der Soziologie als Moderne bezeichnet werden.

---

[70] Auf dieser Überlegung basiert bspw. Festingers (1954) Theorie der sozialen Vergleichsprozesse Ähnliche Überlegungen finden sich im Übrigen wiederum bereits bei Smith (1759/1979: 19): „Every faculty in one man is the measure by which he judges of the like faculty in another".

Bevor die Theorie der Moderne behandelt wird, soll sich dieser Abschnitt zunächst damit beschäftigen, welche Relationen es denn sind, mittels derer man sich bezeichnet, welche Kategorien identitätsrelevant sind bzw. was Identität inhaltlich bedeuten mag. Keinesfalls können dabei alle – möglicherweise nur zu bestimmten historischen Zeitpunkten bedeutsamen – de facto identitätsrelevanten Kategorien genannt werden. Einige wenige, aber wichtige Beispiele müssen hier genügen. Unabdingbar ist es allerdings im Hinterkopf zu behalten, dass die sozialen Vorstellungen davon, was Personen sind und was sie ausmacht, bestimmten historisch kontingenten Gesellschaftsformationen korrespondieren und daher auch die Selbstbestimmung des Bewusstseins auf völlig unterschiedliche Weise affizieren.

a) Körper

Unser Dasein ist an unsere Körperlichkeit gebunden, unsere körperliche Existenz ist die Vorraussetzung für unser bewusstes Denken und unsere Teilhabe an Kommunikation. Die Einzigkeit und Unverbundenheit der Körper ist ein unmittelbar gegebenes Faktum. Die Einzigartigkeit ihrer äußeren Erscheinung können wir täglich beobachten. Die äußerliche Andersartigkeit unserer Körper wird uns bewusst, wenn wir uns das erste Mal in einem Spiegel erkennen, genauso wie, dass sie für Andere wahrnehmbar ist und wahrgenommen wird, wie wir ja auch die körperliche Erscheinung der Anderen wahrnehmen. Dass und in welcher Hinsicht unserer körperliches Aussehen Bestandteil unseres Selbst wird, ist jedoch in hohem Maße voraussetzungsvoll. Da im Zusammenhang mit Massenkommunikation der Komplex ‚Körper-Identität‘ noch einmal behandelt wird, sollen hier die wichtigsten Aspekte genügen.

Ein wie auch immer rudimentäres Ich- und Selbstbewusstsein ist Vorraussetzung dafür, dass man sich überhaupt als körperliche Erscheinung auffasst und erkennt. Man sähe im Spiegel sonst eben nicht sich, sondern jemand anderen bzw. etwas anderes, wie die sog. ‚Kampffische‘ (Betta splendens aus Makka, Singapur und Thailand), die ihr eigenes Spiegelbild angreifen[71]. Den *Körper als Sitz*

---

[71] In dem Film ‚Rumblefish‘ von Francis Ford Copolla mit Mickey Rourke und Matt Dillan wird der Kampf des Betta gegen sein eigenes Spiegelbild als Metapher für den Identitätskonflikt des Protagonisten verwendet. Dieser ist in den Erwartungen seines Milieus und durch seine Stigmatisierung als Krimineller in einem engen Möglichkeitsraum der Selbstinterpretation und -präsentation gefangen. Darüber hinausweisende Identitätsmerkmale kann er nicht mehr entfalten bzw. bekommt sie nicht (mehr) bestätigt. Wie die Fische erkennt er sich selbst nicht im Spiegel (bzw. der vorgestellten Spiegelung durch die anderen), wodurch eine Art ‚Selbstzerfleischung‘ in Gang gesetzt wird. Der Film spielt auf mehreren Ebenen mit dieser Metapher. So ist er bspw. in Schwarz-Weiß gedreht, nur die Kampffi-

des Selbst und mit diesem verbunden aufzufassen, ist bereits eine Abstraktionsleistung, die notwendig von Ich-Bewusstheit auszugehen hat, wie es Cooley (1902/1922/1956: 175f) an einer einfachen Alltagsbeobachtung festmacht:

> „As many people have the impression that the verifiable self, the object that we name 'I', is usually the material body, it may be well to say that this impression is an illusion, easily dispelled by any one who will undertake a simple examination of facts. It is true that when we philosophize a little about 'I' and look around for a tangible object to which to attach it, we soon fix upon the body as the most available locus; but when we use the word naïvely, as in ordinary speech, it is not very common to think of the body in connection with it; not nearly so common as it is to think of other things" (Hervorh. i. Org.).

Wir sind zwar in der Funktionsweise unseres Bewusstseins auf unseren Leib angewiesen, doch können wir uns nicht in ihn hineinversetzten, da sein Operationsmodus nicht wie im Falle von Kommunikation und Bewusstseinsprozessen Sinn ist. „Insofern ist uns unser Körper fremder als ein alter Ego" (Hahn 1990/2000: 388). Und doch ist unser Körper uns zeitlebens verfügbar, aber in erster Linie als tangibles Objekt (wie Cooley es ausdrückt) bzw. als zunächst nicht sinnhaft interpretierbare Umwelt des Bewusstseins und der Kommunikation. Es besteht einfach eine eigentümliche Differenz zwischen unserem Denken und unseren körperlichen Vorgängen und Zuständen. Diese Differenz muss in und damit für Bewusstsein und Kommunikation wieder verfügbar gemacht werden[72]

---

sche sind in Farbe zu sehen. Diese erkennen in Wirklichkeit freilich gar nichts, sondern reagieren lediglich instinktiv auf bestimmte Schlüsselreize mit Aggression.

[72] Die körperliche Umwelt ist ja für die Kommunikation lebensnotwendig, denn ohne körperliche ‚Substrate' könnte sie nicht stattfinden, ohne Reproduktion hörte die Gesellschaft auf zu existieren usw. Und auch der menschliche Organismus ist gewissermaßen auf die Gesellschaft angewiesen, denn Triebe und Instinktreste werden beim Menschen eben nicht durch artweit vorhersagbare Schlüsselreize in festgelegte und evolutionsbiologisch ‚sinnvolle' Verhaltenssequenzen kanalisiert (Gehlen 1940/1974). Insofern ist es durchaus berechtigt von einer Dialektik von Gesellschaft und Natur zu sprechen: „Die Gesellschaft nimmt auch auf die Funktionen des Organismus direkt Einfluss, am ausdrücklichsten im Bereich der Sexualität und der Ernährung. Zwar gründen Sexualität und Nahrungsaufnahme auf biologischen Trieben, aber diese Triebe sind beim menschlichen Lebewesen außerordentlich bildbar. Seine biologische Konstitution treibt den Menschen, sexuelle Entspannung und Nahrung zu suchen. Aber seine biologische Konstitution sagt ihm nicht, wo er sich sexuell entspannen und was er essen soll. Sich selbst überlassen, könnte er sich jeden Objektes sexuell bemächtigen und wäre durchaus fähig zu essen, was ihn töten würde. Sexualität und Ernährung werden viel mehr gesellschaftlich als biologisch in feste Kanäle gedrängt, wodurch diesen Aktivitäten nicht nur Grenzen gewiesen, sondern direkt Einfluss auf organische Funktionen ausgeübt wird. Eine mit Erfolg sozialisierte Person ist unfähig, sexuell auf das ‚falsche' Objekt zu reagieren und übergibt sich mit Ekel, wenn man ihr die ‚falsche' Nahrung vorsetzt. [....] Die gesellschaftliche Wirklichkeit determiniert [ein, wie ich meine, unglücklicher Ausdruck, besser wäre vielleicht: affiziert; J.R.] nicht nur Aktivität und Bewusstsein, sondern zu beträchtlichem Anteil auch organische Funktionen [...]. Auch die Art wie der Organismus tätig ist – Expressivität, Gang, Gestik – trägt den Stempel der Gesellschaftsstruktur." (Berger und Luckmann 1966/1997: 193; siehe ebenso: Bourdieu 1997/2001: Kap. 4).

(die Systemtheorie spricht von re-entry), damit sie dann evtl. „sozial und individuell durch Zuschreibungsprozesse ausgeblendet werden [kann]. Selbst und
Körper werden dann als identisch gefasst, oder der Leib erscheint als Ausdruck
oder Träger des Selbst" (Hahn 1990/2000: 387, siehe diesen Aufsatz für entsprechende Zuschreibungsvorgänge durch die Religion).

Dies ist keineswegs selbstverständlich. Dass wir unseren *Körper überhaupt als
Einheit begreifen*, die vom ‚Geist' getrennt ist und durch diesen mehr oder weniger
beherrscht werden kann, ist nämlich – so eine wichtige Grundthese einer Soziologie des Körpers – ein historischer und kultureller Sonderfall. Die wissenschaftliche Begründung dieses Modells und damit die Voraussetzung für einen Paradigmenwechsel liefert Descartes (1641/1991) in den Meditationes (6. Meditation)
mit dem ‚Beweis' der ‚reali mentis a corpore distinctione'. Durkheim bemerkt für
die ‚Australier' (Aborigines) z.B. eine vollkommen gegensätzliche Ansicht:

> „Zwischen Seele und Körper besteht nicht nur eine enge Solidarität, sondern teilweise
> sogar eine Vermischung. So wie etwas vom Körper in der Seele ist, da sie manchmal des-
> sen Form widerspiegelt, so ist etwas von der Seele im Körper. Gewisse Teile und gewisse
> Produkte des Organismus sollen mit ihr eine ganz besondere enge Beziehung haben: das
> Herz, der Atem, die Plazenta, das Blut, der Schatten, die Leber, das Leberfett, die Nieren
> usw. Diese materiellen Träger sind nicht einfach Wohnungen der Seele; sie sind die See-
> le selbst von außen gesehen. Wenn Blut fließt, entweicht die Seele mit ihm. Die Seele
> ist nicht im Atem; sie ist der Atem. Sie bildet eine Einheit mit dem Körperteil, in dem
> sie wohnt. Daher kommt die Auffassung, daß der Mensch eine Vielheit von Seelen hat.
> Da sich die Seele auf den Organismus verteilt, ist sie differenziert und fragmentiert. Je-
> des Organ hat gewissermaßen den Teil der Seele, den es enthält, individualisiert, die
> damit auf gewisse Weise eine getrennt erkennbare Einheit geworden ist. Die Seele des
> Herzens ist nicht mit der des Atems oder der des Schattens oder der der Plazenta iden-
> tisch. Obwohl sie alle verwandt sind, müssen sie dennoch unterschieden werden, und
> tragen sogar verschiedene Namen." (Durkheim 1912: 331f).

Weder die Auffassung von der substantiellen Verschiedenheit von Körper und
Denken noch die Vorstellung vom Körper als einer Einheit sind anthropologische Selbstverständlichkeiten (vgl. Hahn 1988/2000b: 353ff). Sie sind isoliert betrachtet völlig kontingent (im doppelten Wortsinn), aber sicherlich nicht zufällig
in hohem Maße kompatibel mit den *Imperativen der Körperkontrolle* der ‚zivilisier-
ten' modernen Gesellschaft, die nach Elias (1939/1997: I, 266ff) erstmals als Vor-
rücken von Schamschwellen in Verbindung mit Körperfunktionen bei Erasmus
von Rotterdam aufscheinen. Das, was prinzipiell nicht kontrollierbar ist, muss
mir nicht peinlich sein, das, was ich nicht kontrollieren kann, obwohl es kontrollierbar ist, dagegen schon. Die Vorstellung von der zumindest prinzipiellen Kontrollierbarkeit der Körperfunktionen findet sich in der *Maschinenmetapher* vom
Körper wieder, die ebenfalls der Descartes'schen Philosophie entstammt.

Norbert Elias (1939/1997) zeigt in seinen Studien über den „*Prozess der Zivilisation*", dass soziale Steigerungsspiralen der Körperkontrolle einem Wechselspiel

von politischen Prozessen der großterritorialen Herrschaftskonzentration[73] mit dem vor allem ökonomischen Veränderungen[74] folgenden Aufstieg des Bürgertums geschuldet sind. Kommunikation in Adel und Bürgertum sind mit einem Mal in einer eigentümlichen Logik von Imitation und Distinktion[75] mit einander verwoben. Körperdisziplinierungsimperative werden von Notwendigkeiten zu Stilisierungen in einem Wettstreit um symbolisches Kapital (vgl. zu diesem Begriff Bourdieu 1980/1993: 205ff).

Gerade weil die Sichtbarkeit des Körpers als physisch-organische Einheit zurückgedrängt wird, kann der schöne *Körper als Gegenstand von Kommunikation* und als Mitteilungsorgan – getarnt als bloßes Objekt der Wahrnehmung – idealisiert werden. Seine unterstellte Irrelevanz in den Bereichen politischer Herrschaft und zunehmend technisierter Wirtschaft schafft sozusagen neue Freiheitsgrade für andere Funktionsbereiche. Es ist eben *nicht nur* so, dass der Körper in Kommunikationsnischen wiedereingeführt wird, weil er in einer Welt mit drastisch verlängerten Interdependenzketten und entsprechend komplexen Temporalstrukturen „Unmittelbarkeit, permanentes Vorhandensein, Gegenwärtigkeit" „signalisiert" und in „körperorientierte[n] Sozialsysteme[n]" (Bette 1987: 607) „der Hektik des modernen Alltags und der körperlichen Gefährdungen gegengearbeitet werden kann" (ebd.: 608). Seine Aufwertung in der Moderne ist nicht ausschließlich „Gegenprogramm" (ebd.: 623) zu seiner vorherigen „Verdrängung" und Disziplinierung. Vielmehr ist die „Verdrängung des Körpers" nur eine scheinbare und eigentlich selbst bereits eine Aufwertung: Der Körper wird von einem bloßen Faktum zum Reflexionsobjekt, um das sich Disziplinierungsdispositive als Diskurse[76] *und* Idealisierungsdispositive ranken. Es kommt eben zu funktionsspezifi-

---

73 Daraus ergibt sich bekanntlich eine staatliche Gewaltmonopolisierung mit den Folgen der Zurückdrängung der körperlichen Drohpotenziale der Individuen einerseits sowie einer zunehmenden Abhängigkeit des höfischen Adels von der Distribution von Lebenschancen durch den Monopolherrn und entsprechenden Selbst- und Körperdisziplinierungsimperativen andererseits.

74 Aufgrund gesteigerten Geldbedarfs (Luxus, Kriegsführung etc.) ist der König an der Zunahme der Handels- und Kreditgeschäfte interessiert, welche einer Steigerung der Steuereinnahmen implizieren. Es wird somit die Entstehung des dritten Standes, des aufstrebenden Bürgertums, gefördert. Dadurch kommt es allerdings auch zu einer Erhöhung des Geldvolumens und zu inflationären Prozessen, d. h. die Kaufkraft des Geldes sinkt: „Begünstigt sind im Zuge dieser ganzen Veränderungen all jene Gruppen, denen ihre Funktion erlaubt, die sinkende Kaufkraft des Geldes durch den Erwerb von *mehr* Geld … auszugleichen, also vor allem die bürgerlichen Schichten und die Inhaber des Abgabenmonopols, die Könige; und benachteiligt sind die Krieger- oder Adelsgruppen, die dem Namen nach immer das gleiche, der Kaufkraft nach ein immer geringeres Einkommen haben" (Elias 1939/1997: II, 372). Die politische Abhängigkeit des Adels vom König infolge dessen Monopolisierung der legitimen Gewalt wird insofern ergänzt durch eine wirtschaftliche Abhängigkeit von König und Bürgertum.

75 Bekanntlich führt Georg Simmel (1895/1983) diese Logik für die Mode vor, Pierre Bourdieu (1979/1982) zeigt sie für die französische Mittel- und Oberschicht der 70er Jahre.

76 Wie Foucault (1976/1998) eindrucksvoll für die Sexualität zeigt.

schen re-entries des Körpers mit je eigenen Mustern der Reduktion von Umwelt-komplexität und daraus resultierenden Chancen für die Steigerung körperthema-tisierender Systemkomplexität mit der Folge je eigener Körperparadoxien (z.B. in der Psychologie die Theorie des sekundären Krankheitsgewinns). Luhmann (1984/1996: 337ff) spricht in diesem Zusammenhang auch von symbiotischen Mechanismen, durch die sich Funktionssysteme den Körper ,zurechtaspektieren'.

Gerade weil die Disziplinierung des Körpers Diskursthema ist, wird auch seine (partielle) Nicht-Beherrschbarkeit und Interpretierbarkeit Thema. Sinn hat eben immer einen Horizont, eine andere Seite, die auch zu thematisieren möglich ist. Sonst handelte es sich eben nicht um Sinn. Körperdisziplinierungsdiskurse im-plizieren die Frage nach den Grenzen der Kontrollierbarkeit und gerade wegen seiner (kommunikativ unterstellten) begrenzten Beherrschbarkeit, kann der Kör-per dann auch wiederum „als Lieferant von Botschaften angesehen werden, die dieser selbst gerade nicht verbreiten möchte" (Hahn 1988/2000b: 356). Wie im Falle der Handschrift (vgl. dazu Hahn 1993/2000) als Körperspur wird dem Kör-per eine *Informationsfunktion* in Bezug auf implizite Charakteristika des Selbst[77], derer sich dieses nicht bewusst ist oder die es verbergen möchte, zugewiesen (bspw. im Falle eines Errötens). „Aber niemals spricht der Körper selbst. Viel-mehr wählt das soziale System aus der virtuell unendlichen Menge körperlicher Veränderungen bestimmte aus und behandelt sie als bedeutungsträchtig" (Hahn 1988/2000b: 358).

Und nicht nur in der (freilich illusorischen) Funktion als Lügendetektor und Selbstoffenbarungsgehilfe (vgl. ebd.) wird die körperliche Einheit wieder in in-terpretationsrelevante und nichtrelevante Vorgänge und Zustände zerlegt. Immer nur bestimmte *Körperaspekte* sind auch für die (Selbst-)Zuschreibung sozialer Ka-tegorien (wie Schönheit) und damit den Zugang zu sozialen Gruppen und Funk-tionszusammenhängen relevant (man denke bspw. an dem Arbeitgeber vorzule-gende Gesundheitszeugnisse oder die Mindestgröße bei der Aufnahme in Elite-einheiten von Polizei und Armee). Bereits James (siehe 1.2) verwies ja darauf, dass bestimmte Körperausschnitte mehr oder weniger relevant für unser Selbst-

---

[77] Definitionsgemäß kann es keine impliziten oder unbewussten Elemente des Selbst geben, hatten wir dieses doch als kognitiven Komplex des Bewusstseins gefasst, der die eigene Per-sonenhaftigkeit in der Kommunikation repräsentiert, d.i. die Relation des Ichs als Person zu den Erwartungen und Definitionen signifikanter und generalisierter Anderer bzw. zu sozialen Charakteristiken. Die Unterstellung impliziter bzw. unbewusster Elemente des Selbst in der Kommunikation bzw. der Schluss solcher Unterstellungen aus der Kommu-nikation, also die Unterstellung der Unterstellung, dagegen mag durchaus (im Sinne einer self-fullfilling prophecy (Merton 1948/1995) in Verbindung mit selektiven Wahrneh-mungsvorgängen) auf das Selbstbild der von derartigen Unterstellungen betroffenen Per-son rückwirken.
Neben der Graphologie (vgl. Hahn 1993/2000) sind hier auch sämtliche Theorien über Zusammenhänge von Physiognomie und psychologischen Wesenszügen zu nennen, etwa die in der Anthroposophie gängige (eigentlich aus der griechischen Antike stammende) Temperamentenlehre oder die Rassenlehre der Nazis.

bild sind. In unserer Kultur ist bspw. das Gesicht wichtiger als die Füße. Wenige Leute – eine Ausnahme ist Antonio Tabucchi[78] – werden auf die Idee kommen, das ‚normale‘, gesunde Funktionieren ihres Blutkreislaufes zum Gegenstand von Selbstthematisierungen zu machen usw. Das liegt daran, dass sich die Körperschemata der Kommunikation (Schönheit, Krankheit, Behinderung etc.) auf interkulturell synchron und intrakulturell diachron variable Körperausschnitte beziehen. So wird dem Haar der Frau in der islamischen Gesellschaft eine wesentlich wichtigere erotische Funktion zugeschrieben als das im heutigen Abendland der Fall ist (weswegen das Haar auch zu bedecken ist; siehe Koran, Sura An-Nur, 24 31[79]). So ergibt sich ohne HIV-Test[80] auch keine Notwendigkeit, eine entsprechende Infektion in das Selbstbild zu integrieren etc.

Erving Goffman behandelt in ‚Stigma‘ diverse Fälle, in denen körperliche Behinderungen die Selbstwahrnehmung der Betroffenen drastisch beeinflussen, aber eben nur, weil ihnen entsprechende Fremdperspektiven angesonnen werden, ihr Handlungsspielraum eingeschränkt wird etc. Sie sind Diskreditierte, eben weil bestimmte Zustände sichtbarer Körperausschnitte von der Gesellschaft mit Erwartungen belegt werden, deren Nicht-Erfüllung mit negativen Sanktionen beantwortet wird. Und auch die Diskreditierbarkeit aufgrund nicht sichtbarer, aber möglicherweise in und durch Kommunikation erfahrbarer Körperzustände ist an gesellschaftliche *Körpernormen* gebunden. Goffman (1963/1975) weist daraufhin, dass vor dem Hintergrund solcher *„Identitätswerte"* (ebd.: 159)[81] (nicht alle, die er nennt beziehen sich auf den Körper) fast jeder diskreditiert bzw. diskreditierbar ist.

Es „gibt [...] Normen, wie zum Beispiel jene, die mit physischer Schönheit assoziiert sind, die die Form von Idealen annehmen und Standards konstituieren, hinter denen fast jeder in irgendeinem Abschnitt seines Lebens zurückbleibt. Und selbst da, wo es um weithin erreichte Normen geht, hat ihre Vielheit den Effekt, viele Personen zu disqualifizieren. Zum Beispiel gibt es in einem gewichtigen Sinn nur ein vollständig ungeniertes und akzeptables männliches Wesen in Amerika: ein junger, verheirateter, weißer, städtischer, nordstaatlicher, heterosexueller, protestantischer Vater mit Collegebildung, voll

---

[78] Dieser lässt von seinem fiktiven Briefeschreiber in seinem Roman in Briefform ‚Es wird immer etwas später‘ (2001/2002) in einem der Briefe den eigenen Blutkreislauf adressieren.

[79] Hände und Gesicht sind demgegenüber nicht zu bedecken. Nach einer Überlieferung von Aischa, der Frau des Propheten, wird berichtet, das Asma, die Tochter des späteren Kalifen Abu Bakr zum Propheten kam und durchsichtige Kleidung trug. Der Prophet sagte zu ihr: ‚Asma, es schickt sich nicht für ein pubertäres Mädchen, mehr zu zeigen als das und das‘, er deutete auf Hände und Gesicht. (Gesunder Hadith). Vgl. zur Kulturbedeutung der Haare allgemein auch Burkart (2000).

[80] Vgl. zu AIDS, krankheitsbezogenen Identitätsproblemen und Alltagstheorien Eirmbter/Hahn/Jacob (1993); Hahn und Jacob (1994), Hahn/Eirmbter/Jacob (1996); Jacob et. al. (1997).

[81] Auch auf diesen Punkt wird im Rahmen der Behandlung der identitätsstiftenden Funktion der Massenkommunikation zurückzukommen sein.

beschäftigt, von gutem Aussehen, normal in Größe und Gewicht und mit Erfolgen im Sport". (ebd.: 158).

Es besteht außerdem ein deutlicher Bezug zur Zeitdimension. Bestimmte Körpermerkmale werden zu bestimmten Zeiten des Lebenslaufes völlig anders bewertet, wie man unschwer anhand von Alltagsbeobachtungen erkennen kann. So verwenden manche älteren Leute ihre Krankheiten und 'Wehwechen' als Identitätsanker. Sie wetteifern ihretwegen regelrecht miteinander, während junge Leute entsprechende Körperzustände wegen ihres Diskreditierungspotenzials verschweigen.

Offensichtlich ist ebenso die Differenz von *Schönheitsidealen*, die interkulturell synchron sowie intrakulturell diachron und schicht- bzw. milieuspezifisch variabel sind. Dabei stehen keineswegs gruppenspezifische alltagsästhetische Schemata (vgl. Schulze 1992/1996) unverbunden nebeneinander, sondern diese sind wiederum mindestens teilweise in einer Logik von Distinktion und Imitation aufeinander bezogen, wobei differenzielle Machtladungen bzgl. der hegemonialkulturellen Durchsetzbarkeit ästhetischer Standards (vgl. Bourdieu 1979/1982: 57ff) bestehen (die sich im Zeitalter der kommerzialisierten Massenmedien freilich – darauf wird noch einzugehen sein – werbezielgruppenspezifisch verschieben mögen). Ein Zusammenhang von Schönheitsidealen, sozialstrukturellen Verhältnissen und Distinktionsvorgängen wird jedenfalls bereits durch die klassischen Beispiele deutlich: Ein Schlankheitsideal macht nur bei relativem Wohlstand Sinn.[82] Der braune Teint wird eben erst dann als schön empfunden, wenn die Arbeit vom Feld in die Fabrik verlagert worden ist.

Körpervorstellungen sind ferner von Bedeutung für die Struktur der interpersonalen Kommunikation, indem sie die *Chancen auf die Teilnahme an Kommunikation* (etwa an einem Bewerbungsgespräch oder einem Flirt in der Disco[83]) beeinflussen und Räume für die Selbstdarstellung von Personen erweitern oder verengen und so wiederum auf Selbst- bzw. (unterstellte) Fremdwahrnehmung rückfedern.[84] Das gilt z.B. hinsichtlich der sozial zugelassenen Redezeit, der Konsens-

---

[82] So sind auch Essstörungen wie Annorexia und Bulimia nervosa Krankheitsbilder, die ausschließlich in Industrienationen vorkommen. Auch eine erhöhte Prävalenz in Ober- und Mittelschicht verwundert nicht (vgl. Lässle 1991).

[83] „Attraktive haben tatsächlich größere Chancen bei der Partnerwahl (Hattfield/Sprecher 1986), werden mit größerer Wahrscheinlichkeit eingestellt und verfügen im Durchschnitt über einen höheren Verdienst (Kaczorowski 1989) und bessere Vorraussetzungen für den beruflichen Aufstieg" (Koppetsch 2002: 360).

[84] Auch derartige Feedback-Mechanismen spielen bei Essstörungen eine Rolle und mögen zur Stabilisierung pathologischer Verhaltensmuster beitragen: „Erfolgreiche Figur- und Gewichtskontrolle hatten in den meisten Fällen zunächst deutlich positive Konsequenzen. Diese soziokulturellen Bedingungen begünstigen, daß für einige Frauen – gerade in der Phase der Entwicklung einer eigenen Identität während der Adoleszenz [hier wird freilich die in der Entwicklungspsychologie weit verbreitete Auffassung nicht geteilt, dass Identitätsbildungsprozesse in der Regel mit der Adoleszenz abgeschlossen sind; J.R.] – Ge-

bzw. Dissensorientierung der Anschlusskommunikation und der Auswahl der Themen[85], obgleich in bestimmten Situationen gerade die Verfahrensweise ‚ohne Ansehen der Person' vorgeschrieben ist. Nichtsdestotrotz mögen sich auch hier aufgrund der Vorstellung des vorgestellten Körpers (im Sinne des Thomas-Theorems) self-fullfilling prophecies (Merton 1948/1995) ergeben und Erwartungsleerräume (bspw. Ermessensspielräume) füllen. Man könnte von *Körperkapital* (neben Aussehen, auch Körperhaltung, Kleidung, Dialekte usw.) im Sinne der Bourdieuschen Kapitaltheorie reden, das zumindest in soziales und ökonomisches Kapital transformiert werden kann (vgl. Bourdieu 1997/2001: 199ff) und wenigstens dann zum Zuge kommt, wenn im sozialen Wettbewerb um Chancen und Status ein Gleichstand der anderen Kapitalsorten besteht, oder das dann von heuristischem Wert (im Sinne von Urteilsheuristiken) ist, wenn Ereignisse nicht mehr unmittelbar personal zugerechnet werden können:

> „Weil man sich selbst und anderen berufliche Leistungen kaum noch zurechnen kann, steht die Hackordnung nicht funktional fest, sondern muss ausgehandelt werden. Hinzu kommt, dass die Entsymbolisierung von Autoritätsbeziehungen es unmöglich macht, sich an festgefügten Hierarchien zu orientieren. Dies hebt berufliche Distanzen und Statusordnungen jedoch nicht auf, sondern transformiert sie in stilistische Unterschiede, verlegt sie in die ‚Ausstrahlung der Persönlichkeit', in der Schönheit, persönliches Image und Kompetenzdarstellungen zu einem ununterscheidbaren Gesamteindruck verschmelzen. Die Bedeutungszunahme von Schönheit antwortet dabei auf einen Trend zunehmender Inkorporierung und Personalisierung beruflicher Fähigkeiten und Statusansprüche" (Koppetsch 2002: 366).

---

wichtskontrolle/Schlanksein zur alleinigen Quelle des Selbstwertgefühls werden und extreme Formen – wie Anorexie – annehmen [können]" (Laessle 1991: 369).

[85] Goffman zeigt u.a. (‚Stigma' handelt ja größtenteils von der Strukturierung von Interaktionssituationen in Folge von stigmatisierenden Körpervorstellungen), dass auch das Meiden von für den Stigmatisierten möglicherweise peinlichen Themen Kommunikation verunmöglichen kann: „Jede mögliche Quelle von Peinlichkeit für den Stigmatisierten in unserer Gegenwart wird zu etwas, wovon wir instinktiv spüren, daß er sich dessen bewußt ist, auch bewußt, daß wir uns dessen bewußt sind, ja sogar bewußt unserer Situation von Bewusstheit hinsichtlich seiner Bewusstheit; dann ist die Bühne bereitet für den unendlichen Regreß wechselseitiger Rücksichtnahme, von dem uns die Meadsche Sozialpsychologie zwar das Wie des Beginnens, aber nicht das Wie des Aufhörens verrät." (Goffman 1963/1975: 29).
In dem klassischen Experiment von Snyder, Tanke & Berscheid (1977) konnte gezeigt werden, wie Attraktivitätsvorstellungen die Struktur von Telefongesprächen beeinflussten. Hier wurden männliche Versuchspersonen dazu aufgefordert, mit Frauen zu telefonieren. Dabei bekamen sie ein Foto der vermeintlichen Gesprächspartnerin vorgelegt. Bei einer anschließenden Befragung schnitten die als attraktiv dargestellten Telefonpartnerinnen in Bezug auf Sympathie- und Intelligenzwerte positiver ab, als ihre vermeintlich unattraktiven Gegenstücke. Weitere Versuchspersonen bekamen dann Tonbandsequenzen der einzelnen Gespräche vorgeführt ohne Informationen zur Attraktivität zu erhalten. Die als attraktiv dargestellten Frauen wurden im Anschluss durch die unwissenden Männer wiederum als attraktiver klassifiziert, was den Schluss nahe legt, dass die Stereotypisierung der Männer den Frauen die Möglichkeit zu einer günstigeren bzw. ungünstigeren Selbstdarstellung geboten hatte.

Die Rede vom Körperkapital erhält zusätzliche Plausibilität, wenn man an die momentane Konjunktur von Körperinvestitionen denkt. Körperverkleidungen[86], -veränderungen und -manipulationen (Mode, Tätowierungen, Fitness, Schönheitschirurgie) dienen der Ermöglichung bzw. Erleichterung des Einstiegs in Interaktionssysteme[87], der Erhöhung des unterstellten personalen Eigenwerts in der Kommunikation und sind als Rollenausstattung für den Einstieg in Funktionssysteme mehr oder weniger nötig (etwa der Anzug des Managers). Manche dieser Körpermanipulationen sollen freilich als solche sichtbar sein, sie fungieren als „Aufhebung des bloß Körperlichen" (Hahn 1993/2000: 372). So wird im Falle der Tätowierung der „Körper als Seite" (ebd.) für Selbstbeschreibungen (im doppelten Sinne) benutzt. Andere Körpermanipulationen dagegen sind darauf angelegt, den Investitionscharakter zu verschleiern (wie Schönheitsoperationen). Wieder andere (wie Fitnesstraining) haben sowohl expressiven als auch instrumentellen Charakter.

Generell unterscheiden sich Körpervorstellungen bzgl. ihrer *Thematisierbarkeit*. Über den kranken Körper redet man immerhin in bestimmten Funktionsbereichen und Interaktionssystemen (bspw. unter Freunden). Die eigene körperliche Attraktivität spricht man demgegenüber höchst selten an (im Grunde fast nur in Kontaktanzeigen und im Zusammenhang mit sonstigen Partnervermittlungsinstitutionen). Die eigene Schönheit müssen in der Regel andere loben. Sie ist durch den Körper als Kommunikationsinstrument kommunizierbar und präsentierbar, erst dann kann sie Gegenstand bestimmter Formen der (erotischen oder höflichen) Kommunikation werden.

b) Namen und Aufzählungen

Wenn man in unserem Kulturkreis gefragt wird, wer man ist, wird man zunächst höchstwahrscheinlich mit einer Aufzählung antworten (vgl. auch Hahn 1988/2000a: 106f)[88], in der der eigene Körper allerdings wohl nur bedingt vorkommt. Zuerst wird man wahrscheinlich seinen Namen nennen. Und bereits mit seinem Namen macht man Relationen zu anderen deutlich. Man hat einen oder mehrere Vornamen und einen Nachnamen (und das ist ja keineswegs eine an-

---

[86] Vgl. für eine hochinteressante systemtheoretische Interpretation von Kleidung: Bohn 2000.

[87] Ganz deutlich ist das bei den sog. ‚Jugendkulturen' von ‚Punks' bis ‚Raver' (vgl. Vogelgesang & Höhn 1999).

[88] Hahn (1988/2000a: 106) macht auch deutlich, dass sich die Frage, wer man ist, in den meisten Situationen überhaupt gar nicht stellt, weil für den Fortgang der Interaktion notwendige Identifikationen sich aus der Situation ergeben bzw. in der Situation unterstellt werden. Wenn man in einen Laden geht wird, man als (potenzieller) Kunde identifiziert und wenn man der bestellte Elektriker ist, wird der Ladenbesitzer das bereits an Kleidung und Werkzeug erkennen. Die Aussage ‚Ich bin der Elektriker' ist dann bereits redundant.

thropologische Konstante[89]). Der Nachname gibt Aufschluss über die Familie, aus der man kommt. Man wird in Deutschland wahrscheinlich unterstellen, dass es sich um den Geburtsnamen des Vaters und nicht der Mutter handelt. Man kann aus dem Nachnamen mehr oder weniger gut auf die Nationalität schließen (mindestens auf die der Vorfahren), evtl. auf Religionszugehörigkeit (bspw. bei jüdischen oder hugenottischen Namen; auch müssen Muslime einen muslimischen Vornamen annehmen[90]), auf den sozialen Stand der Herkunftsfamilie und daraus auch auf die Länge der dokumentierten Familiengeschichte (so bei Adelstiteln und -namen). Die Namen können Allerweltscharakter haben oder Seltenheitswert. Sie können neutral erscheinen oder belustigen usw. Ähnliches gilt für die Vornamen: Sie können in manchen Fällen Aufschluss über das Alter der Person geben (höchstwahrscheinlich nennen heute weniger Eltern ihre Kinder Karl-Wilhelm oder Heinrich als das noch vor 50 Jahren der Fall war[91]). Sie sagen in manchen Fällen etwas über die Elternaspirationen (wenn historische Vorbilder als Namensgeber gewählt werden), über deren Konservativismus (wenn bspw. bewusst ein altertümlicher Name wie Ottokar-Maximilian gewählt wird oder der Vorname von Vater und Sohn identisch sind[92]), über deren mögliche Orientierung an Literatur, Filmen und Prominenten (bspw. Penelope, Aglaja, Kevin oder Marlene) usw. Ganz gleich, was man von seinem eigenen Namen halten mag, er

---

[89] Cliffort Geertz (1966/1987) berichtet z.B., dass auf Bali Personalität im Sinne einer einzigartigen namentlichen Bezeichnung der Person an Nachkommenschaft gebunden ist. Nicht-adelige Kinder erhalten auf Bali zwar einen innerhalb ihrer Gemeinde einzigartigen Eigennamen. Diese stellen allerdings sinnlose Silbenkombinationen dar und werden eben nicht wie bei uns aus einem Fundus von möglichen Namen geschöpft. Diese Eigennamen werden zudem nicht verwendet. Stattdessen werden die Kinder mit einem von vier zyklisch wiederkehrenden Geburtsfolgenamen (Wayan, Njoman, Made, Ktut) angeredet. Lediglich der Eigenname des erstgeborenen Kindes taucht wieder auf, allerdings zur Bezeichnung der Eltern, die dadurch mit Beginn ihrer Elternschaft mit einem innerhalb der Gemeinde einzigartigen Teknonym angeredet werden: also z.B. Mutter von Regreg. Namentliche Identifizierbarkeit der Person ist daher untrennbar mit Nachkommenschaft und dem korrespondierenden Beitrag zur Reproduktion der Gemeinschaft verbunden.

[90] „Religiöse oder sonstige Bekehrung wird oft durch einen vollständigen Namenswechsel angezeigt, der den neuen Status der Person in den Augen Gottes, der Welt und seiner selbst kundtut – ihn markiert und besiegelt" (Strauss 1959/1968: 15). Prominentestes Beispiel ist wohl der Boxer Mohamed Ali, ehemals Cassius Clay.

[91] Insbesondere der Vorname Adolf erlaubt in Deutschland natürlich einen quasi sicheren Schluss darauf, dass das Geburtsjahr der Person vor 1945 liegt. Generell gibt der Wandel der Vornamen der Kinder Aufschluss über Prozesse des allgemeinen sozialen Wandels. Ein schönes Beispiel für amerikanische Juden liefert Strauss (1959/1968: 13): „Juden der ersten Einwanderergeneration wurden mit Namen genannt, die von reichen historischen Obertönen widerhallten, Namen wie Isaac, Benjamin, Abraham, Hannah und Ruth; doch die Kinder ihrer Kinder werden kaum noch nach solchen biblischen Vorbildern benannt, da sich mit dem Wandel ihres Lebensstils auch ihre Ideale und Aspirationen verändert haben. Die Namen dieser Kinder repräsentieren diesen Wandel, vielleicht nicht so genau, aber so sicher wie rosa Lackmus Säure anzeigt" (ebd.: 13).

[92] In den USA wird in gewissen Kreisen der Name dann – wie die Vornamen in Königshäusern – mit einem numerischen Index versehen, nach dem Muster ‚Charles Miller III'.

wird bei anderen einen gewissen Eindruck hinterlassen und eine erste Einordnung der Person in personenrelevante Kategorien ermöglichen. Das wird demjenigen, der seinen Namen nennt, mehr oder weniger bewusst sein und Rückwirkungen auf die Vorstellungen, die er mit seinem Namen verbindet, zeitigen[93] (vgl. Strauss 1959/1968: 14).

Außerdem übernimmt, wer seinen Namen nennt, Verantwortung. Er oder sie macht Handeln auf die eigene Person zurechenbar (ganz deutlich durch eine Unterschrift), geht davon aus, dass man als Verantwortlicher durch die Nennung seines Namens wiederauffindbar wird. Das wird bspw. bei anonymen Publikationen, Bekennerbriefen und der Verwendung von Tarnnamen durch Kriminelle oder Geheimagenten deutlich (vgl. dazu auch Goffman 1963/1975: 76f).

Der Name ist im abendländischen Kulturraum sofern *Identitätsanker*, da er bei allen Veränderungen der Person in der Regel identisch bleibt, auch dann, wenn ihm ein Titel angehängt wird. Die Nennung des Namens suggeriert personale Zuschreibbarkeit und Wiederauffindbarkeit.

Ganz gleich, was man sonst noch aufzählen mag, den Beruf, das Alter, die Hobbies usw., immer werden mehrere Aspekte deutlich:

Die *Aufzählung* ist nie eine erschöpfende Bestimmung der eigenen Identität.

> Sie ist immer „nur ein Ausschnitt aus einem Ensemble von anderen prinzipiell möglichen Identifikationen [...] Sowohl in Hinsicht auf andere Merkmale wie auf zusätzliche soziale Beziehungskontexte, die als gleichzeitig fortbestehend angesehen werden, ließe sich eine prinzipiell unendliche Reihe von Bestimmungen angeben. Wir könnten sie aufzählen. Daß wir gerade diesen und nicht jenen Aspekt hervorkehren, schließt die grundsätzliche Verschiebung auf andere Gegebenheiten nicht aus, setzt sie vielmehr voraus. Obwohl die Aufzählung selbst nur sukzessiv verfahren kann und bald dieses, bald jenes Moment eigens erwähnt, ist in jedem Falle trotzdem die Simultaneität der Charakterisierungen mitgemeint" (Hahn 1988/2000a: 106).

Des weiteren hängt die Auswahl, die für Aufzählungen getroffen wird, mit den sozialen Situationen zusammen, die sie erfordern. Auf einem wissenschaftlichen Kongress werde ich meinen Namen sagen, erwähnen, dass ich Soziologe bin, Doktorvater und Promotionsthema nennen, aber niemals auf die Idee kommen, meine Körpergröße anzuführen oder zu behaupten, dass ich mich für einen attraktiven Mann halte, beides Angaben, die aber für eine Partnerschaftsanzeige im Gegensatz zum Doktorvater von hervorragender Relevanz wären.

Offensichtlich ist für alle diese Beispiele, dass man sich selbst in Relation zu anderen bestimmt und gleichzeitig durch andere identifiziert wird, wodurch für die nachfolgende Interaktion neue Möglichkeiten entstehen und Anderes unmöglich wird. Man wählt Unterscheidungen aus, mit denen man Unterschiede

---

[93] Besonders deutlich wird das natürlich bei Personen, die ihren Namen ändern, weil er belustigt, irritiert oder negative Assoziationen weckt (man denke an Namen wie Kuhschwanz, Fick oder Kindsgrab) sowie bei Spitz- und Künstlernamen.

zieht, die folgenreich sind (oder wie auch Luhmann es in Anlehnung an Gregory Bateson immer wieder zu sagen pflegt: ,one makes a difference that makes a difference'). Man kann einen Soziologen danach fragen, was denn Soziologie sei, und sich bei einem Arzt über so manche Krankheit erkundigen, aber nicht umgekehrt. Manche Verhaltensweisen verbieten sich ab einem bestimmten Alter, andere werden erst möglich usw. Und das ergibt sich freilich nicht von selbst, sondern, weil soziale Erwartungen bestehen, die sich auf Ärzte, Soziologen, alte und junge Leute etc. beziehen. D.h. aber auch, dass es immer auch andere gibt, die mindestens in bestimmten Aspekten das Gleiche sind, waren oder sein werden wie wir selbst, und dass diese an ähnlichen kommunikativen Zusammenhängen teilhaben wie wir, wiederum andere aber nicht.

> „Man macht [in diesen Fällen; J.R.] ... eine Identität geltend, die man mit anderen gemeinsam hat. Zugleich aber aktiviert man eine Unterscheidung: Man identifiziert sich durch ein Merkmal oder eine Klasse von Merkmalen, die andere – so wird jedenfalls unterstellt – nicht haben: Ich bin Mann und keine Frau, Katholik und nicht Protestant, Deutscher und nicht Franzose. Die Identifikation, die hier vorgenommen wird, macht also einerseits den Anspruch auf eine Zugehörigkeit geltend und schließt gleichzeitig andere von dieser Zugehörigkeit aus. Man könnte von Selbstthematisierung anhand von *,partizipativen' Identitäten* sprechen" (Hahn 1997/2000: 13; meine Hervorh.).

c) Rollen

Dass hier von „Identitäten" (im Plural) gesprochen wird, hat – wie bereits in obigen Ausführungen zur „Identität der Person" angedacht – offensichtlich mit einem bestimmten Differenziertheitsgrad von Gesellschaften zu tun, der gemeinhin als Moderne bezeichnet wird, und auf den noch zurückzukommen sein wird. Dass von *„Partizipation"* gesprochen wird, führt uns zu der Teilhabe der Menschen an spezifischen Kommunikationszusammenhängen und so zunächst zum – bereits mehrfach stillschweigend als selbstverständlich vorausgesetzten – soziologischen Rollenbegriff.

Bekanntlich hat die Rezeption der amerikanischen Rollentheorie (Linton, Parsons, Merton, Gross, Nadel) in der deutschen Soziologie durch Ralph Dahrendorf (1958/1977) unzählige kontroverse Reaktionen ausgelöst, die sich insbesondere um Dahrendorfs Menschenbild bzw. die Beziehung von Rollen und Identität drehen. Der folgende Abschnitt muss auch zu dieser Frage Stellung beziehen. Wenn schon inhaltlich nicht viel Neues zu dieser Diskussion beizutragen sein dürfte, so sei, bevor hier eine Position bezogen wird, im Rahmen der Definition und Bestimmung der grundlegenden Begriffe und Zusammenhänge[94] doch we-

---

[94] Die Einführung des Rollenbegriffes (in Verbindung mit dem Begriff des Status/der Position) in die Soziologie wird in der Regel mit Ralph Lintons (1936/1964: 113f) Werk „The Study of man" in Verbindung gebracht: „A Status, as distinct from the indicidual who may occupy it, is a simple collection of rights and duties [...] A rôle represents the dy-

nigstens der Versuch unternommen, Rollentheorie und systemtheoretische Kommunikationstheorie zu verknüpfen.

Bei der sog. ‚*Rollentheorie*' handelt es sich genau genommen zunächst einmal gar nicht um eine Theorie, sondern um ein Begriffsystem, dessen Handhabung von Autor zu Autor höchst verschieden ist. Einigkeit scheint auf den ersten Blick nur über die relevanten Begriffe – nämlich: Position/Status, Rolle, (Rollen-)Erwartung und Sanktion – zu bestehen und darüber, dass Rollen irgendwie zwischen Individuum und Gesellschaft vermitteln bzw. entsprechende Schnittmengen darstellen, und dass „they involve the individuals not necessarily as entire human beings, but only with part of their individuality and certain of their qualities" (Nadel 1957/1969: 21)[95].

Positionen[96] werden gelegentlich als „place[s] in the relationship system considered as a structure" (Parsons 1951/1966: 25) bzw. „Orte in einem Koordinatensystem sozialer Beziehungen" (Dahrendorf 1958/1977: 30) umschrieben. Aber was sind das für Beziehungsfelder, von denen in diesem Kontext die Rede ist? Einzelne konkrete Interaktionen können wohl kaum gemeint sein.

---

namic aspect of a status. The individual is socially assigned to a status and occupies it with relation to other statuses. When he puts the rights and duties into effect, he is performing a *rôle*. Rôle and status are quite inseperable, and the distinction between them is of only academic interest. There are no rôles without statuses or statuses without roles." Ähnliche Konzepte wurden bereits „implizit in den Werken z.B. M. Webers, G. Simmels, G.H. Meads und S. Freuds verwandt" (Hahn 1970: Sp. 229). Hier kann die Begriffsgeschichte nicht im Einzelnen nachgezeichnet werden. Siehe dazu neben Linton (1936/1964) bspw. Parsons (1951/1966); Nadel (1957/1969: Ch. II-IV); Merton (1957); Gross, Mason & McEachern (1958/1966); Dahrendorf (1958/1977); Popitz (1966/1975), Dreitzel (1968/1972).

95 Das „necessarily" könnte man auch getrost weglassen, denn wenn es Rollen gäbe, die ganze Menschen umfassten, machte es wenig Sinn in diesem Zusammenhang von Rollen zu sprechen. „Eine Rolle ist zwar noch dem Umfang nach auf das zugeschnitten, was ein Einzelmensch leisten kann, ist aber gegenüber der individuellen Person sowohl spezieller als auch allgemeiner gefasst. Es geht immer um einen Ausschnitt des Verhaltens eines Menschen, der als Rolle erwartbar wird, andererseits um eine Einheit, die von vielen und auswechselbaren Menschen wahrgenommen werden kann: um die Rolle eines Patienten, eines Lehrers, eines Opernsängers, einer Mutter eines Sanitäters usw." (Luhmann 1984/1996: 430).

96 Dahrendorf (1958/1977: 68, Fn. 68) bemerkt mit Recht, dass sich zumindest im Deutschen für den Begriff Status ein anderer Wortgebrauch eingebürgert hat. „'Sozialer Status' in diesem heute im deutschen Sprachgebrauch anerkannten Sinne [...] bezeichnet genau genommen nicht nur eine spezielle Art von Positionen, sondern eine Position von Positionen. Nicht ein Mensch, sondern eine Position (z.B. ein Beruf) hat Prestige und in diesem Sinne einen ‚Status'". Ein anderer Statusbegriff – darauf weist bereits Linton (1936/1964: 113) mit einiger Begriffsverwirrung („the *status* of any individual means the sum of all statuses which he occupies. It represents his position with relation to the total society"; Hervorh.i.O.) hin – bezeichnet die sozialstrukturelle Stellung einer Person (nicht eines Menschen!) innerhalb eines Gefüges vertikaler sozialer Ungleichheit bzw. deren Gesamtprestige oder gesamtes Kapitalvolumen und dessen symbolischen Wert (Bourdieu). Hier soll daher von Positionen und nicht von Staus gesprochen werden.

Insofern bleiben nur erwartbare Interaktionen und deren erwartbare Verläufe bzw. besser und allgemeiner gefasst: Erwartungsstrukturen von Kommunikationen. In diesem Fall ist es nur konsequent, Rollen als den „processual aspect" (Parsons 1951/1966: 25) bzw. „dynamic aspect" (Linton 1936/1964: 113) von Positionen zu definieren. Freilich braucht man den Erwartungsbegriff dann lediglich, um den Positionsbegriff zu bestimmen. Definiert man Rollen zugleich als „Bündel von Erwartungen, die sich in einer gegebenen Gesellschaft an das Verhalten der Träger von Positionen knüpfen" (Dahrendorf 1958/1977: 33), so wird entweder – insofern nicht Unterschiede bzgl. der jeweils gemeinten Erwartungen deutlich werden – der Rollenbegriff bzw. der Positionsbegriff überflüssig, oder es bleibt eigentümlich dunkel, was mit Beziehungsfeld gemeint ist. In derartigen, weit verbreiteten begrifflichen Ungenauigkeiten wurzelt dann auch der Grund dafür, dass der *Unterschied von Positionen und Rollen* merkwürdig unklar bleibt und, wenn man genauer darüber nachdenkt, stets zu verwischen droht.

Eine mögliche Lösung besteht in einer einfachen Feststellung: Man kann Rollen spielen, ohne die Position innezuhaben (etwa im Falle von Hochstapelei), und man kann Positionen innehaben, ohne die Rolle zu spielen (etwa im Falle eines Parteimitglieds, das die gegnerische Partei wählt oder gar nicht zur Wahl geht). Es ist also nicht so, dass es keine Position ohne Rolle und keine Rolle ohne Position gibt, wie Linton (1936/1964: 114) meint. Es gibt ebenso vakante Positionen, die aufgrund von Mangel an geeignetem Personal nicht besetzt werden können, oder Positionen, die nur bei bestimmten (kommunikativ unterstellten) Umweltveränderungen besetzt werden (z.B. die Position des Diktators im antiken Rom). Auch können sich bestimmte Rollenspielarten erst im Laufe der Zeit zu Positionen verfestigen (z.B. im Falle des sog. Klassenclowns).

Daher macht es durchaus Sinn zwischen Erwartungen, die Positionen konstituieren, und solchen, die Rollen konstituieren, zu unterscheiden.

Soziale *Positionen* bezeichnen – im Rahmen der hier vorgeschlagenen Terminologie – Einstiegsmodi in Kommunikationssysteme. Man kann auch sagen, sie spezifizieren die Bedingungen der Inklusion von Personen in Gesellschaft bzw. deren Teilsysteme. Das Begriffspaar bzw. die Form ‚Inklusion/Exklusion' wird in der Systemtheorie für die Behandlung des Problems der Sozialintegration von Gruppen und Personen verwandt.

> „Inklusion muss man demnach als eine Form begreifen, deren Innenseite (Inklusion) als Chance der sozialen Berücksichtigung von Personen [...] bezeichnet ist und deren Außenseite unbezeichnet bleibt. Also gibt es Inklusion nur, wenn Exklusion möglich ist. Erst die Existenz nichtintegrierbarer Personen oder Gruppen läßt soziale Kohäsion sichtbar werden und macht es möglich, Bedingungen dafür zu spezifizieren." (Luhmann 1997: 620f)[97]

---

97   Exklusion meint nach Stichweh (1997: 123), „in einer auf Kommunikation basierten Gesellschaft, daß jemand nicht mehr anhand der Unterscheidung von Information und Mit-

Es geht also um genau das, was mit sozialen Positionen gemeint ist, „daß das Gesellschaftssystem Personen vorsieht und ihnen Plätze zuweist, in deren Rahmen sie erwartungskomplementär handeln können; etwas romantisch könnte man auch sagen: sich als Individuen heimisch zu fühlen" (ebd.: 621). Eine soziale *Position* wird demnach durch Erwartungen bestimmt, die in erster Linie die *Legitimität* ihrer Trägerschaft betreffen (etwa, dass ein Arzt das dritte medizinische Staatsexamen inkl. der Vorstufen abgelegt haben muss, dass ein Sohn diese Position über Blutsverwandtschaft oder Adoption erlangen kann, dass ein Veranstaltungsbesucher Eintrittsgeld bezahlt bzw. sich zumindest zum Zeitpunkt der Veranstaltung an den Veranstaltungsort begibt[98]) und in zweiter Linie die Legitimität der Beziehungen zu anderen Positionen[99] (also, dass der Arzt kommunikative Beziehungen zu Patienten, Sprechstundenhilfen, der Ärztekammer etc. aufnehmen darf und soll oder der Sohn kommunikative Beziehungen zu Vater und Mutter etc.). Positionen sind also Erwartungsbündel, die sich auf die Legitimität der Teilhabe an kommunikativen Zusammenhängen (Familie, Medizin etc.) beziehen und die andere Positionen bestimmen, mit denen kommunikative Beziehungen im Rahmen der Positionsinhaberschaft aufgenommen werden können. Die Legitimität der Trägerschaft kann dabei über ‚Positionsattribute' signalisiert werden (etwa der Kittel und das Stethoskop des Arztes, die Robe des Richters[100] usw.).

---

teilung beobachtet wird und daß er nicht mehr als eine Adresse für Kommunikation (es sei den jene, die den Akt der Exklusion vollziehen) in Frage kommt". „Es geht einerseits bei Exklusion immer um Diskontinua, um entweder/oder-Entscheidungen hinsichtlich Zugehörigkeit und hinsichtlich Berechtigungen und nicht um die unendlich feinen Gradationen, wie sie das Geldeinkommen als Grund der Schichtungslogik der modernen Gesellschaft erlaubt. Andererseits erfolgen diese entweder/oder-Entscheidungen in mehreren Dimensionen, die im Verhältnis zueinander irreduzibel sind, was dann die Frage nach den Interaktionen zwischen den Dimensionen in den Vordergrund treten läßt" (ebd.: 127). Die Analogie zum mittelalterlichen Armutsbegriff (ebd.: 126) oder den schwarzen Löchern der Physik (ebd.: 132) liegt nahe (vgl. auch Ottfried Höffe: Wer aber ist arm? FAZ, Nr. 9, 12.1.05, S. 35).

98 Man sieht, dass der Begriff der Legitimität hier sehr weit gefasst wurde. Im Grunde sind kulturelle Berechtigungsvorstellungen, die den Einstieg in Kommunikationssysteme und den Ablauf der Kommunikation betreffen, gemeint. Diese können freilich in unterschiedlichem Grade institutionalisiert, kodifiziert und sozial geteilt sein.

99 „Wir können auch in unserer Gesellschaft andere Menschen als Narren oder weise alte Männer bezeichnen. Aber dadurch sind in unserer Gesellschaft die sozialen Beziehungen dieser Individuen nicht beschrieben. Dagegen ist der Narr in der mittelalterlichen Gesellschaft ebenso wie der weise Alte primitiven Gesellschaften eine feststehenden Einrichtung, die für alle anderen bestimmte soziale Beziehungen des Inhabers bezeichnet" (Tenbruck 1962/1986: 203). Dabei geht es nicht darum, wie diese Beziehungen zu gestalten sind, sondern darum, dass sie positionell vorgesehen und somit legitimiert sind.

100 Natürlich können Positionsattribute zugleich Rollenattribute sein. Es kann erwartet werden, dass die Ärztin in bestimmten Verhaltenszusammenhängen das Stethoskop mit sich führt und verwendet, zugleich gibt es aber einen Hinweis auf die Legitimität ihrer Positionsträgerschaft. Die Sprechstundenhilfe dürfte es sich eben nicht umhängen, weil sie sonst für eine Ärztin gehalten würde.

Rollen sind demgegenüber Erwartungsbündel, die sich auf die Kommunikation, zu deren Teilhabe Personen durch die Trägerschaft von Positionen berechtigt sind, und auf deren Verlauf beziehen. Es geht also nicht um das ‚ob', sondern um das ‚*wie*' der kommunikativen Beteiligung von Positionsinhabern. Es sind Erwartungen, die Verhalten, Gefühle und Ausstattung (Rollenattribute) sowie die Erwartungen, Erwartungserwartungen etc. der Positionsträger betreffen (etwa, dass ein Arzt seinen Patienten nach bestem Wissen zu diagnostizieren und zu behandeln sucht, dass eine Mutter ihre Kinder liebt, dass ein Strafgefangener unzufrieden mit seinem Zustand ist und, dass ein Manager Anzug und Krawatte trägt). Mit Hilfe einer derartigen Definition von Rollen und Positionen kann auch die Frage der Beziehung von Normierung und Differenzierung denkbar einfach geklärt werden:

> „[D]ie Rollen knüpfen sich nicht an vorweg bestehende Positionen, sondern sind als ‚Bündel von Verhaltenserwartungen' bereits so weit verfestigt, daß sie selbst den Charakter von Positionen annehmen; die Verhaltenserwartungen schaffen erst die soziale Differenzierung, auf die sie sich beziehen" (Dreitzel 1968/1972: 120).

Positionen normieren dann die durch Normierung herbeigeführte Differenzierung auf einer zweiten Ebene über Legitimitätsvorschriften[101] des Zugangs und der Rollenbeziehungen und erzeugen ein „Bewußtsein einer ‚Vakanz'" (Popitz 1966/1975: 10) eben dann, wenn gemäß den Legitimitätsregeln keine Personen gefunden werden können, die die in Frage stehende Position besetzen dürften.

Wichtig ist, dass zu Rollen auch die Erwartungen der Erwartungen (*Erwartungserwartungen*) der Positionsträger gehören, ein Sachverhalt, der von Berger und Luckmann (1966/1997: 58f, 79) als Reziprozität von Typisierungen beschrieben wird. Rollen sind nie alleine denkbar, sondern immer nur im Bezug auf andere Rollen, sog. *Komplementärrollen*. Das ‚Komplementäre' besteht darin, dass die Erwartungen, die eine Rolle konstituieren, zugleich als Erwartungserwartungen andere Rollen mitbestimmen. So wird vom Ehemann erwartet, dass dieser von der Ehefrau erwartet, dass sie treu ist, und dass sie das auch von ihm erwartet usw. „Die durch diesen Zirkel beschriebene Tatsache ist für die Soziologie ohne Schrecken. Im Gegenteil gehen die meisten Definitionen der Rolle von ihr aus" (Tenbruck 1961: 21). Ansonsten machte es auch wenig Sinn von Rollen zu

---

[101] Berger & Luckmann (1966/1997: 98f) fassen Legitimation „als ‚sekundäre Objektivation' von Sinn. Sie produziert eine neue Sinnhaftigkeit, die dazu dient, Bedeutungen, die ungleichartigen Institutionen schon anhaften, zu Sinnhaftigkeit zu integrieren. Die Funktion dieses Vorgangs ist, ‚primäre Objektivationen', die bereits institutionalisiert sind, objektiv zugänglich und subjektiv ersichtlich zu machen". Es ist hinzufügen, dass es auch darum geht, Bedeutungen, die Personen anhaften, mit denen von Institutionen zu integrieren, also nicht nur etwa darum, dass der Richter nicht über seinen Sohn oder Schwager richten soll oder der Richter kein ehemaliger Häftling sein darf (auch hier geht es streng genommen um personenspezifische Kombinationen von Positionen), sondern auch darum, dass ein Werber kreativ, ein Vertriebsleiter eloquent, eine Verlobte jungfräulich und ein Türsteher kräftig sein soll.

sprechen. Man müsste eher von Zwang oder Macht sensu Weber reden, womit nicht gesagt sein soll, dass Zwang und Macht im Zusammenhang mit Rollenkomplexen keine Bedeutung haben *können*.

Rollenbeziehungen sind eben zirkulär (durch multiple Zirkel) bestimmt, und es wird allgemein und nicht nur von Eheleuten, um auf das Beispiel zurückzukommen, erwartet, dass eheliche Treue eine Bedingung der Ehe sein soll, und dass das gut so ist, und dass die Eheleute erwarten, dass das so erwartet wird. Die Rollen- und Positionserwartungen kursieren in erster Linie unabhängig von konkreten Individuen in der und durch die Kommunikation und sind gelegentlich mit Letztdeckung durch für nicht-disponibel gehaltene Werte (vgl. Tenbruck 1961: 16; Luhmann 1984/1996: 433) ausgestattet; nichtsdestoweniger erhalten sie ihre Aktualität und Möglichkeit dadurch, dass Erwartungen von konkreten Individuen aus der Kommunikation geschlossen werden und als Erwartungserwartungen Bestandteil von deren Realitätsvorstellungen werden (genauso wie die Kommunikation ja ohne Leute auch nicht stattfände). Insofern sind Rollen selbstverständlich auch nicht nur analytische Kategorien oder Metaphern (Dahrendorf), sondern *Bestandteil einer sozialen Realität*, die wir täglich beobachten können (vgl. Tenbruck 1961: 8). Dabei können Erwartungserwartungen sich auf Erwartungen bzgl. der eigenen Positionen und Rollen beziehen, aber auch auf andere Positionen und Rollen und zwar unabhängig davon, ob man an den betreffenden Rollenkomplexen bzw. „role sets"[102] (Merton 1957) teilhat oder nicht. Das Entscheidende für die Erwartungsbildung ist die Beobachtbarkeit, nicht die Teilhabe[103].

Positionen berechtigen in diesem Zusammenhang dazu, positionsspezifische Erwartungen an die Inhaber anderer Positionen stellen zu dürfen und *zugleich* Adresse von deren positionsspezifischen Erwartungen zu sein. Die positionsspe-

---

[102] Solche Rollenkomplexe werden dann als Institutionen bezeichnet, wenn man sie als Gesamtheit stark verflochtener Rollenbeziehungen betrachtet und nicht vom Standpunkt einer einzelnen Rolle aus und sofern bestimmte Zwecke oder Werte ausgemacht werden können, auf deren Verwirklichung sich das Zusammenwirken der Rollen bezieht, also bei Familien bspw. die Aufzucht und Erziehung der Kinder, evtl. Versorgung der Alten, Klärung von Solidaritätsbeziehungen im Falle von Konflikten usw. (vgl. Berger & Luckmann 1966/1997: Kap. II, 1; Tenbruck 1962/1986: § 13). Dass Institutionen sich nur auf einzelne Zwecke beziehen oder gar nur mit funktionsspezifischen Codes gesellschaftlicher Teilbereiche oder Subsysteme operieren, ist ein Sonderfall, der für moderne Gesellschaften typisch sein mag, aber keineswegs universell ist. Es verwundert, dass ausgerechnet Tenbruck hier begrifflich teilweise ungenau operiert und z.B. von der Bindung „an den speziellen Zweck eines jeweiligen Sektors" (ebd.: 212) spricht, eine Seite später aber betont, dass ein wichtiger Unterschied zwischen Institutionen darin besteht, „ob Zweck und Funktion der Institution eindeutig sind oder nicht".

[103] So auch Berger & Luckmann (1966/1997: 78f): „Im allgemeinen Wissensvorrat gibt es standardisierte Formen von Rollenspiel, zu denen alle Mitglieder einer Gesellschaft Zugang haben. Diese Allgemeinzugänglichkeit ist als solche Teil des Wissensvorrates. Man weiß nicht nur allgemein, was zur Rolle gehört, sondern man weiß auch, daß das allgemein gewußt wird."

zifischen Erwartungen können *Rollenerwartungen* genannt werden, die Erwartungen, die sich auf die Berechtigung dieser Erwartungen beziehen, *Positionserwartungen*. Diese (*Positionserwartungen*) bestimmen – in der Terminologie der systemtheoretischen Kommunikationstheorie – die Bedingungen der Teilhabe von Personen an Kommunikationssystemen (Inklusionsbedingungen); jene (*Rollenerwartungen*) verweisen darauf, wie Differenzen von Mitteilung und Information zu verstehen sind, und welche Anschlusskommunikation erfolgen darf. Die identische Information, z.B. „Meine Füße tun weh", bedeutet für die Ärztin als Patientenaussage eben etwas ganz anderes als für die ‚gleiche' Person in der Mutterrolle, wenn diese Aussage ihres Kindes z.B. auf einer Wanderung gemacht wird. Hier ist der Anschluss „Stell Dich nicht so an!" gestattet, dort nicht. Eine derartige Formulierung der Rollentheorie schließt übrigens *Rollenattribute* und *-gefühle* keineswegs aus: Die Information, „dass er einen Anzug trägt", ist für den Kunden eines Managers eine ganz andere als für die junge Dame, die von ihrem Liebhaber zum ersten Rendezvous abgeholt wird. Wenn ich meinem Chef eine Blume mitbringe, wird er das wohl im Gegensatz zu meiner Freundin kaum als Liebesbeweis ansehen. Derartige Zusammenhänge sind dann den Beteiligten des Kommunikationssystems mehr oder minder bekannt, jedenfalls aber wird erwartet, dass sie bekannt sind. Wir erwarten keine konkreten Sätze, aber eine bestimmte Form der Kommunikation (mit einem Außen) und eine bestimmte Form des Verstehens!

Rollen und Positionen sind – wie gezeigt wurde – auch in dieser Begriffsfassung eng miteinander verknüpft, aber nicht identisch. Man kann die Legitimität der Inhaberschaft einer Position aufgrund der Nicht-Erfüllung von Rollenerwartungen verlieren (etwa, wenn man als suchender Passant eine Person zugleich nach dem Weg und ihren sexuellen Vorlieben fragt) und man kann aufgrund nicht-legitimer Positionsträgerschaft an der Ausübung der Rolle auch dann gehindert werden, wenn man die Rolle beherrscht.

Wichtig ist außerdem zu betonen, dass Positionen in der Regel eine Vielzahl von Beziehungen zu anderen Positionen umfassen, dass Positionen also *Komplexe kommunikativer Beziehungen* und nicht nur einzelne Beziehungen definieren. Mertons (1957: 111) Begriff des „*status set*" ist in diesem Zusammenhang irreführend, obgleich damit ein nicht minder wichtiger Tatbestand gemeint ist, nämlich der, dass Personen in der Regel mehrere Positionen und korrespondierende Rollen innehaben. Dies wird heute zumeist als *Positions-* bzw. *Rollenhaushalt* einer Person bezeichnet. Trotzdem ist es natürlich Mertons Verdienst auf die Vielzahl von kommunikativen Beziehungen zu anderen Positionen, die mit der Inhaberschaft einer Position einhergehen, und die entsprechenden *Rollenkomplexe* („*role sets*") hingewiesen zu haben.[104] Die unterschiedlichen Positionen, die an eine Po-

---

[104] „I begin with the premise that each social status involves not a single associated role, but an array of roles" (Merton 1957: 110).

sition gekoppelt sind, stellen sich für den Positionsinhaber als differenzielle Cluster von Rollenerwartungen dar, die gemeinsam seine Rolle definieren und als Erwartungserwartungen seine Rolle für ihn ausmachen. Die Orientierung an diesen Erwartungen in der Kommunikation wird hier als *Rollenspiel* bezeichnet, wobei die Orientierung nicht gleichzusetzen ist, mit der Erfüllung der Erwartungen. Der Ehemann, der sich heimlich mit seiner Geliebten trifft, handelt ja, indem er dies heimlich tut, auch in seiner Rolle als Ehemann, obwohl er die Rollenerwartungen gerade nicht erfüllt. Ähnliches gilt für den Häftling, der einen Ausbruch plant etc. Jedenfalls implizieren die Rollen eines Rollenensembles per definitionem unterschiedliche Rollenerwartungen, sonst wären sie ja nicht zu unterscheiden. Die durch eine Position festgelegten kommunikativen Beziehungen zu anderen Positionen werden in der vorliegenden Arbeit als *Positionssegmente*, die den anderen Positionen zugeordneten Rollenerwartungen, die sich auf die der in Frage stehenden (fokalen) Position zugehörigen Rolle beziehen, als *Rollensegmente* oder *-sektoren* (vgl. Gross, Mason & McEachern 1958/1966: 51ff; Dahrendorf 1958/1977: 33) bezeichnet. Aus dem Blickwinkel einer Rolle eines solchen Komplexes sind diese differenziellen Erwartungscluster dann auch immer mehr oder weniger widersprüchlich. Diese *Widersprüchlichkeit* hat dabei zunächst einmal nichts mit den konkreten Interessen von Personen, die die jeweiligen Rollen spielen, zu tun. Sie ist vielmehr struktureller Natur. Probleme, die für den Träger einer Rolle in Folge der Nicht-Integrierbarkeit widersprüchlicher Erwartungen aus unterschiedlichen Rollensegmenten entstehen, bezeichnet man als *Intra-Rollenkonflikte* im Unterschied zu ähnlichen Konflikten, die aufgrund der Nicht-Vereinbarkeit unterschiedlicher Rollen für eine Person bestehen (*Inter-Rollenkonflikt*) (vgl. bspw. Stouffer 1949; Toby 1952; Gross, Mason & McEachern 1958/1966: Ch. 15-17; Dreitzel 1968/1972: 96ff). Wiederum ist es u.a. der Verdienst von Robert King Merton (1957) gezeigt zu haben, dass Gesellschaften strukturelle Mechanismen bereithalten, die solche Widersprüche integrieren (bspw. durch Autoritätshierarchien der erwartungssendenden Positionen), auflösen (bspw. durch den Abbruch von Rollenbeziehungen) oder mindestens invisibilisieren (bspw. durch Publikumssegregation).[105]

Es soll nun noch einmal auf die Rollenerwartungen eingegangen werden. Diese Erwartungen gehören zu der Klasse der *Normen*, d.h. es handelt sich um Erwartungen, *von denen erwartet wird*, dass sie auch im Enttäuschungsfall, der „als möglich vorausgesehen [wird] – man weiß sich in einer komplexen und kontingenten Welt –" (Luhmann 1969: 37), beibehalten werden[106]. „Daran erhellt sich,

---

[105] Merton (1957) beschränkt sich auf Intra-Rollenkonflikte. Seine Ausführungen lassen sich allerdings verhältnismäßig problemlos auf Inter-Rollenkonflikte übertragen.

[106] Generell dichotomisieren Erwartungsbildungen Ereignisse und Handlungen auf der Zeitdimension in Erwartete und Nicht-Erwartete, so wird „abweichendes Geschehen anhand der Erwartung als Störung sichtbar [...], ohne daß man die Gründe dafür zu kennen braucht" (Luhmann 1984/1996: 397). Erwartungserfüllungen sind unproblematisch, aber

daß erst soziale Normen das Nicht-Lernen in eine anerkannte Strategie verwandeln, daß erst soziale Normen das Nicht-Lernen entpathologisieren. Das psychische System braucht bei kontrafaktischen Stabilisierungen soziale Deckung" (ebd.: 35). Die soziale Deckung der kontrafaktischen Stabilisierung kann nun über zwei Kanäle laufen: *Enttäuschungserklärungen* (wie Krankheit, psychische Störung, Inkompetenz, aber auch die Offenlegung widersprüchlicher Normkonstellationen[107]) oder (negative) *Sanktionen* (vgl. ebd.: 38).

Als *Sanktionen* (vgl. Hahn 1970: 230) werden die vorhersehbaren, geregelten, normierten und erwarteten Reaktionen auf Erfüllung bzw. Nicht-Erfüllung einer Erwartung bezeichnet. Sanktionen stellen positiv bzw. negativ bewertete Reaktionen auf Verhaltensweisen dar, die Erwartungen erfüllen bzw. enttäuschen. Von außerordentlicher Wichtigkeit ist dabei, dass sowohl Erwartungserfüllungen als auch -enttäuschungen nicht mehr positionell, sondern personell zugerechnet werden müssen, damit sanktionierendes Verhalten anschließbar wird. Sanktionen sind zudem keine bloßen Reaktionen oder Anschlusshandlungen auf ein bestimmtes Verhalten, sondern müssen von den Beteiligten auch als Sanktionen interpretiert werden.[108]

Nähert man sich der Freiheitsproblematik zunächst von diesem Punkte her, dann wird aus verschiedenen, nachfolgend dargestellten Gründen deutlich, weswegen Rollenhandeln nicht ausschließlich Zwangscharakter hat und nicht nur durch über negative Sanktionen gedeckte Fremderwartungen erklärt werden kann (*Reifizierung*[109]).

Erwartungsenttäuschungen erzwingen Reaktionen. Hier kann zwischen kognitiven und normativen Erwartungsstilen unterschieden werden: also zwischen Erwartungsänderung (Lernen) und kontrafaktischer Stabilisierung (vgl. ebd.: 397f, 436ff, Luhmann 1969).

[107] Letzteres ist einer der von Merton (1957: 116) angeführten Mechanismen zur Bewältigung von Intra-Rollenkonflikten.

[108] Sanktionen können daher auch, wiederum von der Verstehensseite her aufgezäumt, als Kommunikationen betrachtet werden. Ein Blitzeinschlag, eine Krankheit oder die Missachtung der Gruppe bzw. von der positiven Seite her eine Erbschaft, ein langes Leben, ein Lob usw. können allesamt als Sanktionen verstanden werden und tatsächlich wird je nach Gesellschaftsformation auch erwartet, dass derartige Vorfälle so verstanden werden. Jedenfalls wird eine Differenz von Mitteilung und Information verstanden, wobei der Mitteilungsaspekt personell (also signifikanten Anderen) oder positionell (also generalisierten Anderen wie Gott, der Exekutive des Staates usw.) als Handlung zugerechnet wird.

[109] Reifizierung meint eine unangebrachte, da verkürzende, Verabsolutierung von Begriffsausschnitten, in dem Sinne, dass aus begrifflichen, also rein sprachlichen Zusammenhängen auf deren entsprechende dinghafte Existenz in der Realität geschlossen wird. Obiger Vorwurf wird von Tenbruck (1961: 11) gegen Dahrendorf erhoben. Dieser wiederum wirft Tenbruck Reifizierung vor, da dieser von der Realexistenz sozialer Rollen ausgehe, die aber lediglich ein analytisches Instrument der Soziologie seien (vgl. Dahrendorf 1963/1977: 115). Es erscheint allerdings so merkwürdig davon auszugehen, dass sich analytische Kategorien nicht auf in der sozialen Realität beobachtbare Sachverhalte beziehen können (und wir gehen ja auch in unserem Alltagsverständnis davon aus, dass es z.B. Väter gibt und erwarten von diesen bestimmte Dinge und andere nicht), dass dieser Vorwurf hier nicht weiter behandelt wird.

Erstens wird auf *Erwartungsenttäuschungen* eben nur in bestimmten Fällen mit negativen Sanktionen reagiert. Mannigfaltige Formen von Enttäuschungserklärungen stehen als funktionale Äquivalente zur Verfügung, bspw. in der Form, dass Verstöße gar nicht personell in Form individueller Schuld, sondern in Form höherer Gewalt, Krankheit, Regeln des gesunden Menschenverstandes (etwa ‚Aller Anfang ist schwer', ‚Jeder macht einmal einen Fehler') usw. zugerechnet werden. Dem gemäß gewinnen gar nicht alle Verstöße den Charakter von (abweichenden) Handlungen, sondern werden häufig als bloße Ereignisse weiterbehandelt oder eben so, dass zwar personell zugerechnet wird, aber die Absichtlichkeit des Verstoßes negiert wird (etwa im Falle von Inkompetenz, Versehen, Nicht-Informiertheit). Derartige funktionale Äquivalente sind oftmals nicht nur bloße Alternativen, sondern können bis zu einem gewissen Ausmaß sogar zweckmäßiger sein, weil sie möglicherweise Selbstwahrnehmung und Motivationsstruktur der ggf. betroffenen Individuen unangetastet lassen und insofern sekundär abweichendes Verhalten (vgl. Lemert 1951, 1975) zunächst zu vermeiden helfen. Jedenfalls sind Sanktionen nur *eine* mögliche Reaktion auf Abweichungen.

> „Erforderlich ist, daß die Reaktion das Festhalten an der Erwartung darstellt. Es braucht sich nicht um Sanktionen gegen den Normbrecher zu handeln, erst Recht nicht um Versuche, ihn zur Befolgung der Erwartung zu bewegen. Wollte man den Normbegriff auf sanktionierte Verhaltensweisen einschränken [...], so würde man ihn für starke Naturen reservieren und überdies verkennen, daß das Durchhalten der Erwartung wichtiger ist als das Durchsetzen. Es gibt andere funktional äquivalente Strategien." (Luhmann 1969: 39)

Es ist dann auch geradezu widersinnig, Rollenerwartungen wie Dahrendorf (1958/1977: 37ff) anhand der Schwere und Richtung (positiv vs. negativ) der Sanktionen zu charakterisieren, die ihrer Erfüllung bzw. Enttäuschung folgen.[110] Damit soll aber nicht gesagt sein, dass Rollenerwartungen nicht von den Rollenspielern als unterschiedlich verbindlich angesehen werden können, und dass dem keine sozialen Verbindlichkeitshierarchien korrespondieren.

Nur kann zweitens aus der Art der Sanktionen und schon gar nicht aus der Art ihrer Absender auf derartige Verbindlichkeiten geschlossen werden. Sicherlich wird in der modernen Gesellschaft versucht, verbindliche Rollenerwartungen über negative Sanktionen abzudecken und diese Deckung u.a. im positiven Recht zu kodifizieren. Das berechtigt aber nicht, aus der Kodifizierung von Sanktionsdeckung auf die subjektive Verbindlichkeit der Erwartungen zu schließen. Gerade Rollenerwartungen, für die von einer Divergenz der Verbindlichkeitsansprüche des Gesetzgebers und der Rollenträger ausgegangen wird, müssen

---

[110] Darüber hinaus vermischt Dahrendorf, die empfundene Schwere der Sanktion (Muss, Soll, Kann) mit der Zurechnung der Sanktionen zu ihren Absendern (Staat, soziale Gruppen, signifikante Andere) und verkennt die Bedeutung positiver Sanktionen (vgl. Tenbruck 1961: 5, 19).

nämlich in besonderer Weise mit kodifizierter Sanktionsdeckung ausgestattet werden (man denke etwa an zu schnelles Autofahren oder neuerdings an das Verhängen von Bußgeldern für das Wegwerfen von Müll in den Innenstädten). „Sanktionen [...] heften sich stets an diejenigen Bestandteile von Rollen, die einerseits wichtig, andererseits nicht gesichert sind" (Tenbruck 1962/1986: 209). Umgekehrt sind viele im Durchschnitt als enorm verbindlich empfundene Rollenerwartungen (etwa die Liebe der Eltern zum Kind oder die Loyalität unter Freunden[111]) gerade nicht gesetzlich fixiert und selbst, wenn sie es wären, wäre die Beobachtbarkeit ihrer Erfüllung und Nicht-Erfüllung doch sehr problematisch.

Drittens werden Sanktionen ja auch nicht aus dem Nichts geboren, sondern sind selbst wiederum Bestandteil von Rollenerwartungen. So wird erwartet, dass B ein bestimmtes nicht-erwartungsgemäßes Verhalten des A qua positione sanktioniert. Wäre rollenkonformes Verhalten nur als Folge von Sanktionsdrohungen zu verstehen, so müsste B's sanktionierendes Verhalten wiederum über Sanktionen gedeckt sein usw. Die Folge wäre ein infiniter Regress von Sanktionsdrohungen (vgl. Tenbruck 1961: 16). Freilich gäbe es und gibt es die Möglichkeit, solche Ketten von Sanktionsdrohungen über komplexe zirkuläre checks and balances-Systeme zu organisieren. Letztlich kommen wir aber immer wieder an einen Punkt, an dem A sein nicht konformes Verhalten indirekt selbst sanktionieren muss, indem er C, D oder XY mit Sanktionen droht. An irgendeinem Punkt, sei es bei B, XY oder A selbst, wird sanktioniert, ohne dass dies auf weitere Sanktionsdrohungen zurückgeführt werden kann. Selbst hinter einer komplexen zirkulären Organisation von Sanktionsdrohungen müssen also Erwartungen stehen, die nicht mehr durch Strafen oder Belohnungen (für positive Sanktionen ergibt sich die gleiche Problematik infiniter Regresse) abgesichert sind, sondern durch den ,verinnerlichten' Glauben an die Richtigkeit und Wichtigkeit derselben, durch Gewohnheiten usw. Die Entstehung solcher Kontrollzirkel und deren institutionelle oder gar organisationelle Verfestigung würde zudem ohne die Berücksichtigung nicht-sanktionsgedeckter Richtigkeitsauffassungen nicht erhellt werden können[112]. Auch wenn man sich Gott als letzten Sanktionator oder un-

---

[111] Zur freundschaftlichen Loyalität schreibt etwa Adam Smith (1759/1979: 15): „They [unsere Freunde] can easily avoid being friends to our friends, but can hardly avoid being enemies to those with whom we are at variance".

[112] Eine dem Ehemann untreue Ehefrau kann bei Aufdeckung dieses Sachverhaltes von ihrem Ehemann die negative Sanktionierung ihres untreuen Verhaltens erwarten und einfordern und diesen wiederum ihrerseits negativ sanktionieren, wenn ihre Bestrafung nicht erfolgt. Dass wird sie jedoch wohl keinesfalls aufgrund einer erwarteten Sanktionsdrohung ihres Ehemannes tun, denn dieser zeigt sich ja geradezu desinteressiert an dem Erwartungskomplex ,eheliche Treue', sondern deswegen, weil sie eheliche Treue prinzipiell für richtig hält und sich selbst in ihrem betrügerischen Verhalten an dieser Richtigkeitsvorstellung orientiert. Und wieso sollte sie sich auch in den Kontrollzirkel ,Ehe' begeben, wenn sie nicht von der Richtigkeit der zugehörigen Erwartungen überzeugt wäre. Zumindest basiert in

bewegten Beweger (Aristoteles) vorstellt, kann der Glaube an solche Weltordnung nicht wieder durch Sanktionen erklärt werden. In diesem gewichtigen Sinne *sind Sanktionen Kommunikationen.* Dass sie als Sanktionen *verstanden* werden und nicht bloß als missliche Umstände, adverse Zufälle etc., kann letztlich nur mit Hilfe von sozial geteilten Wirklichkeitsauffassungen und damit verbundenen Interpretationsschemata wie gut und böse, richtig und falsch etc. erklärt werden, die mindestens in gewissem Umfange und in gewissen Personenkreisen ‚internalisiert' sind. Es sei hier dahingestellt, ob sich diese Wirklichkeitskonstruktionen im Nachhinein an ursprünglich kontingente verhaltensbezogene Erwartungsbildungen und Habitualisierungsvorgänge als „sekundäre Objektivationen" (Berger & Luckmann) anheften oder diesen vorgängig sind. Man kann von einer ‚transzendentalen Freiheit' (vgl. Kant 1781/1787/1925: 304ff) ausgehen, sofern man diese als Kontingenz und nicht als basale Entscheidungsfreiheit eines ‚intelligiblen Menschen' auffasst, was im Übrigen auch nicht im Widerspruch zu den Kantschen Überlegungen (vgl. ebd.) stehen würde.

Zudem sind viertens in vielen Fällen der Verletzung von Rollenerwartungen ja Sanktionssubjekt und Sanktionsobjekt identisch. Rollenerwartungen können in Enkulturationsprozessen soweit ‚internalisiert' worden sein, dass sie als selbstverständlich erscheinen. Erst ihre Verletzung macht auch dem Rollenträger selbst ihren Erwartungscharakter deutlich. Auch ohne die äußere Beobachtbarkeit seines abweichenden Verhaltens wird er in der Regel an den Erwartungen festhalten und sie über *innere Kontrollen* (vgl. Tenbruck 1961: 12ff) bzw. sein Gewissen stabilisieren, ob er seine Abweichung nun durch äußere Umstände rechtfertigt oder eine innere Sanktionierung über Gefühle wie Scham und Peinlichkeitsgefühle erfolgt. Eine solche innere Sanktionierung kann aber niemals ausschließlich über operante Konditionierungsprozesse (Skinner) bzw. Belohnung und Bestrafung in der Sozialisierung erklärt werden (und in dieser Hinsicht verfolgt Tenbruck sein Argument nicht konsequent genug). Denn im Falle einer vollständig geglückten Konditionierung könnten wir abweichendes Verhalten nicht mehr erklären, ja wir könnten in Situationen mit widersprüchlichen Rollennormen überhaupt nicht mehr von sinnhaftem Handeln und Entscheiden ausgehen, sondern müssten mit einer Art Übersprungsverhalten rechnen. Im Falle unvollständiger Kon-

---

unserer Kultur die Ehe ja auf der Vorstellung der Freiwilligkeit ihrer Eingehung. Mit Mühe und Not können wir uns in unserem Beispiel noch die Familie, die Nachbarn usw. als mit Argusaugen wachende moralische Sanktionsgewalten denken. Wenn wir aber an die Entstehung eines institutionellen Komplexes ‚Ehe' denken, so ist auch das völlig abwegig. So bemerkt auch Dreitzel in diesem Zusammenhang (1968/1972: 101), dass man die Frage stellen müsse, „warum und unter welchen Umständen eine Reihe einzelner, wohlmöglich unterschiedlicher Verhaltenserwartungen zusammen eine Rolle bilden. Wenn die soziale Rolle nicht als ein tatsächliches Verhalten definiert ist, sondern – wie es auch mir sinnvoll erscheint – als ein Komplex von Verhaltenserwartungen, dann muss die bei Dahrendorf noch als selbstverständlich vorausgesetzte soziale Normierung genauer beschrieben werden." (Ähnlich Tenbruck 1961: 16).

ditionierung müsste in Situationen, in denen der Rollenträger sich nicht beobachtet fühlt, abweichendes Verhalten die Regel sein. Genauso wie mein Hund sich auf mein Bett legt, wenn ich nicht zuhause bin, würde der Professor die Klausuren schludrig korrigieren oder die Noten erwürfeln, der Arzt würde den Bewusstlosen liegen lassen, Läden ohne Überwachungskameras würden ständig bestohlen usw. Rollenkonforme Gefühle und Wahrnehmungsweisen könnten aufgrund ihrer äußerlichen Unsichtbarkeit überhaupt nicht mehr erklärt werden.

Aus allen diesen Argumenten lässt sich schließen, dass Sanktionen nicht generell und in allen Fällen der Hauptgrund für rollenkonformes Verhalten sein können, obgleich dies freilich für bestimmtes rollenkonformes Verhalten (etwa bei Häftlingen oder Soldaten im Krieg) gelten mag. Aber selbst dort kann nicht über Strafandrohung garantiert werden, dass der Soldat auch mutig oder der Häftling reumütig ist.

Außerdem stellt sich die Frage, was rollenkonformes Verhalten überhaupt sein soll. Die perfekte Befolgung vorgegebener Erwartungen, die das Verhalten der Rollenträger aufgrund bloßer Kenntnis der Rollenerwartungen verständlich erscheinen ließe und auf diese Weise mit annähernd hundertprozentiger Wahrscheinlichkeit prognostizierbar machte, finden wir in der gesellschaftlichen Realität wohl höchst selten. So betont auch Krappmann (1969/2000: 115), dass eine in Sozialisierungsprozessen herbeigeführte vollständige Übereinstimmung von Rollennormen und deren individueller Interpretation nur einen Grenzfall darstellen kann. „Die Annahmen bestimmen folglich nicht den ‚Idealfall' erfolgreicher Interaktion, sondern einen pathologischen Zustand". Rollenverhalten ohne individuelle Interpretationsspielräume der dazu gehörigen Erwartungen sei nur unter zwei Bedingungen beobachtbar: „zum einen unter Verhältnissen höchster Repression, zum anderen im Falle von pathologischen Persönlichkeitsstrukturen." (ebd.: 126).[113]

In vielerlei Hinsicht haftet sozialen Rollen also ein *Moment der Freiheit* bzw. Freiwilligkeit oder Spontaneität an (wie den sozialen Normierungsprozessen ein Moment der historischen und interkulturellen Kontingenz). Und das ist auch nicht weiter verwunderlich, wenn – wie hier bisher geschehen – davon ausgegangen wird, dass die Menschwerdung nicht allein eine Folge biogenetischer Aus-

---

[113] Krappman hat in diesem Zusammenhang vor allem Goffmans ‚totale Institutionen' im Sinn, aber auch ein Verweis auf Mertons ‚bürokratische Persönlichkeit' erscheint angebracht. Denn Merton fast ja auch ritualistisches Verhalten als Abweichung. Es geht darum, dass ein infolge von Interpretationsleistungen stets neu zu erprobendes Selbstverständnis Unsicherheiten auf der Sozialdimension des Handlungssinns erzeugt. „Repressive Institutionen und pathologische Individuen klammern sich aneinander. Die aus stereotypen sozialen Interaktionsmustern folgende Unfähigkeit, sich auch diskrepanten Anforderungen gegenüber als identisch festzuhalten, bewirkt den Zwang, sich an scheinbar Garantiertes zu halten, um der Unsicherheit einer ständig neu zu entwerfenden Ich-Identität zu entgehen" (Krappmann 1969/2000: 127). Auch die Nähe zu Eriksons Konzept der Identitätsdiffusion ist nicht zu übersehen.

stattungsmerkmale ist, sondern dass der ‚Mensch an sich‘ zum ‚Menschen für sich‘ erst in der Gesellschaft werden kann, dass der Mensch sein Selbst erst durch seine Teilhabe an kommunikativen Prozessen gewinnt und auch hier erst lernen muss, seine Standortbestimmung vor dem Hintergrund von Sinnkomplexen wie z.B. ‚Freiheit‘ vorzunehmen. Die Idee der Freiheit impliziert ja immer die Möglichkeit der Unfreiheit, die Idee der Selbstbestimmtheit impliziert die Idee der Fremddetermination, erst dann *machen sie Sinn*.[114] Erst von außen an den Menschen herangetragene (Rollen-)Erwartungen ermöglichen es ihm somit – und zwar sowohl im Sinne der Ausnutzung von Erwartungsleer- und -spielräumen als auch im Sinne abweichenden Verhaltens – Freiheit zu entdecken und zu leben. Erwartungen sind sozusagen sowohl die Stäbe des Käfigs, auf deren anderer Seite wir die Freiheit vermuten, als auch die Sprossen der Leiter, auf der wir zur Freiheit emporsteigen können (vgl. auch Durkheim 1893/1996: 43) – wenn man z.B. die Rolle des Militärarztes flieht, um zum Dichter zu werden. Im Folgenden soll noch einmal deutlich gemacht werden, was das für das *Verhältnis von Rollen und Identität* bedeutet.

Wenn – wie oben geschehen – angenommen wird, dass sich das Selbst des Bewusstseins in kommunikativen Prozessen dadurch bildet, dass aus der Kommunikation auf Reflektionen von Merkmalen der eigenen Person im Bewusstsein signifikanter Anderer und darüber hinaus auf unsere Verortung in außerindividuellen also gesellschaftlichen Erwartungs- oder Typenfeldern geschlossen wird, so ist die Behauptung, dass soziale Rollen, die ja nichts anderes als Erwartungsfelder sind, Identität stiften, selbtevident. Es ist ja auch offensichtlich, dass wir uns auch über die Positionen, die wir besetzen, beschreiben und uns in den Rollen, die wir spielen, durch die Beobachtung der über Rollen kanalisierten Kommunikation selbst erleben. Die Kommunikation, an der wir über unser Rollenspiel als Bewusstseinssysteme beteiligt sind, hat sozusagen immer ein Moment, das auf unser Selbst zurückspiegelt, eben weil das Bewusstsein nicht nur als strukturdeterminiertes System, sondern auch als Medium an Kommunikation beteiligt ist (vgl. Luhmann 1988/1995: 44ff). Dabei ist es ganz gleich, ob wir uns mit den Rollen (im alltagsprachlichen Sinne) identifizieren oder nicht. Wenn man ein Strafgefangener ist, wird man nicht umhinkommen, sich auch als Strafgefangener zu sehen, eben weil man so gesehen wird, ganz gleich, was man sonst noch sein mag, ob man unschuldig oder schuldig ist. Die Themen und Inhalte der Kommunikation werden dem Bewusstsein (als Medium) quasi aufoktroyiert. Identität ist nichts an sich Positives und schon gar nichts Außersoziales, das durch gesellschaftliche Erwartungen eingepfercht und entfremdet wird. Eine derartige implizite aus der Alltagsprache abgeleitete Annahme führt dann auch im-

---

[114] Insofern ist die aktuelle Debatte der Hirnforschung über Willensfreiheit auch recht absurd (vgl. z.B. FAZ, Nr. 256, 4.11.2003, S. 33). Es geht um Zuschreibungen im Medium Sinn und dafür müssen beide Seiten der Form markierbar sein.

mer wieder zu Verunklarungen des wissenschaftlichen Redens über Identität. „Beschädigte Identität" (Goffman) ist eben auch Identität. Die Positionen, die uns zugeschrieben werden[115], bestimmen nun einmal auch für uns – ob wir wollen oder nicht – wer wir unter anderem sind, indem sie uns bezeichnen und uns in Erwartungszusammenhänge einbetten, an denen wir uns orientieren müssen.[116] „Hinter der leichten Rede vom Rollenspiel verbirgt sich der Ernst einer anthropologische Konstante: daß der Mensch immer nur das ist, wozu und als was er sich versteht" (Dreitzel 1968/1972: 104). Aus der fortgesetzten Nicht-Identifikation mit den uns cum positione angesonnenen Erwartungen können wir wohl wiederum versuchen, negative Identität ins Positive zu wenden, aber nur indem wir uns wiederum an der anderen Seite, der positionsbezogenen und/oder personenbezogenen Erwartungen orientieren[117] und uns im Hinblick auf neue Positionen und neues Personsein hin entwerfen; so wird Edmond Dantez bei Dumas zum Grafen von Monte Christo.

Bourdieu (1997/2001: 209) bemerkt in diesem Zusammenhang, dass der Grad der Bewusstheit von Erwartungsgefügen und umgekehrt der Grad der Habitualisierung erwartungsbezogenen Verhaltens je nach Positionsgeschichte der Individuen variieren mag:

> „Darüber hinaus variiert das Ausmaß, in dem man sich den automatischen Reaktionen des praktischen Sinns überlassen kann, natürlich mit den Situationen und Tätigkeiten, aber auch mit der im sozialen Raum besetzten Position: Wahrscheinlich können die, die sich in der Gesellschaft ‚am rechten Platz' befinden, sich ihren Dispositionen mehr oder vollständiger überlassen oder ihnen vertrauen (darin liegt die ‚Ungezwungenheit' von Menschen ‚besserer' Herkunft) als die, die – etwa als soziale Auf- oder Absteiger – Zwischenpositionen einnehmen; diese wiederum haben mehr Chancen, sich dessen bewusst zu werden, was sich für andere von selbst versteht, sind sie doch gezwungen, auf sich

---

[115] Lintons (1936/1964: 115ff) Unterscheidung von „ascribed" und „achieved statuses" ist aus dem Grunde irreführend, dass alle Positionen sozial zugeschrieben werden. Im Grunde ist aber die Zuschreibung eines Zuschreibungsgrundes (Handeln oder Merkmal der Person) gemeint. Insofern scheint Parsons (1951/1966: 63ff) Unterscheidung in „quality" und „performance" im Rahmen der pattern variables zunächst begrifflich weiter zu führen, dann verwendet er die Begriffe aber doch synonym mit „Ascription" und „Achievement".

[116] Goffman (1963/1975: 10) bezeichnet dieses Phänomen mit dem etwas unglücklichen Begriff, der sozialen Identität, der ja suggeriert es gäbe Identität, die nicht sozial sei (vgl. zur Kritik dieses Begriffes auch Willems & Hahn 1999: 15, Fn. 5), besser wäre bspw. ‚Rollenidentität'. Sein Begriff der ‚personal identity' (vgl. ebd.: 67ff) kommt dagegen dem nahe, was hier als Personalität, Person, Personenhaftigkeit bezeichnet wurde (unglücklich, gar völlig falsch ist allerdings die deutsche Übersetzung mit „persönliche Identität"). Leider verwendet Goffman den Begriff der personalen Identität uneinheitlich, nämlich einmal für die für personale Zuschreibungsprozesse unerlässliche von Sozialsystemen geleistete (kriminologische) Identifikation von Einzelpersonen und deren Beschreibung (auch durch Biographien und Lebensläufe als Karrieremuster) und zum anderen für „die einzigartige Kombination von Daten der Lebensgeschichte" (ebd.: 74) ohne den (subsystemspezifischen) Zuschreibungsaspekt zu berücksichtigen.

[117] Nicht etwa an dem durch die erwartungsinduzierte Unterscheidung ausgeschlossenem Dritten (etwa unserem Neurotransmittersystem).

achtzugeben und schon die ‚ersten Regungen' eines Habitus bewusst zu korrigieren, der wenig angemessene oder ganz deplazierte Verhaltensweisen hervorbringen kann."

Jedenfalls können wir nur über sozial zugeschriebene Positionen in Kommunikationssysteme einsteigen. Auch die einfachsten Gesellschaftsformationen unterscheiden zumindest zwischen Mitgliedern und Nicht-Mitgliedern und kommen z.B. an der biologisch „aufgenötigte[n] Differenzierung von Alters- und Geschlechtsrollen" (Tenbruck 1962/1986: 215) nicht vorbei. Und nur über die Teilhabe an kommunikativen Prozessen bzw. an Gesellschaft kann sich Identität bilden (deswegen spricht Hahn (1997/2000) ja auch von „partizipativen Identitäten"). Ohne Positionen und Rollen können wir uns demnach gar keinen „intelligiblen Charakter" (Dahrendorf 1958/1977: 86 in Anlehnung an Kant (1781/1787/1925)[118]) denken. Nur in kommunikativen Prozessen, die immer auch über die Orientierung an Rollenerwartungen (nicht unbedingt deren Erfüllung) laufen, kann Identität auf der Sachdimension festgezurrt werden.

Im Falle von Rollennormen haben wir es ja (größtenteils) nicht mit punktgenauen, schriftlich fixierten Anweisungen zu tun, die jede mögliche Situation, in der sie relevant werden könnten, berücksichtigen. So betont z.B. Krappman (1969/2000) auch immer wieder die individuellen Interpretationsleistungen beim Rollenspiel. Und auch hier ist oben nicht ohne Grund die Formmetapher in Zusammenhang mit dem Erwartungsbegriff gebracht worden. Erwartungen dienen eben dazu, Kommunikation zu strukturieren, indem Erwartetes von Nicht-Erwartetem (aber als auch möglich Unterschiedenem) abgegrenzt wird, und sie dadurch erst zu ermöglichen, wie auch die Kommunikation ihrerseits die Erwartungsbildung ermöglicht. Der entscheidende Punkt liegt darin, dass Erwartungen überhaupt erst einmal *Möglichkeitsräume* konstituieren (vgl. Luhmann 1984/1996: 397), indem sie eine Grenze zu Nicht-Erwartetem ziehen, das im Falle von Normen, obwohl es prinzipiell möglich ist, solange als unmöglich angesehen wird, wie die Konfrontation ausbleibt, und das auch nach Abarbeitung der Konfrontation als unmöglich weiterbehandelt wird. So wird umgangssprachlich ja auch davon geredet, dass sich jemand ‚unmöglich' verhalte. Zur Füllung solcher Möglichkeitsräume durch das tatsächliche Stattfinden von Kommunikation bedarf es darum wieder als Anstoß für Kommunikation der Interpretationsleistung der beteiligten Bewusstseinsysteme. Dadurch, dass Kommunikation dann wieder so oder so stattfindet und so oder so als Handlung personal zugeschrieben wird, bilden sich neue subinstitutionelle, gruppen- und organisationsspezifische (Bräuche, Gewohnheiten) sowie auch personenbezogene Erwartungen (etwa Meyer ist

---

[118] Der hier vertretenen Meinung nach ist das Dahrendorfsche Verständnis des Begriffes des intelligiblen Charakters auch nicht ganz unproblematisch. Mit Charakter ist bei Kant eine Gesetzmäßigkeit des Wirkens gemeint. Es geht in Bezug auf den Menschen um die Intellegibilität des Menschen an sich (nicht für sich!) und somit wohl eher um ‚Freiheit als Weltoffenheit'.

ein strenger und Müller ein witziger Lehrer), deren Anfälligkeit für Lernen wiederum variieren kann (man denke z.B. an den sprichwörtlichen ‚ersten Eindruck‘). Nur in den über die positionellen Einstiegsmodi eröffneten Erwartungsspiel- und leerräumen[119] von Rollen kann sich mit Hilfe der Personenform konkretes Personsein einstellen.

Es ist der Verdienst Hans Peter Dreitzels (1968/1972: 117ff, 136ff) darauf hingewiesen zu haben, dass ein bestimmtes *Maß der individuellen Ausgestaltung* der durch Rollennormen erzeugten Möglichkeitsspielräume *selbst zu den Rollenerwartungen* gezählt werden kann, „daß diese Ich-Leistungen zwar individuell variieren, aber prinzipiell nach Art und Umfang im Rahmen einer Rolle erwartet werden; die Ich-Leistungen sind zunächst Bestandteil der Rolle und nicht des Rollenspiels" (ebd.: 117). Wie sie ausfallen, wirkt dann aber wiederum auf die Form Person als „individuell attribuierte Einschränkung von Verhaltensmöglichkeiten" (Luhmann) zurück. Rollennormen lassen sich dann auch nach dem *Grad der erwarteten Ich-Leistungen* differenzieren:

„Die Vollzugsnormen lassen den Ich-Leistungen nur einen sehr geringen Spielraum; es geht stattdessen um die gehorsame Einordnung in ein relativ dichtes Netz von Regeln. Bei den Qualitätsnormen steht die Aufgabe und ihre Bewältigung im Vordergrund; Ich-Leistungen und Regeln der Ausführung halten sich hier etwa die Waage. Das Hauptproblem ist hier die Legitimität adäquater Mittel und Normen. Bei den Gestaltungsnormen stehen dagegen die Ich-Leistungen im Vordergrund, weil der individuelle Stil und die persönliche, möglicherweise neuartige Problemlösung gerade das ist, was die Rolle vorschreibt" (ebd.: 118).

Zugleich unterscheidet Dreitzel (ebd.: 139) nach der *Herkunft der Normen,*

„und zwar je nachdem, ob diese Bestandteil des durch Sozialisationsprozesse vermittelten kulturellen Milieus sind oder ihren Ursprung in der Herrschaftsstruktur der Organisationen haben, oder schließlich unmittelbar aus den Interaktionssituationen entstehen."

Dabei wird davon ausgegangen, dass das für zufriedenstellende Rollenperformanz geforderte psychologische Identifikationsniveau und – dem parallel laufend – der Grad der Internalisierung von den kulturellen Normen über die Herrschaftsnormen bis zu den Interaktionsnormen abnimmt. Dem entspricht, dass das Sanktionssubjekt im Falle der kulturellen Normen die Person des Rollenträgers selbst ist, dass im Falle der Herrschaftsnormen die Sanktionierung über formale Regeln der Organisation und im Falle von Interaktionsnormen die Sanktionierung situationsbezogen erfolgt[120]. Dabei wird weiterhin angenommen, dass

---

[119] Erwartungsleerräume ergeben sich häufig dadurch, dass die Unterscheidungen, welche Erwartungen konstituieren, nicht rein kontradiktorisch (erfüllt/nicht erfüllt), sondern auch konträr (gut gemacht/schlecht gemacht) organisiert sind, dadurch ergeben sich dritte Möglichkeiten (es weder gut noch schlecht zu machen).

[120] Was es schließlich heißen soll, dass Interaktionsnormen „von den Interaktionspartnern auf sehr unterschiedliche Weise artikuliert und mit Sanktionen versehen werden" (Dreitzel

der Grad, in dem eine Rolle distanzierbar und so für eine individuelle Gestaltung von Identität verfügbar wird, mit der geforderten Identifizierung abnimmt und mit dem Ausmaß der geforderten Ich-Leistungen zunimmt.

Es kann nun angenommen werden, dass die Rollen mit zunehmendem gefordertem Identifikationsgrad und zunehmenden Ich-Leistungen für die Identität wichtiger werden, die bedeutsamsten Rollen also die Beziehungsrollen sind. Es ist aber eher festzustellen, dass es sich hierbei um einen in modernen Gesellschaften in gewissen (moralischen) Diskursen kursierenden Identitätswert (Goffman) handelt, dem andere ebenso kursierende Identitätswerte (bspw. die Bedeutung von Erfolg und Status) durchaus widersprechen mögen, die auch durchaus als Rollenerwartungen institutionalisiert sein können (wie man von Topmanagern oder Politikern erwartet, dass sie ihr Privatleben zurückstellen). Zudem werden oftmals die Trägerschaften anderer Rollen und deren Kombination aus dem Blickwinkel vakanter Positionen neben Personenqualitäten zu entscheidenden Besetzungsvoraussetzungen und oft gar als Personenqualität behandelt (der Ehemann soll etwa Vermögen haben, einen Beruf, der mit einem bestimmten Status verbunden ist usw.; der Präsident soll verheiratet sein, möglichst Familienvater und gläubiger Christ etc.). Jedenfalls variiert nicht nur das, was Rolle ist, sondern auch das, was Person ist, je nach Rollenzusammenhang. Je nach Rollenzusammenhang werden andere Personenqualitäten gefordert und ausgemacht, allein, weil die Darstellungsräume variieren. Das schafft einerseits Freiheiten, indem es (unter der Annahme von Publikumssegregation) sozusagen möglich und verlangt wird ‚multiple' Personen zu sein. Andererseits aber (unter der Annahme sozialer Konsistenzforderungen) erzeugt die Partizipation an differenziellen Rollenkomplexen (und auch bereits an einzelnen Rollenkomplexen mit differenziellen Erwartungsabsendern) einen enormen Integrationsdruck für das Individuum bzw. die Notwendigkeit von *Ambiguitätstoleranz* für balancierende Ich-Identität (Krappmann 1968/2000; s.u.), zumal dann, wenn diskursive Konjunkturen widersprüchlicher Identitätswerte hinzukommen.

Das entscheidende für die Art und Weise der Bildung eines Selbst sind also nicht nur die durch einzelne Rollen konstituierten Erwartungsräume, sondern die vom gesellschaftlichen Differenzierungsgrad abhängige tatsächliche und mögliche Rollenkonstellation (womit nicht nur der Rollenhaushalt, sondern

---

1968/1972: 139), bleibt allerdings unklar, weil sich hier eben kein gemeinsamer Nenner bzgl. der Sanktionsmechanismen finden lässt. Allerdings helfen Dreitzels Beispiele ein wenig weiter. Im Falle interaktionsbezogener Vollzugsnormen muss wohl eine dritte, beobachtende Sanktionsinstanz angenommen werden, da es aufgrund der Enge der Erwartungsräume sonst zu Chaos käme (bspw. Schiedsrichter, Gerichte). Bei interaktionsbezogenen Qualitätsnormen wird der Ausgang der Situation selbst als Sanktion betrachtet (bspw. die nicht bestandene Prüfung oder missglückte Argumentation), im Falle der interaktionsbezogenen Qualitätsnormen bleibt nur die mögliche, keineswegs notwendige Sanktionierung durch den jeweiligen Interaktionspartner.

auch die Verweisungszusammenhänge der Rollen gemeint sind) und damit zusammenhängend die Beobachtbarkeit der eigenen personalen Partizipationen in solcher Konstellation, aber auch die Beobachtbarkeit anderer Personen.

1.3.2 Soziale Differenzierung und die Erfindung der Individualität: Identität und Moderne

Es gehört zum soziologischen Einmaleins, dass sich die Strukturen von Gesellschaft(en) seit der „Geburt" des Menschen in entscheidender Weise geändert haben, und dass sich derartige Veränderungen insbesondere auf den *Differenzierungsgrad von Gesellschaftsformationen* beziehen. Es sei insbesondere für die abendländische Kultur ein Wandel von einfachen relativ autonomen und geringfügig spezialisierten Vergesellschaftungsformen über hauptsächlich durch Herrschaftsbeziehungen charakterisierte Standesgesellschaften zu hochgradig komplexen, arbeitsteilig organisierten, technisierten und industrialisierten Gesellschaftsformationen auszumachen. Dabei geht man in der Regel davon aus, dass vorgängige Differenzierungsformen nicht vollständig verschwinden, sondern dass sich das dominante Organisationsprinzip von Gesellschaften (bspw. Tenbruck 1962/1986: 198) auf komplexere Differenzierungsformationen hin verlagert. Derartige Theorien bezeichnet man gemeinhin als Theorien der Moderne (vgl. dazu allgemein ebd.: Teil IV; Hahn 1984; Hahn 1986; Luhmann 1997: Band II, Kap. 4, I bis VIII).

Den Anfang macht wohl Herbert Spencer (1876/1887). Er versucht u.a. die Lamarcksche Evolutionstheorie auf Gesellschaft(en) zu übertragen, indem er Gesellschaften mit Organismen vergleicht sowie Parallelen zwischen ontogenetischer und phylogenetischer Entwicklung des Menschen und der Entstehung differenzieller Gesellschaftsformationen zieht. Damit hat er eine bis heute lebendige Tradition der biologischen Analogien in der Soziologie einerseits und der Differenzierungstheorie anderseits angestoßen. Spencer behauptet,

„dass die sociale Entwickelung nur einen Theil der Entwicklung im allgemeinen bildet. Gleich sich entwickelnden Aggregaten überhaupt zeigen auch Gesellschaften die Erscheinung der Integration, sowohl vermöge einfacher Massenzunahme als vermöge einfacher und mehrfacher Verschmelzung ursprünglich getrennter Massen. Für den Übergang vom Zustand der Gleichartigkeit zu dem der Ungleichartigkeit gibt es zahllose Beispiele, von dem einfachen Stamme angefangen, der in allen Theilen gleichförmig ist, bis hinauf zu der civilisirten Nation voller Ungleichheiten ihrer Organe und Functionen. Mit der fortschreitenden Integration und Ungleichartigkeit verbindet sich ein Fortschritt im Zusammenhange" (ebd.: 176, Hervorh. i.O.).

In seinem Buch über die Arbeitsteilung gibt Émile Durkheim[121] (1893/1996) dem Phänomen dann einen Namen und spricht von segmentären und organisierten Gesellschaften bzw. Differenzierung nach Segmenten einerseits und nach Funktionen bzw. Organen andererseits. Ein Nebeneinander weitgehend autonomer, sich selbst versorgender Kleingruppen oder Klane mit geringer Arbeitsteilung[122] entwickelt sich zu einem Miteinander voneinander abhängiger gesellschaftlicher Teilbereiche mit Spezialfunktionen und Rollen (Durkheim spricht allenfalls von Berufen), die auf deren Erfüllung zugeschnittenen sind[123]. Dem korrespondiert für Durkheim bekanntlich ein Wandel von mechanischer (über Strafrechtsnormen eines ‚Kollektivbewusstseins' abgestützter) Solidarität zu organischen (über Zivil-, insbesondere Vertragsrecht gedeckten) Solidaritätsbeziehungen.

In der heute gängigen Modernisierungstheorie werden in der Regel drei Typen von Gesellschaftsformationen nach ihrem Differenzierungsgrad unterschieden (vgl. dazu und zu Folgendem insbesondere Tenbruck 1962/1986: Teil IV; Luhmann 1997: Band II, Kap. 4, I bis VIII[124]):

---

[121] Noch davor unternimmt Simmel (1890/1908/1992) eine weit über Spencer hinausführende Behandlung der sozialen Differenzierung.

[122] „Wir bezeichnen als Klan eine Horde, die nicht länger unabhängig ist, um statt dessen zum Element einer erweiterten Gruppe zu werden, und nennen segmentäre Gesellschaften auf der Grundlage von Klanen jene Völker, die aus der Assoziation zwischen Klanen gebildet sind. Wir nennen, diese Gesellschaften segmentäre, um aufzuzeigen, daß sie aus der Wiederholung von untereinander ähnlichen Aggregaten gebildet sind, analog zu den Ringen des Ringelwurms, und wir bezeichnen jenes elementare Aggregat als Klan, weil dieses Wort sehr gut dessen gemischte, sowohl familiäre wie politische Natur zum Ausdruck bringt" (Durkheim 1893/1996: 230).

[123] Durkheim (ebd.: 237) geht freilich nach wie vor von einem (rechtlich-administrativen) Zentralbereich aus, der gleichwohl auch mehr und mehr in Abhängigkeit von den anderen Bereichen gerät: „Sie [die organisierten bzw. funktional differenzierten Gesellschaften; J.R.] bilden sich nicht durch die Wiederholung von ähnlichen und homogenen Segmenten, sondern bestehen aus einem System von verschiedenen Organen, von denen jedes eine Sonderrolle ausübt, und die ihrerseits aus differenzierten Teilen bestehen. Da die sozialen Elemente nicht gleicher Natur sind, sind sie auch nicht auf die gleiche Weise angeordnet: Sie sind weder linear aneinander gereiht wie die Ringe eines Ringelwurms noch ineinander verschachtelt, sondern einander bei- und untergeordnet, und dies rund um ein Zentralorgan, das auf den Rest des Organismus eine regulierende Wirkung ausübt. Dieses Organ seinerseits hat nicht mehr denselben Charakter wie im vorhergegangenen Fall; denn, wenn die anderen von ihm abhängen, so hängt es auch von ihnen ab. Zweifellos hat es dennoch eine besondere und, wenn man will, privilegierte Stellung. Aber diese hängt von der Natur der Rolle ab, die es ausübt, und nicht von irgendeinem, seinen Funktionen fremden Grund, von irgendeiner Kraft, die ihm von außen zufließt. Es hat also gänzlich weltlichen und menschlichen Charakter. Zwischen ihm und den anderen Organen bestehen nur noch Gradunterschiede".

[124] Im vorliegenden Rahmen kann für die primitive Gesellschaft und den Typus der Hochkultur leider nur eine vereinfachende und von konkreten Formen stark abstrahierende Darstellung angeboten werden. Wesentlich für das hier behandelte Thema ist die Moderne.

Einfache Gesellschaften zeichnen sich aus durch: ihre lokale Begrenztheit und die daraus resultierende Bekanntheit und ständige Verbindung aller Mitglieder, durch ein über Verwandtschaftsregeln konstituiertes System abgestufter Solidaritätsbeziehungen, rudimentäre dauerhafte Rollendifferenzierung (nach Alter und Geschlecht) mit ansonsten situativer Arbeitsteilung sowie durch das Fehlen von sozialer Schichtung infolge der Nichtexistenz auf Dauer gestellter Herrschaftsrollen. Alles Tun in diesen Gesellschaften ist öffentlich. Der hohe Ergänzungsgrad der wenigen dauerhaft angelegten sozialen Rollen ist in direkter Kommunikation bzw. Interaktion für jedes Gesellschaftsmitglied unmittelbar erfahrbar. Identität ist in derartigen Gesellschaften (bis auf den Wechsel der Altersrollen) weitgehend unproblematisch. Der Mensch hat zeitlebens nur an einem Kommunikationssystem teil. Inklusion ergibt sich eben nur „aus der Zugehörigkeit zu einem der Segmente" (Luhmann 1997: 622). Er hat mit den weitgehend gleichen Personen zu tun und erlebt sich (freilich mit Ausnahme der Übergänge zu differenziellen Altersrollen, die mit Initiationsriten versehen werden können) in seiner Rollenträgerschaft und seinem personalen Vorkommen in Kommunikation als weitgehend ähnlich bzw. ‚identisch'. Wir haben es im Grunde mit einer *basalen Einpositionalität und korrespondierender Multifunktionalität* zu tun, die auf der Familienmitgliedschaft – die gleichzeitig die Mitgliedschaft in Gesellschaft bedeutet – gründet. Ihr nachgeordnet stehen die an biologischen Merkmalen orientierten Alters- und Geschlechtspositionen (und gelegentlich religiöse und/oder politische Führungspositionen), denen multiple situativ zu berücksichtigende Rollen querliegen.

> „In diesem Sinne besteht die Gesellschaft aus Menschen, deren individuelle Eigenart bekannt ist und, wie besonders neue Forschung zeigt, in hohem Maße respektiert wird. [...] Personalität wird mit Namen, Ansprechbarkeit und Verpflichtungsfähigkeit verliehen. Sie ist eine Funktion sozialer Beziehungen und nimmt zu in dem Maße, in dem kleinere Segmente dazu beitragen" (ebd.: 642; so neu ist die entsprechende Forschung nicht: siehe z.B. Read 1955).

Es gibt dennoch kaum Vorstellungen von individueller Schuld, keinen Gegensatz von Sein und Sollen, da die „einfache Gesellschaft prototypisch keine Beziehungen ermöglicht, welche nicht von der ganzen Gruppe getragen werden" (Tenbruck 1962/1986: 295). Das Personsein bleibt deswegen sozusagen deskriptiv und kann nicht als deduktives Kausalprinzip (er ist böse und tut deswegen Böses) gedacht werden, wohl aber als induktives (er tut etwas und deswegen geschieht ihm oder der Gesellschaft Böses), wie die Tabuverletzungen und ihre Neutralisierungsvorschriften (vgl. Freud 1912/1956) und die Vorherrschaft von Rechtsformen zeigen, die nicht auf die Verantwortung und Bestrafung des Täters, wohl aber auf „die Aufrechterhaltung oder Wiederherstellung der Ordnung gerichtet sind" (Tenbruck 1962/1986: 296).

In der *Hochkultur* (Tenbruck) oder *stratifizierten Gesellschaft* (Luhmann) differenzieren sich Herrschaftsinstitutionen[125] und die Unterscheidung von Zentrum und Peripherie (vgl. Luhmann 1997: 663ff) aus. Die überlokale Verknüpfung lokaler Gruppen wird über – meist stadtsessige – Herrschaftsinstanzen allererst möglich.

> „Zur Hochkultur gehört die permanente und effektive Zusammenfassung [lokaler Einheiten; J.R.] und deshalb eine Oberschicht und ein Apparat, der das hervorstechendste Merkmal dieses Gesellschaftstyps symbolisch darstellt, nämlich die Durchbrechung des Lokalitätsprinzips und das Entstehen indirekter Abhängigkeiten und Beziehungen" (Tenbruck 1962/1986: 297).

Eine bedeutsame Voraussetzung von dauerhafter überlokaler Herrschaft ist die Überproduktion[126], die sich infolge einer größeren positionellen, also dauerhaften Spezialisierung des Wirtschaftslebens innerhalb der nun überlokal verbundenen lokalen Einheiten ergibt. Parallel dazu läuft die Ausbildung dauerhafter Herrschaftsrollen und die Differenzierung des Verwaltungsapparats des überlokalen Zentrums[127].

> „Spezialisierung ist nicht mehr nur Aspekt einer für alle gültigen Grundrolle, sondern die einzelnen spezialisierten Berufe werden aus der Grundrolle entlassen. Sichtbarstes Anzeichen dafür ist die Freistellung der Oberschicht [...] von den Grundtätigkeiten des Lebenserwerbs. Hinzu kommt als weiterer Faktor die Abhängigkeit, in welcher hier Oberschicht und lokale Einheiten und indirekt oder direkt auch letztere unter sich geraten" (ebd.: 298).

Die Oberschicht stellt dabei eine Ordnung von Familien und nicht von Individuen dar, „also eine soziale Prämierung von Herkunft und Anhang" (Luhmann 1997: 679), der eine entsprechende Semantik korrespondiert:

> „Bis in die Frühmoderne hinein ist die Vergangenheit, hier also die Exzellenz der Vorfahren, in ganz anderer Weise Teil der Gegenwart, als wir uns das heute vorstellen kön-

---

[125] Die Ausbildung von Herrschaft und Schichtung bzw. auch aufgabenspezifischer Stände und Kasten wird ebenfalls bereits von Spencer (1887: z.B. § 257) und Durkheim (1893/1996: z.B. 369) gesehen. Nur wird dadurch für sie kein eigener Gesellschaftstypus konstituiert. Für den Versuch einer Beschreibung der Bedingungen des Übergangs primitiver Gesellschaften in Hochkulturen siehe Luhmann (1997: 655ff).

[126] Das ist hier wesentlich deskriptiv und nicht kausal gemeint. Der Probleme die mit dem Begriff der Überproduktion verbunden sind, sind wir uns durchaus bewusst. Der Überschuss ist in dem Sinne kein Überschuss, als er für die Freistellung der Herrschaftsschicht von den Bedingungen der lokalen Kultur benötigt wird: „Man wird also von der Annahme ausgehen müssen, daß die kulturellen Objektivationen nicht eine ursprüngliche nur von der individuellen menschlichen Natur her verständliche und durch Überschuß ermöglichte Betätigung des Geistes darstellen, die sich später als folgenreich für die Gesellschaft entpuppen, sondern daß sie in ihren Ursachen und Folgen Notwendigkeiten dieses Gesellschaftstypus entsprechen" (Tenbruck 1962/1986: 317f).

[127] Luhmann (1997: 681) spricht davon, dass man „in stratifizierten Gesellschaften immer auch einen daneben gesetzten politischen Zentralismus" finde, der der Ausdifferenzierung eines politischen Funktionssystems Vorschub leiste.

nen. Auch Autoren, die im Glanz der hervorragenden Tüchtigkeit die Essenz des Adels sehen, nehmen an, daß die Erinnerung und das Vorbild der Ahnen genüge, um auch die Nachkommen adelig sein zu lassen" (ebd.: 689f).

Die Beherrschung der lokalen Einheiten von einem Zentrum aus erfordert ferner eine Hochsprache der Oberschicht. Durch Schrift (vgl. allgemein: Goody 1986/1990; Bohn 1999) wird außerdem überlokale zeitlich versetzte Kommunikation möglich. Es kommt zu einer Trennung von lokalen Volkskulturen und repräsentativer Kultur der Herrschaftsschicht. Dabei werden die Volkskulturen „von der einströmenden Hochkultur überformt und umso stärker überformt, je enger die strukturellen Verbindungen werden" (Tenbruck 1962/1986: 300). Dabei wird aus der strukturellen Einheit des kommunikativen Lebenszusammenhangs der primitiven Gesellschaft eine strukturelle Zweiheit in den stratifizierten Gesellschaften (wenn man das religiöse Virtuosentum einmal beiseite lässt[128]). Die Schichtzugehörigkeit wirkt in der Hochkultur multifunktional, bündelt also „Vorteile bzw. Benachteiligungen in so gut wie allen Funktionsbereichen der Gesellschaft [...] und [zieht] damit einer funktionalen Differenzierung kaum überwindbare Schranken" (Luhmann 1997: 679). Mobilität zwischen den Schichten wird außerdem zunächst prinzipiell ausgeschlossen, obgleich sie als Aufwärtsmobilität in demographischen und politischen Krisenzeiten in großem Maße stattfinden kann. Prinzipiell wird aber nicht damit gerechnet. „Eine Motivation, aus der Unterschicht herauszuspringen, und somit auch die Fähigkeit, sich sozial mit den höher stehenden Schichten zu vergleichen, fehlt" (Tenbruck 1962/1986: 302), so dass man meinen könnte, für die Menschen der Unterschicht ändert sich gegenüber der primitiven Gesellschaft kaum etwas. In der Tat geschieht die Enkulturation und damit auch die Identitätsbildung (sieht man einmal von der geringfügigen handwerklichen Dauerspezialisierung ab)

„wie in der einfachen Gesellschaft in der Teilhabe am Leben der Erwachsenen und wird am direkten Vorbild und anschaulichem Beispiel in Einzelheiten eingeübt. Die Positionen und Rollen der Kinder sind schon immer festgelegt und vorgezeichnet, Söhne und Töchter rücken eindeutig in die vorgegebenen Rollen nach" (ebd.).

Gleichwohl stellt sich im Unterschied zu primitiven Gesellschaften ein Gefühl der strukturellen Unselbstständigkeit und Abhängigkeit ein (vgl. ebd.: 303f), was allerdings nichts daran ändert, dass die Unterschichten ihren Lebenszusammenhang als Einheit empfinden. Sie sind nur in geringfügigem Maße mit divergie-

---

[128] „Die Lehre von den drei Ständen verdeckt mithin die prinzipielle Dualität der stratifikatorischen Differenz, dient der Abbildung einer Funktionsunterscheidung (orare, pugnare, laborare), beschreibt Unterschiede der moralischen Erwartungen und, mit dem beginnenden Territorialstaat dann auch Unterschiede in der Rechtsposition" (Luhmann 1997: 703). Nichtsdestoweniger kommt der Religion eine herausragende Stellung in der Schaffung der personalen Vorraussetzungen für eine Umstellung auf funktionale Differenzierung zu (der klassische Aufsatz ist natürlich Weber (1905/1972); für die Weiterentwicklung dieser These siehe Hahn (1982); Hahn (1986)).

renden Rollenerwartungen konfrontiert (wobei die Lösung entsprechender Rollenkonflikte größtenteils eindeutig außerindividuell vorstrukturiert ist: man zieht in den Krieg oder stirbt, egal, was die Ernte macht). Die personale Konsistenz resultiert quasi automatisch aus der permanenten Beobachtbarkeit eines jeden durch jeden in Folge der nahezu ausschließlichen Teilnahme an miteinander vernetzten Vis-à-Vis-Situationen.[129] Ebenso teilt die Oberschicht einen kommunikativen Lebenszusammenhang – sieht man, wie gesagt, von der zumeist sowieso nicht individuell zu treffenden Entscheidung zwischen Militär/Politik und religiösem Virtuosentum einmal ab. Auch impliziert die Unterscheidung in Klerus und weltliche Stände keineswegs eine Kreuzung der weltlichen Stände im Klerus, wie Simmel (1890/1908/1992: 469f) meint, und damit eine Aufhebung der kulturellen Zweipositionalität der Hochkultur. Höherer/adeliger Klerus und niedriger Klerus bleiben genauso geschieden wie die weltlichen Stände (erst im 13. Jahrhundert, also im hohen bis späten Mittelalter entstehen mit Dominikanern und Franziskanern sog. Bettelorden). Treffend bezeichnet Luhmann (1997: 703) aus der Perspektive des Adels den dritten Stand als „'unmarked space' der Auszeichnung des Adels". Der Adel grenzt sich nach außen ab über einen bestimmten Lebensstil[130], über eine Lebensform, ein Ethos (Luhmann 1997: 687). Diese Abnablung des Adels als Teilsystem (vgl. ebd.: 686) sagt freilich noch nichts über Rangdifferenzierung innerhalb des Adelsstandes und über das korrespondierende Problem aus, „trotz der sozialen Differenzierung in dieser Schicht Loyalität und Identität zu ermöglichen" (Tenbruck 1962/1986: 311) bzw. sich mit „Chancen für Kooperation und für Konflikt" (Luhmann 1997: 687) auseinander zu setzen. Den aus der zunehmenden Binnendifferenzierung des Adelsstandes und der politischen Zentralisation in absolutistischen Königtümern resultierenden Zwang zu Selbstkontrolle und Weitsicht sowie zur Entwicklung von Selbstdarstellungs- und Inszenierungstechniken und dessen Folgen für die Entstehung der europäischen Moderne beschreibt bekanntlich Norbert Elias in der ‚höfischen Gesellschaft' (1933/1969) bzw. im ‚Prozess der Zivilisation' (1939/1997). Eine Auseinandersetzung mit daraus resultierenden Folgen für die adelige Identität kann an dieser Stelle nicht erfolgen. Es sei nur festgehalten, dass es auch der Adelige mit einem relativ überschaubaren Personenkreis für (mögliche) Kontakte sowie mit

---

[129] Ganz so einfach ist das freilich nicht. Durch die permanente Überformung der Volkskulturen durch die Hochkultur lernt der Unterschichtangehörige sich selbst mit den Augen der Oberschicht bzw. Hochkultur zu sehen. „Je größere Teile der Hochkultur in den Lokalgruppen repräsentiert sind, und je mannigfaltiger die möglichen Außenbeziehungen werden, um so wirksamer muß diese Überformung vor sich gehen, ohne freilich die Trennlinie je überwinden zu können" (Tenbruck 1962/1986: 310). Aber hier wird das Motivationspotential eines späteren aufstiegsorientierten Bürgertums geschaffen, das zum Zuge kommt, wenn die Trennlinie durch die Umstellung auf funktionale Differenzierung permeabel wird!

[130] Siehe Tenbruck (1962/1986: 313f) in Anlehnung an Webers (1921/1980: 180, 537) Definition von Stand.

einer sehr überschaubaren Anzahl eigener Rollen zu tun hat, die allesamt über eine Position (nämlich den Adelsstand) verfügbar werden. Wichtig erscheinen im vorliegenden Kontext eher religiöse Entwicklungen, die im Europa des zwölften Jahrhunderts eine Personalisierung von Schuld durch Verlagerung der Sündhaftigkeit von der Tat auf die Intention[131] der Person vornehmen, wie es wohl zuerst in der Sündenlehre von Abälard geschieht (siehe auch zu Folgendem Hahn 1982)[132]. Dem korrespondiert eine entsprechende Beichtpraxis, die wiederum Steigerungsprozesse introspektiver Leistungen impliziert, und die Institutionalisierung der Pflichtbeichte 1215. Das hat wahrscheinlich mannigfaltige Gründe, auf die hier im Einzelnen nicht weiter eingegangen werden kann. Hervorstechend ist aber zunächst die Etablierung eines religiösen Sonderdiskurses in Folge der Freistellung religiöser Institutionen von den Bedingungen der lokalen Kultur (Tenbruck) und der damit verbundene Rückgang der unmittelbaren Beobachtbarkeit der Personen durch das Teilsystem Religion. Die Person muss sozusagen über die Beichte in das Teilsystem Religion reintegriert werden und für Religion rekonstruiert werden. Das macht es wiederum notwendig, Personalität mit der folgenreichen Unterscheidung von Motiv und Tun zu temporalisieren. Die Motive suggerieren die Beobachtbarkeit noch gar nicht geschehenen künftigen Tuns. Auf sie muss daher eingewirkt werden, um der Person Heilsgewissheit zu garantieren. Dafür sind freilich individuelle introspektive Leistungen von Nöten, aber diese müssen durch die Beichtpraxis angestoßen und manipuliert werden. Hier lässt sich die Auffassung vertreten, dass es gar nicht um Individualisierung geht, sondern um die Rekonstruktion der Person für das Religionssystem. Die individuelle Selbstkontrolle und -beobachtung ist insofern ein Nebenprodukt. Es geht eigentlich um Personsein, d.h. um die Konstruktion von personaler Zuschreibbarkeit durch andere. Man könnte gar sagen: Es wird durch die der Beichtpraxis inhärente Publikumssegregation eine religiöse Zweitpersonalität konstruiert, die nur in diesem Kontext auftaucht. Wahrscheinlich ist das schwer

---

[131] Eine außerordentlich wichtige Differenz, die in der philosophischen Ethik dann später in Kants (Metaphysik der Sitten 6, 219f nach Ritter 1972: Sp. 783) Unterscheidung von Legalität und Moralität ihren endgültigen Niederschlag findet. Siehe für die Anwendung dieser Unterscheidung auf provokante Werbung Jäckel & Reinhardt (2002a; Jäckel & Reinhardt 2003a).

[132] Voraussetzung hierfür ist wohl eine Jenseitsorientierung der Religion, nicht unbedingt aber eine Differenz Heil/Verdammnis (vgl. Bohn 2003: 8f). Jan Assmann (1987) zeigt eindrucksvoll wie sich im alten Ägypten der Zwischenzeit im Zusammenhang mit der Differenz Vergänglichkeit/Dauer und Entwicklungen der politischen Dezentralisation eine „Lehre vom Herzen", als Idee der intentionalen Selbstbestimmtheit des ägyptischen Beamten in einem „monumentalen Diskurs" entwickelt. Dies gilt freilich nur für eine kleine Gruppe von Angehörigen der Oberschicht und es geht immer um „die Fixierung einer verewigungswürdigen, den Normen der Ewigkeit entsprechenden Identität und Lebensgeschichte" (ebd.: 229). Dennoch zeigt uns das Beispiel, dass wir mit einer Einschränkung der Intentionalisierung des Menschen auf den christlichen Kontext von Heil und Verdammnis vorsichtig sein müssen.

zu ertragen (das Stichwort ist ‚Dramatisierung von Todesangst'). Es scheint im Übrigen zunächst nur bedingt zu glücken. Vielleicht kann man gar die Ablasspraxis in diesem Kontext interpretieren. Jedenfalls drängt die Religion mit der Reformation in die Welt zurück. Das wird ja auch in der Beobachtung der personalen Lebensführung durch die lutherische Gemeinde und den Geistlichen, von der die Zulassung zum Abendmahl abhängt, deutlich. Freilich ist mit der dogmatischen Verlagerung religiöser Erweckungserlebnisse auf die Kontemplation ein ‚Nachinnenstülpen' des Selbst, eine Distanzierung von Selbst und Person impliziert. Ob das allgemein gelingt, ist allerdings sehr fraglich, sonst wären Glaubensverhöre und Mäßigkeitslehre der Lebensführung ja nicht notwendig. Melanchton möchte gar „die ‚Bewegungen des Herzens' und alles, was zum inneren Gehorsam gegen Gott gehört, als außerhalb der Instanz der Vernunft liegend und als ein der Philosophie Fremdes" (nach Ritter 1972: Sp. 772) von der ethischen Theorie ausschließen. Selbst und soziale Person scheinen immerhin in einer Eins-zu-Eins-Relation aufeinander verwiesen zu bleiben, aber müssen jetzt ständig neu konstruiert werden, weil die Person eben als Täter (Tenbruck) verstanden wird. Dabei wird das Selbst in seinem Aufbau laufend durch die Gemeinde abgestützt, die seine Personalität hervorbringt. Im Calvinismus wird das über Umwege ja letztlich auch erreicht. Man unterwirft sich der permanenten Beobachtbarkeit, um die beobachtbaren Zeichen des eigenen Erwähltseins hervorzubringen. Durch diese Prozesse wird ein selbstdisziplinierter Personentypus geschaffen, der eine wichtige Voraussetzung für funktionale Spezialisierung darstellt und eine Erhöhung wechselseitiger Abhängigkeit von Teilsystemen ermöglicht. Der Entstehung dieses Personentyps können in Folge der ‚Internalisierung' von Fremdkontrolle Prozesse der funktionalen Ausdifferenzierung parallel laufen, die dann selbst wieder zu einer Verfeinerung von Selbstkontrollapparaturen beitragen. Alois Hahn (1984, 1986) zeigt, dass in diesem Punkt wesentliche Theoretiker der Moderne, insbesondere Marx, Weber, Elias und Foucault konvergieren. Mit Individualität im modernen Sinne eines auf sich selbst gestellten, nicht mehr durch singuläres Personsein gedeckten oder gar seine Personalität(en) selbst hervorbringenden Individuums (s.u.) hat dies aber nur mittelbar zu tun. Anders der von Hahn (1982) ausgemachte, gleichsam ‚vierte Weg nach Rom': die französische Gegenreformation, die an der Beichte festhält und über den „directeur de l' âme" und die Umwandlung der Generalbeichte in die Rekonstruktion einer Sündenbiographie das Schisma verhärtet und das ‚Individuum' (s.u.) (ungewollt) nur teilinkludiert. Zugleich wird die Gemeinde in ihrer religiösen Überwachungsfunktion entlastet. Man könnte vermuten, dass hier und nicht im Protestantismus Religion als erstes Funktionssystem (vgl. Luhmann 2000/2002: 250) entsteht und damit Individualisierung im modernen Sinne (s.u.). Dieses Argument kann hier nicht weiterverfolgt werden. Es sei zusammenfassend für die Hochkultur festgehalten:

Einer *basalen kulturellen Zweipositionalität*, die, rechnet man den Klerus hinzu, sozusagen verdoppelt wird, steht wie in der primitiven Gesellschaft *eine basale Einpositionalität der Personen* gegenüber. Mehrpositionalität wird in konzentrischen Kreisen um die basale Position organisiert (vgl. Simmel 1890/1908/1992: 472ff). „Die Regelung von Inklusion/Exklusion findet [...] nach wie vor auf segmentärer Ebene statt" (Luhmann 1997: 622). Identität bestimmt sich über Standes- und Familienzugehörigkeit wie -tradition sowie expressiv über die (adelige und/oder fromme) Lebensführung. Kommunikation innerhalb des Standes ist stark vernetzt – gewissermaßen besteht die Funktion der stratifikatorischen Differenzierung ja gerade „in der Absonderung von Gleichen für relativ unwahrscheinliche Kommunikation" (Luhmann 1980: 75).[133] Dadurch ist die Beobachtbarkeit der an dieser Kommunikation beteiligten Personen relativ hoch. Ein Mensch kommt in der Kommunikation als *eine* Person vor, die „Identität der Person" (Locke) ist insofern (noch) kein Problem.

Das ändert sich mit der zunächst einzig im abendländischen Kulturkreis zu beobachtenden, freilich sukzessiven Umstellung[134] der Gesellschaftsformation auf *funktionale Differenzierung*.

> Dabei ist „gesellschaftlich Ausdifferenzierung einzelner Funktionssysteme zu eigener, autopoietischer Autonomie und erst recht die Umstellung des Gesamtsystems der Gesellschaft auf einen Primat funktionaler Differenzierung ein extrem unwahrscheinlicher Vorgang [...], der schließlich aber irreversibel, von sich selbst abhängige Strukturentwicklungen auslöst" (Luhmann 1997: 707).

Die Implikationen sind vielfältig: Sie reichen von einer Auflösung der ständischen Ordnung über eine dramatische Verlängerung von Interdependenzketten zwischen den in sachlicher, zeitlicher und sozialer Hinsicht weitgehend einer Eigenlogik folgenden Subsystemen, die nun das Verhältnis von innergesellschaftlichen Umwelten zueinander annehmen, bis zu der Konstitution funktionsspezifischer Codes, um nur einige zu nennen.

> „Die Teilsysteme können nicht mehr wie Schichten hierarchisiert werden. Der jeweilige Funktionsprimat lässt sich nicht gesamtgesellschaftlich institutionalisieren, sondern nur von Fall zu Fall bewerkstelligen. Jetzt kann eine Person nicht mehr nur einem Funktionssystem angehören, wie man nur einem Stand angehört hatte. Das neue Prinzip ist das der Inklusion aller in alle Funktionssysteme" (Hahn 1986: 217).

---

[133] Simmel (1890/1908/1992: 470f) gibt mehrere Beispiele für institutionell abgesicherte Vermeidungsstrategien von Mehrpositionalität: das Zölibat, die Verwehrung des Zugangs zu Gesellenschaften für Verheiratete, die Verweigerung der Aufnahme einheimischer Studenten durch die Scholaren-Universitäten.

[134] Die Bedingungen, die nur in Europa einer derart drastischen Transformation der Gesellschaftsformation Vorschub geleistet haben können hier (mit wenigen nur andeutenden Ausnahmen) weder skizziert noch diskutiert werden. Siehe dazu Luhmann (1997: II, Kap. VII).

Das die *Moderne* für die soziologische Theorie kennzeichnende Phänomen ist also die Ausdifferenzierung von Funktionssystemen (folgende Ausführungen beziehen sich vor allem auf Luhmann 1997: II, Kap. 4, VIII), d.h. die Entstehung operativ geschlossener autopoietischer Teilbereiche der Kommunikation, die sich von gesellschaftsinterner und -externer Umwelt dadurch abgrenzen, dass ihre Operationen mittels spezifischer kommunikativer Codes auf die Erfüllung genau einer Funktion für die Gesamtgesellschaft gerichtet sind:

> „Funktionale Differenzierung besagt, daß der Gesichtspunkt der Einheit, unter dem eine Differenz von System und Umwelt ausdifferenziert ist, die Funktion ist, die das ausdifferenzierte System für das Gesamtsystem erfüllt" (Luhmann 1997: 745f, Hervorh. i. O.).

Die Gesamtgesellschaft und andere Funktions- und Teilsysteme sind aus der Perspektive eines Funktionssystems Umwelt, die zwar in Rechnung gestellt wird und irritiert, aber nicht an den Operationen des Systems teilhaben kann, genauso wie sich die Operationen des Systems nicht in seine Umwelt entäußern können. Das Primat der jeweiligen Funktion für die Funktionssysteme bedeutet dann das Primat der Organisation der Gesamtgesellschaft über funktionale Differenzierung. Natürlich bleiben die Funktionssysteme von einander und auch von gesellschaftsexternen Bedingungen abhängig, aber die Abhängigkeit wird für das jeweilige System in eine Differenz von System und Umwelt transformiert, die in das System selbst mit der Unterscheidung von Fremd- und Selbstreferenz wiedereingeführt wird (re-entry). Dies macht die rekursive Vernetzung der Systemoperationen in der Weise möglich, dass diese in ihrem Operieren zugleich beobachtend[135] die System/Umwelt-Differenz in Rechnung stellen und damit das System allererst konstituieren. Die System/Umwelt-Differenz wird freilich je nach Funktionssystem völlig anders bearbeitet. Das liegt daran, dass Funktionssysteme mit eigenen binären Codes operieren, die in ihrer Umwelt nirgendwo vorkommen, und über diese Codes entscheiden,

> „was mit Aufmerksamkeit bedacht werden muss und was gerade nicht. Ein ausdifferenziertes Kunstsystem reagiert nicht auf die Religion des Malers eines Bildes und zwar ebenso wenig wie das Wirtschaftssystem, das sich eben [...] nur für Fragen interessiert, die wirkliche oder mögliche Zahlungen betreffen" (Hahn 2001a: 30).

Abstrakt formuliert: „Codierte Ereignisse wirken im Kommunikationsprozess als Information, nichtcodierte als Störung (Rauschen, noise)" (Luhmann 1984/1996: 197; vgl. auch Shannon & Weaver 1949/1963). Das heißt nun freilich nicht, dass Funktionssysteme die Operationen in ihrer Umwelt nicht mehr beobachten könnten, und diese nur noch als Rauschen wahrgenommen würden. Man denke

---

[135] Luhmann (1997: 757) unterscheidet dann weiter nach den logischen Möglichkeiten der Beobachtung aus der Perspektive eines Funktionssystems wie folgt: Er nennt „die Beobachtung des Gesamtsystems *Funktion*, die Beobachtung anderer Systeme *Leistung* und die Beobachtung des eigenen Systems *Reflexion*" (Hervorh. i. O.)

etwa daran, wie empfindlich die Finanzmärkte auf alle möglichen Ereignisse in ihrer Umwelt reagieren. „Die Unterscheidung von Selbstreferenz und Fremdreferenz steht ‚orthogonal' zum binären Code. Das heißt: *beide* Referenzen können mit *beiden* Werten des Codes belegt werden" (Luhmann 1997: 303, Hervorh. i. O.). Die Systeme nehmen also auf sich selbst (Selbstreferenz) und auf ihre Umwelt (Fremdreferenz) Bezug. Aber das tun sie mit ihrer eigenen Zentralunterscheidung. Die Religion des Künstlers *kann* für das Wirtschaftssystem von Bedeutung sein, wenn dadurch Zahlungswahrscheinlichkeiten von Kunstkäufern beeinflusst werden, genau wie für das Politiksystem „eine erfolgreiche Wirtschaft [...] als Bedingung politischer Erfolge wichtig" (ebd.: 747) werden kann. Innerhalb der Funktionssysteme differenzieren sich dann Entscheidungsregeln – sog. Programme – aus, die festlegen, wie beobachtete Ereignisse der einen oder anderen Seite des Codes zugeordnet werden. Nur eine Zurechnung zur positiven Seite des Unterscheidungsmodus generiert dann Anschlussoperationen des Systems. Von der anderen Seite her betrachtet können die Funktionssysteme ihre gesellschaftsinterne Umwelt zwar beeinflussen und manipulieren, aber nur indem sie diese dadurch irritieren, dass ihre Operationen auch im Code eines anderen Systems Informationswert, aber eben einen anderen Informationswert haben. Eine Steuerung eines Funktionssystems durch ein anderes und damit eine Hierarchisierung der Funktionszusammenhänge ist somit im Unterschied zu wechselseitigen Abhängigkeiten ausgeschlossen.

> „Für Politik ist das politische System zuständig, aber wenn dieses System Geld braucht, muss es monetär agieren, das heißt wirtschaftliche Zahlungsvorgänge konditionieren. Es mag die politikspezifische Illusion haben, selbst Geld ‚machen' zu können. Aber dann nimmt die Wirtschaft dieses Geld nicht oder nur unter Abwertungsbedingungen an, und das Problem kehrt als ‚Inflation' in die Politik zurück" (ebd.: 762).

Mit Hilfe ihrer Unterscheidungen in System und Umwelt sowie in Positiv- und Negativwert des jeweils relevanten Codes wird es den Funktionssystemen ermöglicht, Komplexität zu reduzieren und gleichzeitig eine nur für sie relevante Komplexität zu erzeugen und dramatisch zu steigern. Ist ein System operativ geschlossen, so können sich innerhalb seiner Grenzen weitere Subsysteme herausbilden, wobei wiederum alle möglichen Differenzierungsformen zur Verfügung stehen.

> „Im allgemeinen scheint jedoch eine Art segmentärer Differenzierung vorzuherrschen, die Momente einer funktionalen Differenzierung in sich aufnimmt. [...] Das Weltwirtschaftssystem kann man am besten als eine Differenzierung von Märkten begreifen, die als Umwelt für Organisationsbildungen (Unternehmen) dienen, die sich ihrerseits durch Blick auf ihren Markt als Konkurrenten wahrnehmen" (ebd.: 760f) usw.

Die Gesellschaft expandiert nach innen. Der mit der funktionalen Spezifizierung verbundene Redundanzverzicht erzeugt eine enorme Komplexitätsrente auf allen Sinndimensionen.

Diese Entwicklung bleibt für die beteiligten Individuen natürlich nicht folgenlos.

Denn „Individuen können jetzt nicht mehr in der Gesellschaft sozial platziert werden, weil jedes der Funktionssysteme auf Inklusion aller Individuen reflektiert, aber die Inklusion sich nur noch auf die eigenen Operationen bezieht" (ebd.: 765). Das hatte im Prinzip ja bereits Durkheim (1893/1996: 238) gesehen: „Der Platz eines jeden Individuums wird nicht länger mit Hilfe seiner wirklichen oder fiktiven Blutsverwandtschaft festgelegt, sondern mittels der Funktionen [im Plural! J.R.], die es ausfüllt". Die prinzipiell angedachte Inklusion aller oder doch mindestens vieler in alle Funktionssysteme[136] (als Wähler, als Konsument, als Patient, als Verliebter usw.) führt zur Exklusion des ‚Menschen' aus der Gesellschaft und damit zur Erlangung des Individuums oder Subjekts im modernen Sinne. Individuen steigen über funktionsspezifische Positionen in die subsystemspezifische Kommunikation ein und, da sie auch an anderen Subsystemen teilhaben, eben nicht mehr als Ganze, wie es Cooley (1909/1956: 319) in seinen Ausführungen über Institutionen[137] ausdrückt: „An institution is a mature, specialized and comparatively rigid part of the social structure. It is made up of persons, but not of whole persons; each one enters into it with a trained and specialized part of himself".

Aus partizipativer *Identität* werden „partizipative *Identitäten*" (Hahn), die einerseits die Teilhabe an den Funktions- und anderen Teilsystemen der modernen Gesellschaft ermöglichen, aber zugleich auch partielle oder stückweise Identitäten sind, die nicht per se bruchlos miteinander in Verbindung zu bringen sind. Die Gefahr solcher Brüche nicht mehr integrierbarer Partialitäten verschiedener Selbstbewusstheiten steigt in der Moderne nicht nur dramatisch an, sondern wird hier erst erzeugt (vgl. Hahn 1997/2000: 14ff). Die gesamte Identitäts*proble-*

---

[136] Bourdieu (1997/2001: z.B. 88ff, 96f) versucht solche Allinklusionsansprüche als (latente) Universalisierungsstrategien zu entlarven, die von bestimmten zentralen Positionen innerhalb sozialer Felder (diesen entsprechen in systemtheoretischer Diktion m. E. die Funktionssysteme) ausgehen. Er zeigt dies für die Politik und das vermeintliche Recht auf persönliche Meinung (bereits Gehlen (1957: 52) hatte übrigens von „Meinungsbildungszwang" gesprochen), für die Wirtschaft und die Unterstellung von Zweckrationalität als anthropologische Konstante (nicht umsonst war diese bei Weber ja als Idealtypus bzw. Richtigkeitstypus bezeichnet worden; eben weil sich empirische Praxis davon häufig genug unterscheidet) sowie für die Ästhetik bzw. Kunst. Überall wird mit Gleichheitsfiktionen gearbeitet, die empirisch vorfindbare Unterschiede in sozialer Praxis zu übersehen oder (evtl. mit Zusatzannahmen wie Informationsassymetrien etc.) zu relativieren suchen. Umgekehrt zeigt Urs Stäheli (2004), dass Inklusionsmotivationen der Individuen über funktionsspezifische Konstruktionen des Populären zu universalisieren versucht werden. Und wo findet die Popularisierung des für universell gehaltenen statt? Die Antwort ist denkbar einfach: in den Massenmedien. In der Tat ist man geneigt von einem „Imperialismus des Universellen" (Bourdieu 1997/2001: 92) zu sprechen (siehe für scheinbar so nebensächliche Dinge wie den Weingeschmack den wunderbaren Film ‚Mondovino' von Jonathan Nossiter).

[137] Diese Ausführungen weisen im Übrigen deutliche Parallelen zu denen von Berger und Luckmann (1966/1997) auf.

matik ist demnach ein semantisches Korrelat der strukturellen Umstellung der Gesellschaft auf funktionale Differenzierung in der sog. Moderne.

a) *,Bedecke Deinen Himmel Zeus' – personale Identität und Exklusionsindividualität*

Mit der sukzessiven Umstellung auf funktionale Differenzierung verliert die Einzelperson in der Moderne also ihre Sichtbarkeit als soziale Einheit. In Folge der sich einstellenden Dominanz von Funktionslogiken führen differenzielle Inklusionsvorschriften und Anspruchslagen sowie die Umstellung der Interaktionsbeziehungen von Bekanntheit auf Fremdheit zur Aussonderung unterschiedlicher Lebensbereiche und Laufbahnen der Person.

Und auch die Gesellschaft verliert ihre Sichtbarkeit als religiös über die Differenz von Diesseits und Jenseits legitimatorisch abgesicherte Einheit der aufeinander bezogenen Stände. Intra- und interständische Solidaritätsbeziehungen und Verpflichtungen werden durch die entstehenden Funktionslogiken untergraben, während neue Einheitsvorstellungen und Solidaritätsgeneratoren wie die Idee der Nation (vgl. Hahn 1993), die gesamtgesellschaftliche Steuerungsdefizite zumindest auf semantischer Ebene korrigieren könnten, zunächst noch nicht vorhanden sind oder parallel zu funktionalen Differenzierungsvorgängen erst entstehen (und dann wiederum ganz unterschiedliche Anschlüsse in den Funktionssystemen zeitigen).

> „Da die Gesellschaft aber nichts anderes ist als die Gesamtheit ihrer System/Umwelt-Verhältnisse und nicht in sich selbst als Ganzes nochmals vorkommen kann, bietet sie dem Einzelnen keinen Ort mehr, wo er als ,gesellschaftliches Wesen' existieren kann" (Luhmann 1989/1993: 158).

Auch die Religion kann kein solcher Ort mehr sein, man hat eben auch (!) eine Seele, andernorts braucht man aber Verstand, Rechtskunde, Geld usw.

Erst jetzt wird die „Identität der Person" (Locke) zum Problem und es wundert nicht, dass sich weder die antike noch die mittelalterliche Philosophie Gedanken darüber gemacht haben, ob der schlafende Sokrates mit dem wachen Sokrates identisch ist, da die Einheit der Person als Sonderfall des Individuums (s.u.) in der Tradition der ,Schule' als Einheit der Vernunftssubstanz bzw. der Seele gedacht war[138] (vgl. Oeing-Hanthof 1976; Luhmann 1989/1998: 175f). Dies entsprach der Dominanz der auf die Einzelpersonen bezogenen Differenz von Heil und Verdammnis der Seele sowie der Anschauung, dass die Person sozial in immer der gleichen Weise auftrat. Die Beschreibung und ggf. Identifikation der menschlichen Individuen konnte daher auch ohne Probleme mittels äußerlich

---

[138] Womit freilich auch – z.B. bei Thomas (Summa Theologica I, 29, 1 zit. nach Oeing-Hanthof 1976: Sp. 306) – die vernunftsmäßige „Herrschaft über ihr Wirken" impliziert war.

feststellbarer sog. Akzidenzien (vgl. auch Hahn 2003a) erfolgen: nach dem Muster „Form, Figur, Verwandtschaft (parentela, öfters dann auch strips, sanguis oder generatio im Sinne familiärer Herkunft [Anmerkung von Oeing-Hanthof; J.R.]), Eigennamen, Heimatort (patria), Zeit und Ort" (Albertus Magnus: Liber de praedicabilibus tr. 4, c. 7 zit. nach Oeing-Hanthof 1976: Sp. 305) bzw. konkret „ein kahlköpfiger, krummnasiger, dickbäuchiger Athener, der Sohn des Sophronicus, mit Xantippe verheiratet" (noch 1713 Chauvin, Lexicon philosophique zit. nach ebd.)[139]. Bezeichnend auch, dass der Beruf (Steinmetz) oder die Tätigkeit (Philosoph) unberücksichtigt blieb. Die Prädikation dient so der Identifizierung und Beschreibung der Individuen, sie ist die Außenseite der personalen Identität, deren Innenseite sich aber nicht durch einzigartige Denkprozesse etc. konstituiert, sondern als Teilhabe an einheitlichen allgemeinen Lebenszusammenhängen. Singularität, einzigartige körperliche Merkmalskonstellationen und Aufgehobensein der Individuen in Traditionen, Familien usw. schließen sich eben hier noch nicht aus, da die personale Inklusion in ausschließlich einem Teilsystem erfolgt.

Mit der Einheit der rationalen Substanz als Innenseite (auf die das Beispiel des schlafenden Sokrates ja zielt) und der – aus unserer Sicht – merkwürdig (im doppelten Sinne) darauf bezogenen periphrastischen Benennung der Außenseite von Individualität will und kann sich nun Locke (vgl. 1690/1976: II, 27) jedenfalls wohl nicht mehr zufrieden geben. Deswegen muss er auf den sich selbst bewussten Bewusstseinsstrom ausweichen, eben weil er Person ‚für sich' (same consciousness, immatirial spirit) und ‚an sich' (same numerical soul) nicht mehr iden-

---

[139] Es ist deswegen auch schlicht falsch, wie Luhmann (1987/1995: 126) zu behaupten, dass der vormoderne Individuumsbegriff es ausschloss, „bei der Bestimmung der Individualität auf eine Angabe der Merkmale der Individuen zurückzugreifen. Dazu war der Begriffssinn zu allgemein angesetzt. Erst recht konnte man nicht auf den Gedanken kommen, die besonderen oder gar einzigartigen Merkmalskonstellationen für ausschlaggebend zu halten, die ein Individuum im Vergleich zu anderen auszeichnen". Freilich dienen die Akzidenzien nicht der Bestimmung der Identität des Individuums, die durch die Einheit der rationalen Substanz der Seele fraglos gegeben ist, aber für die personale Identifikation der Individuen sind sie unerlässlich. Singularität ist eben zugleich Einheit der Substanz und Differenz der Akzidenz. Das ist deswegen kein Widerspruch, weil Individualität sozial mit Personalität infolge von singulären Inklusionszusammenhängen gegeben ist.
Die Familienzugehörigkeit und andere Beziehungen zu anderen wie geographische Herkunft etc. sind im Übrigen im Rahmen der beschreibenden Bestimmung von personaler Individualität ein Merkmal unter anderen, tauchen aber freilich immer auf (vgl. die teils abweichende Auffassung bei Luhmann (1989/1998: 178), der sich allerdings auf Personenbeschreibungen in Romanen bezieht). Nur unter bestimmten logischen Bedingungen kann Familienzugehörigkeit das einzige Merkmal der circumlocutio sein. So heißt es bei Boethius „Sohn des Sophronicus (wenn er der einzige war)" (zit. nach Oeing-Hanthof 1976: 305). Gerade bei langer Abwesenheit von Personen, detektivischem Enttarnen von Verkleidungen und Verstellungen wird mittels besonderer körperlicher Kennzeichen (Narben etc.) oder geheimen Wissensbeständen, die nur das jeweilige Individuum kennt, auf Namen, Familienzugehörigkeit etc. geschlossen (vgl. Hahn 2003a; hier finden sich auch zahlreiche Beispiele für Identifikationen in Mittelalter und Antike).

tisch denken *muss*. Von familiärer Herkunft ist dann auch gar nicht mehr die Rede![140]

Erst jetzt wird auch der Gegensatz zwischen Individuum und Gesellschaft sichtbar (der Dahrendorf ja so große Probleme bereitet hatte) und semantisch verfügbar gemacht. In der *Vormoderne* war bis in das siebzehnte Jahrhundert hinein mit *Individualität* ja schlichtweg Singularität bzw. Einzigkeit und wesensmäßige Unzerteilbarkeit[141] gemeint und keineswegs die Einzigartigkeit auf sich selbst verwiesener Personen (vgl. Kobusch 1976, Oeing-Hanthof 1976, Luhmann 1987/1995, Luhmann 1989/1998, Bohn 2003a). Individualität von Menschen, Tieren, Sachen usw. wird sowieso als natur- bzw. gottgegeben angesehen und kann daher auch nicht als aus sich selbst steigerbar gedacht werden. Steigerungsmöglichkeiten des Personseins bestehen nur entlang Moral- und Tugendbegriffen: Schurke oder Held ist die Frage (vgl. Luhmann 1984/1996: 349, Luhmann 1987a: 64ff). Man kann ein abschreckendes Beispiel oder „eine Art Glanzstückversion des Menschen" (Luhmann 1989/1998: 179) werden. *Heldentum* ist für die Heldensemantik natürlich eine Ausnahme, „nur für wenige geeignet und wohl eher zur Entmutigung der Vielen bestimmt" (Luhmann 1985/1996: 361), aber auch ein Exempel. Prinzipiell ist es durch nicht mehr erwartbare Verdienste (allerdings innerhalb normativer Erwartungsspielräume) erreichbar und diese gerade durch die Orientierung an (Familien-)Traditionen. Heldsein ist zwar selten, wird aber nicht durch Anderssein, sondern sozusagen durch ‚Gleichersein',

---

[140] Locke unterscheidet vielmehr zwischen der Einheit der Seele, des organischen Lebens und Einheit des Bewusstseins, also der Person, die gemeinsam die (logische) Identität des Menschen ausmachen. Der Mensch hat als Person ferner die „power to suspend his determination; it was given him that he might take care of his own happiness and look that he were not deceived" (ebd.: II, 21, 56, S. 123). Das führt weiter zu einem Rechtsbegriff der Person. „It's a forensic term, appropriating actions and their merit, and so belongs only to intelligent agents, capable of law, and happiness and misery" (ebd.: II, 27, 26, S. 171) Menschen können demnach auch nur insoweit bestraft oder belohnt werden, wie ihre bewusstseinsfähige Erinnerung reicht. Das gilt auch für das jüngste Gericht, und damit richtet Locke seinen Personenbegriff aufs Schärfste gegen die Prädestinationslehre (vgl. Brandt 1988: 671): „And therefore, conformable to this, the Apostle tells us, that at the Great Day, when everyone shall *receive according to his doings, the secrets of all hearts shall be laid open. The* sentence shall be justified by the consciousness all persons shall have that they *themselves,* in what bodies soever they appear, or what substances soever that consciousness adheres to, are the same that committed those actions and deserve that punishment for them" (ebd.: II, 27, 26, S. 171; Hervorh. i. O.).

[141] Der Individuumsbegriff ist aus dem altgriechischen ατομον (Demokrit) abgeleitet, das bereits Cicero mit ‚individuum' übersetzt. Maßgeblich für die mittelalterliche Problemstellung, die mit dem Begriff verbunden ist, ist wohl Boethius „der zunächst drei Arten des Individuums unterscheidet: ‚dictur individuum, quod omnio secari non potest, ut unitas vel mens, dictur individuum quod ob solidatem dividi nequit, ut adamas, dictur individuum cuius praedicatio in reliqua simila non convenit, ut Sokrates'" (Boethius zit. nach Kobusch 1976: Sp. 302). Der einzelne Mensch ist also nur ein Anwendungsfall (daher auch Neutrum).

durch Anstrengung oder Schicksalsfügung erreicht. Es kostet Mühe ist aber keine (prinzipiell) für andere unerreichbare Position.

> Dagegen ist „Individualität [...] dem Individuum immer schon gegeben, sie ist nicht etwas, was man durch Einzigartigkeitsbeweise erst erringen müßte oder auch nur könnte. Man kann seine Einzigartigkeit – oder nur: daß man anders ist als die anderen – nicht kommunizieren, denn allein dadurch würde man sich mit anderen vergleichen" (Luhmann 1989/1998.: 182).

Das ist auch nicht nötig, denn Individualität kann infolge der Inklusion in genau ein Teilsystem mit Personalität gleichgesetzt werden und deren Kenntnis kann im sozialen Verkehr vorausgesetzt werden. Die Visibilität des vormodernen Inklusionsindividuums als personale Einheit bedingt seine Unkommunizierbarkeit.

Die Einheit der Person ist nun in der Moderne sozial nicht mehr sichtbar. Sie muss also – will man die Vorstellung nicht ganz aufgeben – aus der Gesellschaft heraus in eine andere Sphäre (z.B. in das individuelle Bewusstsein bei Locke) verlegt werden. Das jeweils nur partial inkludierte, als Ganzes aber exkludierte Individuum wird folglich zur Integrationsfigur seiner partialen Inklusionen, zum Schnittpunkt sozialer Kreise (Simmel 1890/1908/1992). Damit kann das Individuum jetzt aber in Bezug auf seine Einheitlichkeit nur noch selbstreferenziell (bei Locke und Hume tritt z.B. die Erinnerung an die Stelle der Substanz) gedacht werden, woraus sich spezifische Probleme ergeben. Der Held wird mit dem Problem der Selbstbewunderung konfrontiert; was nicht mehr sichtbar ist, kann immer noch nicht kommuniziert werden, ohne in die Falle des Selbstlobs zu gelangen: „Er hat dann nur noch die Wahl, Held zu sein oder als Held zu erscheinen." Luhmann 1989/1998: 183; vgl. auch Luhmann 1987a: 65).[142] Stattdessen bilden sich in den sich herausdifferenzierenden Funktionssystemen Individualitätssemantiken heraus, die unsere heutige Vorstellung von Individualität und die strukturelle *Umstellung von Inklusions- auf Exklusionsindividualität* vorbereiten. In der Wirtschaft wird der Mensch zum Eigentümer und zum Arbeiter, was einen „ökonomischen Individualismus" (Luhmann 1989/1998: 200) befördert, aber gerade dadurch die Frage nach der Einheit des Individuellen nicht beantwortet und das nun ,*selbstentfremdete' Individuum* (Marx) mit der Unmöglichkeit einer Antwort auf diese Frage allein lässt. Wichtiger ist daher ein anderer semantischer Weg auf der Suche nach dem Individuum: Die Geniesemantik, die Ende des siebzehnten Jahrhunderts im Kontext der Kunst und der ästhetischen Theorie entsteht, schafft die Bedingung der Möglichkeit, das Individuum als Schöpfer seiner eigenen Einzigartigkeit zu betrachten (vgl. insbesondere ebd.: 200ff, Bohn 2003a, auch zu Folgendem).

Das *Genie* ist dabei eine Übergangsfigur, die das neue principium individuationis herausstellt, aber eben noch als Einzelfall behandelt. Der Geniebegriff ist seit

---

[142] Siehe dazu z.B. den überaus amüsanten Film Hero (1992; dt.: Ein ganz normaler Held) von Stephen Frears mit Dustin Hoffman in der Hauptrolle.

spätestens 1532 belegt, wandelt sich aber in der Folge deutlich. Im philosophischen Diskurs taucht er im Rahmen der Ästhetik auf. Bezieht er sich bei Perrault noch auf die platonische Ideenschau der „himmlischen Urbilder des Schönen", die „die ewigen Modelle künstlerischer Nachahmung sind" (Warning 1974: Sp. 279), so zeichnet sich bei Diderot das Genie „durch seinen ‚esprit observateur'" (ebd.: Sp. 280) aus und findet seinen Niederschlag in der „interpretierende[n] Erweiterung unserer Kenntnisse des in der Natur immer schon Vorhandenen. Die Imagination wird demgemäß nicht als kreatives, sondern als imitatives Vermögen begriffen" (ebd.: Sp. 281). Gleichzeitig bildet sich bereits bei Diderot der noch heute virulente Topos von ‚Genie und Wahnsinn'. Das Genie laufe Gefahr,

> „zu einem psychopathologischen Phänomen, zu einem ‚monstre [...] [zu] werden, das im Ästhetischen wie im Moralischen in Gegensatz zu allem Konventionellen tritt und diesen Gegensatz in seiner eigenen Person zu einer provozierenden Ambivalenz von moralischer Verwerflichkeit und ästhetischer Faszination steigert" (ebd.).[143]

Der semantische Komplex des Originalgenies taucht dann im achtzehnten Jahrhundert in England (vgl. Fabian 1974) und vor allem in Deutschland auf, wo sich wohl zuerst Dichtung und Kunst von der regelgebundenen Nachahmung der Natur emanzipieren (vgl. Ritter 1974). Im Übrigen wird hier der Begriff des Genies auch auf die wissenschaftliche Entdeckung übertragen (bspw. bei William Duff oder später Immanuel Kant). Für Herder und den jungen Goethe u.v.a. ist das Modell Shakespeare, dessen Theater mit den aristotelischen Einheiten von Raum, Zeit und Handlung gebrochen hatte; der passende Mythos ist Prometheus[144]. Das Genie wendet sich gegen die Regeln und erzeugt sich selbst aus einem nur ihm eigenen inneren Prinzip, ohne Rücksicht auf Naturgesetzlichkeiten oder kulturelle Normen.

> „Das Originalgenie bricht mit der Tradition, unterbricht die Kette der Imitation und erhebt schließlich die Diskontinuität gegenüber der Tradition zum Normalfall. Das moderne Genie ist gleichsam voraussetzungslos, indem es sich und sein Werk in eigener Schöpfungsgeste erzeugt. Es ist das Geschöpf seines eigenen Schöpfungsaktes" (Bohn 2003a: 173).

Wenn nun Kunst nicht mehr durch Regelanwendung, sondern durch Neuheit und Abweichung gekennzeichnet ist, ergibt sich das Problem ihrer Beurteilung. Dafür wird in der ästhetischen Theorie eine neue Differenz von Allgemeinem und Besonderen etabliert. Kunst ist dann die Verwirklichung des Allgemeinen im Besonderen. Das individuelle Kunstwerk und somit das Genie wird nach

---

[143] Eindrucksvoll dargestellt wird diese Dualität bekanntlich in Robert Louis Stevensons The Strange Case of Dr. Jekyll and Mr. Hyde von 1886.

[144] Wie heißt es in Goethes Gedicht aus der Sturm und Drang-Periode in der letzten Strophe: ... Hier sitz ich, forme Menschen/nach meinem Bilde,/Ein Geschlecht, das mir gleich sei,/Zu leiden, weinen,/Genießen und zu freuen sich,/Und Dein nicht zu achten,/Wie ich.

Luhmann zum eingeschlossenen, ausgeschlossenen Dritten, zum Parasit (Serres) der Differenz von Allgemeinem und Besonderen (vgl. Luhmann 1989/1998: 205ff; vgl. auch Bourdieu 1997/2001: 115f).

Das Genie ist, wie gesagt, als Ausnahmefall konzipiert. Neben der Betonung der Neuheit und Einzigartigkeit seiner Weltverwirklichung in der Kunst wird es auch als einzigartige und einzige Integrationsfigur verschiedener Wissensgebiete gedacht. So bewundert Kant (1798) Leonardo „als Genie in vielen Fächern" (zit. nach Ritter 1974: Sp. 296) und Dyrden schreibt „Every age has its universal genius" (zit. nach Fabian 1974: Sp. 282). Die vom Originalgenie selbst hervorgebrachten Werke und Regeln werden dann auch als Anlass für Imitation vorgestellt. Der aus der Kunst stammende semantische Komplex um die Unterscheidung Original/Kopie wird auf die Menschen übertragen, dem Individuum wird die Masse gegenüber gestellt. Das Genie ist der in seiner Originalität und Erfindungskraft eben überhaupt nicht integrierbare Gegensatz zum durch „affenhafte Nachahmungskunst" (Mill 1859/1980: 81) ausgezeichneten Massenmenschen oder ‚homme copie' (Stendahl 1822/1959: 276). Seine Freiheit wird mit Einsamkeit gleichgesetzt, der der gewöhnliche Mensch nicht fähig ist, der zur Orientierung der Kulturindustrie (Adorno) bzw. der „Tyrannei der öffentlichen Meinung" (Mill 1859/1980: 93) bedarf. Das kann man sehr schön an John Stuart Mills Werk ‚On Liberty' zeigen:

> Das Genie kann nur frei atmen in einer Atmosphäre von Freiheit. Personen von Genie sind ex vi termini [...] individueller [Sic!] als andere Leute, folglich weniger fähig, sich ohne schmerzhaften Zwang in eine der wenig zahlreichen Formen hineinzupassen, die die Gesellschaft bereithält, um ihren Mitgliedern die Mühe zu ersparen, sich selbst einen Charakter zu formen. Wenn sie aus Schüchternheit einwilligen, sich in eine dieser Schablonen zwängen zu lassen und dadurch der ganze Teil ihres Wesens, welcher unter Druck sich nicht ausdehnen kann, unentwickelt bleibt, so wird die Gesellschaft von ihrem Genie nur wenig Nutzen ziehen. Sind sie dagegen von starkem Charakter und brechen ihre Fesseln, so werden sie für die Gesellschaft, der es nicht geglückt ist, sie zur Gewöhnlichkeit herunterzudrücken, ein Mal, auf das man mit feierlicher Warnung deutet als ‚wild', ‚exzentrisch' und ähnliches – so als ob einer sich darüber beklagen wollte, daß der Niagara nicht sachte wie ein holländischer Kanal zwischen seinen Ufern dahingleitet. Ich betone hier so nachdrücklich die Wichtigkeit des Genies und die Notwendigkeit seiner freien Entfaltung sowohl im Gedanklichen wie im tätigen Bereich, weil ich mir wohl bewußt bin, daß zwar niemand diese Stellungnahme in der Theorie bestreiten wird, daß aber fast jeder in der Praxis völlig gleichgültig dagegen ist" (ebd.: 89f).

Die „Selbsterzeugung des Originalgenies" (Bohn 2003a: 175) ist freilich eine Zwischenfigur, die zur *Gleichsetzung von Individuum und Subjekt* überleitet, die ja bereits durch Descartes (1641/1991) ‚cogito' vorbereitet wurde, der das sich-als-Ich-Denken zum universalen menschlichen Seinsprinzip erklärt hatte. Das war für andere Leute wohl so schwer vorzustellen, dass selbst kluge Köpfe wie Hobbes die Implikationen nicht verstanden, und noch Fichte schrieb: „Die meisten

Menschen würden leichter dazu zu bringen sein, sich für ein Stück Lava im Monde, als für ein *Ich* zu halten" (zit. nach Schmidt 1991: 13; Hervorh. i.O.).

Für die Verknüpfung der Diskursstränge um Subjektivität und Individualität betrachtet Luhmann (1989/1998: 211) vor diesem Hintergrund das zeitliche Zusammentreffen von französischer Revolution und kantischer Transzendentalphilosophie als entscheidend, die sich auf die Differenz von Allgemeinem und Besonderem stützen können. Die kantische Philosophie fasst das Individuum „als Welt im besonderen Ich. Das Individuum ist das Subjekt der Welt. Und zugleich: Die Welt individualisiert das Subjekt, weil sie das einzige Ganze ist, das nicht als Teil eines anderen Ganzen begriffen werden kann" (ebd.: 207). Die französische Revolution macht mit der Annerkennung allgemeiner Freiheitsrechte das Individuum zur Letztkategorie politischer Ordnung.

Jedenfalls muss nun mit der sukzessive voranschreitenden Ausdifferenzierung von Funktionssystemen, die in ihrem Vorangeschrittensein irreversibel ist, und mit der dadurch zwangsläufig erzeugten Exklusion des jetzt Individuum gewordenen Menschen in seiner Totalität aus der Gesellschaft davon ausgegangen werden, „dass Individuen ihr Individualisierungsprinzip in sich selbst tragen und dass Individualität als Einzigartigkeit gelebt und konstituiert werden kann" (Bohn 2003a: 175) und soll. „Traum und Trauma der Freiheit gehen unversehens in einander über" (Luhmann 1987/1995: 132). Aus der Freiheit des Geistes durch die Teilhabe an unbedingten Sinn- und Weltgeltungen der mittelalterlichen Transzendenzphilosophie wird dann im Extremfall (z.B. bei Sartre oder Heidegger) die Freiheit eines Selbst, das sich im Nichts wiederfindet, ausgerüstet nur mit seiner bloßen Existenz (vgl. Weier 1991: 35ff).

So kann Nietzsche (zuerst wohl in der ,fröhlichen Wissenschaft' 1882/1905: 147) schreiben, dass Gott tot sei[145] (und wir auch noch seinen Schatten besiegen müssten), oder Scheler positiv gewendet, dass Gott wird und zwar durch die Person[146] als „individuelle einmalige Selbstkonzentration des göttlichen Geistes." (Scheler 1925/1929/1976: 106). In jedem Fall werden die Individuen auf sich selbst verwiesen. Es wird jetzt von ihnen erwartet, dass sie *sich individualisieren,*

---

[145] Wunderbar passend auch sein Gedicht ,Der Freigeist/Abschied' aus dem Herbst des Jahres 1884: Die Krähen schrein/Und ziehen schwirren Flugs zur Stadt:/Bald wird es schneien –/Wohl dem der jetzt noch Heimat hat! – Nun stehst du starr,/Schaust rückwärts ach! wie lange schon/Was bist du Narr/Vor winters in die Welt entflohn? – Die Welt – ein Tor/Zu tausend Wüsten stumm und kalt! Wer das verlor,/Was Du verlorst, macht nirgends halt ...

[146] „Zur Stützung des Menschen, zur bloßen Ergänzung seiner Schwächen und Bedürfnisse [...] ist das absolute Sein nicht da. Wohl aber gibt es auch für uns eine ,Stützung': es ist die Stützung auf das gesamte Werk der Werteverwirklichung der bisherigen Weltgeschichte, soweit es das Werden der ,Gottheit' zu einem ,Gotte' bereits gefördert hat. Nur suche man in erster Linie nie theoretische Gewißheiten, die diesem Selbsteinsatz vorhergehen sollen. Erst im Einsatz der Person ist die Möglichkeit eröffnet, um das Sein des Durch-Sich-Seienden auch zu ,wissen'." (Scheler 1927/1991: 93).

wie Durkheim es mit dem Begriff ‚*Kult des Individuums*‘[147] deutlich macht. Individualität als Einzigartigkeit wird vom Ausnahmefall zur sozialen Norm. Und: „Weh dem, der keine Heimat hat" (Nietzsche).

Damit wird dem „*Exklusionsindividuum*" (Luhmann 1989/1998; meine Hervorh.) „eine *hohe unstrukturierte Reflexionslast* zugewiesen" (Luhmann 1987/1995: 132; Hervorh. i. O.)

Es geht um die Auffindung eines individuellen Kerns des Selbst, der doch nicht zu finden ist, und um dessen Expression, weswegen *Selbstthematisierungs-* und *-findungsinstitutionen* wie Freundschaft, Liebesbeziehungen, aber auch Therapie immer wichtiger werden. *Individuelle Selbstfindung und Selbstverwirklichung werden zu uneinlösbaren sozialen Imperativen.* Als trefflich passend kann folgende Formulierung von André Breton (1928/1960: 8f) angesehen werden:

> „Wichtig ist, dass mich die einzelnen Fähigkeiten, die ich an mir entdecke, in keiner Weise von dem Forschen nach jener höheren Anlage ablenken, die mir eigen wäre, aber nicht gegeben ist. Jenseits aller Arten von Geschmack, die ich an mir kenne, der Verwandtschaften, die ich fühle, der Anziehungen, denen ich unterliege, der Ereignisse, die mir zustoßen und mir allein, jenseits der Menge von Bewegungen, die ich mich ausführen sehe, der Emotionen, die ich empfinde, bemühe ich mich zu wissen, worin, in Beziehung zu den anderen Menschen, meine Unterschiedenheit bestünde, wenn schon nicht, wovon sie herrührt. Würde ich mir nicht in genau dem Maße, als ich mir diese Unterschiedenheit bewußt mache, das aufdecken, was ich unter allen auf dieser Welt tun wollte, und welcher einzigen Botschaft Träger ich bin, damit ich für ihr Geschick endlich mit meinem Kopf bürge".

In der modernen Situation sieht sich das nur partial inkludierte Individuum einerseits den differenziellen (und vielleicht widersprüchlichen) Erwartungskonstellationen der Funktionssysteme gegenüber und andererseits dem Erfordernis, seine Einzigartigkeit zu betonen und sich durch ihre Darstellung berechenbar zu machen. Ein Unternehmen, was, wie es scheint, nicht gelingen kann. Individualität ist eben jetzt *nicht* „nichts anderes als diese *Notwendigkeit zur personalen Respezifikation*" (Luhmann 1987/1995: 132; Hervorh. i. O.). Das ist ein Aspekt, der aber funktional und segmentär teilsystemspezifisch und daher auf unterschiedliche Weise zu leisten ist. Die für die Moderne charakteristische Fremdheit der Interaktionspartner sowie die zeitliche, soziale (z.B. über Hierarchien) und sachli-

---

[147] Die entsprechende Formulierung lautet: „In dem Maß, in dem alle anderen Überzeugungen und Praktiken einen immer weniger religiösen Charakter annehmen, wird das Individuum der Gegenstand einer Art von Religion. Wir haben für die Würde der Person einen Kult, der, wie jeder andere starke Kult, bereits seinen Aberglauben aufweist. Wenn man will, handelt es sich dabei also sehr wohl um einen gemeinsamen Glauben; aber er ist nur durch den Zusammenbruch der anderen Glaubensüberzeugungen möglich geworden und kann folglich nicht die gleichen Wirkungen hervorrufen wie jene Vielzahl erloschener Glaubensüberzeugungen. Hier gibt es keine Kompensation. Wenn auch insoweit gemeinsam ist, als er von der Gemeinschaft geteilt wird, ist er durch sein Objekt doch individuell" (Durkheim 1893/1996: 227).

che (bspw. örtliche) Segregation von Rollenpartnerschaften und Publika kann eben zur Mehrpersonalität führen. Für verschiedene Freundschaftssysteme bringt wiederum Max Frisch ein wunderbares Beispiel in seinem Roman ‚Stiller'. Dieser wird in seiner Gefängniszelle von fünf Freunden besucht, denen Stiller sich relativ gleichgültig gegenüber verhält, weil er sozusagen seine ‚Stiller-Identität' beiseite gelegt hat. Dann heißt es:

> „Übrigens sind sie durchaus uneinig, wer Stiller gewesen ist; dennoch tun sie so, als hielten sie mich für ein und dieselbe Person [...] während sie so reden, überlege ich im Ernst, was für ein Mensch ich sein müßte, um den Erinnerungen und Erwartungen dieser fünf Besucher auch nur in groben Zügen zu entsprechen, etwas wie ein fünfköpfiges Wesen, glaube ich, wobei jeder von ihnen meine vier anderen Köpfe als unecht, als überflüssig abhauen würde, um den wahren Stiller hervorzustellen" (Frisch 1954/1973: 332).

In seiner Exklusionsindividualität bleibt das Individuum gleichsam auf das Selbstsystem seines Bewusstseins verwiesen, das sich jetzt eben nur noch in personalen Respezifikationen wiederfindet und sich zugleich mit einem Individualitätsdiskurs konfrontiert sieht, der ihm abverlangt, dass es mehr sei als deren Summe und sich in dieser Hinsicht ergründe und zugleich präsentiere. Es scheinen zwei Möglichkeiten zu bleiben, die beide, worauf später noch einzugehen sein wird, an dem neu entstehenden Teilsystem der Massenmedien kondensieren: Zum einen die *Nachahmung* von als Individuen geltenden Vorbildern (vgl. auch Luhmann 1989/1998. 221ff), wobei ja auch die Möglichkeit idiosynkratischer Kombinationen kopierter Aspekte besteht, und zum anderen die *Flucht ins expressive Exklusionsexil*, die zunächst der Roman des neunzehnten Jahrhunderts vorführt:

> „den Weg in die ‚freie Liebe' und den Untergang, den Weg in die Gosse, den Weg ins Verbrechen und den Weg in den Erfolg, den man haben kann, wenn man das Spiel durchschaut und mitspielt. Auch dies sind Reflexionsfiguren und zugleich Auswege aus der Reflexion" (Luhmann 1987/1995: 134).

Luhmann (vgl. ebd.: 135f, Luhmann 1989/1998: 236ff) verweist nun darauf, dass sich daneben eine dritte Möglichkeit auftut, indem Identität (wie es die Systemtheorie ja generell auch nicht anders vorsieht) als Differenz von Selbstsystem und Umwelt gefasst und im Wege der Selbstbeobachtung dieser Differenz von innen durch das Selbst des Bewusstseins in *Ansprüche* transformiert wird.

> „Hierfür gibt es semantische Vorlagen und Modelle der unterschiedlichsten Art. Eine ganz neuartige Version ist z.B. der Anspruch, zu sein und zu werden, was einem gefällt [...]. Die Negativfassung dieser Form ist der Anspruch, anerkannt zu bekommen, daß man seine Identität verloren hat bzw. nicht finden kann [...] Wie immer ausformuliert: Der Anspruch, Individuum zu sein, ist nicht jene differentia individualis der Scholastik, nicht einfach eine Festlegung der Diesheit des Individuums durch einen Unterschied zu allem anderen. Er ist der Anspruch auf Ansprüche, ist ein Ansprüche generierendes Prinzip, mit dem man Informationen gewinnen, die Welt testen und sich dabei zugleich selbst bestimmen kann" (Luhmann 1987/1995: 136).

Diese „*Anspruchsindividualität*" (ebd.; meine Hervorh.) wird symbolisiert in Wertkomplexen wie Freiheit und Gleichheit, kodifiziert z.B. in Form der Menschenrechte und natürlich sozial kanalisiert in gerechtfertigte und ungerechtfertigte, normale und anormale Anspruchslagen usw., die als Identitätswerte (Goffman) kursieren.

Selbstbeschreibungen über Ansprüche stellen von positiven Zugehörigkeitsfeststellungen auf Negativität um.

> „In der Form des Anspruchs läßt sich [...] vorführen, daß man nicht das ist, was man ist [...] Ohne ein solches Defizit bestünde überhaupt kein Anlaß, die eigene Identität zu reflektieren, so wie auch umgekehrt die Reflexion das Defizit als Differenz zwischen dem, was man ist und dem, was man nicht ist, produziert. Individualität ist Unzufriedenheit" (Luhmann 1989/1998: 243).

Neben der Bildung eigener Anspruchslagen sieht sich das moderne Individuum aber auch mit vielfältigen und widersprüchlichen Ansprüchen der signifikanten Anderen und den normativen Ansprüchen der Funktionssysteme konfrontiert, die es auf sich beziehen, managen und integrieren muss. Zugleich fordert der Identitätsdiskurs, dass es sich dabei konsistent verhalte. Das ist die übliche soziologische Perspektive, so dass wir uns kürzer fassen können. Davon handelt der nächste Abschnitt, bevor dann die Zeitdimension von Identität thematisiert wird.

b) Das Selbst als Integrationsfigur – Konsistenzerwartungen, Rollendistanz und balancierende Ich-Identität

Der Umstellung auf funktionale Differenzierung in der Moderne entspricht als andere Seite der Exklusionsindividualität und Nur-Partialinklusion der Individuen eine strukturelle Mehrpositionalität mit auf die jeweiligen Positionen bezogenen Unifunktionalitäten. Die Inklusionsmodi sind vielfältig und teilweise auf mehr oder weniger komplexe Art miteinander verschachtelt. Innerhalb der Funktionssysteme haben die Individuen dann je nach Rollenerwartungen mehr oder weniger große Erwartungs- und Darstellungsräume und sind mit unterschiedlichen Erwartungen bzgl. Selbstpräsentation und Ich-Leistungen konfrontiert. Jedenfalls sind sie nicht nur Rollenträger, sondern Kommunikationen müssen ihnen als Handlung personal zugerechnet werden. Es bilden sich im Fahrwasser der Rollenspiele personenbezogene subsystemspezifische Erwartungen und Konstruktionen der Personen in ihren Eigenschaften sowie Geschichten, die aus je anderen Systemperspektiven nur bedingt (fremd)beobachtbar sind. Wir haben es also ebenso mit einer *strukturbedingten Mehrpersonalität* der Individuen zu tun. Gleichzeitig kursieren in einem vor allem durch die Massenmedien getragenen Identitätsdiskurs, der sich über dessen individuelle Registrierung und eventuelle (partielle) ‚Internalisierung' quer zu den übrigen Funktionszusammenhängen legt, generelle *Konsistenzanforderungen* bzgl. der Individuen. Auch innerhalb der Teilsysteme sollen Konsistenzerwartungen die Personen berechenbarer machen. Inkonsistenz wird als störend aufgefasst (vgl. Hahn 1987: 17). Den Individuen wird also *rollenspezifische Darstellungskonsistenz* (vgl. ebd.) abverlangt. Zugleich werden sie aber mit einem darüber liegenden Identitätswert konfrontiert, der gleichsam ‚*Inter-Rollen-Konsistenz*' der verschiedenen Darstellungskonsistenzen einklagt. Was dann konkret für konsistent gehalten wird, ist freilich historisch, kulturell sowie teilsystemspezifisch variabel. So ist der Vorstellung, dass ein Streben nach Konsistenz oder Konsonanz (Festinger) eine natürliche Eigenschaft der Psyche sei, entschieden zu widersprechen. Offensichtlich gibt es ja Personen(gruppen), die logische Inkonsistenzen ohne Probleme ertragen können oder gar nicht bemerken. Ob es heute noch als harmonisch betrachtet wird, wenn jemand ‚tender to his children and stern to his prisoners' ist, wie James (siehe 1.2.) es gesehen hatte, ist mindestens sowohl aus Sicht der massenmedial kursierenden Konsistenzwerte als auch aus Sicht der Familie fraglich. Wir kommen auf dieses Problem zurück und halten hier nur fest, dass solche Konsistenzwerte Konjunktur haben.

Aus der Perspektive der Funktions- und anderen Teilsysteme entsteht jedenfalls des weiteren, wie dargelegt wurde, interne gesellschaftliche Umwelt. Rollen als Strukturkomponenten anderer gesellschaftlicher Teilbereiche sind also gesellschaftsinterne Umwelten aus der Perspektive eines Subsystems, die nun von dem partialinkludierten Individuum zwar thematisiert werden können, niemals jedoch unter ihren Ausgangsbedingungen. Man kann Liebeskummer am Arbeitsplatz eben allenfalls bedingt thematisieren, bspw. (allerdings auch nur kurzfristig) als Grund für Leistungsnachlässe, genauso wie man Buchungsvorgänge auf dem Firmenkonto kaum in Liebesbeziehungen einbringen wird, es sei denn, man möchte zeigen, was man für ein ‚toller Hecht' ist und auf diese Weise einen Liebesbeweis erhaschen. Die geforderten Darstellungskonsistenzen sind codeabhängig. Man hat es ferner in unterschiedlichen Rollenkontexten mit divergenten Erwartungskomplexen zu tun, die zueinander widersprüchlich sein können. In jedem Fall wird jedoch für einzelne Rollen erwartet, dass man nicht die Erwartungen aus anderen Rollen mit in sie hineinnimmt, also bspw. meint, seinem Chef gegenüber Liebesbeweise erbringen zu müssen oder während eines Vortrags zu weinen anfängt, weil man an die verstorbene Großmutter denkt. *Rollendistanz* (Goffman 1961/1973) als „Fähigkeit, sich über die Anforderungen von Rollen zu erheben, um auswählen, negieren, modifizieren und interpretieren zu können" (Krappmann 1969/2000:133) ist nicht nur Vorraussetzung für die korrekte Erfüllung konkreter Rollen (man denke an Goffmans Chirurgenbeispiel) und für den diachronen Rollenwechsel (wie ihn Goffman am Beispiel des Karussell fahrenden Jungen zeigt), sondern auch für das synchrone Innehaben verschiedener Rollen. Mag der Fluglotse (Goffman) auch noch so konzentriert sein, die Fähigkeit zur Rollendistanz muss immer parallel mitlaufen, damit er noch Vater, Karnevalsvereinsvorsitzender, Freund usw. sein kann. Das Gleiche gilt natürlich umgekehrt.

Von der anderen Seite her betrachtet *sind Rollen deswegen erst in der Moderne Zumutungen für Individuen.* Sie setzen jetzt nämlich voraus, dass man jeweils von anderen Teilen des Selbst absieht, diese verdrängt, allerdings nie vollständig, sondern nur situativ bei gleichzeitigem Bewusstsein der ‚Rollenhaftigkeit' der Rolle, da andernfalls der Wechsel zwischen Rollen nicht möglich wäre. Besonders deutlich wird dies natürlich bei den Organisationen des Berufslebens:

> „Eine Organisation grenzt sich aus ihrer Umwelt aus, indem sie ihre Mitglieder mit Verhaltenserwartungen konfrontiert, die außerhalb der Organisation nicht akzeptiert würden. Man bekommt bestimmte Aufgaben zugewiesen, wird nach oben und unten hierarchischen Anweisungen unterworfen, muß Regeln der Kollegialität akzeptieren, lässt sich auf Sprachfloskeln ein und hält sich von der Kleidung her bis zum Briefpapier mit mehr oder minder großen Abweichungen an ein corporate design, die allesamt jenseits der Grenzen der Organisation nur auf Verwunderung stoßen würden, könnte man nicht damit rechnen, daß all dies als Eigenheit von Organisation hinreichend bekannt und erwartbar ist" (Baecker 2001: 221).

Dies stiftet zwar partizipative Identität, aber eben nur partiell, weil andere Rollenidentitäten eben anders sind. Je größer die Anzahl verschiedener Rollenidentitäten nun ist und je divergenter die damit verbundenen Erwartungskomplexe sowohl zu einem gegebenen Zeitpunkt als auch innerhalb einer Biographie (s.u.) sind, desto wahrscheinlicher werden auch *Empfindungen der Brüchigkeit und Inkonsistenz von Identität* bei paralleler Konfrontation mit den sozialen Konsistenzforderungen. Gleichzeitig sind die gesellschaftlichen Institutionen, da es kein Steuerungssystem mehr gibt, das „alle Bereiche relevanter Rollen durch eindeutige und konsistente Anweisungen [...] erfassen" könnte, „darauf angewiesen, daß das Individuum es schafft, die Diskrepanzen zu überbrücken" (Krappmann 1969/2000: 126). Merton & Barber (1963: 103; meine Hervorh.) nennen dies im Zusammenhang mit Intra-Rollenkonflikten *„sociological ambivalence"*, wobei eine Übertragung auf Inter-Rollenkonflikte oder Person-Rollen-Konflikte nicht schwer fällt. Aus diesem Grund muss das Individuum jedenfalls zur Integrationsfigur abweichender Erwartungskomplexe werden. Es ergibt sich die Notwendigkeit einer Balance dieser Teilidentitäten oder *„balancierender Ich-Identität"* (Krappman 1969/2000, meine Hervorh.; vgl. auch Hahn 1997/2000: 68) und diese fördernder Fähigkeiten wie *Ambiguitätstoleranz* (vgl. Krappmann 1969/2000: 150ff).

> „Ein Individuum, das Ich-Identität behaupten will, muß auch widersprüchliche Rollenbeteiligungen und einander widersprechende Motivationsstrukturen nebeneinander dulden. Die Fähigkeit, dies bei sich und anderen, mit denen Interaktionsbeziehungen unterhalten werden, zu ertragen, ist Ambiguitätstoleranz" (ebd.: 155).

Hier soll dieser Begriff nicht wertend benutzt werden, wie Krappmann dies tut. Es wird daher nicht davon ausgegangen, dass die interpretierende Duldung zur Synthese der divergenten Erwartungskomplexe führen muss (vgl. ebd.: 160ff).

Vielmehr wird Verdrängung, Abwehr, Leugnung, Nicht-Bemerken von Ambivalenzen, instrumentelle Reduktion von Rollen (vgl. Hahn 1997/2000: 59ff) und ähnliches neben einer synthetisierenden Interpretation ebenso zur Begriffsextension gerechnet.

1.4 Werden und Gewordensein – Die Zeitdimension von Identität

Vorstellungen vom Selbstsein (d.i. das ,Selbstsystem' des Bewusstseins) sind dem Bewusstsein nicht unmittelbar gegeben, sie entstehen und verändern sich in der Zeit, wie auch das Bewusstsein selbst sich nur als Zeitliches konstituieren kann[148]. Bei der Entwicklung von Vorstellungen eines Selbst als Einheit ist das Bewusstsein auf das aus der Kommunikation bekannte Personenschema und entsprechende (historisch höchst variable und in der Moderne vor allem durch Massenmedien transportierte) Personensemantiken angewiesen, mit deren Hilfe es in Selbst- und Fremdreferenz unterscheidende Beobachtungen überformen und Strukturen – also Erwartungen – herausbilden kann, an denen ein Selbst bzw. Vorstellungen von der eigenen Person (als Leib und als Bewusstsein) ,kondensieren' können. Dieser Vorgang soll hier als Sozialisation des Selbst[149] be-

---

[148] James (1890/1950: Vol. I, Ch. IX) hatte dieses Phänomen als „stream of thought" bezeichnet und auch Locke und Hume hatten Ähnliches festgestellt, weswegen sie mit mehr (Hume) oder weniger (Locke) großen Problemen, die personale Identität, die sie nicht mehr als Einheit einer empirisch nicht beobachtbaren Seelensubstanz sehen konnten, in den Bewusstseinsvollzug der Erinnerung verlegen mussten. So Hume (1738/1968: 239f) unter Verwendung der wohl seit Shakespeare's ,All the world's a stage' (As you like it: II, 7) allseits bekannten (und beliebten) Theatermetapher: „The mind is a kind of theatre, where several perception successively make their appearance; pass, repass, glide away, and mingle in an infinite variety of postures and situations. There is properly no *simplicity* in it at one time, nor *identity* in different, whatever natural propension we may have to imagine that simplicity and identity. The comparison of the theatre must not mislead us. They are the successive perceptions only, that constitute the mind; nor have we the most distant notion of the place where these scenes are represented, or of the materials of which it is composed" (Hervorh. i. O.). Jedenfalls kann das Bewusstsein (als autopoietisches System) nur operieren, d.h. Operationen an Operationen anschließen oder – was dasselbe ist – Operationen in neue Operationen transformieren, wenn die Einzeloperationen mit ihrem Vollzug auch wieder zerfallen. In diesem Zusammenhang schreibt Luhmann (1987a: 27): „Man kann gar nicht oft genug betonen, daß damit Dauerzerfall zur unerlässlichen Mitursache des Systembestandes wird. Würde jeder Gedanke im Bewusstsein stehen bleiben, wäre die Ordnungskapazität des Systems in Minutenschnelle überfordert". Das gilt in gewisser Weise natürlich auch für kommunikative Prozesse, die freilich infolge der Teilhabe einer Vielzahl verschiedener Bewusstseine in hohem Maße synchron ablaufen können. Im Einzelfall ist aber auch hier der Zerfall der Einzelkommunikationen Bedingung ihrer Möglichkeit: „Man stelle sich nur den Lärm vor, der entstehen würde, wenn die gesprochenen Worte nicht verklingen würden, sondern immer weiter zu hören wären" (Luhmann 1988/1995: 44).

[149] Es ließ sich nicht vermeiden bereits unter 1.1 und 1.2 sozialisationstheoretische Anmerkungen zu machen. Diese sollen hier nicht wiederum en detail reproduziert werden, sondern werden viel mehr unter Rückgriff auf Überlegungen der Theorie autopoietischer Sy-

handelt werden. In diesem Rahmen beschäftigt sich ein Exkurs mit der Sinnemergenz psychischer Systeme.

Durch das zeitliche Operieren akkumuliert das Selbstsystem des Bewusstseins zudem Geschichte, die es ermöglicht, Vorstellungen des Bewusstseins mit einem Zeitindex zu versehen und als Erinnerungen zu aktualisieren. Aber auch in der Kommunikation werden Personengeschichten in Form von vergangenen Ereignissen, die die Person charakterisieren, ihr gegenwärtiges Verhalten erklären oder dazu in Widerspruch stehen sollen usw., memoriert, Erinnerungen „inszeniert". In jedem Fall wirken Kommunikation und Bewusstsein bei der Erinnerung vergangenen Personenseins bzw. personenrelevanter Ereignisse mehr oder weniger zusammen. Diese Thematik wird in einem weiteren Abschnitt als Erinnerung des Selbst behandelt.

Unter ganz bestimmten, kulturell und historisch höchst kontingenten sozialstrukturellen und semantischen Bedingungen können sich Vorstellungen und Kommunikationen von einzigartigen Personengeschichten, die nun als Karrieren oder Biographien thematisiert werden, entwickeln. Mit Lebensverläufen, Lebensläufen, Karrieren und Biographien befasst sich der letzte Abschnitt dieses Kapitels über die Zeitdimension des Selbst.

1.4.1 Die Sozialisation des Selbst

Das, was oben in Anschluss an Gehlen als Weltoffenheit des Menschen bezeichnet wurde, muss hier zunächst zum Zwecke der Erarbeitung einer Sozialisationstheorie (systemtheoretischer Provenienz), die von der (operativen) Geschlossenheit individueller Bewusstseinsysteme ausgeht, nochmals reformuliert werden. Neuere Entwicklungen in der Theorie autopoietischer Systeme legen hierbei nahe, *Bewusstseinssysteme* als *Spezialfall von Wahrnehmungssystemen* (= psychischen Systemen) zu behandeln (vgl. Luhmann 1992/1995: 30; Luhmann 1997: 103, 121f; Luhmann 2000/2002: 39f; Luhmann 2002: 24, 40, Fn. 42; Fuchs 2003: 124ff). Man kann dann streng genommen nicht mehr Weltoffenheit als transzendentale Bedingung der Menschwerdung setzen (man kann sie allerdings sozusagen über eine Hintertür namens Sinn wiedereinführen), sondern muss zunächst von der operativen Geschlossenheit psychischer Systeme ausgehen, die diese mit allem Leben und mit Kommunikationssystemen gemein haben. Im Anschluss an Hahn (2001b) kann man das auch mit Heidegger als ‚Jemeinigkeit des Lebens' oder ‚Unvertretbarkeit des Daseins' bezeichnen.

---

steme zur Selbstsozialisation des Bewusstseins ergänzt und erweitert, so dass Ansätze zu einer Sozialisationstheorie des Selbst sichtbar werden, auf die später unter dem Aspekt der (Selbst-)Sozialisation des Selbst mit Hilfe der Massenkommunikation aufgebaut werden kann.

Jedenfalls kann man mit einem Minimum an Introspektion sofort erkennen (ist es evident), dass das Bewusstsein (oder unspezifischer: die Wahrnehmung) sich als solches nicht an sich externalisieren kann, also immer basal selbstreferenziell (autopoietisch) operiert. Natürlich kann es aber fremdreferentiell beobachten bzw. reflexiv fremdreferentiell operieren, also die eigenen Wahrnehmungsoperationen auf eine Außenwelt mit Bäumen, Häusern, Katzen usw. zurechnen und somit für sich externalisieren. Bewusstsein kann an sich weder kommunizieren (aber sich vorstellen, dass es kommuniziert), noch kann es sich in anderes Bewusstsein imponieren (siehe 1.1). Natürlich kann man über das reden, ‚was man denkt‘, oder kann man denkend die Rede vorbereiten, sich überlegen, was man als nächstes sagt, und welche Formulierung man am besten wählt. Aber das, was gesagt wird, ist eben Kommunikation und kein Denken mehr. Es ist dann an die Bedingungen der Kommunikation (nämlich Doppelkontingenz) und nicht mehr an die des Denkens (multiple einfache Kontingenzen, vgl. Luhmann 2002: 33) gebunden, an eine „emergente Realität sui generis" (Luhmann 1997: 105) mit eigenem Verstehen (von Information, Mitteilung und natürlich zuerst deren Differenz) und eigenen Anschlüssen[150]. Nur „die Kommunikation [kann] kommunizieren"[151] (Luhmann 1988: 10) und das Bewusst-

---

[150] Die Kommunikation wird als Einheit der Selektionen Information, Mitteilung und Verstehen durch die vierte Selektion des Anschließens (vgl. Luhmann 1984/1996: 203ff) in ihrer Einheitlichkeit sozusagen sichtbar gemacht. Die Anschlusskommunikation zeigt wie die Differenz von Information und Mitteilung durch Kommunikation (!) verstanden wird und somit, dass die Kommunikation kommuniziert. Besonders durch die Ausdifferenzierung von Funktionssystemen und/oder (funktionsspezifischen) Rollen wird deutlich, wie Verstehen des an Kommunikation gekoppelten Bewusstseins von dem Verstehen der Kommunikation unterschieden wird. Rollen schreiben vor wie zu verstehen ist, im Hinblick darauf, wie Anschlüsse zu erfolgen haben. Natürlich verstehe ich, dass ein Student eine bessere Note haben will, dass seine Mutter krank war, und er keine Zeit für die Hausarbeit hatte, weil er seinen Lebensunterhalt verdienen musste. Die relevante Anschlusskommunikation muss aber im Code des Funktionssystems (hier: Erziehungssystem und/oder Wissenschaftssystem) erfolgen: Die Hausarbeit wird dadurch nicht besser, aus ‚ausreichend‘ wird kein ‚sehr gut‘ aus ‚nicht bestanden‘ kein ‚bestanden‘, aus logischer Inkonsistenz keine Konsistenz, aus methodischen Fehlern keine ‚richtige‘ Verfahrensanwendung und aus ‚Unwahrheit‘ keine ‚Wahrheit‘. Natürlich kann man eine zweite Chance einräumen, aber das ist im Grunde auch nur unter bestimmten Bedingungen möglich und ändert nichts an der Verknüpfung von Anschlussoptionen mit Verstehensvorschriften der Kommunikation (vgl. auch Luhmann 2000/2002: 41).

[151] „Kein Zellaustausch, kein Verdauungsvorgang, kein nervöses Zittern, keine intentionale Aktualisierung von Bewusstsein ist als solche schon Kommunikation" (Luhmann 2002: 30). Nichtsdestoweniger braucht die Kommunikation die Form ‚Person‘, um Kommunikationen als Handlungen Adressen (bzw. Absendern und Empfängern) zuschreiben zu können und so Miteilungsverhalten von den mitgeteilten Informationen unterscheiden zu können, wie davon wiederum das Verstehen. Nur so kann sie die Einheit der Differenz von Information, Mitteilung und Verstehen reflexiv verfügbar haben und dann neue Kommunikationen anschließen (vgl. ebd.: 30f; Luhmann 1984/1996: Kap. 4). Im Grunde soll die Luhmannsche Formulierung, dass die Kommunikation kommuniziert, wohl verdeutlichen, dass Kommunikationssysteme als Bedingung der Möglichkeit von Kommuni-

sein denken bzw. die Wahrnehmung wahrnehmen. Nur dadurch gewinnen sie Systemcharakter, sondern sich von einer Umwelt des Nicht-Denkens bzw. - Wahrnehmens, des Nicht-Kommunizierens ab. Das schließt in keiner Weise aus, dass sie als Systeme von ihrer jeweiligen Umwelt abhängig sind (und dass ein Beobachter beobachten kann, dass sie kausal von ihrer Umwelt beeinflusst werden) und an ihre Umwelt (immer schon) angepasst sein müssen (vgl. auch zu Folgendem bspw. Luhmann 1987a; Luhmann 1988/1995; Luhmann 1992/1995). Das Gesagte gilt auch für die nicht-kommunikative Umwelt von Wahrnehmungssystemen (Bäume sprießen nicht in der Psyche, sondern werden dort vorgestellt, von Nicht-Bäumen unterschieden) und daher auch und gerade für ihre neurophysiologischen Bedingungen oder (wenn man so will) Korrelate, die weder kontrolliert noch unmittelbar registriert werden können (vgl. z.B. Luhmann 1997: 125, Fn. 163). Letzteres ist auch nicht erforderlich, um wahrnehmen oder denken zu können. Diese Bedingungen sind folglich etwas ganz anderes als die Wahrnehmung oder das Bewusstsein selbst. Das Denken des Aristoteles wird nicht dadurch unmöglich, dass er denkt, das Gehirn diene der Kühlung der Wärme des Herzens (vgl. Düring 1966: 540f).

Aus der *operativen Geschlossenheit* von psychischen Systemen folgt ihre *Autopoiesis*, d.h. sie müssen und können ihre eigenen Elemente nur aus eigenen Elementen hervorbringen[152]. Es gibt keine andere Möglichkeit zu operieren! Im Falle ereignisbasierter Autopoiesis, wie sie für alle psychischen Systeme (und Kommunikationssysteme) zu unterstellen ist, kann man das ‚rekursive Vernetzung'

---

kation fungieren müssen. Kommunikationen können freilich nur funktionieren, aneinander anschließen, wenn zusätzlich eine Ego-Alter Differenz etabliert wird. Dies geschieht dadurch, dass die Kommunikation sich ständig auch reflexiv selbstreferenziell als Handlung ausflaggt und auch von den beteiligten Bewusstseinen als Handlung angesehen wird. Nur so wird ‚turn taking' möglich. Nur so kann angeschlossen werden und dadurch eine Einheit der Differenz der drei Differenzen ‚Information', ‚Mitteilung' und ‚Verstehen' hergestellt werden. Auch in Selbstgesprächen muss eine Ego-Alter-Differenz etabliert werden, die wiederum an sozialdimensionale Sinnemergenz durch Teilhabe an Kommunikation gebunden ist. Die Mitteilung muss einem Alter (der bei Selbstgesprächen ein anderes, mindestens ein zeitlich vorheriges Selbst darstellt) – also aus Sicht des beteiligten Bewusstseins fremdreferentiell – zugeschrieben werden, das Verstehen einem Ego – also selbstreferentiell (was dann bei Selbstgesprächen wieder fremdreferentiell Mitteilung werden kann usw.). Aber gerade wegen dieser Ego-Alter-Differenz, sind es nicht Menschen, die kommunizieren, und auch nicht Bewusstseine, sondern eben Kommunikationssysteme, in denen immer Egos *und* Alters vorkommen. Deren Differenz reproduziert eben immer auch die Möglichkeit von Verstehensdifferenzen, von Falschverstehen und Missverstehen, weswegen man, insbesondere, wenn man sich gegen die sog. Übertragungsmetapher wendet, sagen kann, dass die Kommunikation kommuniziert, damit aber freilich zugleich verschleiert, dass sie das nur kann, weil sie Egos *und* Alters unterstellt, die kommunikativ *handeln*, und damit auch deswegen so gut fährt, weil differenzielle Bewusstseinssysteme (und im Falle des Selbstgesprächs differenzielle Bewusstseinsoperationen) an ihr beteiligt sind.

[152] Da die Begriffe ‚System' und ‚Operation' zirkulär organisiert sind (z.B. Luhmann 1992/1995: 27) kann man genauso gut auch umgekehrt formulieren, aus der Autopoiesis folgt die operative Geschlossenheit bzw. Autopoiesis bedingt operationale Schließung.

(vgl. Luhmann 1987a: 47) nennen. Damit ist die Bezugnahme einer Folgeoperation auf eine vorangegangene Operation gemeint. Dies passiert dadurch, dass die Folgeoperation die vorangegangene Operation beobachtet bzw. dadurch Informationswert gewinnt, dass sie (selbst- oder fremdreferenziell) einen Unterschied bezeichnet, der dadurch einen Unterschied macht (vgl. Bateson 1972/1981: 582) usw.: Da war z.B. ein Geräusch, das Geräusch ist immer noch da, jetzt ist es weg, es kam von links vorne, links vorne läuft ein Hase usw. Die Information entsteht im System, in dem dieses etwas als Unterschied behandelt, und nicht durch Veränderungen in der Umwelt. Die über strukturelle Kopplungen vermittelten Umweltirritationen sind immer Irritationen im System. Ultraschallfrequenzänderungen sind für unseren Wahrnehmungsapparat genauso wenig relevant wie Pferde, die auf dem Sirius[153] Walzer tanzen. Das System irritiert sich sozusagen selbst und schreibt unter bestimmten Bedingungen (Re-Entry-Fähigkeit[154], reflexive Fremdreferentialität) diese Irritationen der Umwelt zu. Das könnte es freilich nicht tun, wenn es nicht strukturell an Umwelt gekoppelt wäre. *Strukturelle Kopplungen* kanalisieren zunächst einmal Irritierbarkeit (durch Evoluiertsein des Systems, durch immer-schon-an-seine-Umwelt-Angepasstsein). Aber strukturelle Kopplungen können unterschiedlich ‚breit‘ sein. Sie müssen nicht determinieren, sondern schließen anderes aus (z.B. die visuelle Wahrnehmung von Quarks). Man könnte auch sagen: Nicht alles, was irritieren könnte, muss auch irritieren. Um tatsächlich irritiert zu werden oder um mit den Irritationen etwas anfangen zu können (man könnte auch sagen, um nicht in Dauerirritation unterzugehen), muss das System eigene (!) Strukturen aufbauen bzw. ausdifferenzieren (oder z.B. im Falle von Instinkten bereits besitzen), über die entschieden wird, was (von allen möglichen Irritationen) irritiert und was nicht. Demgemäß kann die Bildung von Operationen aus Operationen (und nicht aus Strukturen, sondern durch Strukturen) entsprechend kanalisiert werden, können sich (!) Operationen anhand bestimmter Unterscheidungen unterscheiden[155], so wie Eskimos (vgl. Whorf 1956/2003: 15) Unterschiede in der Schneestruktur wahr-

---

[153] Diese Anspielung auf Simmels (1903/1908/1992: 765) berühmten ‚Exkurs über den Fremden‘, indem dieser bemerkt, dass „die Bewohner des Sirius [...] uns nicht eigentlich fremd [sind] – dies wenigstens nicht im soziologischen Sinne des Wortes -, sondern sie existieren überhaupt nicht für uns, sie stehen jenseits von Fern und Nah", sei hier gestattet, da sie genau das trifft, was Bateson meint.

[154] „Die Differenz System/Umwelt kommt zweimal vor als *durch* das System [oder basale Selbstreferenz als Bedingung der Möglichkeit von Autopoiesis; J.R.] *produzierter* Unterschied und als im System *beobachteter* Unterschied [reflexive Fremd- oder Selbstreferenz; J.R.]" (Luhmann 1997: 45; Hervorh. i. O.).

[155] a) Mein Fuß könnte mir nicht wehtun, wenn er mir immer wehtäte, soll heißen: Wahrnehmung ist Wahrnehmung von Differenz; b) wenn mir jemand auf den Fuß schlüge und ich nicht über eine (noch nicht unbedingt benannte bzw. beobachtete) Unterscheidung Schmerz/Nicht-Schmerz (oder Lust/Unlust) verfügte, die unabhängig von den konkreten Wahrnehmungsoperationen bestünde, täte mir der Fuß auch nicht weh, soll heißen: Differenzen haben, heißt Struktur haben bzw. Differenzerkennen ist strukturdeterminiert

nehmen und bezeichnen, die für uns gar nicht erkennbar sind (aber erkennbar werden könnten). Strukturelle Kopplungen digitalisieren analoge Verhältnisse, schreibt Luhmann (1997: 101), aber sie determinieren mindestens im Fall von Sinnsystemen nicht, wie digitalisiert wird, und welche Codewerte, welche Anschlüsse erzeugen. Das übernehmen sog. Programme bzw. im Falle von Sinnsystemen spezifische Semantiken. Selbst dass ‚die Franzosen nicht fuchteln‘ (vgl. Bateson 1972/1981: 39ff), oder dass sich nichts Relevantes in der Umwelt verändert, kann dabei für das System (!) einen Unterschied machen. Auch der Nullwert einer binären Unterscheidung kann Informationswert haben, so wie die Zeckenlarve, nachdem sie wochenlang keinen Schweiß gerochen hat, einen anderen Baum erklimmt (vgl. Bateson 1979/1984: 62[156], vgl. auch Bateson 1972/1981: 581). Das Beispiel zeigt sehr schön, dass es das Wahrnehmungssystem ist, welches die Unterscheidung zieht, und dass nicht die Umwelt den Unterschied macht. Auch zeigt es, dass die Wahrnehmungsoperationen als Elemente sofort wieder zerfallen und so neue Elemente hervorbringen, die sich von den zerfallenen allein dadurch unterscheiden, dass sie eben andere sind: Das xte mal keine Buttersäure wahrzunehmen, ist eben etwas anderes als das (x-1)te mal. Da Umweltirritationen also eigentlich (allerdings über strukturelle Kopplungen kanalisierte) Transformationen von Systemoperationen in Systemoperationen sind, die lediglich auf Umwelt zugerechnet werden, gilt das gleiche selbstverständlich für Operationen, die das System sich selbst zurechnet (sofern es das kann). Ein Gedanke kann z.B. nur Sünde sein, wenn man ihn mit einer bestimmten Unterscheidung (Heil/Verdammnis) beobachtet.

Wahrnehmungssysteme (wie auch Kommunikationssysteme) ‚vergessen‘ aber, gerade wenn sie (reflexiv) fremdreferenziell operieren (mindestens soweit sie über die Ebene der Beobachtung erster Ordnung nicht herauskommen), dass sie es sind, die die Unterschiede machen. „Alle Spuren der operativen Schließung werden gelöscht [...] Die Systeme operieren mithin mit einer Illusion eines Umweltkontaktes – jedenfalls solange sie beobachten, *was* sie beobachten, und nicht beobachten, *wie* sie beobachten“ (Luhmann 1997: 93, Hervorh. i. O.). Gerade Wahrnehmungssysteme verschleiern die aller Wahrnehmung vorausgehende Unterscheidung von System und Umwelt – sofern sie nicht durch strukturelle Kopplung an Kommunikation entsprechende Möglichkeiten der Komplexitätssteigerung durch Beobachtungen zweiter Ordnung an die Hand bekommen. Sie externalisieren ihre eigenen Unterscheidungen bzw. die infolge ihrer Beobachtung von Resultaten neurophysiologischer Prozesse selbstfabrizierten Unterschiede (vgl. Luhmann 1992/1995: 30, Luhmann 1997: 121, Luhmann 2002: 24,

---

[156] Es sei daraufhingewiesen, dass Bateson an besagter Stelle nicht zwischen Mitteilung und Information unterscheidet. Für die Zecke ist das dauerhafte Ausbleiben von Schweißgeruch mit mindestens extrem hoher Wahrscheinlichkeit eine Information und keine Mitteilung (für die ein alter Ego unterstellt werden müsste).

Fuchs 2003: 124), sind also zunächst auf der Beobachtungsebene immer fremdreferenziell gestrickt und haben deswegen Realität (nur) als Außenwelt und unterscheiden sich so doch permanent von ihrer Umwelt. *Sie kombinieren also basale Selbstreferenz mit reflexiver Fremdreferenz.* Auf basaler bzw. operativer Ebene können die Systeme gar nicht fremdreferenziell vorgehen, sie können keine eigenen Operationen aus Operationen der Umwelt produzieren. Der Begriff der basalen Fremdreferenz wäre daher unsinnig bzw. wäre aus der Perspektive eines Beobachters (mit Systemreferenz) mit dem Umweltbegriff gleichzusetzen. Auf der reflexiven bzw. Beobachtungsebene (erster Ordnung) bleibt die Seite der Selbstreferenz für Wahrnehmungssysteme zunächst als Residualkategorie leer. Sie unterscheiden sich selbst von ihrer Umwelt dadurch, dass sie einen weiteren re-entry der Unterscheidung System/Umwelt auf Seiten der reflexiven Fremdreferenz durchführen, insbesondere ihre materielle Form bzw. ihren Leib und seine Zustände von einer Umwelt anderer Zustände unterscheiden[157], d.h. sie nehmen sich als Leibesformen wahr, aber nicht als Wahrnehmungssysteme. All diese komplexen Vorgänge geschehen basal selbstreferenziell bzw. autopoietisch, durch die Produktion von Wahrnehmungen aus Wahrnehmungen über phylogenetisch evoluierte oder durch das Wahrnehmen in der Ontogenese angereicherte Strukturen. Im Folgenden wird davon ausgegangen, dass die Wahrnehmungssysteme von menschlichen Säuglingen ebenso, und nicht von vorneherein reflexiv selbstreferenziell beobachtend, funktionieren, allerdings gerade durch einen Mangel an phylogenetisch bedingter Strukturdetermination ein hohes Potenzial für den Aufbau von Eigenstrukturen besitzen, das durch die Realisation der Möglichkeit der strukturellen Kopplung an Kommunikationssysteme nochmals drastisch gesteigert werden kann.

Die Fragen, die eine Sozialisationstheorie vor diesem Hintergrund zu stellen hat, wären dann: Wie kommt es dazu, dass menschliche Wahrnehmungssysteme reflexiv selbstreferenziell zu operieren lernen, also lernen, wahrzunehmen, dass sie wahrnehmen, bzw. durch die Möglichkeit des Oszillierens zwischen reflexiver Selbst- und Fremdreferenz einen Horizont der Referenz von aktualen Operatio-

---

[157] In diesem Sinne könnte man behaupten, dass alles Leben eine psychische Seite hat, weil alles lebenden Systeme, wenn man sie als autopoietische versteht, sich selbst in einem ganz basalen Sinne von ihrer Umwelt unterscheiden können müssen. Pflanzen dürfen sich nicht mit dem Sauerstoff, den sie produzieren ,verwechseln', Zecken nicht mit den Bäumen, auf denen sie sitzen, und Hunde nicht mit den Fressnäpfen, aus denen sie fressen, der Magen darf sich nicht selbst verdauen (Luhmann) usw. Irgendwie muss immer die Unterscheidung zwischen System und Umwelt strukturell präsent sein, damit die Transformation von Operationen in Operationen möglich wird. Die Überlegung, dass alles Leben mindestens in einem rudimentären Sinne eine psychische Seite hat, ist nicht sonderlich neu. Bspw. Max Scheler (1927/1991: 11ff) spricht in diesem Zusammenhang von einer biopsychischen Stufenfolge und definiert außerdem Leben als Autopoiesis als „Selbstbewegung, Selbstformung, Selbstdifferenzierung, Selbstbegrenzung in zeitlicher und in räumlicher Hinsicht" (ebd.: 11).

nen aufbauen und somit sinnbasiert zu operieren lernen? Wie kommt es dazu, dass das System Strukturen bildet, mit deren Hilfe es Objekte in seiner Umwelt unterscheiden und sich selbst als Objekt oder Identität unterscheiden kann? Wie kommt es dazu, dass Erwartungen gebildet werden, die Inklusionen in Kommunikationssysteme ermöglichen bzw. mit den kommunikationsstrukturierenden Erwartungen so kompatibel sind, dass die Irritiertheit der Kommunikation mindestens nicht so groß ist, dass ein Ausschluss von der Teilhabe an Kommunikation erforderlich ist? Wie hängt das mit von der Gesellschaft (oder der Wissenschaft der Gesellschaft) vorgesehenen Entwicklungsphasen zusammen? Und schließlich (diese Frage wurde in Kap. 1.3.2 bereits angeschnitten), wie variieren solche Strukturbildungen mit historisch und kulturell variablen sozialstrukturellen und semantischen Voraussetzungen? Diese Fragen können hier nicht alle im Einzelnen und en detail beantwortet werden. Es soll aber versucht werden, einige Aspekte, die mit einer Sozialisation personaler Identität zusammenhängen, zu klären, wobei die in 1.1 und 1.2 getroffenen Überlegungen vorausgesetzt werden können. Einleitend zu diesem Kapitel wurde so ausführlich auf die operative Geschlossenheit, Autopoiesis und Strukturdetermination psychischer Systeme eingegangen, um zu verdeutlichen, dass eine Theorie der Sozialisation, welche die Prämissen der autopoietischen Systemtheorie anerkennt, in der Soziologie ‚liebgewonnene' Begriffe wie ‚Internalisierung', ‚Belohnung und Bestrafung', ‚Erziehung' usw. nicht unbedingt aufgeben, aber doch neu hinterfragen bzw. entsprechende Fragen neu stellen muss[158] (vgl. Luhmann 1987b: 173f).

Die entscheidende Frage muss zunächst lauten: Wie kommt es zur Strukturbildung in psychischen Systemen? Die Antwort ist dann: durch Evoluiertsein (z.B. im Falle von Instinkten[159]) oder durch Evolution. Evolution (als Wahrscheinlichwerden des Unwahrscheinlichen) ist im Falle autopoietischer Systeme, aber immer Strukturbildung qua Autopoiesis (vgl. dazu z.B. Luhmann 2002: 23f).

Sozialisation als Vorgang, „der das psychische System und das dadurch kontrollierte Körperverhalten des Menschen durch Interpenetration [mit Sozialsystemen] formt" (Luhmann 1984/1996: 326) wäre demnach ein Sonderfall[160],

---

158 Dafür bräuchte die Soziologie eigentlich eine „empirische[...] Theorie selbstreferenziellen Operierens von Bewusstseinssystemen" (Luhmann 1987b: 174), die bislang nur rudimentär existiert und auch an dieser Stelle nicht ausgearbeitet werden kann, weshalb hier mit hohem Allgemeinheitsgrad argumentiert werden muss.

159 ‚Instinkt' ist freilich auch nur ein Wort, das ein Beobachter für eine Black Box einsetzt. Man kann instinktives Verhalten beobachten bzw. Bedingungen festlegen, unter denen Verhalten instinktiv heißen soll. Einblick in einen entsprechenden Mechanismus ‚Instinkt' hat man nicht. Vgl. den schönen „Metalog" „Was ist ein Instinkt?" bei Bateson (1972/ 1981: 73ff).

160 Luhmann (1984/1996: 327) spricht vorsichtiger von Ähnlichkeit von Evolution und Sozialisation. Und auch hier wird keineswegs eine Phasenanalogie phylogenetischer und ontogenetischer bzw. psychogenetischer Prozesse behauptet. Man könnte aber durchaus sagen,

nämlich *Selbstsozialisation* des psychischen Systems (vgl. ebd.: 327, Gilgenmann 1986, Luhmann 1987a: 58, Luhmann 1987b, Sutter 1999a, Luhmann 2002: Kap. 2), also Strukturbildung infolge von Irritierbarkeit und Irritiertheit durch Kommunikation[161]. Man kann wohl gar nicht oft genug betonen, dass mit Selbstsozialisation keineswegs irgendwelche Beschlüsse von ‚Subjekten‘ gemeint sind, sich selbst zu erziehen oder zu bilden oder nach eigenen Maßgaben und Zielen zu handeln (solche Entschlüsse zeitigen aber natürlich wieder Sozialisationseffekte). Eine ‚handlungstheoretische Verortung‘ des ‚Konzeptes‘ mit der Leitfrage „Was tue ich, wenn ich mich selbst sozialisiere?" (Zinnecker 2000: 279) ist deshalb völlig verfehlt. Auch zielt der Begriff nicht auf die Abwesenheit von autoritärer Fremdkontrolle oder intentionaler Erziehung (der Begriff lässt sich vielmehr auf beides beziehen) oder darauf, „daß das Selbst heute leisten müsse oder solle, was Sozialisationsinstanzen nicht mehr schaffen" (Krappmann 2002: 179); noch ist ‚Selbstsozialisation‘ gar normativ gemeint, so dass „[w]enn es eine Selbstsozialisation gibt, [...] es auch das Gegenteil davon geben [muss], eine Sozialisation in fremder Regie, eine Fremdsozialisation", wobei „[d]er positive Bedeutungshof [...] überwiegend beim Selbst-Pol, der negative tendenziell beim Fremd-Pol [liegt]" (Zinnecker 2000.: 275). Das ist nur die alte soziologische Feststellung, dass mit Erziehung nicht das letzte Wort gesprochen ist, und dass Sozialisation mehr umfasst als intentionale Erziehung, Erziehung aber freilich auch sozialisatorische Wirkung entfaltet, im neuen, jetzt unter völliger Vernachlässigung des Postulats der wissenschaftlichen Werturteilsfreiheit (Weber) normativen Gewand. Dabei wird die systemtheoretische Herkunft des Begriffes völlig verschleiert (bspw. Krappmann 2002, Hurrelmann 2002, Geulen 2002) bzw. in die „Höhenluft des Theoriearchitekten" (Zinnecker 2000: 278) ausgelagert, wo man mit Hilfe von ‚Kunstausdrücken‘ (gibt es auch nicht-künstliche, etwa natürliche Begriffe?) wie ‚Interpenetration‘ ‚personale Systeme‘ aus ‚sozialen Systemen‘ ‚herausrech-

---

dass phylogenetisches (und evtl. soziogenetisches) Evoluiertsein Chancen für onto- bzw. psychogenetische Evolution lässt. Mindestens können wir aber eine strukturelle Analogie (keine inhaltliche!) von Evolutionsmechanismen (Variation, Selektion, Restabilisierung) der Phylo- und menschlichen Psychogenese behaupten.

[161] Diese Perspektive ist natürlich nur eine Option. Man kann natürlich alles wie bisher betrachten, das Bewusstsein als Black Box, die sich so verhält, als hätte sie soziale Erwartungen zureichend verinnerlicht oder nicht, begibt sich aber des theoretischen Gewinns, dass man z.B. Abweichungen mittels Eigen-strukturierter Abweichungsverstärkung auch als Sozialisationsergebnisse verstehen kann, ohne auf mangelnde Internalisierung von Werten und Normen oder (andernfalls immer) auf subkulturelle Lernmilieus etc. zurückgreifen zu müssen. Statt dessen hätte man für moderne Sozialisation z.B. Individualitätssemantiken zu beachten sowie multiple Kopplungsarrangements der psychischen Systeme an Interaktionssysteme, Organisationen und Funktionssysteme mit dort kommunizierten und via Kommunikation gebildeten und miteinander vernetzten Erwartungen (also auch, und das ist nicht neu: Rollenkonflikte in ihren sozialisatorischen, partial abweichungsverstärkenden Effekten) und damit zusammenhängende Inklusions- und Exklusionsgeschichten und -schicksale.

nen' kann (vgl. ebd.). Das führt dann z.B. zu einer Gleichsetzung von Selbstsozialisation und Peersozialisation (vgl. Bauer 2002: 123, Krappmann 2002), zu der Auffassung, der Begriff führe zu einem „strukturlose[n] Subjektzentrismus" (Bauer 2002.: 130) und auch das systemtheoretische Konzept der strukturellen Kopplung verdecke „das fehlende Verständnis sozialer Vermittlungs-, Reziprozitäts- und Abhängigkeitsbeziehungen" (ebd. 127)[162], so dass man stattdessen (ausgerechnet!) auf die Habitustheorie Bourdieus zurückgreifen müsse (vgl. ebd.: 134ff), die ja gerade eine sozialisationstheoretische Verknüpfung von Struktur und Habitus ausklammert (vgl. Müller 1986: 181f, Müller 1992: 346f).

Selbstsozialisation, wie sie in der Systemtheorie Luhmanns gedacht ist, folgt aus der Autopoiesis psychischer Systeme und besagt lediglich, dass die Kommunikation diesen keine Strukturbildung aufoktroyieren kann, dass psychische Systeme vielmehr, angeregt durch Kommunikation und abhängig (!) von Kommunikation, eigene Differenz- und damit auch Erwartungserkennungsprogramme, Erwartungsstrukturen, reflexive Erwartungen usw. aufbauen müssen. Um überhaupt auf Erwartungen der Kommunikation Bezug nehmen zu können, muss ein psychisches System zuerst andere Systeme in seiner Umwelt erkennen, die (aus Systemperspektive) Fremderwartungen formulieren. In die im System fremdreferentiell repräsentierte Umwelt müssen Unterscheidungen von fremden Systemen (z.B. Personen) und Umwelt wiedereingeführt werden, damit „ein System sich als Umwelt von Systemen seiner Umwelt vorstellen [kann]. Damit wird die Figur der an das System gerichteten Erwartungen [für das System] vorstellbar" (Luhmann 1987a: 60). Um sich Fremderwartungen überhaupt vorstellen und sich *sinn*voll daran orientieren zu können, muss ein psychisches System allerdings erst einmal mit Sinn operieren können, d.h. es muss die Seite reflexiver Selbstreferenz, wenn sie dann im Folgenden auch nur als Horizont fungieren mag, entdecken. Die Frage der Emergenz von Sinn und Selbst in psychischen Systemen behandelt der folgende Exkurs.

Exkurs: Die Emergenz von Sinn und Selbst im Menschen

Angefangen sei noch einmal bei der Wahrnehmung. Wenn psychische Systeme Wahrnehmungssysteme sind, und Wahrnehmung immer externalisierend bzw. (reflexiv) fremdreferenziell geartet ist, dann ist ein Wahrnehmungssystem zwar durch die Operation, die aktuell Wahrnehmung vollzieht, von seiner Umwelt unterschieden, hat diesen Unterschied aber nicht als Wahrnehmung verfügbar. Die Strukturbildung (im System!) kann also zunächst immer nur umweltseitig bzw. fremdreferenziell geschehen. Auch grundlegende, wahrscheinlich angebo-

---

[162] Obwohl doch gerade dieses Konzept Abhängigkeitsbeziehungen von System und Umwelt betont.

rene, also phylogenetisch evoluierte Differenzschemata der Wahrnehmung wie Hunger/Nicht-Hunger (bzw. Durst), Schmerz/Nicht-Schmerz, Lust/Unlust (Libido) sind in diesem Sinne reflexive Fremdreferenzen. Sie beziehen Wahrnehmungsoperationen ja nur *basal* selbstreferenziell aufeinander. Es wird wahrgenommen, *was* wahrgenommen wird, nämlich Wahrnehmungsresultate neurophysiologisch vermittelter Leibeszustände (also Umweltirritationen), die infolge der ‚angeborenen' Differenzschemata Unterschiede machen und diffuse unspezifische Verhaltensreaktionen auslösen. Dagegen wird eben nicht wahrgenommen, *dass* wahrgenommen wird, und schon gar nicht, *wie* wahrgenommen wird (also mit welchen Unterscheidungen wahrgenommen wird = Beobachtung zweiter Ordnung = Reflexion). Es lässt sich auch sagen, Wahrnehmungssysteme lassen sich zunächst nur durch ihre Umwelt irritieren, nicht durch sich selbst. Es gibt zunächst eben keine ‚Neugier auf die andere Seite', es wird im Falle der Wahrnehmung kein Kreuzen der Grenze stimuliert (was für umweltbeobachtende Kommunikation gelten mag; vgl. Luhmann 1997: 92f). Es gibt zunächst für Wahrnehmungssysteme eben keine „Bistabilität" (vgl. Luhmann 1987a: 35) und daher auch keine „Bifurkation" (vgl. ebd.: 46) auf reflexiver Ebene (allenfalls auf Seiten der reflexiven Fremdreferenz als Leib- und Umweltvorstellungen), sondern nur einen Weg, nur die Seite der Fremdreferenz, die Strukturen anreichert. Wäre dem nicht so, dann wären Zecken, Ameisen, Vögel und Hunde ebenso mit der Frage nach dem Selbst (oder der Antwort) beschäftigt wie menschliches Bewusstsein. Wir müssten ebenso unterstellen, dass sie mit Sinn operieren, was dazu führte, dass der Sinnbegriff obsolet wäre. Wir könnten ihn mit Wahrnehmung gleichsetzen. Auch menschliche Wahrnehmungssysteme sind zunächst (bei Säuglingen) eben keine sinnbasierten Bewusstseinssysteme, weil eine Seite der Unterscheidung von reflexiver Fremd- und Selbstreferenz leer bleibt. Und auch auf Seiten der Fremdreferenz sind nur auf eigene Leibeszustände bezogene Strukturen bereits vorhanden. Die außerleibliche Umwelt wird zunächst undifferenziert wahrgenommen, und „der Wahrnehmungsapparat [ist] durch eine außerordentlich hohe Reizschranke geschützt" (Spitz 1965/1967: 54). Nur extreme starke Reize (z.B. Lärm), die den Ruhezustand des Neugeborenen stören, werden mit heftigen Unlustreaktionen beantwortet, so dass eigene Leibeszustände mit der außerleiblichen Umwelt zu verschmelzen scheinen. Sigmund Freud (z.B. 1938/2002: 47) bezeichnet das bekanntlich als „absoluten primären Narzissmus"; Jean Piaget[163] (z.B. 1950/1974: 339) nennt das Phänomen ähnlich einen „unbewussten Egozentrismus", einen Solipsismus, „der sich selbst als Subjekt ignoriert"; René Spitz (1965/1967: 53) spricht neutraler von der Stufe der „Nicht-

---

[163] Einen ausführlichen Versuch der Vermittlung der Piagetschen Entwicklungstheorie mit dem Konzept der Selbstsozialisation operativ geschlossener Bewusstseinssysteme unternimmt Sutter (1999a: insbesondere Kap. 4).

Differenziertheit" und „coenästhetischer Organisation" der ‚Wahrnehmung'[164], die er von der „diakritischen Wahrnehmung", die durch Personenerkennen und Objekterkennen gekennzeichnet ist, unterscheidet (vgl. ebd.: 62f). Jedenfalls ist die Wahrnehmung des Säuglings, auch gerade wenn ihr Zentrum zunächst eigene Leibeszustände sind, fremdreferenziell aufgebaut. Dabei führt das Operieren der Wahrnehmung im Zusammenhang mit Irritationen der nichtleiblichen Umwelt zu weiterem Strukturaufbau zunächst nur auf Seiten der Fremdreferenz. Der Weg zum Bewusstsein, die Anstachelung zur reflexiv selbstreferentiellen Beobachtung der eigenen Operationen, zur Wahrnehmung der Wahrnehmung und somit zu Strukturanreicherung auf Seiten der Selbstreferenz kann also nur auf dem Umweg über Fremdreferenz erfolgen. Das wurde eingangs erläutert: Bewusstsein braucht ein Alter Ego, braucht die Teilhabe an Kommunikation, ist nur als Co-evolution von Kommunikation vorstellbar. Voraussetzung dafür sind allerdings bestimmte bereits bestehende Strukturanreicherungen auf Seiten der Fremdreferenz: z.B. das Erkennen menschlicher Gesichter, wie es im Auftreten der „Lächelreaktion"[165] (vgl. Spitz 1958/1972: 21ff, 33f; Spitz 1965/1967: Kap. 5; Rauh 1987: 175ff) aufscheint; schließlich das visuelle, akustische, olfaktorische Wahrnehmen signifikanter menschlicher Leiber, Gesichter, Stimmen und Gerüche, das wiederum eine Voraussetzung für das Fremdeln bzw. die sog. „Achtmonatsangst" (vgl. Spitz 1958/1972: 36ff, Spitz 1965/1967: Kap. 7; Rauh 1987: 185ff) sein wird. Genau das ist Strukturaufbau auf Seiten der Fremdreferenz: nicht zuerst Generalisierung und Kategorisierung, sondern Engführung (von Anschlussmöglichkeiten). Es geht um Spezifizierungen der Wahrnehmungsleistung, indem das Wahrnehmen selbst Differenzen produziert, in Differenzschemata weitere Differenzen einbaut, Differenzen substituiert oder als redundant verbucht (wie beim pawlowschen Konditionieren). Darauf kann das folgende Wahrnehmen dann aufbauen. Man könnte auch mit Piaget (1950/1974: 14ff) von sensomotorischer Assimilation und Akkomodation sprechen oder in evolutionstheoretischer Terminologie sagen: Einschränkung von (ungeordneter) Variabilität durch Selektion und dadurch Gewinn geordneter Variabilität, oder in Begriffen der Thermodynamik: selektionsgesteuerte Transformation von Entropie in Negentropie.

---

[164] Die Meinung von Spitz, dass man daher ein Empfindungssystem von einem Wahrnehmungssystem, das sich erst im Laufe der ontogenetischen Entwicklung herauskristallisierte (daher haben wir Wahrnehmung oben auch in Anführungszeichen gesetzt), unterscheiden müsse, wird hier allerdings nicht geteilt. Empfindungen werden schließlich auch wahrgenommen.

[165] Hierbei handelt es sich keineswegs um ein abstraktes Personenerkennen, sondern um das Wiedererkennen bestimmter Leibesformen, wahrscheinlich aufgrund der mimischen Beweglichkeit menschlicher Gesichter, ‚fremde' Menschen werden ebenso angelächelt wie permanente Bezugspersonen. Genauso wenig kann man von einem abstrakten Menschenerkennen ausgehen, da die Lächelreaktion nur bei frontaler Zuwendung des Gesichts erfolgt, nicht aber bei der Zuwendung im Profil (vgl. Spitz 1965/1967: Kap. 5).

Mindestens ist unstrittig, dass die Wahrnehmung differenzierter wird. Gleichzeitig mag die Erfahrung des Gefüttertwerdens, von zärtlicher Zuwendung, Hilfe bei Schmerzen, Nässe etc., die immer mehr an signifikante Andere (als Leiber) gekoppelt wird, eine Bindung[166] des Kleinkindes an das emergente Kommunikationssystem der Bezugsperson-Kind-Dyade generieren. Diese Bindung an die Bezugsperson (vgl. dazu aus medizinisch-psychoanalytischer Sicht neuerdings Brisch 1999/2001) und dadurch an das Kommunikationssystem wird wahrscheinlich über die assoziative Verknüpfung der Wahrnehmung von Leibeszuständen (man könnte auch psychoanalytisch sagen Triebzuständen) mit dem Gesicht, dem Geruch, der Stimme usw. einer Bezugsperson aufgebaut. Das, was das Kleinkind wiedererkennt, ist sicherlich „vorerst seine eigene Reaktion und erst später das Objekt als solches" (Piaget 1950/1974: 17). Parallele Wahrnehmungs- und Triebzustände werden zunächst wohl zu einer auf die Anwesenheit der Bezugsperson (also wiederum fremdreferentiell) zugerechneten Einheit verdichtet, so dass die Anwesenheit der Bezugsperson positive Affekte, ihre Abwesenheit negative Affekte, evtl. pathologische Folgen zeigt, wie bspw. die Phänomene des Hospitalismus (vgl. Spitz 1945) oder der anaklitischen Depression (vgl. Spitz 1956/1967: Kap. 14) zeigen. Eine stabile Bindung mag dann eine Art „Urvertrauen" oder bei Fehlen ein „Urmisstrauen" (Erikson 1950/1973: 62ff) generieren. Jedenfalls geht das Kind über die Bindung an die Bezugsperson – und das ist soziologisch hochinteressant – in eine dyadische, ‚symbiotische Kommunikationsbeziehung' ein, die sich noch nicht für das Kind, wohl aber für einen wissenschaftlichen Beobachter und auch von Seiten der Bezugsperson, die eine Doppelkontingenzunterstellung macht, als Kommunikationssystem darstellt. Das Kind wird angeredet und verstanden (!), obwohl es nur über seinen Leib und seine noch nicht sinnbasierte Wahrnehmung an der Kommunikation teilhat: Es wird durch Sprache als Laut und durch bestimmte Sinnschemata dieser Sprache, die sich im Anschluss der Worte, im Tonfall usw. zeigen, irritiert, freilich ohne dass das Kind sie bereits sinnhaft versteht.

> „Die psychische Systememergenz [gemeint ist die Emergenz von Bewusstsein als sinnbasiertes Operieren von Wahrnehmung; J.R.] auslösende doppelte Kontingenz entsteht als Anschlussversuch von Kommunikation an Bewusstsein. Kommunikation setzt menschliches Leben und Bewusstsein voraus. Aber die Kommunikation, die sich in diesem Fall an Bewusstsein anzuschließen versucht, tut dies kontrafaktisch. Kontrafaktische Unterstellungen lösen an sich noch keine doppelte Kontingenz aus. Dazu kann es erst

---

[166] Der Bindungsbegriff wird von Luhmann (1984/1996: 300) „auf das Verhältnis von Struktur und Interpenetration bezogen [...]. Strukturbildung ist nicht im Leerraum und nicht nur aufgrund der Autopoiesis des strukturbildenden Systems möglich. Sie setzt ‚freie', [...] noch nicht voll gebundene Möglichkeiten der interpenetrierenden Systeme voraus. Bindung ist dann Festlegung des Verwendungssinns dieser offenen Möglichkeiten durch die Struktur eines emergenten Systems." In diesem Sinne legt die Bindung des Kleinkindes an eine Bezugsperson und dadurch m.E. an ein Kommunikationssystem bestimmte Entwicklungspfade von Strukturbildungsmöglichkeiten fest.

dadurch kommen, dass das bereits entwickelte psychische System, das an der Kommunikation beteiligt ist, sich auf die Kontrafaktizität der Bewusstseinsunterstellung einlässt [...]. Die Unterstellung gehört zur Kommunikation im Sozialsystem und kann – wenn überhaupt – erst postemergent ins psychische System interpenetrieren. Sich darauf einlassen, heißt Körperbewegungen, Organäußerungen des Säuglings als Kommunikationsversuche zu ‚verstehen‘ und in entsprechenden eigenen Kommunikationsversuchen aufzugreifen. Damit wird jene unwahrscheinliche Symmetriebedingung hergestellt, in der eine mehr oder weniger zufällige Lebensäußerung des Kleinkindes zur Initialzündung von psychischer Entwicklung wird" (Gilgenmann 1986: 79).[167]

Die Gilgenmannsche These von der kontrafaktischen Bewusstseinsunterstellung durch die Eltern wird dadurch bestärkt, dass derartige (kommunikative) Verhaltensdeutungen bereits im intrauterinen Zustand stattfinden (vgl. Cahill 1998: 139).

In mit derartigen Sinnunterstellungen versehen, wiederum durch normative Erwartungen anderer Sozialsysteme[168] gedeckten dyadischen Beziehungen werden dann jedenfalls weitere Voraussetzungen für die Emergenz sinnbasierten Bewusstseins geschaffen.

Zentral ist sicherlich die akkustische Aufdringlichkeit des evolutionär extrem unwahrscheinlichen und deutlich zu sondernden Geräusches der Sprache (vgl. Luhmann 1997: 110), für das die Wahrnehmung als autopoietisches System zugleich Medium ist (vgl. Luhmann 1988/1995: 43ff), und die Erfahrung ihrer phonetischen Imitierbarkeit, durch die das Kleinkind wiederum seine eigene Wahrnehmung durch ‚Vorsichhinbrabbeln‘ irritieren kann (was bereits Mead als Besonderheit der vokalen Geste ausmachte), und auf die dann das perzeptive Scheiden von Worten (vgl. Aslin, Juscyk & Pisoni 1998: 165ff) und Sätzen (als Sondergeräusche) und das Wort- und Satzsprechen aufsetzen kann. „Man braucht deshalb keine ‚Tiefenstruktur‘ der Sprache [Chomsky] anzunehmen, um zu erklären, daß eine Art Sätzesprechen-Lernen schon ohne reichen Wortschatz und ohne genaues Sinnverständnis möglich ist" (Luhmann 1987a: 47).[169] ‚Be-

---

167 Ähnliche kontrafaktische Bewusstseins- und Doppelkontingenzunterstellungen sowie entsprechende Kontingenzinterpretationen von Umweltirritationen beobachten wir bei der Kommunikation mit Geistern, Göttern usw.

168 Zu denken ist insbesondere an die Familie mit auf die Kinderversorgung zugeschnittenen Geschlechterrollen, aber in modernen Gesellschaften bspw. auch an kodifizierte Erwartungen des positiven Rechts (man denke an den sog. Mutterschaftsurlaub bzw. Erziehungsurlaub).

169 Man beachte auch die deutlich vor Chomskys nativistischer Sprachentwicklungstheorie angestellten Überlegungen Wygotskis (1934/1972: 304ff) zur Differenz grammatikalischer und psychologischer Syntax, die gegen eine angeborene grammatische Tiefenstruktur der Sprache sprechen. Besonders deutlich wird ein Unterschied von grammatischem und ‚psychologischem‘ Subjekt bei Passivkonstruktionen (zur aktuellen Diskussion vgl. Maratsos 1998).
Hochinteressant ist auch, dass die Sprachähnlichkeit des Babbelns der Babies offenbar davon abhängt, ob die Antwort einer Bezugsperson zufällig oder ‚verstehend‘ erfolgt: „Vocalization from a socially responsive dault elicits a social response from a baby, whether the

zeichnet' wird dann zuerst wohl die symbiotische Beziehung selbst als Einheit[170] von Lustempfindungen bzw. Unlustlinderung und Anwesenheit des Leibes der Bezugsperson durch das Nachsprechen von häufig gehörten Worten der sog. Ammensprache (motherese, baby talk) wie ‚Dada' oder ‚Mama' (vgl. Grimm 1987: 602f). Die Kommunikation und die auf deren Semantiken gestützt operierenden Bewusstseinssysteme von Vater, Mutter u.a. *verstehen* diese Lautäußerung *personal*, wobei es sich wahrscheinlich aber lediglich um einen durch die assoziative Kopplung von Fürsorge und Sprachgeräusch bedingten Reflex handelt, der selbst wieder wahrgenommen werden kann, sich so selbst verstärkt (zum bedingenden Reiz wird) und, wenn Reaktionen erfolgen (also bspw. die Mutter bei ‚Mama'-Rufen kommt), zur ‚hinweisenden Gebärde' (Wundt) werden kann bzw. als solche interpretiert werden kann. Ähnlich verhält es sich z.B. bei einem Hund, der durch das Auflegen seiner Pfote (wenn er die Erfahrung gemacht hat, dass daraufhin etwas geschieht) signalisieren kann, dass er Hunger hat, Spielen will etc. Das Pfotenauflegen hat dabei keine Bedeutung, sondern steht für diffus-affektive Wahrnehmungsketten. Bei der vokalen als Sprache durch die Kommunikation identifizierbaren Geste ist nun mit den Worten Wygotskis (1934/1972: 72)

> „das ‚affektiv-volitionale' Gerichtet-sein auf einen Gegenstand [...] noch absolut untrennbar mit dem ‚intentionalen Gerichtet-sein' der Sprache auf einen Sinn verbunden: Beide sind noch zu einer unlösbaren Einheit verschmolzen, und die einzig richtige Übersetzung des kindlichen mama und der ersten Worte überhaupt ist die hinweisende Gebärde, deren Äquivalent und symbolhafter Ersatz die Worte anfangs sind".

Es besteht für das Kind eben noch kein Personenkonzept, weswegen andere Worte, der eigene Name sowie andere Namen und auch andere Objektbezeichnungen erst später gelernt werden[171]. Die Theorie der Sprachentwicklung ist äu-

---

adult's vocalization is contigent on the baby's own vocalization or occurs at random. However, infants who experience contingent responding are more likely to pause after the adult's response, their interactions assume the basic property of turn-taking, and they sound more speech-like than infants who experience random responding" (Bloom 1998: 316).

[170] Es geht eben zunächst nicht um die Bezeichnung einer Seite einer Differenz, daher auch die Anführungszeichen um das ‚bezeichnet'.

[171] „Offensichtlich bringt das Kind zuerst die Laute hervor, die ihm am leichtesten fallen [und die, wenn sie einmal in der Kommunikation (!) und damit für die Eltern Bedeutung erlangt haben, wahrscheinlich auch am häufigsten hört; J.R.]; womit sich auch das Vorherrschen von Lauten wie ma-ma-ma, da-da-da usw. erklärt. [...]. Die Eltern greifen jene Laute auf, die sich den Wörtern, die sie lehren wollen, lautlich annähern – Mama, Daddy (Mamma, Pappa) usw. – und spornen die Kinder an, oft indem sie das Babbeln so exakt wie möglich nachahmen [...]. Auf diese Weise gliedern sie diese Laute aus der vom Kind produzierten Lautfülle aus [...]. In allen Sprachen der Welt entsprechen sich daher die ersten Wörter, weil sie auf Lauten basieren, die die Kinder früh hervorbringen [...]. So hat das Englische mama, das Französische maman, das Deutsche Mama, das Italienische mamma, das Souhaeli mama und das Chinesische mah. Jedoch entsprechen diesen Lauten in der Erwachsenensprache nicht immer dieselben Bedeutungen. Im Georgischen [...] be-

ßerst kompliziert, behandelt eine Vielzahl von Aspekten des Sprachlernens und kann hier deshalb nur rudimentär nachgezeichnet sowie nur im Bezug auf die hier interessierende Entstehung von Personenkonzepten einerseits und reflexiver Selbstreferenz andersits behandelt werden. (Vgl. für einen Überblick über gängige Sprachentwicklungstheorien z.B. Grimm 1987, Seiler & Wannenmacher 1987, Bloom 1998, Woodward & Markman 1998, Maratsos 1998).

Von entscheidender Bedeutung könnten hier Namen und die Personenform der Kommunikation sein – ein Zusammenhang, der in den gängigen Sprachentwicklungstheorien seltsamer Weise, wie es erscheint, kaum berücksichtigt wird. Es geht um die durch Personalität erreichbare Differenz von Adressieren und Adressiertwerden.

Um diese Differenz zu haben, müssen zunächst kulturelle Erwartungen bzw. die Interpenetration anderer Sozialsysteme bzw. der Gesellschaft mit den Bewusstseinssystemen der Bezugsperson (z.B. durch Sozialisiertsein) „dazu führen, dem System der Symbiose die Anschlussvoraussetzungen seiner Umwelt zu entziehen" (Gilgenmann 1986: 80) und somit eine notwendige Bedingung für die Kopplung des kindlichen Wahrnehmungssystems an andere Interaktionssysteme zu schaffen. Auf die erste Bindung des Kindes an die kommunikative Welt des Sozialen muss die Trennung von der symbiotischen Bezugsperson-Kind-Dyade folgen, weswegen auch „für viele Psychoanalytiker die Begriffe ‚Identität' und ‚Trennung' identisch sind" (De Levita 1965/1971: 227). Der hier vertretenen Meinung nach reicht diese Beobachtung (und die dafür verwandte Unterscheidung) aber keineswegs aus, um die Komplexität der Emergenz von reflexiver Selbstreferenz und damit von Sinn als unerlässliche Voraussetzungen für die ‚Suche nach Identität' (Strauss) auch nur annähernd zu erfassen[172]. Schließlich werden fast alle Säugetiere in Arten von symbiotischen Beziehungen aufgezogen,

---

deutet mama umgekehrt Vater und dada Mutter, im Suaheli bedeutet baba Vater" (Wikinson 1971/1975: 57f). Man braucht in diesem Zusammenhang auch keine Motivation oder gar Willen des Kindes annehmen, die Eltern nachzuahmen, weil es so werden will wie sie (vgl. ebd.: 57). Laute werden einfach wahrgenommen, durch die Wahrnehmung kommt es zur Strukturbildung, also zum Differenzerkennen, genauso werden die eigenen Geräusche wahrgenommen und auf den Differenzstrukturen aufsetzend experimentell zu modifizieren versucht, was wiederum Material für die Wahrnehmung schafft usw.

[172] Auch Gilgenmann (1986: 80) muss schließlich doch wieder folgende biologistische Annahme einführen: „Da der prä-emergente Zustand [des psychischen Systems] sich über Körperkommunikation erhält, muß der eigentliche Auslöser – die Produktion doppelter Kontingenz in dieser Kommunikation [der postsymbiotischen Interaktionssysteme] – in einer Komplexitätssteigerung der Körperkommunikation durch reifungsbedingte Variation des kindlichen Organismus gesucht werden". Uns erschließt sich in keiner Weise wie Prozesse der biologischen Reifung Sinn, also das Mitführen von Möglichkeitshorizonten bei aller Aktualität der Wahrnehmung, erzeugen sollen. Autopoiesis und Selbstsozialisation muss doch gerade heißen, dass nur das psychische System selbst durch bestimmten Eigenstrukturaufbau (infolge der Irritation durch Kommunikation und nicht ausschließlich durch Reifung) Sinn erzeugen kann.

die innerhalb bestimmter Zeitspannen getrennt werden und dennoch bilden Murmeltiere, Schafe, Bisons und m. E. auch die sog. ‚Menschenaffen' keine reflexiv sinnbasierte Vorstellung ihrer Selbst heraus.[173] Man kann es sich in diesem Zusammenhang natürlich leicht machen und mit Yerkes annehmen, dass manchen Tieren eben eine vokale Nachahmungstendenz[174] und -fähigkeit phylogenetisch bzw. biogenetisch gegeben sei und anderen (den Primaten) eben die Möglichkeit zu Intelligenzleistungen durch eigene (nicht über erfahrungsbedingte, assoziative Verknüpfungen hergestellte) Umstrukturierung von Wahrnehmungssituationen, und dass nur bei der menschlichen Spezies beides zusammenfalle, nach dem Motto: „If the imitative tendency of the parrot could be coupled with the quality of intelligence of the chimpanzee, the latter undoubtedly could speak" (Yerkes 1925: 53, zit. nach Gardner & Gardner 1971: 121). Was man, auch wenn man dieser These nicht zustimmt, an dem Vergleich von Primat und Papagei unschwer erkennen kann, ist allerdings, dass evolutionäres Potential für praktische Intelligenz auf der einen Seite und die Fähigkeit zum Nachahmen vokaler Gesten[175] auf der anderen Seite in der Phylogenese keineswegs zusammenhängen müssen, sondern dass im Gegenteil ein Zusammenauftreten (und noch nicht Zusammenfallen!) solcher evolutionären Errungenschaften (wie beim Men-

---

[173] Dagegen scheinen Experimente zu sprechen, die zeigen, dass Affen sich (d.h. ihren Leib) unter bestimmten Bedingungen im Spiegel erkennen (Gallup 1970, Gallup & Povinelli 1993). Die Tiere wurden dabei mit roten Farbtupfern markiert, die sie erst im Spiegel sahen und sich sodann abwischten (zum Vergleich mit Kindern siehe Butzkamm & Butzkamm 1999: 23ff). Andere Experimente wiesen ähnliches für Fotos nach. Kellog & Kellog (1933: 296) sprechen gar von einer „superior ability to perceive printed pictures". Ein derartiges ‚Selbstkonzept' ist aber zunächst einmal fremdreferenziell, in diesem Fall leibbezogen, aufgebaut, mit reflexiver Selbstreferenz, der Entdeckung einer ‚Innenseite' des Leibes müssen diese Beobachtungen noch nichts zu tun haben. Allerdings scheinen insbesondere Menschenaffen, die in menschlicher Umgebung von Menschen aufgezogen und trainiert wurden, zu teilweise überraschenden Leistungen imstande. Die weitere Forschung auf diesem Gebiet könnte dazu führen, dass die ‚Sonderstellung des Menschen' in Bezug auf die Stellung der Primaten relativiert werden muss. Versuche mit anderen Tierarten legen ähnlichen Relativierungsbedarf allerdings in der Regel nicht nahe. Vgl. zu dieser Thematik Hauser (2000/2001: II, Kap. 5, 127ff).

[174] Anatomische Aspekte bespricht z.B. Peng (1979); Gardner & Gardner (vgl. 1971: 119f) meinen, dass die schlechten Erfolge bzgl. des vokalen Sprachlernens bei Primaten weniger anatomisch, sondern eher behavioral erklärt werden müssten.

[175] Zur Begrenztheit der Fähigkeit zur Nachahmung vokaler Gesten bei Menschenaffen vgl. Hayes & Hayes (1954). Neuere Forschung zeigt im Übrigen, dass es um die Intelligenz von Vögeln gar nicht so schlecht bestellt ist, wie gemeinhin, z.B. von Yerkes, angenommen. Im Gegenteil konnte experimentell gezeigt werden, dass die Fähigkeit von Papageien, menschliche Sprachäußerungen nachzuahmen, mehr impliziert als ein bloßes Nachplappern. Papageien absolvierten Tests z.B. zur Sondierung verschiedenfarbiger geometrischer Objekte mit einer geringeren Fehlerquote als Primaten und waren sogar in der Lage Fragen zu stellen. Diese Befunde sprechen m.E. für ein Primat sprachlicher Kommunikation in der Kulturevolution und die Möglichkeit der sprachlichen Umstrukturierung des Wahrnehmungsapparates auch bei i.w.S. sprachbegabten Tieren (vgl. Pepperberg 2000, Jarvis et al. 2005).

schen) außerordentlich unwahrscheinlich ist. Das Evoluiertsein dieser Potenziale wird im Folgenden vorausgesetzt und es wird weiterhin mit Wygotski (vgl. 1934/1972: insbesondere Kapitel 4 und 7) davon ausgegangen (freilich in eigener Terminologie formuliert), dass auch in der Ontogenese die Realisation dieser phylogenetisch erworbenen Potenziale zunächst entlang differenzieller Stränge verläuft, die sich erst im Laufe der Sozialisierung kreuzen, um dann mit erheblichen Komplexitätsgewinnen wieder auseinanderzudriften. Anders ausgedrückt wird hier also angenommen, dass psychische Systeme infolge des Sprechens und Angesprochenwerdens ihren Strukturaufbau auf Sinn umstellen, und dass sie umgekehrt dadurch neue Partizipationsmöglichkeiten oder Irritationschancen durch und für Kommunikationssysteme gewinnen, mit der Folge, dass sich in einer gewissen Spanne (im Grunde von Geburt an) der Ontogenese (wie im Übrigen auch in der Phylogenese) „der Entwicklungstyp selbst von einem biologischen zu einem sozial-historischen" (ebd.: 102) wandelt.

Im Übrigen kann man an den vor fast einem Jahrhundert durchgeführten klassischen Untersuchungen Köhlers (1917/1921/1963) und Yerkes (1916/1979) sehr schön sehen, dass für Intelligenzleistungen[176] notwendiger spontaner Strukturauf- und -umbau des psychischen Systems bei Primaten wie auch bei Kleinkindern perzeptiv-fremdreferentiell dingbezogen und nicht sprachbezogen erfolgt. Voraussetzung für einfache Aha-Einsichten ist eine einheitliche Wahrnehmungssituation (vgl. Köhler 1917/1921/1963: 192) in der neu zu kombinierende (und nicht durch z.B. Modelllernen assoziativ verknüpfte) Gegenstände – wie ein Stock und eine mit bloßer Hand unerreichbare Frucht (vgl. ebd.: 26ff) – dem Gesichtsfeld unmittelbar gegeben sind. Es existieren eben keine begrifflichen ‚Vorstellungen'. Der Schimpanse kommt eben, sofern er eine derartige Erfahrung nicht bereits gemacht hat, nicht auf die ‚Idee' einen Stock herbeizuholen, um die Banane zu erreichen, und wenn es um das Ineinanderschieben von Stäben geht, bereitet ihm selbst die überkreuzte Anordnung der Stäbe gewisse Probleme (vgl. ebd.: 94, auch: 188f).

Ebenso kann angenommen werden, dass die Sprechfertigkeit zunächst rein sensomotorisch aufgrund einer mehr oder weniger komplexen assoziativen Vernetzung von Wahrnehmungsdaten, also qua (Selbst-)Konditionierung, erworben wird und insofern zunächst überhaupt nichts mit Intelligenzleistungen, geschweige denn mit sinnbasierten Operieren psychischer Systeme gemein hat.

Neuere Untersuchungen mit Primaten (vgl. zusammenfassend und für Kritik: Bahner 1997) zeigen zwar, dass diese in gewissem Umfange zu ‚Symbollernen' bzw. ‚Sprachlernen' fähig sind und z.B. bestimmte Zeichen der Taubstummen-

---

[176] Forschungsergebnisse mit einem in menschlicher Umgebung aufgezogenen Schimpansen dokumentieren z.B. Kellog & Kellog (1933), Hayes und Nissen (1956/1971). Für einen Review neuerer Forschungsergebnisse zur Intelligenz der Primaten vgl. Bahner (1997), auch andere Tierarten behandelt Hauser (2000/2001).

sprache oder anderer Symbolsprachen lernen[177] (vgl. Gardner und Gardner 1971, Premack 1971, Patterson 1979, Savage-Rumbaugh & Lewin 1994/1995) und gelernte Zeichen auch intelligent neu kombinieren können. Immer scheint diese Form von ‚Sprache' jedoch im Hier und Jetzt fremdreferentiell-wahrnehmungsgebunden verwendet zu werden. Es wird also z.B. signalisiert, dass der Kühlschrank zwecks Essen und Trinken geöffnet werden soll, oder dass eine Banane gegeben werden soll. Genauso stellt sich mein Hund vor den Schrank mit seinem Futter und stupst mit seiner Nase davor, um Essen zu erhalten. Zudem sind die Versuchsanordnungen, die bei Tieren zum Erlernen des ‚Zählens' (vgl. Gelman & Williams 1998: 581) oder ‚Sprechens' führen sollen, zumeist an Modellen des operanten (Skinner) und/oder klassischen (Pawlow) Konditionierens (vgl. z.B. Gardner & Gardner 1971: 129ff, Premack 1971)[178] orientiert, d.h. bauen auf Belohnungen erfolgreichen Verhaltens oder mindestens seiner assoziativen Kopplung mit triebrelevanten Reizen auf. Hinzu kommt gelegentlich die Methode des Imitationslernens bzw. Lernens nach Modell (vgl. Bandura 1977). Auf diese Weise kann man bestimmten Tierarten eine gewisse Anzahl von Zeichen beibringen, wie das z.B. dem Ehepaar Gardner (1971) im Falle des Schimpansenmädchens ‚Washoe' gelungen ist, das innerhalb von drei Jahren ca. 100 Zeichen der Taubstummensprache gelernt hat. Inzwischen gibt es sogar erste Belege für Sprach-‚Verstehen', Kategorienlernen und „Fast Mapping" bei Hunden (vgl. Kaminski, Call & Fischer 2004).

Aber bislang scheinen umfassende Nachweise für einen Impetus zum belohnungs- oder imitationsunabhängigen Spracherschließen bzw. Welterschließen mit Sprache (also das Fragen nach Namen und Bezeichnungen von Dingen und Personen) genauso zu fehlen wie Hinweise auf objektunabhängiges abstraktes Begriffsdenken, kurz: auf die dauerhafte Umstellung des Wahrnehmungsapparates auf das Medium Sinn.

Darüber ließe sich mit den Primatenforschern wahrscheinlich trefflich streiten (vgl. auch für weitere Literatur: Bahner 1997). Und tatsächlich lassen die Ergebnisse Pattersons (1979) und Savage-Rumboughs (mit Lewin 1994/1995) an dieser Annahme zweifeln. Sinnemergenz ist wohl kein evolutionäres Einmal-Ereignis, das nur der Gattung Mensch zuzurechen ist, aber weitere Sinnevolution ist als Prozess zu interpretieren, der auf die Co-Evolution von Kommunikation und Bewusstsein sowie der Medien Sprache und Kultur angewiesen ist. Sind Kom-

---

[177] Den Vorschlag für diesen Versuch macht übrigens auch bereits Wygotski (1934/1972: 81).

[178] Operantes Konditionieren auszuschalten, gelang Savage-Rumbaugh & Lewin (1994/1995) durch einen Zufall. Der Jungschimpanse Kanzi lernte Yerkish (eine speziell für Menschenaffen konstruierte Symbolsprache, die mit Hilfe eines Computers zur Kommunikation verwendet werden kann) allein durch Modelllernen, indem er bei den Versuchen, die mit seiner Pflegemutter durchgeführt wurden, schlicht anwesend war, ohne selbst in die Versuche involviert zu werden. Savage-Rumbaugh und Lewin berichten von erstaunlichen Erfolgen Kanzis im Umgang mit dieser Kunstsprache.

munikationssysteme aber einmal evoluiert, so lassen sich in gewissem Umfang – zumindest über Sinnunterstellungen – offenbar auch die Wahrnehmungssysteme bestimmter Tierarten strukturell koppeln.[179]

Mindestens z.B. das Potenzial für eine Vorstufe der Sprachbefähigung (die von den Forschern dann als Sachdimension von Sinn interpretiert werden mag) lässt sich den Primaten wohl nicht absprechen. Ein bedeutsames Argument dafür, dass wir es wohl nur mit einer Vorstufe sinngesteuerten Sprachgebrauchs zu tun haben, ist allerdings das Fehlen von Nachweisen für ein selbstmotiviertes sprachliches Erschließen der Welt durch Fragen nach Namen von Dingen, Vorgängen usw. Ebensolches gilt für die Kommunikation über Vergangenheit und Zukunft (Zeitdimension) sowie über Ansichten und Meinungen (Sozialdimension). Dagegen findet sich offenbar die Weitergabe der erworbenen ‚Sprachfertigkeiten' an Nachkommen (vgl. Fouts, Fouts & Cantfort 1989).

Jedenfalls findet im Gegensatz zum ‚Sprachlernen' der Primaten beim menschlichen Kind – in der Regel im Alter von etwa eineinhalb bis zwei Jahren – das statt, was Stern „die größte Entdeckung seines [des Kindes] Lebens" genannt hat. „Es entdeckt, das jedes Ding einen Namen hat" (zit. nach Wygotski 1934/1972: 89; vgl. auch das Beispiel von Helen Keller bei Cooley 1909/1956: 62ff). In diesem Alter steigt auch der Wortschatz und die Beteiligung am kommunikativen Geschehen sprunghaft an (vgl. für neuere Schätzungen der ab 18 Monaten erlernten Wortanzahl Bloom 1998: 321f). Genauso lernt das Kind in diesem Zeitraum die sprachliche Verwendung der Verneinung (vgl. ebd.: 344ff). Beides sind Anzeichen für die Emergenz von Sinn, für das Entdecken eines Möglichkeitshorizontes der aktuellen Wahrnehmung und für ein sinnbasiertes Wechseln von momentaner Sinnaktualität zu darauf aktualisiertem, zuvor Möglichkeit gewesenem Sinn. Zudem kommt, dass die Sinnemergenz durch sprachliche und kulturelle Strukturierung des Mediums Sinn auf Dauer gestellt wird. Besonders deutlich wird dies bei der Verneinung, aber auch bei den sog. ‚Was-Fragen': „Was ist das? Und das? Und das? …". Solche Was-Fragen und auch das später bei menschlichen Kindern auftretende Fragen nach Gründen sind für Primaten bislang mindestens nicht ausreichend dokumentiert (vgl. Bahner 1997: 278).

Wie kommt es zu dieser bei Primaten m. E. (vgl. Savage-Rumbough & Lewin 1994/1995) nicht beobachtbaren Auf-Dauer-Stellung von Sinnemergenz, also dazu, dass Wahrnehmungssysteme ihre Operationen so fundamental umstellen, dass sie während des aktuellen Operierens und Fokussierens stets zugleich Möglichkeitsüberschüsse mitführen? Freilich muss man irgendein phylogenetisch evoluiertes Potenzial für solchen Strukturaufbau unterstellen. Der hier gemachte theoretische Vorschlag zielt jedoch auf die fremd- und dann selbstbezügliche

---

[179] Vgl. zu der generellen Frage nach dem Bewusstsein der Tiere die Beiträge in Perler & Wild (2005).

Aneignung der Personenform der Kommunikation und kann daher als *Personalitätshypothese der Sinnemergenz* bezeichnet werden.

Mit der sukzessive voranschreitenden Auflösung der Bezugsperson-Kind-Dyade in Verbindung mit der Erhöhung der motorischen Leibesbeherrschungskompetenz und dem Anschluss an postsymbiotische Interaktionssysteme sowie der Erhöhung von Beobachtungsmöglichkeiten für Interaktionen Dritter (also bspw. Gespräche des Vaters mit der Mutter) bleibt der zuvor für die assoziative Einheit von Wahrnehmungsdaten in der Dyade stehende Laut ‚Mama', ‚Baba' usw. allmählich nur noch mit dem Leib der Bezugsperson verknüpft. Die Namen bleiben sozusagen an den Leibesformen der Personen kleben, was man sehr schön daran sehen kann, dass sie auch in den postsymbiotischen Interaktionssystemen des Kindes weiterverwendet werden. Man fragt ein Kleinkind ‚Wo ist Deine Mama?', die Mutter sagt ‚Da kommt der Papa' usw. und evtl. reden sich die Eheleute bzw. Geschlechtspartner sogar selbst auf einmal mit ‚Mama' und ‚Papa' an. Zugleich wird das Kind selbst mit Namen bezeichnet, namentlich, also personal adressiert und zugleich mit der ‚Nein-Geste' (vgl. Spitz 1965/1967: 197ff[180]) auf unerwünschtes Verhalten hingewiesen. Das Kind kann also gar nicht umhin wahrzunehmen, dass es wahrgenommen wird und diese Erfahrung mit seinem Namen zu verknüpfen, weswegen Kinder zumeist (mindestens gilt das für Erstgeborene und Einzelkinder) ihren Namen auch zu gebrauchen lernen, bevor sie die Ich-Form verwenden (vgl. Largo 1993: 346f, Butzkamm und Butzkamm 1999: 18). Diese Erfahrung des (als Leib) Wahrgenommenwerdens und Bezeichnetwerdens geht einher mit der Erfahrung des eigenständigen Bezeichnens der Leiber der anderen und so mit der Wahrnehmung des Wahrnehmens. Jetzt kann über einfache und noch keineswegs verbalisierbare Analogieschlüsse den Leibern der anderen Personen eine psychische Seite unterstellt werden, wie auch die psychische Seite des eigenen Leibes bemerkt wird. Indem das Wahrnehmen dem eigenen Leib zugeordnet wird, wird nun gerade dieser von der Wahrnehmung unterschieden.

> „Das Bewusstsein kann [...] seine Gedanken nur durch Zuordnung zu diesem seinem leiblichen Leben zur Einheit aggregieren und nur dadurch, dass es sich zugleich von diesem Leben unterscheidet. Identifikation mit Hilfe des eigenen Leibes ist also gerade nicht: Identifikation mit dem eigenen Leib" (Luhmann 1987a: 54, Hervorh. i. O.).

Nun ist die Voraussetzung für die wie auch immer rudimentär reflexiv selbstreferenzielle Wahrnehmung eines Ego geschaffen, die untrennbar mit der Bezeichnung des Leibes der anderen und mit dem durch diese Leiber Bezeichnetwerden, also der Unterstellung eines ebenfalls wahrnehmenden Alter-Egos, jetzt sinnhaft (!) verkoppelt ist. Merleau-Ponty meint:

---

[180] Dabei wird hier im Unterschied zu Spitz freilich kein primärer Identifizierungsmechanismus mit der Mutter angenommen.

„Andere sehen, bedeutet im wesentlichen meinen eigenen Leib als Objekt sehen derart, daß der Objekt-Leib des anderen eine psychische ‚Seite' haben kann. Die Erfahrung meines Leibes und die des anderen Leibes sind selbst die beiden Seiten ein und desselben Seins: dort, wo ich sage, ich sehe den Anderen, vollzieht sich in Wirklichkeit vor allem eine Objektivierung meines Leibes; der Andere ist der Horizont oder die andere Seite dieser Erfahrung – so spricht man zum Anderen, obwohl man es nur mit sich zu tun hat" (Merleau-Ponty 1964/1994: 286).

Man muss nicht so weit gehen wie Merleau-Ponty: Das Kind entdeckt seine Wahrnehmung als von seinem Leib unterschieden, nimmt seine Wahrnehmung mit der Leitunterscheidung Selbst-/Fremdreferenz wahr und zugleich andere ‚Personenleiber', die auch wahrnehmen, und kann erst jetzt sinnhaft denken (wenn man die Wahrnehmung der Wahrnehmung als Denken bezeichnet). Einen beobachteten Gedanken kann man mit Luhmann (1987a: 32) als Vorstellung bezeichnen. Eine Vorstellung hat Sinn, weil der Beobachtung in der Aktualität der Bezeichnung als Fremd- oder Selbsreferenz die andere Seite als Horizont bleibt. Erst jetzt hat die Bewusstsein gewordene Wahrnehmung sich oder Welt als Horizont, ist sie ‚weltoffen' (das ist m.E. auch die Schelersche Variante des Begriffs der Weltoffenheit). Bereits Heidegger (1950/1986) und Adorno (1966/1984) hatten ja von der Gleichursprünglichkeit von Sprache, Selbst und Welt gesprochen. Zumindest für die Sinnemergenz in der menschlichen Ontogenese gilt dann, wenn man Sprache nicht als Medium, sondern als Gesprochenes, also als Form versteht, der berühmte Heideggersche Satz: „Die Sprache spricht, nicht der Mensch. Der Mensch spricht nur, indem er geschicklich der Sprache entspricht. Diese Entsprechung aber ist die eigentliche Weise, nach der der Mensch in die Lichtung des Seins gehört" (Heidegger 1956/1986: 161).

Die leere Seite der Selbstreferenz kann jetzt ebenso strukturell angereichert werden. Es werden Kreuzungen (vgl. Luhmann 1987a: 37) möglich, in Verbindung mit der Ja/Nein-Struktur der Sprache Paradoxien (vgl. ebd.: 29f), die das Bewusstsein in der Selbstbeobachtung weiter anfeuern. Dinge erhalten eine doppelte Existenz als Wahrnehmung und als Außenwelt. Dedikation und Verstehen als Sinnaktualisierungen vor einem Kontingenzhorizont werden möglich. So erklären sich auch die Entdeckung der semantischen Seite der Sprache, die plötzlich einsetzenden ‚Was-Fragen' der Kinder: Vor dem Horizont reflexiver Selbstreferenz kann die Welt gewordene Umwelt nun sinnhaft strukturiert werden. Die Dinge erhalten nicht nur Namen, sie werden durch ihre Namen überhaupt erst zu ‚Weltdingen'. Hier ist die Sonderstellung des Menschen, die ‚reserve category': Sinn bzw., was auf das Gleiche hinausläuft, die „Teilhabe an sinnhafter Kommunikation" (Luhmann 1997: 122, vgl. Luhmann 2002: 40). Dadurch kann der Mensch, wahrscheinlich als einziges Lebewesen, ein Selbst, d.h. eine Vorstellung von sich selbst, entwickeln (und daher bspw. Selbstmord begehen). Wie das geschieht, ist damit aber noch nicht geklärt, denn die Selbstreferenzseite ist ja zunächst strukturleer. Eine permanente Selbstbeobachtung läuft auf Paradoxien (wie: ich beobachte, also kann das, was ich beobachte, nicht ich sein) oder Tautologien in Form infiniter Regresse (wie: ich beobachte, dass ich beobachte, dass ich beobachte ...) hinaus. Schelers Bemerkungen, dass der Geist ein dem Leben aufs Schärfste entgegengesetztes Prinzip sei (vgl. Scheler 1927/1991: 37f; Scheler 1925/1929/1976: 95) und dass „die erste ‚Leere' [...] gleichsam die Leere unseres Herzens" (Scheler 1927/1991: 45) sei, erhält vor dieser (systemtheoretischen) Folie ganz neuen Gehalt.

Wie dem auch sei, das Bewusstsein ist sich jedenfalls, auch indem es mit Sinn ausgestattet ist, nicht als Identität, sondern nur als Differenz von Selbst- und Fremdreferenz, von mit ihrem Vollzug zerfallenden Gedanken gegeben. Um eine Vorstellung seiner Identität anreichern zu können, muss daher wieder ein Umweg über die Kommunikation gemacht werden. In diesem Zusammenhang könnten die Piagetschen Beobachtungen der unglücklicherweise von ihm im Unterschied zu einer „sozialisierten Sprache" sog. „egozentrischen Sprache" bzw. der „Monologe" und „kollektiven Monologe" von Kleinkindern (vgl. Piaget 1923/1972: Kap. I und II) zunächst als Versuche der sprachlichen Strukturierung des zwischen reflexiver Selbstreferenz und Fremdreferenz oszillierenden Operierens des Bewusstseins gedeutet werden, wobei die Personenform eine entscheidende Rolle spielt: Die Welt scheint zunächst nur aus Personen zu bestehen. Einiges spricht dafür: Der Beginn vieler der monologischen Sätze mit der Ich-Form, insbesondere bei Anwesenheit anderer Kinder (vgl. ebd.: 30), die „Verwechselungen seines [des Kindes] eigenen Gesichtspunkt mit dem der anderen" (ebd.: 28), der kindliche Animismus mit der Unterstellung von Bewusstsein bei unbelebten Gegenständen (in Piagets Beispiel sagt Lev z.B. „Au, au!" als ihm sein Bleistift zerbricht; vgl. ebd.: 27), das Erteilen von Anweisungen und Aufforderungen gegenüber Tieren und Dingen (vgl. ebd.: 27f). Man kann annehmen, dass das Bewusstsein sich zunächst als „Einheit der Differenz von Selbst- und Fremdreferenz" (Luhmann 1987a: 37) reflexiv selbstreferenziell rekonstruiert (daher auch die Verwechselungen, das laute Denken, die Wiederholungen (vgl. Piaget 1923/1972: 23ff) usw.) und erst lernen muss, die Seiten für sich in Beobachtungen zweiter Ordnung zu unterscheiden, und damit dann erst die reflexive Selbstreferentialität zur Bezeichnung in der Reflexion auf Identität freizugeben.

Hier kann nicht weiter auf diese Problematik eingegangen werden. Es soll im Folgenden daher die Meinung Wygotskis (vgl. 1934/1972: Kap. 7, insbesondere die Abschnitte III und IV) gelten, dass es sich bei der „egozentrischen Sprache" *nicht* um eine nicht sozialisierte Sprache handelt, sondern eher um lautes, sich (hier besonders deutlich!) sozialisierendes Denken, um einen Versuch der sprachlichen Strukturierung der Wahrnehmung der Wahrnehmung sowie der Abgrenzung von reflexiver Fremd- und Selbstreferenz mit einer deutlichen Dominanz der Personenform: also ebenso um ein Versuchen der Adressierung eines Ich und der Selbst-Attribuierung von Verhaltensmöglichkeiten und -absichten (Ich will/will nicht, kann/kann nicht usw.) wie um ein Probieren der Adressierung und attributiven Bestimmung alter Egos (Der Salamander staunt, soll die

Fische fressen usw.; vgl. Piaget 1923/1972: 28). Diese sprachliche Strukturierung des Denkens besagt außerdem natürlich keineswegs, dass das Denken dann irgendwann nur noch sprachlich abliefe oder gar in einer dem kommunikativen Sprachgebrauch entsprechenden Weise:

> „Würden wir uns anstrengen, das eigene Bewusstsein wirklich in seinen Operationen von Gedanken zu Gedanken zu beobachten, würden wir eine eigentümliche Faszination durch Sprache entdecken, aber zugleich auch den nichtkommunikativen, rein internen Gebrauch der Sprachsymbole und eine eigentümlich-hintergründige Tiefe der Bewusstseinsaktualität, auf der die Worte wie Schiffchen schwimmen, aneinandergekettet, aber ohne selbst das Bewusstsein zu sein, irgendwie beleuchtet, aber nicht das Licht selbst" (Luhmann 1988: 17).

Nichtsdestoweniger wird das Bewusstsein erst durch Sprache, durch personales Adressieren und Adressiertwerden in der Kommunikation und dann durch Bezug weiterer Sinnformen der Kommunikation auf sich zum Bewusstsein, sich bewusst. Hier eine wie auch immer diffuse Selbstvorstellung, dort die Welt.

Jedenfalls liegt erst jetzt via Personenform ‚Bistabilität‘ des psychischen Operierens vor, d.h. die „Doppelmöglichkeit [...] weitere Operationen entweder an die Fremdreferenz oder an die Selbstreferenz der Vorstellung anzuschließen und so entweder diese oder jene zu einer durchhaltbaren Identität zu verdichten" (Luhmann 1987a: 35) und somit auch die Möglichkeit der ‚Bifurkation‘, des unabhängigen Strukturaufbaus und der Akkumulation von Geschichte auf beiden Seiten. Die Reflexion der Differenz von Selbst- und Fremdreferenz ermöglicht dann mit Hilfe der Semantik der Kommunikation den Einbau weiterer Differenzen: auf Seiten der Fremdreferenz bspw. die Unterscheidungen von Menschen, Personen, Tieren, Dingen, auf Seiten der Selbstreferenz bspw. die Unterscheidungen von Wahrnehmung (wenn beobachtet wird, dass die Wahrnehmung fremdreferenziell operiert) und Denken (wenn beobachtet wird, dass die Wahrnehmung selbstreferenziell operiert). Innerhalb solcher Unterscheidungen können dann weitere Unterscheidungen (Formen, s.u.) eingeführt werden, also kann bspw. das Denken in Wissen, Wollen und Fühlen unterschieden werden, je nachdem mit welcher Unterscheidung die selbstreferenzielle Wahrnehmung gerade operiert (wissenschaftlich heißt das dann: Kognition, Volition und Emotion). Fast wäre man versucht (wenn man nicht wüsste, wie schwierig das zu zeigen wäre), von der Ausdifferenzierung von Funktionssystemen des Bewusstseins zu sprechen (eine ähnliche Perspektive bei Gehlen 1957).

Solches Funktionieren kann man dann auch den alter Egos unterstellen. Mit Hilfe der Ja/Nein-Struktur der Sprache kann man weitere Bifurkationen solcher Unterscheidungen durchführen, man könnte auch sagen Codes oder „interne ‚Digitalisierungen‘" (ebd.: 43) bilden, die den weiteren Strukturaufbau kanalisieren und zur Erwartungsbildung (vgl. ebd.: 49) führen (nach dem Motto: ‚Ich mag keinen Spinat‘ oder ‚Salamander fressen keine Fische‘), die dann wiederum verhaltenswirksam und zirkulär selbstverstärkend werden kann (z.B. ‚Spinat schmeckt seltsam', ‚Ich mag keinen Spinat', ‚Daher esse ich keinen Spinat', ‚Ich esse keinen Spinat', ‚Also mag ich keinen Spinat'). Passt die Erwartung bzw. die Struktur nicht, also wird z.B. etwas als Salamander bezeichnet, was Fische frisst, bleiben dann wieder die zwei bekannten Möglichkeiten der strukturellen Restabilisierung: Lernen oder Stabilisierung der Erwartung durch Glaube, Hoffnung, Ignoranz, Enttäuschungserklärung, Sanktion usw.

Im Zuge der frühen Sozialisation in Folge der permanenten Anbindung kindlicher Psyche an Kommunikationssysteme kommt es zur Sinnemergenz psychischer Systeme. Wahrnehmungssysteme werden so zu Bewusstseinssystemen, die sich die Personenform der Kommunikation sowie die Ja/Nein-Struktur der Sprache für Selbst- und Fremdbeobachtungen zu Nutze machen können. So wird auch die Identifikation anderer Bewusstseinssysteme und die Vorstellung von auf die eigene Person bezogenen Fremderwartungen möglich und damit das, was herkömmlich unter Sozialisation verstanden wird. Solche Fremderwartungen sind dann durch die Beobachtung von Kommunikation zu folgern – zunächst wohl vor allem durch die ‚Nein-Geste' (Spitz) oder explizites Lob (mit entsprechendem Tonfall etc.) – und werden nicht beliebig vom Bewusstsein erfunden, müssen aber vom Bewusstsein vorgestellt werden und zerfallen als Vorstellungen wieder (Variation). Durch die infolge der Ja/Nein-Codierung von Sprache bedingte Unterscheidung von Annahme oder Ablehnung solcher Erwartungen wird das System dann in Entscheidungssituationen gebracht, die wiederum die Autopoiesis des Systems anleiten und zu Selektionen sowie auch in Bezug auf Fremderwartungen zu einer entsprechenden „Bifurkation" oder Zweigleisigkeit des systemeigenen Strukturaufbaus führen (vgl. ebd.: 60f). Das Experimentieren mit der Ablehnung solcher vorgestellten Fremderwartungen wird vor allem in der sog. Trotzphase (etwa im dritten Lebensjahr, vgl. Butzkamm & Butzkamm 1999: 29ff) deutlich. Durch die im Folgenden über Erwartungsannahme oder -zurückweisung strukturierte Teilhabe an Kommunikation und der Orientierung an Schematismen, „die das psychische System *der Umwelt zuordnen und auf sich beziehen* kann" (Luhmann 1984/1996: 327, Hervorh. i. O.) wie Zuwendung/Abwendung, Erfolg/Misserfolg, Verständnis/Unverständnis usw., werden dann systemeigene Feedbackprozesse veranlasst (vgl. ebd.: 61), die zur Restabilisierung (vgl. zu diesem Begriff Luhmann 1997: 485f) des Strukturaufbaus, also zur Abpassung von neuen Strukturen mit bereits bestehende Strukturen des Systems und zugleich zur Kondensierung der entsprechenden vorgestellten Fremderwartungen im Systemgedächtnis führen. Die Beobachtung der Interaktionen Dritter (siehe 1.2) mag dann zum Wiedererkennen dieser Erwartungen führen, was einerseits ihre Präsenz verstärken bzw. sozusagen Verdampfungstendenzen durch erneute Kondensation entgegen wirken mag und andererseits Vorstellungen vom ‚man', vom generalisierten Anderen, von an differenziellen Situationen und/oder Personenmerkmalsgruppen orientierten Rollen erzeugt. Das sagt aber noch nichts über die Annahme oder Ablehnung der Erwartung, über *Feedback-prozesse* und deren Wahrnehmung und entsprechende Restabilisierungsvorgänge auf Strukturebene. Man weiß dann z.B., dass die Mutter erwartet, dass man am Tisch nicht zappeln soll, obgleich gerade das Zappeln Aufmerksamkeit provozieren mag, die als Zuwendung interpretiert wird, so dass man deshalb weiterzappelt. Wird man dann wegen der Zuwendung der Mutter vom Vater als ‚Muttersöhnchen' bezeichnet, was als Abwendung interpretiert wird, muss wiederum selektiert und restabilisiert werden. Man zappelt weiter, nimmt es in Kauf ein Muttersöhnchen (negative Selektion) zu sein und wertet z.B. die Unterscheidung Zuwendung/Abwendung in Bezug auf den Vater ab oder man hört auf zu zappeln (positive Selektion), wertet die Zuwendung der Mutter ab, oder versucht sie nur in Abwesenheit des Vaters zu provozieren oder in weniger augenfälliger Form zu erhalten, als das durch Zappeln möglich ist. Abweichung oder Konformität führen jedenfalls wiederum zur Akkumulation von Systemgeschichte auf dem jeweiligen Pfad sowohl im Bewusstsein als auch in Form von sozialem Personengedächtnis (man war ein Zappler und Muttersöhnchen, wollte immer schon von Frauen bemuttert werden usw.), so dass Prozesse der Selbstverstärkung von Abweichung oder Konformität wahrscheinlich werden (vgl. Luhmann 1987a: 61).[181]

Gerade die Kopplung der Personenform an moderne Individualitätssemantiken und das Kursieren von Identitätswerten, die die ‚Individualisierung des Individuums' beschwören, lässt auch auf der Abweichungsseite immer positives Feedback mitschwingen, da Abweichung in der modernen Individualitätslogik stärker individualisiert als Konformität (Luhmann 1987b: 175f), so

> „daß beim Abweichen das ständige Oszillieren zwischen Selbst- und Fremdreferenz tendentiell eher die Selbstreferenz kondensiert und auf Fremdreferenz nur insoweit achtet, als es brenzlig werden könnte oder Handlungsanschlüsse umdisponiert werden müssten; und dass man umgekehrt, den Erwartungen folgen kann wie Agathe, ohne viel davon zu halten, aber auch: ohne viel damit über sich selbst zu bestimmen" (Luhmann 1987a: 61).

Ferner können sich auch auf der Ebene der Feedbackprozesse Erfahrungen positiven oder negativen Feedbacks akkumulieren, insbesondere, wenn Verhaltensänderungen nicht zu Feedbackänderungen führen (z.B. double bind-Erfahrungen oder Dauererfolg) (vgl. Luhmann 1984/1996: 329).

Solche Entwicklungspfade können dann allerdings sachdimensional nach dem Motto „zwar ehrlich, aber doof" (ebd.), zeitdimensional (wie: ‚früher ein Revoluzzer, jetzt ein Konservativer') oder sozialdimensional (nach dem Muster ‚nur meine Ehefrau versteht mich wirklich') unterbrochen werden. Erwartungen,

---

[181] Auch Bourdieu (1979/1982: 195f) hatte ja (allerdings im Zusammenhang mit Klassen) von der Laufbahndimension der Kapitalakkumulation gesprochen.

Konformität und Abweichung sowie Feedbackprozesse sind nun, so könnte man anmerken, für die Sozialisationstheorie gar nichts Neues. Wozu also die Rede von Selbstsozialisation? Die Antwort ist: wegen der strikten Trennung von Sozialisationsebenen und gleichzeitig (!) von Systemreferenzen. Kommunizierte und vorgestellte Fremderwartungen können deutlich divergieren, wie z.B. die Untersuchungen von Eckert, Hahn und Wolf (1989, vgl. auch Hahn 1983) über Konsensfiktionen in jungen Ehen zeigen. Das Ablehnen von Erwartungen muss keineswegs abweichendes Verhalten bedingen und abweichendes Verhalten kann seinerseits aus der Annahme von Erwartungen (bspw. Individualitätserwartungen) resultieren.

Feedbackerwartungen der Kommunikation können von Feedbackprozessen des Bewusstseins divergieren, da dessen Autopoiesis von anderen Strukturen geleitet wird (so mag z.B. der schulische Misserfolg zu Annerkennung in der Peergroup führen). Feedbackprozesse laufen außerdem je nach Strukturierung der Kommunikationssysteme vollkommen unterschiedlich ab, abhängig davon, was der Kommunikation (!) wichtig ist. Bereits Simmel (1895/1908/1992) hatte ja daraufhingewiesen, dass der Unterschied von dyadischen und nicht-dyadischen Gruppenstrukturen der Interaktionssysteme die Feedbackbedeutung für das Interaktionssystem drastisch verändert. Dyaden sind quasi auf positives Feedback innerhalb der psychischen Systeme angewiesen, wie es über Konsensfiktionen, aber auch Bestätigungskommunikation (bspw. bei Verliebten) erreicht werden kann, um nicht ständig vom Zusammenbruch bedroht zu sein, während sich die Angelegenheit in Nicht-Dyaden wesentlich komplizierter gestaltet. Es wird dann bspw. abweichendes Feedback, ein Feedback des Feedbacks usw. möglich.

Jedenfalls ist Sozialisation kaum steuerbar, da es sich eben nicht um einen Übertragungsprozess von Sinnmustern handelt, sondern psychische Systeme Eigen-Sinn entwickeln. Die Orientierung an den Erwartungen von Kommunikationssystemen (gerade im Falle von nur Partialinklusionen in ausdifferenzierte Funktionssysteme und andere Teilsysteme mit getrennten Publika) kann nicht nur konformes, sondern auch abweichendes Verhalten sozialisieren und insbesondre Anlass von Selbstvorstellungen werden, die in keiner Weise intendiert sind.

Das ist gerade das, was *Erziehung* als Kommunikationsform, die (durch sich im Falle der Ausdifferenzierung eines entsprechenden Funktionssystems) als Erziehung beobachtet wird, nicht berücksichtigen und auch kaum berücksichtigen kann, ohne erheblichen Reflexionsproblemen zu begegnen (vgl. Luhmann & Schorr 1979, Luhmann 1987b, Luhmann 1986/1987, Luhmann 2002). Sie behandelt Bewusstseinssysteme als Trivialmaschinen, die ein bestimmtes Input ,mal recht, mal schlecht, dank einer mal recht, mal schlecht (oder nicht) gespeicherten Regel in ein bestimmtes Output transformieren, das dann zur Grundlage von Bewertungen, Beurteilungen usw. werden kann.[182] Das liegt daran, dass Reflexionsideen, die auf die Einheit des Ziels der Erziehung (also auf die Einheit des Codes) abstellen (wie Perfektabilität oder Befähigung zu Karrieren bzw. Schaffung von Inklusionsvoraussetzungen), oder solche, die auf die Einheit der Mittel (Programmierung), die zum Ziele führen sollen, bezogen sind (bspw. Drill, Bildung), auf operativer Ebene nur als Differenzformen funktionieren, von denen jeweils eine Seite bezeichnet werden muss (also z.B.: Versetzung erreicht, nicht erreicht; oder: befriedigend und nicht besser oder schlechter; oder: dieser und nicht jener Lehrplan). Erziehung kann also gar nicht anders, als Bewusstseinssysteme, wie auch immer gut oder schlecht das gelingen mag, dazu zu bringen, sich in bestimmten Situationen wie Trivialmaschinen zu verhalten (z.B. eine Mathematikaufgabe zu lösen, einen Text zu interpretieren und die Interpretation gemäß bestimmter Regeln argumentativ zu begründen) und das, was dabei herauskommt, als Output zu beurteilen und dabei mindestens an bestimmten Punkten (bspw. wenn es um Zeugnisse geht) weit kompliziertere Vorgänge der Sozialisation auszuklammern.

Zurück zur *Sozialisation von Selbstvorstellungen*. Es wurde versucht zu zeigen, dass Sinn in psychischen Systemen zumindest auch in erheblichem Umfang über die, um mit Piaget zu sprechen, Assimilation und Akkomodation der sich zunächst an Namen klammernden Personenform der Kommunikation emergiert, so dass Selbst und Welt Horizonte ihrer jeweiligen Aktualität werden können. Jetzt können Selbst und Welt durch weitere Sinnstrukturen bzw. Unterscheidungen angereichert werden, d.h. es werden weitere Unterscheidungen in das mit Selbst- und Fremdreferenz Unterschiedene eingeführt, wodurch die Unterscheidungen zu Formen (im Sinne von Spencer-Brown) werden, d.h. dass das jeweils Bezeichnete einen eigenen Kontingenzhorizont, eine andere Seite, zu der im nächsten Moment übergegangen werden kann (Kreuzung) oder nicht, mitführt und damit ein Drittes (eben andere Unterscheidungen) ausschließt.

Auf diese Art und Weise wird Personalität auch für das Bewusstsein zur Form, mit deren Hilfe es auf seine eigene Identität und zugleich diejenige seines Leibes (sei es die schöne oder hässliche Gestalt, Krankheit etc.) reflektieren kann, was auch immer die Personensemantiken der Kommunikation dafür an weiteren Unterscheidungen bereitstellen mögen. Das Personenschema behandelt dabei die Person als Zusammen (nicht unbedingt als Einheit!) von Leib und Bewusstsein (bzw. Geist, Seele etc.) und macht das Selbst für das Bewusstsein damit nicht nur abstrakt (als es selbst!), sondern auch materiell (als Leibesform) greifbar. Es ist

---

[182] Bourdieu (1997/2001: 103) bemerkt kritisch: „Der Mythos von der ‚natürlichen Begabung' und der Rassismus der Intelligenz stehen heute im Zentrum einer von sämtlichen Herrschenden […] zutiefst geteilten Soziodizee, die die (von Bildungseinrichtungen gemessene) ‚Intelligenz' zum obersten Legitimationsprinzip erhebt und Armut und Scheitern […] nicht mehr auf Faulheit, Leichtsinn oder Lasterhaftigkeit zurückführt, sondern auf Dummheit."

daher auch, wie bereits im Falle der Rollentheorie für Rollen geschehen, äußerst ungeschickt, Personalität als „Zumutung" (Fuchs 2003: 130) zu bezeichnen.

Das Bewusstsein muss eben ständig von reflexiver Selbstreferenz zur Fremdreferenz kreuzen. Würde es nämlich seine Identität nur reflexiv selbstreferenziell bestimmen wollen, liefe es auf Paradoxien oder Tautologien auf und bräuchte, um überhaupt soweit zu kommen, ein außerordentliches Abstraktionsniveau. Es muss das, was es bereits strukturell über seine Personalität verfügbar hat, mit dem abgleichen, was über die eigene Person aus der Teilhabe an Interaktion geschlossen wird und, sofern sie Thema von Kommunikation ist, gesagt wird (das mag dann als Zumutung oder Entlastung empfunden werden). Es kann dann wieder ablehnen oder annehmen und so den eigenen Strukturaufbau weiter vorantreiben. Dabei werden permanent Kontingenzhorizonte mitgeführt: von möglichen Aussagen, die auch der eigenen Person attribuiert werden könnten (wenn man z.B. intelligent ist, könnte man eben auch dumm sein, was wiederum noch nichts über Schönheit aussagt), und ein Kontingenzhorizont von anderen Personen und denen individuell attribuierten Verhaltensbeschränkungen und Beschränkungen des als Leib Wahrgenommenwerdens. Man kann dann wiederum kreuzen, sich in der Phantasie vorstellen, wie es wäre, wenn man aussähe wie Robert Redford oder George Clooney, oder wenn man so sanftmütig wie Ghandi wäre. Man kann feststellen, wie man geworden sein könnte, werden will usw. Man kann Personen nachspielen (play) und dann, indem man die Kommunikation daraufhin beobachtet, feststellen, dass es gar nicht um Personen, sondern um Rollen ging. Man kann versuchen, sich Verhaltensweisen, Accessoires, ja neuerdings sogar Körperformen anzueignen in der Hoffnung, dass deswegen in der Kommunikation personale Attribution anders stattfindet als bisher, und das dann in der Interaktion testen. Letztlich bleiben die Selbstbeobachtung und die Genese von Selbstvorstellungen des Bewusstseins angewiesen auf die Kommunikation, deren Feedbackprozesse und das beobachtbare Personenrepertoire sowie auf beobachtbares personales Feedback gegenüber Anderen, welche allesamt dann personale Kontingenzhorizonte eröffnen. Dennoch ist der personale Strukturaufbau nicht fremdbestimmt, sondern geschieht im eigenen Operieren und entsprechendem Restabilisieren der Strukturen, mit deren Hilfe die Gedanken andere Gedanken beobachten können. Über Strukturaufbau akkumuliert das System dann Geschichte und die Möglichkeit, Gedanken (reflexiv selbstreferenziell) so zu beobachten, als erinnerte es sich. Davon handelt der nächste Abschnitt.

1.4.2 Gedächtnis und Erinnerung des Selbst

So selbstverständlich es uns erscheinen mag, dass wir eine Vergangenheit haben und dass in dieser Vergangenheit Ereignisse passiert sind, Handlungen vollzogen wurden und Wahrnehmungen stattgefunden haben, die wir erlebt haben und an die wir uns erinnern können, so seltsam wird das Phänomen der Erinnerung doch, wenn wir es näher unter die Lupe nehmen. Da die Vergangenheit eben vergangen ist und somit irreversibel, kann das Erinnern kein Zurückgehen in die Vergangenheit sein, sondern nur je aktuell in der Gegenwart stattfinden (vgl. z.B. Luhmann 1996b; Luhmann 2000/2002: 56). Kierkegaard wollte deswegen gar den Begriff der Erinnerung durch den der Wiederholung ersetzen. Erinnerung ist für ihn eine rückwärts gewandte bzw. interpretierte Wiederholung (vgl. Kierkegaard 1843/2000: 3).

> „Die Dialektik der Wiederholung ist leicht; denn das, was wiederholt wird, ist gewesen, sonst könnte es nicht wiederholt werden, aber gerade, daß es gewesen ist, macht die Wiederholung zu etwas neuem. Wenn die Griechen sagten, alles Erkennen sei Erinnerung, so sagten sie, das ganze Dasein, das da ist, ist dagewesen, wenn man sagt, daß das Leben eine Wiederholung ist, so sagt man: das Dasein, das dagewesen ist, entsteht jetzt" (ebd.: 22).[183]

Jedenfalls ist der Akt des *Erinnerns* ein gegenwärtiger Akt, wenn man so will, eine aktuelle Operation des Bewusstseins oder der Kommunikation, die eine andere Operation – also einen Gedanken oder eine Kommunikation – beobachtet und dabei mit einem vergangenheitsbezogenen Raum-Zeitindex[184] versieht, also in der Gegenwart die Unterscheidung von Vergangenheit und Zukunft mitreproduziert bzw. konstruiert[185]. Dabei meint die raum-zeitliche Indexierung keinesfalls unbedingt die Benennung genauer Zeitpunkte bzw. Daten sowie Orte und Plätze, an denen das Erinnerte stattgefunden haben soll, sondern es reicht eine ungefähre Einordnung in eine Vorstellung von einem als Vergangenheit bezeichneten Raum-Zeit-Kontinuum, die sozusagen im Hintergrund mitläuft. Solche Vorstel-

---

[183] Jan Assmann (1992/2002: 17) betont die Bedeutung von Wiederholungen für Wir-Identität und Identifizierbarkeit einer gemeinsamen ‚Kultur': „Das Grundprinzip jeder konnektiven Struktur ist die Wiederholung. Dadurch wird gewährleistet, daß sich Handlungslinien nicht im Unendlichen verlaufen, sondern [sich] zu wieder erkennbaren Mustern ordnen und als Elemente einer gemeinsamen ‚Kultur' identifizierbar sind."

[184] Man kann den Erinnerungsbegriff auch anders verwenden bzw. weiter fassen und so bestimmen, dass nur ausnahmsweise „Erinnerungen mit Zeitindex versehen" (Luhmann 1997: 581) werden. Für die hier verfolgten Zwecke ist aber die engere Begriffsfassung vorzuziehen, um so die (mit einem Zeitindex versehene) Erinnerung, die in den Neurowissenschaften mit einem autobiographisch, episodischen Gedächtnis in Zusammenhang gebracht wird (vgl. Markowitsch 2001: 222f), von Formen des ebenfalls auf Gedächtnis angewiesenen prozeduralen und deklarativen Wissens (vgl. Klein 2001: 27f; Markowitsch 2001: 222f) unterscheiden zu können. Wenn im Folgenden der weiter gefasste Erinnerungsbegriff gemeint ist, so wird von Gedächtnisaktualisierung oder Erinnerung im weiteren Sinne (i.w.S.) die Rede sein (umgekehrt wird gelegentlich um Verwechselungen zu vermeiden von Erinnerung im engeren Sinne (i.e.S.) gesprochen).

[185] Man kann freilich auch die andere Seite bezeichnen und einen Gedanken oder eine Kommunikation zukunftsbezogen beobachten und dann je nach unterstellter Sicherheit des Eintreffens des Sachsinns der beobachteten Operation von Wahrsagung, Vision, Wunsch, Hoffnung, Prognosen (vgl. dazu Hahn 2003b) oder gar Zwecken und Zielen der Geschichte sprechen.

lungen hängen dann wieder in hohem Maße mit den intrakulturell diachron und interkulturell synchron variierenden Zeit-, Raum- und Raum-Zeit-Semantiken der Kommunikation zusammen.

In der Erinnerung werden Raum und Zeit in gewissem Maße zu einer Einheit verwoben. So unterstellt bzw. (besser) setzt die Erinnerung des Bewusstseins die Anwesenheit seiner personalen Leib-Wahrnehmungs-Einheit in der Vergangenheit in mehr oder weniger genau bestimmten dreidimensionalen Raumkontexten, in denen sich andere Personenleiber bewegen oder nicht[186], etwa in der Form: In meiner Kindheit blieb ich in einem Aufzug stecken, oder: In meiner Jugend stieß mir auf einer Reise nach Dänemark Folgendes zu ..., oder: Als ich gestern spazieren ging, traf ich Herrn Müller. So setzt die Kommunikation z.B. in Beziehungs- und Entscheidungsgeschichten von Organisationen, in der Konstruktion von Historie oder ganz konkret in Gerichtsverfahren, die Anwesenheit der Personenleiber in der irreversibel vergangenen Zeit, wobei gelegentlich das Erinnerungsvermögen von Bewusstseinssystemen mobilisiert oder unterstellt werden muss, gelegentlich nicht (etwa: 333 war bei Issos Keilerei; oder: Der Angeklagte wurde am Morgen des 12.6.1999 bei folgender Tätigkeit beobachtet; oder: Erinnerst Du Dich noch, als wir damals ...?). Dieses Versehen mit Raum-Zeit-Indices unterscheidet die Erinnerung, wie sie hier im engeren Sinne verstanden werden soll, von anderen Formen des Gebrauchs von Gedächtnis (vgl. auch die Unterscheidung verschiedener Gedächtnisformen bei Assmann 1992/2003; Assmann 1992/2002; Assmann & Assmann 1994).[187]

Beim Gebrauch von Gedächtnis unterstellen wir nun normalerweise eine Doppelselektion. Einmal geht es darum, dass irgendwelche ‚Daten' wie Ereignisse, Erlebnisse, Gedanken, Kommunikationen, Unterschiede, Unterscheidungen

---

[186] Man sieht hier bereits, dass Erinnern, wie es hier verstanden werden soll, ohne die Personenform der Kommunikation nicht funktionieren kann

[187] Solche Unterscheidungen haben eine lange Tradition. Für Platon ist das Erinnern ein Wiedererinnern (αναμνησις) des vorgeburtlich von der unsterblichen und etliche Male wiedergeborenen Seele geschauten Allgemeinem im Besonderen. Deswegen ist alles Lernen auch ein Voranschreiten von vermeintlichem Wissen zu einem Nicht-Wissen und schließlich zum Wiedererkennen, so dass die Aufgabe eines Lehrenden es auch ist, Fragen zu stellen und dadurch das Wiedererinnern anzufachen (vgl. Menon, 81c-86c). Aristoteles (der die Ideenlehre bekanntlich ablehnt) dagegen hatte von einem Wiedererkennen durch Vorherwissen das psychologische Erinnerungsvermögen des Gedächtnisses als ein Behalten von Wahrnehmungsereignissen in einem zeitlichen Zusammenhang geschieden (De Memoria 450a, 15ff; vgl. von Bormann 1972: Sp. 636). Locke hatte dann mit seinen ‚simple ideas' die Wahrnehmungsseite verabsolutiert, damit aber das Problem geschaffen, *wie* ohne apriorische Ideen überhaupt etwas diakritisch wahrgenommen werden kann und *wie* vergangene Wahrnehmungserlebnisse revitalisiert werden können. Mit der Suche nach einer Vermittlungsinstanz zwischen diesen Positionen war die Philosophie dann lange beschäftigt. Hegel hatte bekanntlich der Geschichte bzw. dem objektiven Geist diese Aufgabe zugedacht, und somit – einmal abgesehen, von allen Problemen, die das Hegelsche System diesbzgl. schafft – den Weg bereitet für eine sozio-historisch-semantischen Wendung der Theorie der Phylogenese.

usw. irgendwie in einem Gedächtnis behalten werden; zum anderen geht es darum, dass diese ‚Daten' ‚wiedergefunden' werden, für aktuelles Operieren relevant werden, z.B. indem eben etwas erinnert wird. Das kann auch ausgedrückt werden, indem gesagt wird, dass einerseits der Strukturaufbau fokussiert wird und andererseits die Benutzung der Strukturen für die Gewinnung von Operationen aus Operationen oder – und das ist ein wichtiger Unterschied, auf den bald zurückzukommen sein wird – für die Beobachtung von Operationen und Beobachtungen.

a) Zur Differenz von Erinnerung und Gedächtnis

Üblicherweise wird heute zur Illustration des Unterschiedes und Zusammenhangs von Gedächtnis und Aktualisierung von Gedächtnisinhalten auf die sog. Computermetapher zurückgegriffen (vgl. Weinert 1974), d.h. man stellt sich das Gedächtnis als eine Art Speicher vor und die Reaktualisierung seiner Inhalte als eine Art Algorithmus, mit Hilfe dessen auf bestimmte Speichereinheiten zugegriffen werden kann, die sodann aktual prozessiert werden. Historisch betrachtet ist es nun wohl eher so, dass bestimmte funktionale Einheiten der Computer mit Gedächtnismetaphern benannt wurden, wie z.B. die Begriffe „Random Access Memory" (RAM) oder „Read Only Memory" (ROM) zweifelsfrei belegen. Allein deswegen ist mit der Computermetapher Vorsicht geboten: Unser alltägliches Verständnis von Computern operiert mit der Gedächtnis- (im Englischen) oder Speichermetapher (die seit den 60er Jahren des letzten Jahrhunderts populär ist[188]), die wir analog setzen und sodann wieder auf das Gedächtnis rückübertragen (vgl. zu verschiedenen Gedächtnismetaphern auch Assmann 1992/2003).

aa) Soziales Gedächtnis und Erinnerung

Am wenigsten problematisch scheint die Speichermetapher zunächst für das zu sein, was von Luhmann (1996b, 1997: 583ff, ebenso Hahn 2003c: 9f) als *soziales Gedächtnis* bezeichnet wird.[189] Hiermit sind Externalisierungen gemeint, die in-

---

[188] Als Aufbewahrungsort wird das Gedächtnis freilich bereits viel früher verstanden. Augustin spricht z.B. von den weiten Palästen des Gedächtnisses, wo die Schätze unzählbarer, von jedweden Dingen durch die Sinne hereingebrachter Bilder sind (meine Übersetzung; Augustinus 397/1987, X,8,12: „lata pretoria memoriae, ubi sunt thesauri innumerabilium imaginum de cuiscemodi rebus sensis invectarum").
Mittlerweile scheint in den Neurowissenschaften allerdings ein Paradigmenwechsel stattzufinden. Man spricht nun von sich in aktuellem Erinnern (i.w.S.) je neu bildenden neuronalen Netzwerken (vgl. z. B. Spitzer 2003).

[189] Aleida (1992/2003: 13ff) und Jan Assmann (1992/2002: 50ff; siehe auch Assmann & Assmann 1994) bezeichnen ähnlich Gedächtnisleistungen von Gesellschaftsformationen, die mit symbolischen Objektivationen arbeiten, als kulturelles Gedächtnis, das sie begrifflich

folge relativer Persistenz in der Zeit als Objektivationen (Berger & Luckmann) bewusstseinsextern verfügbar sind. Sofern es Schrift oder mobile Möglichkeiten bildlicher Darstellung gibt, können tatsächlich Kommunikationen örtlich und zeitlich gebannt und in Arten von Speichern (wie Bibliotheken, Archiven, Museen, Lagern usw.) untergebracht werden (vgl. ebd.: 9).

In primitiven Gesellschaften liegt die Sache allerdings etwas anders. Nach Luhmann sind hier Objektivationen in Form von Häusern, Werkzeugen, sprachlichen Bezeichnungen *und* deren Verwendung gegeben. „Es handelt sich [...] um Festlegungen des Sinns *und* der richtigen Form von Gegenständen [...], auf die sich die Kommunikation beziehen kann, ohne das Zweifel darüber aufkommen, was gemeint ist und wie damit umzugehen ist" (Luhmann 1997: 585). Aber das setzt doch auch ein fortwährendes, ununterbrochenes „Reimprägnieren" (ebd.: 584) des Gedächtnisses solcher Gesellschaften durch aktuelle Kommunikation voraus, und damit ein ununterbrochenes Mitwirken individueller Bewusstseinssysteme, deren Gedächtnisse zugleich ‚reimprägniert' werden müssen. In der primitiven Gesellschaft ist das soziale Gedächtnis daher untrennbar mit den (wechselseitig aufeinander verweisenden) Aktualisierungsfunktionen von Kom-

---

etwas unglücklich von einem kommunikativen Gedächtnis unterscheiden. „Das kommunikative Gedächtnis umfasst Erinnerungen, die sich auf die rezente Vergangenheit beziehen. Es sind Erinnerungen, die der Mensch mit seinen Zeitgenossen teilt. Der typische Fall ist das Generationen-Gedächtnis. Es wächst der Gruppe historisch zu; es entsteht in der Zeit und vergeht mit ihr, genauer: mit seinen Trägern. Wenn die Träger, die es verkörpern gestorben sind, weicht es einem neuen Gedächtnis. Dieser allein durch persönlich verbürgte und kommunizierte Erfahrung gebildete Erinnerungsraum entspricht biblisch den 3-4 Generationen, die etwa für eine Schuld einstehen müssen" (Assmann 1992/2002: 50). Demgegenüber richtet sich „[d]as kulturelle Gedächtnis auf Fixpunkte in der Vergangenheit. Auch in ihm vermag sich die Vergangenheit nicht als solche zu erhalten. Vergangenheit wird vielmehr zu symbolischen Figuren, an die sich die Erinnerung heftet. Die Vätergeschichten, Exodus, Wüstenwanderung, Landnahme, Exil sind etwa solche Erinnerungsfiguren, wie sie in Festen liturgisch begangen werden und wie sie jeweilige Gegenwartssituationen beleuchten" (ebd.:02, 52). Während das von den Assmanns sog. „kommunikative Gedächtnis" der gesamten sozialen Gruppe gleichermaßen verfügbar ist, ist das sog. kulturelle Gedächtnis auf Gedächtnis- bzw. Erinnerungsspezialisten angewiesen, „die Teilhabe am kulturellen Gedächtnis [ist] immer [sozial; J.R.] differenziert" (ebd.: 53). Nichtsdestotrotz ist der Zugriff auf das Assmannsche kulturelle Gedächtnis auch immer kommunikativ. Das Erzählen der Stammesmythen und Vätergeschichten, die Darstellung religiöser Erweckungsgeschichten in Ritualen und natürlich das Lesen von Texten ist Kommunikation. Auch das kulturelle Gedächtnis ist für (Sinn-)Aktualisierungen auf Kommunikation angewiesen, so dass es mir unglücklich erscheint, es von einem „kommunikativen Gedächtnis" zu scheiden. Diese untrennbare Verknüpfung der Aktualisierung von Gedächtnisinhalten von Gesellschaftsformationen mit kommunikativen Prozessen ist dann auch der Grund weswegen Luhmann und Hahn (in Bezug auf Luhmann) von sozialem Gedächtnis sprechen. Wir erinnern uns: In der Gesellschaftstheorie Luhmanns ist das Soziale bzw. die Gesellschaft die Gesamtheit aller Kommunikationen (vgl. Luhmann 1997: 88ff). Wie ich noch zeigen will, kann man aber streng genommen von einem reinen Gedächtnis der Kommunikation nur im Falle von Schrift sprechen, da erst hier Aktualisierungsunterbrechungen möglich werden, die Gedächtnis in dem Sinne sozial werden lassen, als dass sie es faktisch von *konkretem* individuellen Bewusstsein entkoppeln.

munikation und Bewusstsein verbunden (auch in der Moderne gilt das natürlich für bestimmte Teilsysteme, insbesondere Interaktionssysteme bzw. soziale Gruppen).

Auch „im Tradieren von Wissen, also in der *zeitlichen Verzögerung* der Inanspruchnahme psychischer Gedächtnisleistungen, im Nacheinander ihrer Aktivierung, also im Zeitgewinn, der es ermöglicht Wissen zu erhalten, auch wenn Zeit vergeht" (Luhmann 1993/1995: 245; Hervorh. i. Org.) sind *permanent*, also *unterbrechungslos*, mindestens zwei *konkrete individuelle* Bewusstseinssysteme mit ihren Gedächtnissen zwingend beteiligt.[190] Das Gedächtnis schriftloser Gesellschaftsformationen ist eben *nicht* (!) „unabhängig davon, was einzelne Individuen erinnern, und wie sie aus Anlaß der Mitwirkung an Kommunikation ihr eigenes Gedächtnis auffrischen" (ebd.).

Besonders deutlich wird das bei den von Luhmann in Anlehnung an Serres sog. „Quasi-Objekten" (Luhmann 1997: 585).[191] Wären die Verwendung eines Werkzeugs, der Ablauf oder gar die Existenz eines Ritus, eine Erzähltradition usw. in keinem einzigen individuellen Gedächtnis mehr verfügbar, so würden sie auch aus dem sozialen Gedächtnis unwiderruflich getilgt. Niemand (bis auf den blanken Zufall) könnte sie hunderte Jahre später „nach einem langen Dornröschenschlaf" (Hahn 2003c: 10) wieder erwecken. Nichts und niemand könnte auf diesem Wege eine Renaissance (im genauen Wortsinne) erleben. Unverhoffte Auferstehungen aus dem Gedächtnis bleiben an Schrift gebunden! „Schrift [wird] zum Wahrnehmungsäquivalent" (Bohn 1999: 139). Erst mit Schrift (oder mindestens ikonischen Darstellungen), wird das soziale Gedächtnis zu dem, was wir heute gewöhnlich unter Gedächtnis verstehen, wird es vom permanenten Gebrauch der Aktualisierungsfunktion entkoppelt, sozusagen von einem Kurzzeitgedächtnis, das nur durch permanente Wiederholung prolongiert werden kann, zu einem Langzeitgedächtnis, was natürlich nicht heißt, dass solche ‚Speicherungen' auch unabhängig von individuellem Bewusstsein abrufbar wären (vgl. Luhmann 1997: 216f, 584). „Um sich ihrer erinnern zu können bedarf es freilich

---

[190] Seltsamerweise heißt es etwa 100 Seiten vorher im Rechtsbuch von Luhmann auch: „Gesellschaften, die nur mündlich kommunizieren können, sind in ihrem Gedächtnis auf psychische Systeme angewiesen, und zwar sowohl auf deren Erinnerungsvermögen als auch auf ihre Fähigkeit Erinnertes, das andere gar nicht erlebt oder vergessen haben, plausibel zu kommunizieren." (Luhmann 1993/1995: 108). Später heißt es dann (Luhmann 1993/1995: 245): „Vielfach wird angenommen, daß diese [schriftlosen] Gesellschaften ausschließlich auf das psychische Gedächtnis von Individuen angewiesen waren. Das trifft jedoch nicht zu". Diesen Widerspruch können wir hier leider nicht auflösen, nur erinnern!

[191] Auch die Beispiele, die Elena Esposito (2003: 166) als Belege für die Luhmannsche These anführt, setzen Schriftlichkeit voraus: Die Bücher auf den Bibliotheksregalen, die Finanzmärkte und das symbolisch generalisierte Kommunikationsmedium Geld sind allesamt ohne Schrift undenkbar! Dirk Baecker (1987) verweist auf die Bedeutung der Buchführung als Gedächtnis der (betrieblichen) Wirtschaft für die Ausdifferenzierung des Wirtschaftssystems. Dieser Sachverhalt war (eng zusammenhängend mit der Trennung von Haushalt und Betrieb) bereits von Max Weber (1920/1988: 8) hervorgehoben worden.

der Reinkarnation in ein individuelles Bewusstsein oder einer aktuellen Kommunikation" (Hahn 2003c: 10). Aber im Falle von Schrift können Aktualisierungsfunktionen von Kommunikation (wie ein Teil der Wissenschaft in dem Wiederauffinden von ‚vergessenen' Texten aus dem Gedächtnis der Wissenschaft besteht) und von Bewusstsein vom sozialen Gedächtnis getrennt werden. Gedächtnis ist erst jetzt wirklich sozial geworden. Es kann virtuell von Wahrnehmungskontexten getrennt werden, und ein kommunikativer Charakter des Erinnerns – z.B. beim Wiederlesen von Texten – kann hervorstechen. So können Gedächtnisinhalte unter Umständen sehr lange Aktualisierungsunterbrechungen überleben (mit der Folge von allerlei Missverständnissen, die das erneute Aktualisieren dann produzieren mag).

> „Schriftliches Wissen ist dem unmittelbaren Verwendungszusammenhang enthobenes, dekontextuiertes Wissen. Aktualisierung von schriftlich fixiertem Wissen heißt immer Rekontextuierung. Es eröffnet aber nicht nur einen Raum für die Selbstproblematisierung und das Reflexivwerden von Wissen [...]. Die Kluft zwischen Wissen und Wissensaktualisierung verändert auch die Anschluß- und Verweisungsbedingungen sinnhaften Operierens. Bewußtsein und Kommunikation operieren unter Bedingungen der Schriftlichkeit unter vielfältigeren Verweisungsmöglichkeiten. Jede Wahrnehmung, jede Vorstellung, jede kommunikative Offerte muß die Selektion ihrer Verweisungsüberschüsse im Horizont von Archiven und Bibliotheken, schriftlich fixiertem und tradiertem Wissen vornehmen. In den Funktionssystemen Wissenschaft und Kunst gilt einzig das Zitat als legitime Form, bereits bekanntes noch einmal zu kommunizieren" (Bohn 1999, 37f).

Wenn mit der Einführung der Druckerpresse Schrifterzeugnisse in genügend großer Zahl produziert werden können, und mit der von der Aufklärung angeregten Einführung der allgemeinen Schulpflicht genügend Leute lesen und schreiben können, dann ist eine notwendige Voraussetzung für die Ausdifferenzierung von Funktionssystemen mit funktionsspezifischen sozialen Gedächtnissen geschaffen, von denen dann wieder Kommunikation zu scheiden sind. Z.B. funktionsspezifische Erinnerungen der Organisationen der Funktionsbereiche können in funktionsfremden Gedächtnissen stöbern (etwa kann der Leiter einer Marketingabteilung soziologische Analysen des gesellschaftlichen Wertewandels zu Rate ziehen), aber freilich nur funktionseigen bzw. codespezifisch erinnern (der Marketingleiter setzt etwa die Wahrheit des Gelesenen voraus und überlegt sich, wie man sie für die Erzeugung von Zahlungen nutzbar machen kann).

Ebenso können sich individuelle oder gruppenspezifische Dispositionen in Form von Habitus und (latenten) Interessenslagen dafür verantwortlich zeigen, wie erinnernd auf den Fundus erinnerbarer sozialer Gedächtnisinhalte zugegriffen wird und wie Gegenwart als geschichtlich Gewordene (re)konstruiert wird:

> „Wie der Brief nur durch die Lektüre, die eine erworbene Fähigkeit zum Lesen und Entziffern voraussetzt, dem Schicksal entrinnt, toter Buchstabe zu bleiben, so kann die (in Instrumenten, Monumenten, Werken, Techniken usw.) objektivierte Geschichte nur agierte und agierende Geschichte werden, wenn sich Akteure ihrer annehmen, die aufgrund vorangegangener Investitionen und Besetzungen dazu neigen, sich für sie zu in-

teressieren, und über die nötigen Fähigkeiten verfügen, sie zu reaktivieren." (Bourdieu 1997/2001: 193).

Ganz ohne bewusste oder sogar quasi-körperliche, emotionale Erinnerungsmotivationen von Individuen – die freilich auch wieder sozial erzeugt sind und u.a. in und durch Kommunikation zu Tage treten – kann es eben auch kein soziales Gedächtnis geben.

Denn immer gilt, dass Gedächtnis operativ nur als Erinnerung i.w.S. in Erscheinung tritt. Operativ sind Gedächtnis und Erinnerung ununterscheidbar, doch können sie im Falle von Schrift eben thematisch auseinanderdividiert werden, wie wenn man in einer Vorlesung die Studenten auffordert, ‚den Weber doch einmal im Original zu lesen' (d.h. ‚da gibt es etwas im sozialen Gedächtnis, das der Erinnerung wert ist'). Schrift an sich erzeugt Erinnerungsmotivation und die Vermutung, dass ein sozialer Gedächtnisinhalt erinnerungswürdig sein könnte, gerade, weil evtl. angenommen wird, dass er aktuell in nicht ausreichendem Maße erinnert wird, oder längere Aktualisierungsunterbrechungen stattgefunden haben. Auf diese Differenz von sozialem Gedächtnis und individuellem sowie kommunikativem Erinnern kann wiederum kommunikativ und institutionell hingewiesen werden: Lesen Sie Schiller im Schillerjahr!

Dieses Auseinanderziehen von Gedächtnis(sen) und Erinnerungen funktioniert in schriftlosen Gesellschaften nicht, weswegen diese auch an Lokalität bzw. genauer an die Lokalität der Wahrnehmung des Lokalen gebunden bleiben und an die damit mögliche Kopplung des sozial Bewahrenswerten an möglichst viele Bewusstseinssysteme, die ständig durch die lokal begrenzte (!) (kommunikative) Omnipräsenz bestimmten Sinns reimprägniert werden und so wieder an der Aktualisierung ‚objektiver' Sinngehalte mitwirken. Deswegen hatten Halbwachs (1950/1967) und Durkheim (1893/1996) wohl auch von *Kollektivgedächtnis* oder *-bewusstsein* (vgl. auch Hahn 2003c: 7f; Assmann & Assmann 1994: 117f) gesprochen, das auf die Gedächtnisleistungen und geteilte Gedächtnisinhalte der beteiligten Individuen angewiesen, aber zugleich mehr ist als die Summe der Einzelbewusstseine. Letztere müssen nämlich durch die ständige objekthafte Präsenz oder die in gewissen Intervallen wiederholte, evtl. ritualisierte Kommunikation bestimmten Sinns (man denke auch an die ‚colère publique bei Durkheim) mit der Selbstverständlichkeit sozialer Realität und Ordnung konfrontiert werden.[192]

---

[192] Selbstverständlich gibt es auch in modernen Gesellschaften schriftlose Formen von Gruppengedächtnissen. Assmann und Assmann (z.B. 1994: 121ff) sprechen wiederum etwas unglücklich von ‚bewohntem Funktionsgedächtnis' im Unterschied zum ‚Speicher-Gedächtnis'. Speicherungen haben aber unter der Bedingung der Antizipation möglichen Vergessens eben auch eine Funktion. Wir sind eher geneigt von auf Konsens- bzw. Kollektivitätsunterstellungen (vgl. Hahn 1983) basierenden gruppen- oder subsystemspezifischen Komplexen des Bedeutungs- und Faktenwissens (vgl. Hahn 1973) oder von Systemen des common sense (vgl. Garfinkel 1959/1968; Geertz 1975/1987; Bourdieu 1997/2001: 123ff) zu sprechen (für den Hinweis auf Bourdieu danke ich Cornelia Bohn). In modernen Ge-

ab) Das Gedächtnis und die Erinnerung des Bewusstseins

Im Falle des Bewusstseins scheint die Speichermetapher zunächst noch proble-
matischer, da es schwer fallen dürfte, Orte auszumachen, an denen Gedanken ge-
lagert werden (obwohl bestimmte Arten neuropsychologischer Forschung so
beobachten mögen). Jedenfalls tritt das Gedächtnis als solches im Bewusstsein
niemals in Erscheinung[193]. Was erscheint, sind verschiedene Formen der Aktualisierung von Gedächtnis. Man erkennt etwas wieder bzw. kann es bezeichnen,
man beherrscht bestimmte sensomotorische Ablaufroutinen (wie das Anziehen
von Kleidung) oder man erinnert sich an ein vergangenes Wahrnehmungs- bzw.
Bewusstseinsereignis, wobei man sich bewusst ist, dass man sich erinnert[194].

ac) Die Differenz von Gedächtnis und Erinnerung als reflexive Systemleistung

Die autopoietische Systemtheorie Luhmanns versucht sich aus der Kalamität der
operativen Differenzlosigkeit von Erinnerung und Gedächtnis dadurch zu helfen, indem sie den Gedächtnisbegriff zunächst rein funktional bestimmt. Es gehe
„um eine stets, aber immer nur gegenwärtige Funktion, die alle anlaufenden
Operationen testet im Hinblick auf Konsistenz mit dem, was das System als Realität konstruiert" (Luhmann 1997: 578f).

> „Die Funktion des Gedächtnisses besteh[e] deshalb darin, die Grenzen möglicher Kon-
> sistenzprüfungen zu gewährleisten und zugleich Informationsverarbeitungskapazitäten
> wieder frei zu machen, um das System für neue Irritationen zu öffnen".

Es geht also darum, Umwelt (bzw. für Sinnsysteme Welt) als Selektionsleistung
des Systems zu haben. Daher liege „[d]ie Hauptfunktion des Gedächtnisses [...]
also im Vergessen, im Verhindern der Selbstblockierung des Systems durch ein
Gerinnen der Resultate früherer Beobachtungen" (ebd.: 579). Nur durch das
Vergessen könne auch etwas erinnert werden, was dann den Anschluss neuer
Operationen ermögliche. Luhmann bringt hier das Beispiel eines Schachspiels,
bei dem die Spieler sich nicht an alle Spielzüge erinnern müssen, sondern eben
nur an die Zugmöglichkeiten der Figuren. Nur weil nicht jede Einzelheit erinnert

---

sellschaften wird solches common sense-Wissen in Form von Wissensbeständen des gesunden Menschenverstandes permanent durch Massenmedien produziert, reproduziert
und modifiziert. Bekanntheitsunterstellungen der Themen und Inhalte der Massenkommunikation (vgl. Luhmann 1996a; siehe Teil 2) führen dann zu Bezügen auf unterstellte
Kollektivgedächtnisse und zur Markierung kollektiver Identitäten (vgl. auch Reinhardt &
Jäckel 2005; ebenso Assmann/Assmann 1994: 123). Für die Produktion von Common
Sense kann natürlich selektiv auf Speicher zugegriffen werden. Dieser Aspekt wäre aber
unter dem Begriff der Erinnerung der Kommunikation zu behandeln.

[193] Ähnlich Augustinus (397/1987: X, 8,15): „Ergo animus ad habendum se ipsum angustus
est [...]": So ist der Geist zu eng, sich selbst zu haben (meine Übersetzung).

[194] „Ergo et meminisse me memini" (ebd.: X, 14,21).

werden müsse, könne das Spiel weiterlaufen. Es reiche, die Gegenwart als geronnene Vergangenheit zu betrachten und mit Hilfe der vorher verwendeten Strukturen (und eben nicht der Operationen) in Richtung Zukunft anzuschließen. Nur ausnahmsweise käme es dazu, dass bezeichnete Unterschiede oder Unterscheidungen (Formen) als Identitäten kondensiert würden, wobei das, wovon sie unterschieden worden seien, vergessen werde. Noch seltener käme es dazu, dass solche Identitäten dann mit Zeitindices versehen würden, damit den Objekten nicht zu viele evtl. widersprüchliche Eigenschaften zugleich zugeschrieben werden könnten (vgl. Luhmann 1997: 581f, Luhmann 1987a: 48, 86, En. 30).

Wie es zu derartigen Kondensationen von Identitäten kommt, bleibt aber weithin ungeklärt. Luhmanns allgemeine Gedächtnistheorie scheint in weiten Zügen kognitivistisch zu bleiben. Sie beobachtet die Autopoiesis von Systemen unter einem bestimmten funktionalen Gesichtspunkt, den sie dann Gedächtnis nennt, so dass es ihr schwer fällt Sonderformen von Gedächtnis zu unterscheiden, die sich daraus ergeben, dass Systeme ihre eigenen Operationen so beobachten, als hätten sie ein Gedächtnis. Das kann man z.B. an Luhmanns Schachspielbeispiel deutlich sehen.

Durch den Zerfall der Operationen können neue angeschlossen werden, und durch den im Operieren wiederholten Strukturgebrauch werden die Strukturen reimprägniert und evtl. modifiziert. Diese Fassung führt dazu, dass Luhmanns Gedächtnisbegriff ständig mit dem Autopoiesisbegriff (beabsichtigter Weise?) zu verwischen droht. Auch Elena Esposito (2003, 169) schreibt: „Das Gedächtnis erscheint aus dieser Perspektive als ein ,verkürzter Ausdruck' für die Rekursivität der Operationen des Systems [...] – also wiederum als eine Form der Autopoiesis und der Schließung."

Man könnte meinen, dieser Gedächtnisbegriff bezeichne nichts anderes als die Autopoiesis (und deren Strukturdetermination) selbst unter dem Gesichtspunkt einer (von einem Beobachter sprachlich bzw. kommunikativ unterschiedenen) „Doppelfunktion von Erinnern und Vergessen" (Luhmann 1997: 579):

> „Großsysteme wie das Zentralnervensystem, das Immunsystem oder das Bewußtseinssystem [sind] durch selbstreferenzielles Operieren, Eigenkomplexität und vor allem durch selbsterzeugte Unbestimmtheit charakterisiert. Es sind, kann man auch sagen, geschichtliche Systeme, die über ein Gedächtnis verfügen mit der Möglichkeit des Vergessens und des Erinnerns. Jede Operation dieser Systeme diskriminiert immer auch Vergessen und Erinnern und gewinnt durch Vergessen freie Kapazitäten für weitere Operationen. Was für wiederholte Verwendung, Wissen usw. verfügbar ist, beruht konstitutiv auf der Repression von Informationen, die solches Identifizieren behindern würden. Genau diese Doppelorganisation gewinnt intern jedoch keine [sic!] Transparenz, weil dies dazu führen würde, daß das Vergessen erinnert wird" (Luhmann 2002: 25).

Gerade das Erinnern des Vergessens wird für die hier zu erarbeitende Gedächtnistheorie bald aber noch eine bedeutsame Rolle spielen.

An dieser Stelle wird allerdings zunächst ferner deutlich, dass Luhmann offenbar den Gedächtnisbegriff auf lernende bzw. strukturmodifizierende und/oder -bildende Systeme (im Unterschied zu strukturhabenden Systemen) beschränken zu wollen scheint (vgl. auch Luhmann 1997: 583), während Instinkte, angeborene Wahrnehmungsschematismen etc. nicht als Gedächtnis bezeichnet werden könnten, was wiederum dem Allgemeinheitsanspruch (vgl. Luhmann 1997: 583) der Luhmannschen Gedächtnistheorie widerspräche. Gleichzeitig soll ein System dann auch noch erinnerte Vergangenheit haben (vgl. ebd.), eigene Zustandsunterschiede feststellen (vgl. ebd.: 578), Identitäten kondensieren usw. Dabei muss es sich aber doch wohl um besondere Strukturen handeln, die so etwas ermöglichen, denn nicht alle lebenden Systeme verfügen über eine derartige Form von Gedächtnisgebrauch. Man kommt aus derartigen Ungereimtheiten der hier vertretenen Ansicht nach erst heraus, wenn man konsequent zwischen den Ebenen basaler Selbstreferenz, reflexiver Selbstreferenz (Selbstbeobachtung erster Ordnung), Selbstbeobachtungen zweiter Ordnung und entsprechenden Fremdbeobachtungen unterscheidet.[195]

Insofern bezeichnete der Gedächtnisbegriff *auf Ebene der basalen Selbstreferenz* psychischer und sozialer Systeme tatsächlich lediglich Strukturaufbau und -modifikation, durch die Systeme Eigenzeit generieren und aufgrund vergangenen Operierens Gegenwart als Aktualität haben und eben nicht zwangsläufig in Richtung Zukunft oszillieren (für einen Beobachter mag sich das natürlich anders darstellen). Etwas völlig anderes ist die Frage, ob sich ein System vorstellen kann bzw. kommunizieren kann, ein Gedächtnis zu haben. Erst *durch Selbstbeobachtung* (reflexive Selbstreferenz) des eigenen Operierens wird Sinn konstituiert, und zwar auf allen drei Sinndimensionen zugleich (ein Ego/alter Ego hat etwas gesagt, gedacht, getan), wird auch der Zerfall der eigenen Operationen sichtbar gemacht, das Vergessen und Nicht-Vergessen, was dann als Aktualisierung von Gedächtnis oder ‚Erinnern' im weiteren Sinne verstanden (!) werden kann. Nur Sinnsysteme können also sich selbst (und auch andere Systeme) - d.h. ihre Operationen - mit der Unterscheidung Erinnern/Vergessen beobachten und jeweils eine Seite bezeichnen. Ebenso können sie die Unterscheidung beobachten (Beobachtung 2. Ordnung) und dann als Gedächtnis markieren[196], wenn sie die Un-

---

[195] Soziale Systeme operieren natürlich immer auch reflexiv selbstreferenziell (wegen der Sinnbasis der Autopoiese), indem sie ex post Kommunikationen als Handlungen ‚ausflaggen', weswegen hier die Ebenendifferenzierung tatsächlich nur analytisch vollzogen werden kann. Vielleicht ist das auch der Grund, warum Luhmann in den Ausführungen, auf die hier Bezug genommen wird, die sonst so konsequent durchgehaltenen Differenzierung zwischen Operation und Beobachtung erster und zweiter Ordnung, verschleiert, wodurch die allgemeine Gedächtnistheorie kryptisch bleibt.

[196] Bewusstseinssysteme können diese Markierung in der Ontogenese, wenn sie Zugang zu der Personenform der Kommunikation gewinnen, leicht vornehmen, da Personen in der Kommunikation Gedächtnis unterstellt wird (vgl. Luhmann 2002: 34ff), „weil nur so der Fortgang der Kommunikation in Aussicht gestellt werden kann" (ebd.: 36), indem eben

terscheidung reflexiv – also mit der gleichen Unterscheidung – beobachten (Kybernetik 2. Ordnung). Dann können sie aber auch feststellen, dass sie sich erinnern, sich erinnert zu haben (Augustin) bzw. *sich erinnern, vergessen zu haben*:

> „At si quod meminimus memoria retinemus, oblivionem autem nisi meminissemus, nequam possemus audito isto nomine rem, quae illo significatur, agnoscere, memoria retinetur oblivio. Adest ergo, ne obliviscimur, quae cum adest, obliviscimur"[197] (Augustinus 397/1987: X, 16,24).

Jedenfalls kann erst jetzt ein Sinnsystem Gedächtnis für sich (bzw. als Thema) haben und so auch zwischen Vergangenheit und Zukunft bzw. vorher und nachher unterscheiden, wie von der Gegenwart aus – die jetzt auch für das System selbst geronnene Vergangenheit geworden ist – durch Erinnerung in die Zukunft oszillieren (etwas war damals und nicht jetzt, jetzt sollte es so bleiben oder anders werden). Auch das sieht bereits Augustin (ebd., X, 8,14):

> „Ex eadem copia etiam similitudines rerum vel expertarum vel ex eis, quas expertus sum, creditarum alias atque alias et ipse contexto praeteritis atque ex his etiam futuras actiones et eventa et spes, et haec omnia rursus quasi praesentia meditor. ,Faciam hoc et illud' dico apud me [...] ,et hoc aut illud sequitur'."[198]

---

davon ausgegangen wird, dass die Beteiligten nicht ständig vergessen, was vorher gesagt wurde (vgl. Luhmann 1997: 580).

[197] „Aber, wenn wir das, was wir erinnern, im Gedächtnis behalten, das Vergessen aber nicht erinnerten, könnten wir durch das gehörte Wort keineswegs die Sache erkennen, die durch jenes bezeichnet wird, das Vergessen wird durch das Gedächtnis behalten." Der letzte Satz ist wohl bewusst mehrdeutig formuliert. Man könnte übersetzen: „Es ist also da, damit wir nicht vergessen, dass wir vergessen, was auch immer da ist". Oder alternativ: „So ist es also da, damit wir nicht vergessen, was auch immer da ist, vergessen wir" (meine Übersetzung). Diese Ausführungen Augustins stehen im Zusammenhang mit seiner Auseinandersetzung mit der platonischen Anamnesislehre. Es geht letztlich um die Frage wie etwas wiedererkannt werden kann, was nicht zuvor wahrgenommen wurde. Das Vergessen ist einerseits Ermangelung bzw. Beraubung des Gedächtnisses („Sed quid est oblivio nisi privatio memoriae", Augustinus 397/1987: X, 16,24), andererseits kann man sich erinnern, vergessen zu haben, sonst könnte man den Begriff des Vergessens nicht verstehen. So müssen sich offensichtlich zwei Arten des Vergessens unterscheiden lassen. Wenn wir uns erinnern, vergessen zu haben, können wir im Gedächtnis danach suchen, und wenn wir es wiederfinden, so erkennen wir es wieder, weil es in unserem Gedächtnis war. So müssen wir letztlich eine Vorstellung von Gott und dem seligen Leben im Gedächtnis haben, die wir wiedererkennen, ohne es jemals wahrgenommen zu haben. Nur in diesem Punkt scheint für Augustin die Anamnesislehre Platons zutreffend zu sein (vgl. ebd., X, 8,12 – 21,30). Auch Elena Esposito (2002: 29) bemerkt oben zitierte Stelle bei Augustinus, geht aber nicht näher auf die in der Figur des Beobachters gegebene systemtheoretische Anschlussmöglichkeit ein.

[198] „Aus derselben Menge (der Gedächtnisinhalte) webe ich gleichsam Ähnlichkeiten der Dinge zusammen, teils der Erfahrungen, teils der geglaubten, von denen ich erfahren habe, bald [verknüpfe ich] diese, bald jene zu einer Vergangenheit (zu den vergangenen Dingen), aber aus dieser (diesen) sinne ich auch auf künftige Handlungen und Ereignisse und Hoffnungen und über dies alles wie von neuem über die Gegenwart. So sage ich bei mir ,dies und jenes werde ich tun' ,und dies oder jenes wird daraus folgen" (meine Übersetzung).

Die vergangenen Bezeichnungen können dann auch in der Gegenwart bestätigt oder zurückgenommen werden, jedenfalls als *Entscheidungen* bzw. allgemeiner als gemachte Unterschiede memoriert werden.

> „Als Repräsentationen der temporalen Umwelt sind Vergangenheit und Zukunft [...] selbst Leistungen der Sinnsysteme, wobei die Tatsache, dass sie dies sind, den Systemen in höchst unterschiedlichem Maße gewiss sein mag. Ob das der Fall ist oder nicht, dürfte im Wesentlichen davon abhängen, ob Erinnerungen und Erwartungen als Folge von Entscheidungen des Systems oder als schlechthin alternativenlose Gegebenheit konstruiert werden müssen." (Hahn 2003b: 25f).

Die Vergangenheit hat – so wie sie aktuell konstruiert wird – nur die eine Seite der Unterscheidung (weil eben ein Unterschied gemacht wurde), die Zukunft erst dann, wenn die Vergangenheit als Folge von Entscheidungen[199], die zur Gegenwart geworden sind, vorgestellt wird, beide. Weil man sich eben erinnert, sich an gemachte Unterschiede zu erinnern, wird die Zukunft sozusagen geöffnet. Weil man sich erinnert, sich an Entscheidungen zu erinnern, wird die Zukunft für Entscheidungen des Systems geöffnet. Eine Zukunft der Gefahren und Hoffnungen wird dann zu einer Zukunft der Risiken (vgl. Luhmann 1991: Kapitel 2) und Prognosen (vgl. Hahn 2003b).

Das, was Luhmann als Doppelselektion von Erinnern und Vergessen betrachtet, ist für eine Beobachtung zweiter Ordnung in Sinnsystemen jedenfalls eine Vierfach-Selektion (Erinnerung/Vergessen, und Erinnerung/Vergessen des Erinnerns/Vergessens).

Gedächtnis wird einerseits immer aktuell in der Realitätsgenese. Etwas wurde behalten, weil anderes vergessen wurde. Das ist die strukturelle Basis der Autopoiese, die für die Systeme selbst noch nicht relevant werden muss. Nur in diesem Sinne ist es „ganz und gar unmöglich, ohne Vergessen überhaupt zu leben" (Nietzsche 1874/1936: 3).

Aber für Sinnsysteme wird es andererseits auch möglich, das zu beobachten und so als *Erinnern und Vergessen* zu *bezeichnen*: Es wird bewusst bzw. kommuniziert, dass erinnert und vergessen wird. Das System ‚erinnert' sich, dass es Erinnern und Vergessen gibt und kann auf der Sachdimension markieren, *was* erinnert wurde, oder *dass* vergessen wurde, weil nicht erinnert wurde (und auf der Sozialdimension, wer oder was etwas vergessen oder erinnert hat).

Die so markierten Identitäten des Erinnerten *und* (als möglicherweise erinnerbar) unterstellten Identitäten des Vergessenen können dann als Gedächtnis (oder z.B. in und von Sozialsystemen als Kultur; vgl. Reinhardt 2005) bezeichnet werden, in dem auch – sofern das Vergessen markiert ist – gesucht, und das wiederaufgefrischt werden kann. Das *Gedächtnis* selbst wird so als *Einheit aktualer Erinne-*

---

[199] Bourdieu (1997/2001: 177) bemerkt, wie unwahrscheinlich das Konstrukt der Entscheidung ist, da es „eine völlig unrealistische Vorstellung vom gewöhnlichen Handeln" wiederspiegelt.

rungen und Noch-Nicht-Erinnertem, aber Erinnerbaren als Struktur von dem Erinnern und Vergessen als Prozesse unterschieden. Auf dieser Ebene des *Erinnerns des Erinnerns* (oder der Erinnerung im engeren Sinne) und *Erinnerns des Vergessens* wird die Aktualisierung dann auch immer mit Raum-Zeitindices versehen (und auch sach- und sozialdimensional markiert). Irgendwer hat irgendwann, irgendwo irgendetwas wahrgenommen, gesagt, gedacht usw., was jetzt erinnert wird oder vergessen ist. Das Vergessen kann nur auffallen, wenn die Unterstellung gemacht wird, dass das, was vergessen wurde, irgendwann getan, gesagt, wahrgenommen bzw. gedacht wurde.

So ist die *Speichermetapher* dann nicht deswegen naheliegend, weil es tatsächlich irgendwelche Speicher gibt, von denen die Systeme selbst aber nichts wissen, sondern weil die Systeme selbst ihre Gedächtnisleistungen (oder die anderer Systeme) als Differenzen von Gespeichertem und Nicht-Gespeichertem (möglicherweise Erinnerbaren und Nicht-Erinnerbaren) sowie Erinnern und Vergessen (Aktualisiertem und Nicht-Aktualisiertem) beobachten und so mit der Unterscheidung von Gedächtnis und Erinnerung operieren. So ziehen Sinnsysteme (also Bewusstseins- und Kommunikationssysteme) für sich (!) Gedächtnis und Erinnerung sowie Vergessen auseinander und behandeln sie getrennt. Es kann unabhängig festgelegt werden, was gedächtniswürdig ist, und wann, wo und was erinnert oder vergessen[200] werden soll (z.B. durch Rollen). So legen Sozialsysteme fest, was z.B. für Personen gedächtniswürdig ist – etwa der erste Geschlechtsverkehr – und in welchen zeitlichen, sachlichen und sozialen Kontexten entsprechende Erinnerungen kommuniziert bzw. inszeniert werden können und dürfen (etwa in einer Talkshow zum Thema ‚das erste Mal') und in welchen nicht (z.B. am Anfang einer neuen Liebesbeziehung). So kommt jemand, der einen Schlüssel verlegt hat, auf die Idee, sich vorzustellen, an welchen Orten er gewesen ist. Er unterstellt, dass das aktuell Vergessene im Gedächtnis noch irgendwo vorhanden ist und somit als Horizont nicht vergessen. Durch die Vorstellung des Gedächtnisses als Speicher vergangener Wahrnehmungen oder Kommunikationen kann dann auch Erinnerung vom Visionieren, Phantasieren (das ja auch nicht ohne Gedächtnis im allgemeinen Sinne von Struktur stattfinden könnte) unterschieden werden. So ist sich z.B.

> „das Bewusstsein [...] in bestimmten Situationen eines Inhaltes bewusst [...], den es sich zwar als vergangenes, aber doch wirkliches Geschehnis vorstellt, also nicht als bloße Phantasie oder Erfindung. Es mag sich zwar aus der Perspektive eines Beobachters um eine Illusion handeln. Aber derjenige, der sich erinnert, empfindet das anders. Er hat den zwingenden Eindruck, dass seine ‚Gedächtnisvorräte' wirkliche Gegebenheiten der Vergangenheit repräsentieren, auf die er dann aktuell zugreift. Ihm erscheint sein Gedächtnis wirklich als Speicher, dessen ‚Bestände' er besser oder schlechter ‚wiederfindet', die sich vermehren oder vermindern, über die er eine genauere oder ungenauere Über-

---

[200] Z.B. im Falle des Nachtragens gibt es soziale Vergessensforderungen, Zeitspannen, nach denen man nicht mehr böse sein darf etc., und auch Techniken des Vergessens.

sicht hat usw. Mit dieser Selbstauffassung von sich als einem ‚Speicher‘, in dem sich etwas befinden muss, wenn man es wiederfinden soll, verbirgt sich das Gedächtnis seine eigene konstruktive Leistung" (Hahn 2003c: 2f).

Auch wir stören uns aus diesem Grunde im Folgenden an der Speichermetapher nicht. Es wäre natürlich hochinteressant zu untersuchen, welche anderen Metaphern und Semantiken des Gedächtnisses historisch gebräuchlich waren[201], und wie sich so etwas ausgewirkt haben mag. Das ist hier allerdings nicht Gegenstand der Untersuchung.

Jedenfalls wird durch die Speichermetapher des Gedächtnisses – auch wenn ohne bewusstseinsexterne Speichermedien Gedächtnis der ständigen ‚Reimprägnierung‘ durch Erinnerung bzw. Wiederholung bedarf – deutlich, dass eine Doppelselektion des ‚Erinnerns‘ und des ‚Vergessens‘ stattfindet. Beim *Erinnern im weiten Sinne* geht es um die Gedächtnisbildung einerseits und den Abruf von Gedächtnisinhalten andererseits bzw. – systemtheoretisch formuliert – einmal um die ‚Kondensation‘ von Differenzschemata sowie von Differenzbezeichnungen verknüpfenden Erwartungen und einmal um die Verwendung von im Erinnern des Erinnerns (!) kondensierten Identitäten. Beim *Vergessen* kann dann die Nicht-Gedächtnisbildung von der Gedächtnisbildung, ohne zu erinnern, bzw. die Nicht-Kondensation von der Kondensation ohne Verwendung des Kondensierten und der Kondensation des Vergessens als Identität unterschieden werden. Hahn (2003c: 12) spricht in diesem Zusammenhang von einer *Vergesslichkeit der Erinnerung*:

> „Eine andere Form des Vergessens hängt gerade nicht mit der Begrenztheit der Speicher, sondern deren Unermesslichkeit zusammen. Man könnte zwischen der Vergesslichkeit des Gedächtnisses und der Erinnerung unterscheiden. Man stelle sich einen Computer vor, der alles Wissbare irgendwo als Datei verzeichnet hätte, aber keine verlässliche ‚retrieval-function‘ besäße. Es wäre dieser Computer die subtilste Form des Vergessens, die sich denken ließe."

Freilich, wäre das völlig egal, wenn sich nicht jemand erinnerte, dass etwas vergessen wurde.

Vor diesem Hintergrund kann jetzt die Bedeutung der Erinnerung für die Person und personale Identität eingeschätzt werden. Man kann sich fragen: Was

---

[201] Augustin (397/1987: X, 14,21) vergleicht das Gedächtnis zum Beispiel mit dem Magen („Nimirum ergo memoria quasi venter est animi, laetitia vero atque tristitia quasi cibus dulcis et amarus: cum memoriae comendantur, quasi traiecta in ventrem recondi illic possunt, sapere non possunt"), weil das Gedächtnis selbst, wie der Magen die Süße oder Bitterkeit der Speisen nicht schmecken kann, nicht die Freude oder Trauer wahrnehmen kann, die mit den Gedächtnisinhalten verbunden sind. Diese werden erst im Erinnern und Erinnern des Erinnerns bewusst, so dass man vergangener Freude mit Trauer und vergangener Trauer mit Freude gedenken kann. Und auch heute reden wir ja metaphorisch davon, dass bspw. eine Fernsehsendung ‚leichte Kost‘ sei oder Luhmanns Gedächtnistheorie ‚unverdaulich‘. Weitere Beispiele für Variationen in der Gedächtnismetaphorik finden sich bei Aleida Assmann (1992/2003).

bedeutet es generell für Bewusstseinssysteme, dass sie sich erinnern, sich zu erinnern oder zu vergessen? Wie wird den Personen nahegelegt, was für ihre Personalität gedächtniswürdig ist? Und wie werden Erinnerungen dann evoziert, konstruiert und kommuniziert oder eben inhibiert?

b) Erinnerung, personale Kontinguität, Dauer und Identität

Wie bereits mehrfach erwähnt war schon für Hume und (m.E.) Locke klar, dass Identität – da das Bewusstsein durch Ereigniszerfall gekennzeichnet sei – etwas mit Erinnerung zu tun haben müsste. Mindestens für Hume war deutlich, dass personale Identität nur eine aktuale, gegenwärtige Vorstellung, eine ‚Fiktion' sein könne, die vergangene Ereignisse als kontinuierliche, ähnliche oder Kausalketten rekonstruierte. Jedenfalls ist die Reflexion auf Identität und auch die Kommunikation über Identität nur im aktualen Vollzug des Bewusstseins bzw. der Kommunikation möglich, in dem auf vergangene Gedanken und/oder Kommunikationen Bezug genommen wird, d.h. sie beobachtet werden. Wird diese Beobachtung mit einem Raum-Zeitindex versehen, so sollte hier ja von Erinnerung im engeren Sinne gesprochen werden. Sich überhaupt erinnern zu können, ist deswegen generell identitätsrelevant, weil sich nur so die Vorstellung eines Kontaktes mit der Vergangenheit ergeben kann, eine Vorstellung vom Eingebettetsein in einen kontinuierlichen Lebensstrom, so dass alles, was im Bewusstsein als Erinnerung verbucht wird, auf der Zeitdimension von Sinn gleichsam eine Ahnung personaler Identität generiert. Denn wie könnte man sich erinnern, wenn man es nicht selbst gewesen wäre, der in der Vergangenheit etwas erlebt, gesehen, gedacht usw. hätte? Eine Reflexion auf ein Selbst als Einheit der Differenz von Selbst- und Fremdreferenz ist also prinzipiell an jede sich selbst bewusste Erinnerung des Bewusstseins anschließbar, sofern allerdings bereits ein wie auch immer diffuses Selbstkonzept vorliegt, respektive reflexive Selbstreferenz und somit die Möglichkeit des Erinnerns des Erinnerns. In der Erinnerung im engeren Sinne, vor allem der personal zugespitzten, allein kann dagegen weder das Wesen noch der Grund eines Selbst gesehen werden.[202] Es lässt sich z.B. anhand der Untersuchung von Personen mit partieller oder totaler retrograder Amnesie[203] zeigen, dass diese dennoch ein Selbstkonzept artikulieren können, also z.B. Persönlich-

---

[202] Hume führt, wie oben bereits angeführt, ein anderes Argument ins Feld, nämlich, dass die Vorstellung von Identität über die Erinnerung ausgedehnt werden kann. Wir nehmen z.B. an auch am 5.7.1999 dieselbe Person gewesen zu sein, obgleich wir in keiner Weise erinnern, was wir an diesem Tag gemacht haben. „In this view, therefore, memory does not so much produce as discover personal identity, by showing us the relation of cause and effect among the different perceptions" (Hume 1738/1968: 248).

[203] Verlust der Fähigkeit, vergangene Ereignisse, die innerhalb einer bestimmten Zeitspanne, die im Extremfall das ganze vorherige Leben umfassen kann, stattgefunden haben, zu erinnern.

keitszüge einschätzen können oder wissen, dass sie Kinder haben, wo sie zur Schule gegangen sind usw., ohne jedoch fähig zu sein, „[to] consciously bring to mind a single experience involving any of these facts" (S. Klein 2001: 36). Einen anderen Beleg bieten Personen mit sog. dissoziativen Störungen (DID, früher: multiple Persönlichkeitsstörung). Diese erinnern jeweils nur die einer ihrer mehreren personalen Identitäten zugehörigen Erlebnisse (vgl. ebd.: 32f). So schließt Stanley Klein (ebd.: 37):

> „First, contrary to long-held beliefs about the memorial basis of self, episodic memory is not the sole repertory of self knowledge. The fact that loss of episodic memory does not lead to a complete loss of self-knowledge has led theorists to expand the basis of self-knowledge to also include semantic memory [...]. Second, self-knowledge pertaining to one's traits can be accessed without retrieval from episodic memory".

c) Das Gedächtnis der Person

Sachdimensional kann sowohl für Bewusstsein als auch für Kommunikation (neben anderen möglichen Unterscheidungen) zwischen Erinnerungen unterschieden werden, die primär personalitätsrelevant sind und solchen, die primär personalitätsirrelevant sind.

Als *personalitätsrelevant* werden hier nun solche Erinnerungen bezeichnet, die Handlungen und menschliche Leibesgestalten oder sonstige Personenbeschreibungen betreffen (also z.B. Erinnerungen an den ersten Kuss, an die Verdienste einer Person, an den Duft einer verflossenen Liebschaft oder die Warze der Großmutter).

Personalitätsirrelevant sollen dagegen Erinnerungen genannt werden, die sich auf (nicht Personen zugeschriebene) Ereignisse beziehen (z.B. auf ein Unwetter oder einen Börsencrash). Freilich können auch bloße Ereignisse Relevanz für Personen zugeschrieben bekommen und somit für Personenbeschreibungen herangezogen werden, wenn etwa gesagt wird ‚jemand ziehe das Unglück an' oder ‚jemand habe wegen des Börsencrashs sein gesamtes Vermögen verloren'. Nichtsdestotrotz sind eben manche Erinnerungen für die Beobachtung (d.h. Bezeichnung und damit Unterscheidung) von Personen eher relevant und andere weniger. Außerdem wird manches als charakteristisch für Personen erinnert und anderes als Ausnahme, Zufall usw. Manche Erinnerungen werden als wichtig oder gar zentral für die Geschichte der Person betrachtet, andere nicht. Manches Erinnerte wird sogar als kausal für anderes Erinnertes angesehen (z.B. sog. Wendepunkte) usw.

Diese Bezeichnungen und Unterschiede hängen dabei wiederum mit den kulturell und historisch variierenden kommunikativen Personensemantiken zusammen, die in aktualen Zuschreibungsvorgängen von Bewusstseins- oder Kommunikationssystemen Verwendung finden. Dass die Beziehung zur Mutter bspw. entscheidenden Einfluss auf die spätere ‚Persönlichkeitsentwicklung' habe, ist eine moderne Personensemantik psychoanalytischer Prägung. Es ließen sich viele weitere solcher Beispiele anführen.

Für die Soziologie ist es jedenfalls die Gesellschaft oder die auf Kommunikation zugeschnittene Semantik und Struktur der Sozialsysteme, deren Sprache und ikonische Repräsentationen die Wahrnehmung strukturieren und deren Relevanzsemantiken Gedächtniswürdigkeit nahe legen.

> „Vor allem die Sprachlichkeit vieler, wenn nicht der meisten sinnhaften Erlebnisse bindet deren Speicherung im Gedächtnis an soziale Ordnungsstrukturen. Aber auch da wo das Gedächtnis Wahrnehmungen optischer, akustischer, z.B. musikalischer, oder olfaktorischer Art registriert, sind diese nicht frei von kulturellen Überformungen. Auch Bilder, an die wir uns erinnern, sind typischer Weise mit Bedeutungen durchwebt" (Hahn 2003c: 2).

Das gleiche gilt für Töne (vgl. ebd.), Gerüche, die wir als angenehm oder unangenehm empfinden, mit der Kanalisation, dem Frühlingsregen, Frauen usw. verbinden. Statt reiner Körpergerüche memorieren wir z.B. deren Vermischung mit Parfüms, was wiederum die Wahrscheinlichkeit des Erinnerns wegen der evolutionären Unwahrscheinlichkeit solcher Gerüche und ihrer Konstanz drastisch erhöht[204] – um Luhmanns Diktum vom evolutionär unwahrscheinlichen Geräusch der Sprache zu paraphrasieren. Zu nennen ist natürlich auch der Geschmack, sowohl im engeren als auch im weiteren Begriffssinn. Hier mag ein Hinweis auf die einschlägige Arbeit Bourdieus (1979/1982) genügen.

Wie später für die Massenkommunikation zu präzisieren ist, wird durch *soziale Relevanzsemantiken* festgelegt, welche Ereignisse, Kommunikationen etc. personenrelevant sind und welche nicht, und was Personen also memorieren sollten und was nicht. So wird die Wahrnehmung bzw. das Erleben bereits mit sozialen Kategorien durchzogen, die dafür sorgen, dass Aufmerksamkeit zugewendet wird. So sorgen diese Kategorien auch dafür, dass unmittelbar deutlich ist, was ‚speicherungswürdig' ist und was nicht, und was, wenn es erinnert wird, die eigene Personalität berührt. Das Selbst der Person ist auf solche Selektionsleistungen der sozialen Semantik angewiesen:

> „Denkt euch das äußerste Beispiel eines Menschen, der die Kraft zu vergessen gar nicht besäße, der verurteilt wäre, überall sein Werden zu sehen: ein solcher glaubt nicht mehr an sein eigenes Sein, glaubt nicht mehr an sich, sieht alles in bewegte Punkte auseinanderfließen und verliert sich im Strome dieses Werdens: er wird wie der rechte Schüler Heraklits zuletzt kaum noch den Finger zu heben wagen" (Nietzsche 1874/1936: 3).

Genauso wäre es aber unmöglich Selbstvorstellungen zu entwickeln, wenn man sich gar nicht (i.w.S.) erinnerte, zumindest daran, vergessen zu haben.

Bei der Gedächtnisbildung werden die Bewusstseinssysteme dann auch immer durch soziale und/oder kollektive Gedächtnisse unterstützt (mal entlastet, mal belastet). Daten

---

204 Für diesen Hinweis bedanke ich mich bei Alois Hahn.

über Personen werden in der Moderne bspw. archiviert (z.B. in polizeilichen Führungsakten) oder in anderen Formen des Mediums Schrift (Briefen, Tagebüchern usw.) festgehalten. Andere personenrelevante Daten werden in kollektiven Gedächtnissen, also in einer Mehrzahl von Einzelbewusstseinen behalten und durch Kommunikation permanent reimprägniert (z.B. personencharakteristische Geschichten aus Kindheit, Jugend, dem Arbeitsleben usw.). So können in sozialen und kollektiven Gedächtnissen Personendaten memoriert und abgerufen werden, die die Person selbst gar nicht erinnern kann (weil sie es bspw. nicht oder erst in frühster Kindheit erlebt hat, oder weil sie das Ereignis eben nicht ‚gespeichert' hat).

Eindrucksvoll zeigen dies die sozialpsychologischen Forschungen zu *falschen Erinnerungen* des Forscherkreises um Elisabeth Loftus. Loftus und Jacquie Pickrell (1995) gelang es bspw., Personen mit Hilfe von deren Familien kommunikativ Erinnerungen an Ereignisse zu induzieren, die definitiv nicht stattgefunden hatten – es wurde z.B. suggeriert die Person sei als Kind in einem Einkaufszentrum verloren gegangen und schließlich von einer unbekannten Frau der Mutter wieder zugeführt worden, worauf die Probanden eigene Erinnerungsbilder generierten und z.B. das Aussehen der unbekannten Frau beschrieben (vgl. auch Spitzer 2004).

Loftus und John Palmer (1974) konnten ferner belegen, dass bei der kommunikativen Evokation von Erinnerungen die Wahl unterschiedlicher Ausdrücke unterschiedliche Ergebnisse zeitigt – Studenten wurde hier ein Video mit einem Autounfall gezeigt; danach wurde eine Gruppe z.B. gefragt: ‚What speed did the cars have, when they crashed?', eine andere Gruppe ‚What speed did the cars have, when they contacted?'; die ‚crashed'-Gruppe schätzte die Geschwindigkeit signifikant höher ein und memorierte im Unterschied zur ‚contacted'-Gruppe häufiger, Scherben gesehen zu haben.

Auch konnte gezeigt werden, dass Erinnerungen an sexuelle Missbrauchsereignisse, die nie geschehen waren, gelegentlich durch Psychotherapeuten induziert wurden (vgl. Loftus 1997).

Auf solche Weisen wird jedenfalls das Gedächtnis der Person mit Erlebnissen gefüllt, die allein sozial konstruiert sind.

d) Die Bedeutung der Evokation und Kommunikation von Erinnerungen für die Person

Wie aber werden Erinnerungen hervorgerufen? Offensichtlich bedarf es bestimmter Hinweise (‚*clues*'), die das Erinnern auslösen. Diese ‚clues' umfassen dann für das Bewusstsein prinzipiell alle Sinneswahrnehmungen und natürlich auch die Teilhabe an Kommunikation, insbesondere die Irritation durch bestimmte Themen und Fragen der Kommunikation, aber auch Fragen, die das Bewusstsein an sein Gedächtnis stellt. Jedoch führt freilich nicht jede Wahrnehmung zu Erinnerungen in dem hier gemeinten Sinne. Vielmehr scheinen die

Gedächtnisinhalte einerseits selbstreferenziell durch bewusste Konzentration des Bewusstseins, bspw. in Folge von Themen oder Fragen der Kommunikation, erinnert werden zu können. Andererseits scheinen sie aber fremdreferenziell mit bestimmten Anstößen der Wahrnehmung durch Gerüche, Töne, Bilder oder Bildfolgen, taktile Erlebnisse – aber auch Worte oder Sätze – gleichsam etikettiert zu sein.[205] Diese fremdreferentiellen Hinweise rufen Gedächtnisinhalte dann unwillkürlich ab und ermöglichen es wohl gerade so, die Erinnerung selbst dann wieder selbstreferentiell zu verbuchen, Authentizitätserlebnisse des Vergangenen in der Gegenwart zu erhalten und damit den Eindruck zu erwecken, als Selbst die Zeit zu transzendieren oder gar auszuschalten. Proust hatte das als ,memoire involontaire' bezeichnet (vgl. Hahn 1997/2000b: 484f; K. Reinhardt 2005), im Gegensatz zum *intellektuellen oder freiwilligen Erinnern*, das sich selbst (!) Erinnerungshinweise zu geben sucht (und daher das Erinnerte fremdreferenziell verbuchen muss) und so eigentümlich blass bleibt oder manchmal gar nicht gelingt (man denke an die Momente, in denen einem Worte auf der Zunge liegen, oder an das verzweifelte Suchen eines verlegten Schlüssels). Hahn spricht in diesem Zusammenhang von der Möglichkeit sinnliche Evidenzerlebnisse durch Synästhesien freizusetzen. Es geht um „[d]as Mitschwingen des Leibes als Generator sinnlicher Evidenz" (ebd.: 484). Man sieht hier auch wie soziale Erinnerungssemantiken die Qualität der Erinnerung strukturieren und so differenziell bewertete Erinnerungsformen konstituieren. Das Gleiche gilt natürlich für das Vergessen. Der Verlust sinnästhetischer Erinnerungsqualitäten und deren Ersatz durch ,bloß' intellektuelles Erinnern als kognitives Wissen um die eigene Vergangenheit scheint für Proust bereits eine Form des Erinnerns von Vergessen zu sein, die den Tod eines vergangenen Selbst impliziert und somit Angst vor dem Vergessen und Widerstände des Selbst gegen das Vergessen induziert (vgl. Hahn 1989/2000b: 471ff; Bohn & Hahn 1999: 56ff). Der Roman lädt dann wieder ein zur Kopie, oder positiver ausgedrückt: zur Umstrukturierung der eigenen Selbstbeobachtung. Nicht umsonst häuften sich Berichte von ,memoire-involontaire-Erlebnissen' nach (!) der Veröffentlichung der Proustschen Recherche.

Gleichzeitig legt die thematische Strukturierung der Kommunikation, der Bezug zwischen sozialen Situationen, Rollen und Themen fest, *wann, durch wen, welche Erinnerungen kommuniziert, elaboriert und inszeniert werden dürfen* (vgl. Hahn 2003b: 26). Z.B. darf ein Vater in einem Gespräch mit Freunden Geschichten über seine Kinder erzählen, während dieselbe Person als Richter gerade diese Erinnerungen in der Regel nicht inszenieren sollte bzw. zumindest dann für Störungen des Ablaufs der Gerichtsverhandlung sorgen dürfte, wenn thematische Bezüge nicht erkennbar sind. Ist in Interaktionen die Inszenierung bestimmter Erinnerungen einmal angestoßen, hat jemand zum Beispiel mit dem Reden über

---

[205] Wobei die Etikettierung wiederum über soziale Bedeutungskopplungen erfolgt (siehe die oben angeführten Beispiele zu Geruch, Geschmack etc.).

den Besuch einer Hochzeit oder des Zahnarztes angefangen, so sind die anderen Interaktionsteilnehmer aufgerufen, ähnliche Erinnerungen zu inszenieren. Der thematische Anstoß, die Kommunikation des Erinnerns bestimmter Sachverhalte, fungiert dann selbst als Generator weiterer Erinnerungen. Ebenso gibt es stärker institutionalisierte *Erinnerungsgeneratoren* (vgl. Hahn 2003c: 14ff) wie Therapien, Hypnosen, Beichten, Geständnisdruck vor Gericht usw., die dazu dienen, Zeiträume des erinnerten Vergessens in Zeit-Räume des erinnerten Erinnerns zu transformieren. So helfen sie auch dabei, Personengeschichten sachlich, zeitlich und sozial (vor allem durch die Differenz Öffentlichkeit/Nicht-Öffentlichkeit der Inszenierung) zu komplettieren, und fungieren somit als „Identitätsgeneratoren". Unter bestimmten Umständen werden derartige Erinnerungen dann zu Biographien verdichtet, womit sich folgender Abschnitt kurz auseinandersetzt.

1.4.3 Lebensverläufe, Lebensläufe, Karrieren und Biographien

Allein aus der Zeitlichkeit des Daseins, den Idiosynkrasien von Geburt und Tod, der Körpergebundenheit der operativ geschlossenen Wahrnehmung, den idiosynkratischen Sozialisationsschicksalen usw. folgt, dass menschliches Leben wie alles Leben immer ein ‚jemeiniges' (Heidegger) ist. ‚Kein Leben ist mit einem anderen identisch' heißt auf der Zeitdimension, dass Leben immer als eine Kombination von einzigartigen Daten einer Lebensgeschichte aufgefasst werden kann.

Dieses „Ingesamt von Ereignissen, Erfahrungen, Empfindungen usw. mit unendlicher Zahl von Elementen" (Hahn 1988/2000a: 101) wird von Leitner (1982) und Hahn (im Anschluss an jenen) als ‚Lebenslauf' bezeichnet.

Hier soll in diesem Zusammenhang allerdings von *Lebensverlauf* gesprochen werden. Unter einem *Lebenslauf* sollen demgegenüber erst sozial institutionalisierte Positionssequenzen und entsprechende Sequenzmuster (vgl. Hahn 1988/2000: 101) verstanden werden. Diese können, wenn in der Moderne gewisse Kontingenzen von Positionssequenzen unterstellt werden, auch als Folien für die kommunikative Transformation von Lebensverläufen in inklusionsrelevante, stark abstrahierte Vergangenheitsmuster von Personen dienen. Insbesondere die Organisationen der Funktionssysteme greifen auf derartige schriftlich dokumentierte Lebensläufe für die Besetzung von Positionen durch Personen zurück. Für derartige Lebensläufe schleifen sich dann auch wieder spezifische Gestaltungsregeln und -normalismen ein, vor deren Hintergrund Personalauswahlentscheidungen getroffen werden. In sog. ‚Zeitfolgenanalysen' werden dann z.B. Lebensläufe von Bewerbern auf Konsistenz, Lückenlosigkeit etc. geprüft (vgl. z.B. Oechsler 1997: 172). Jedenfalls ist deutlich, dass derartige Lebensläufe gerade nicht auf die Einheit individueller Lebensverläufe reflektieren und nicht das gesamte Leben eines Individuums in all seinen Facetten thematisieren, sondern vielmehr organisations- und funktionssystemrelevante Ausschnitte präsentieren.

Dabei sind für die Organisationen bestimmter Funktionssysteme freilich auch Positionsdurchläufe interessant, die anderen Funktionssystemen zugeordnet werden. Für einen Posten in einer Partei mag es interessant sein, ob jemand z.B. Arbeiter, Unternehmer oder Jurist ist, ob verheiratet, geschieden, kinderlos usw., immer aber unter funktionsspezifischen Gesichtspunkten wie Wählbarkeit, Repräsentation der Werte der Partei usw. Man kann auch sagen, dass Lebensläufe funktionsspezifisch erinnert werden.

Oben wurde ja versucht zu zeigen, dass mit der Umstellung der Organisation der primären Subsysteme der Gesellschaft von Schichtung auf Funktionserfüllung die Person in mehrfachen und differenten Weisen in der Gesellschaft auftaucht mit der Folge, dass das Individuum als Einheit dieser Personalitäten und Positionalitäten aus der Gesellschaft exkludiert wird. Das führt sachdimensional zu einer Vielzahl von Positionsinhaberschaften und entsprechenden Rollenverpflichtungen mit höchst unterschiedlichen Spielräumen für die Entfaltung und Inszenierung von Personalität. Auf der Zeitdimension werden dann Positionssequenzen in den jeweiligen Funktionssystemen ebenso prinzipiell voneinander abgelöst, obgleich Verweise freilich stattfinden (wie es etwa für einen Familienpolitiker vorteilhaft sein mag, Kinder zu haben), die jedoch i.d.R. weder zwingend noch wechselseitig sind. Jedes Funktionssystem macht die Sequenzialität von Rollendurchläufen von eigenen Kriterien abhängig.

Hahn (1997/2000: 65ff) spricht in diesem Zusammenhang von *synchronen* (Sachdimension) und *diachronischen* (Zeitdimension) *Identitäten*. Dass letztere Identität in der Moderne ebenso problematisch wird, ist wiederum demselben Grund – nämlich der Umstellung auf funktionale Differenzierung – geschuldet:

> Die „Schwierigkeit [wächst], die Phasen der Biographie als Momente eines einheitlichen Prozesses unmittelbar zu erfahren. Es sind nicht mehr gesellschaftlich ‚vorgesehene', institutionelle Altersstufen, deren Abfolge sinnhaft koordiniert ist, welche von allen Mitgliedern der Gesellschaft mehr oder minder in ähnlicher Folge durchlaufen werden. Biographie wird ein zunehmend von Individuum zu Individuum verschiedener und in seiner Folge für Status schwer zu prognostizierender einzigartiger Wechsel von Teilidentitäten" (ebd.: 66f).

Jedenfalls wird im Übergang in die Moderne – in der sukzessiven Ablösung eines stratifikatorischen Ordnungsprinzips von Gesellschaft durch ein funktionales – das bisherige Standesmodell, das auch ein Vorherwissen standesabhängiger personaler Lebensläufe bedingt hatte, in einem vielfach verschachtelten Verbund sozialstrukturell und semantisch untergraben, „so daß Geburt, häusliche Situation und schichtmäßige Lage nicht mehr ausreichen, um den Normalverlauf des Lebens erwartbar zu machen" (Luhmann 1989/1998: 232). Funktionserfüllung kann dann Personalität nicht mehr voraussetzen, sondern muss sie für bestimmte Inklusionszusammenhänge bzgl. zu besetzender Positionen (der funktionsspezifischen Organisationen) eigens konstruieren. Die Personen werden als Bündel kontingenter Intentionen und Entscheidungen erfahren. Die personale Zukunft als offen, als Risiko (vgl. Luhmann 1991) für das Individuum, aber auch für die Organisationen, die dafür sorgen, dass den Individuen Positionen zugewiesen werden.

Dem entsprechen dann neue Zeitmodelle von Personalität: auf Seiten der Organisationen die oben erwähnten Lebensläufe, auf Seiten der Individuen sog. *Karrieren* – z.B. Ausbildungskarrieren (vgl. Luhmann & Schorr 1979: 277ff), Berufskarrieren, Reputationskarrieren, Krankheitskarrieren (vgl. Luhmann 1989/1998: 233) und nicht zuletzt (auch hier bestätigt sich, dass Religion wohl das erste Funktionssystem wird) Sündenkarrieren (vgl. Hahn 1982: 418ff). Bei den Karrieren spielen dann extern und intern (also Personenumwelten oder entscheidenden Personen) zugeschriebene Selektionsschritte eine Rolle wie etwa Glück und Leistung. Auch diese Unterstellung eines Zusammenwirkens von Fremd- und Selbstselektionen führt dazu, dass Karrieren als in hohem Maße kontingent perzipiert bzw. kommuniziert werden. Über Karrieren werden funktionsspezifische Erfolgs- und Misserfolgsgeschichten kumuliert (vgl. Luhmann 1989/1998: 234f), die unter bestimmten Umständen auch moralische Effekte (Achtung vs. Missachtung) zeitigen mögen. Karrieren wirken somit selbstselektiv selbstverstärkend. „Insofern sind Karrieren nicht nur Folgen des Zusammenbruchs der Stratifikation; sie erzeugen auch eine ähnliche, wenngleich instabile, Ungleichheit der Chancenverteilung" (ebd.: 235). Oben wurde bereits angeführt, dass dieses Phänomen von Bourdieu (1979/1982) als Laufbahneffekt bezeichnet wird, der mit Hysteresis- und Allodoxiaeffekten zusammen wirken mag.

Da Glück als nicht beeinflussbar gedacht ist, produzieren Karrieren, deren Ausgang (z.B. in Folge von Prädestinationsvorstellungen oder künftigen Bewährungszeugnissen von Reue) unbekannt ist, funktionsspezifische Leistungs- und Selbstkontrollsemantiken, die dann mehr oder weniger kompatibel bzw. wahlverwandt (Weber) mit den Erfordernissen anderer Funktionssysteme sein können und mal das ganze Leben, mal Teilaspekte des Personenlebens betreffen können. So mögen sie universalistische oder partikularistische Rationalisierungseffekte der Lebensführung (Weber) hervorbringen (vgl. dazu auch Hahn 1982: 421f).

Die Reflexion auf die Einheit einer Karriere geschieht in diesem Zusammenhange nicht von selbst, sondern es bedarf bestimmter institutioneller Anstöße. Es werden Institutionen nötig, die derartige Rückbesinnungen möglich und/oder notwendig machen (vgl. Hahn 1987: 12).

Vor dem Hintergrund dieser Perspektive soll hier zunächst von *Karrieregeneratoren* (z.B. Bewerbungen, gerichtliche Geständnisse, medizinische Anamnesen, Psychotherapien) gesprochen werden und im Unterschied zu Hahn erst dann von „*Biographiegeneratoren*" (vgl. ebd., Hahn 1988: 100), wenn derartige Institutionen der Kommunikation und/oder dem Bewusstsein eine Reflexion auf das gesamte individuelle Leben als Einheit (also auch evtl. differenzieller personaler Lebensgeschichten) ermöglichen.

Insofern unterscheidet sich die Generalbeichte der französischen Gegenreformation doch deutlich von einem Geständnis vor Gericht oder der medizinischen Anamnese. Einmal wird auf die Einheit des individuellen Lebens unter dem Aspekt der Heil/Verdammnis-Differenz reflektiert, während das Gericht i.d.R. nur an spezifischen Tatbeständen interessiert ist – allerdings in gewissen Fällen auch an der Vita unter dem Aspekt mildernder Umstände. Der medizinischen Anamnese geht es dagegen nur um die Geschichte des Körpers – ob man evangelisch oder katholisch, verheiratet oder unverheiratet ist usw., ist hier zunächst weitgehend uninteressant, kann aber unter Umständen z.B. über ein ,Stresskonzept' ebenso reintegriert werden. Auch die Psychoanalyse reflektiert unter Umständen auf die Lebenseinheit (unter psychosexuellen Gesichtspunkten), während die Verhaltenstherapie gerade das auszuklammern sucht (zu Therapien und Selbstthematisierungen siehe Willems 1999).

Wir haben es gelegentlich also mit Karrieregeneratoren, gelegentlich mit Karriere- und Biographiegeneratoren zu tun. Erst im Falle von Biographiegeneratoren wird dann auch zwingend unterstellt, dass ein Individuum nur eine einzige Biographie habe (vgl. Goffman 1963/1975: 81). Immer werden jedenfalls bestimmte Schemata (vgl. Hahn 1987: 13f; Hahn 1988/1997: 103f) der (funktionsspezifischen) Kommunikation für die Reflektion auf individuelle Lebenseinheit verwendet.

Nun gibt es auch reine Biographiegeneratoren (die nicht zugleich Karrieregeneratoren sind, obgleich die generierte Biographie wieder so wirken mag). Diese – etwa Tagebücher, Memoiren, biographische Narrationen, Autobiographien – verwenden als Reflektionsschema, wie könnte es anders sein, die Form ,Person/Unperson'. Dabei können solche Biographien, um die Personenseite zu bezeichnen, auch weit über individuelles Leben hinausreichen (vgl. ebd.: 101) und etwa die Vorfahren, die Abstammung von den Göttern usw. thematisieren. Sie engen also einerseits den Lebensverlauf sach- und sozialdimensional ein. So werden ja z.B. immer nur spezifische Andere biographisch relevant (vgl. Goffman 1963/1975: 85). Andererseits besteht aber auf der Zeitdimension die Möglichkeit zur Ausweitung des Lebens über das Einzelleben hinaus.

Solche biographischen Dokumente, die Personalität als Lebenseinheit festhalten, liegen wohl – freilich mit den unterschiedlichsten Implikationen – seit der Erfindung von Schrift vor. Sie dienen der Erzeugung von Dauer der Person über ihre Lebensspanne hinaus (vgl. Assmann 1987), der Information von Nachkommen, die z.B. Lebenswerke fortsetzen sollen, usw.

Eine wichtige Differenz derartiger Biographien besteht aber darin, ob sie nur eine Seite der Personenform bezeichnen (und die andere ,vergessen') oder ob sie beide Seiten gleichsam mitdenken, dem Leser das Oszillieren, das Kreuzen nahe legen, indem sie Individualität als (zumindest teilweise) selbsthervorgebrachte Einzigartigkeit und Andersartigkeit und nicht bloß als Einzigkeit thematisieren. Diese Thematisierung der Andersartigkeit und Einzigartigkeit individueller Lebensverläufe ist dann die temporale Seite der Abkopplung der Lebensschicksale von geburtlicher Herkunft sowie der entsprechenden Erhöhung wahrgenommener personaler Kontingenz. Die parallel laufende Erfahrung von Exklusionsindividualität bindet die Wahrnehmung und Kommunikation der zeitlichen Einheit der Person endgültig an Schrift. Gleichzeitig ermöglichen und erzwingen entstehende Individualitätssemantiken die Thematisierung derartiger Erfahrungen. So entsteht mit der Autobiographie eine neue literarische Gattung. „Man könnte auch von der Geburt der Autobiographie aus der Erfahrung der Selbstentfremdung sprechen" (Bohn & Hahn 1999: 41). Waren „die Memoiren des 16. und 17. Jahrhunderts [noch] vor allem standesgemäße Biographien, welche die individuellen Kontingenzen in einen vorgefassten Typus der Darstellung von Lebensläufen eintragen" (ebd.: 40) und das Exemplarische, Heldenhafte und Allgemeine hervorheben, gerät in der Moderne neben der Bezeichnung der Personseite die gesamte Personenform in den Blick – weil ja das Anderssein, als man auch sein könnte, immer betont werden muss. Personalität ist für die Person selbst nur noch als Individualität thematisierbar, nur noch als Individualisierung (und nicht mehr als Bessersein in Angelegenheiten der Tugend) steigerbar. Rousseau (1782) kann (und man möchte fast sagen: muss) seine Autobiographie, die Confessions, dann beginnen: „Si je ne vaux pas mieux [!], au moins je suis autre" (zit. nach Bohn & Hahn 1999: 48).

Damit wird das Individuum allerdings keineswegs von Gesellschaft losgelöst, mit der Aufforderung zur Produktion ‚bunter Vielfalt' keinesfalls nur noch seinen eigenen Selektionskriterien und Nutzenüberlegungen unterworfen, sondern im Gegenteil stärker mit Kommunikation und der Reflektion der Strukturen von Kommunikation verflochten. Denn wie das zeitliche Einzigartigsein und -werden thematisiert werden kann, und was als Zeugnis von Individualität und Individualisierung gelten kann, bleibt an die unterstellte Wahrnehmung der alter Egos gebunden, wird aber nun, da man diesen vielleicht als Person bekannt, als Individuum aber unbekannt ist, von der genauen Beobachtung der oben ausführlich behandelten Individualitätssemantiken bzw. -diskurse und Konsistenzregeln der Identitätswerte der Kommunikation abhängig.

––––––––––

Hiermit sei dieser ausführliche allgemeine Teil der vorliegenden Arbeit, der sich in verschiedenen Hinsichten mit der Verflechtung von Kommunikation, Personalität, Selbstvorstellungen und Identitätsreflektionen beschäftigt hat, geschlossen.

Einige Kernpunkte noch einmal zusammenfassend wird von folgender Ausgangssituation ausgegangen:

1. Identitätsvorstellungen von Bewusstseinsystemen sind untrennbar mit deren struktureller Kopplung an Kommunikationssysteme, entsprechenden Ego-Alter-Vorstellungen, Personenmodellen und sozialen Relevanzstrukturen verbunden.
2. Selbstvorstellungen werden durch Teilhabe an Kommunikation erworben und wären ohne die Existenz von Kommunikation als Einheit der Differenz von Information, Mitteilung und Verstehen undenkbar.
3. Personensemantiken der Kommunikationen legen vor diesem Hintergrund fest, welche Merkmale menschlicher Individuen identitätsrelevant sind.
4. In der Moderne differenzieren sich funktional spezifische Teilbereiche von Gesellschaften aus, denen eine Pluralität divergenter Rollenkontexte korrespondiert. In Folge dieser Entwicklung verliert das Individuum seinen sozialen Ort und wird gezwungen, teilweise widersprüchliche Teilidentitäten miteinander auszubalancieren.
5. In zeitlicher Hinsicht werden Erinnerung und Gedächtnis des Selbst bzw. der Person ebenso sozial strukturiert wie Lebensverläufe, die kommunikativ zu Biographien und Karrieren verdichtet werden.
6. Sozialisationsprozesse machen sich das Evoluiertsein von Kommunikationssystemen zu Nutze, indem sie noch nicht auf Sinnbasis operierende menschliche Psychen an Kommunikation koppeln, wobei sie mit kontrafaktischen Bewusstseinsunterstellungen arbeiten. Die Entdeckung des rudimentären Selbst des Kleinkinds wird im Laufe der Sozialisation mit Hilfe der Personenform der Kommunikation und komplex verknüpften Feedbackschleifen von Kommunikationssystemen und Bewusstsein zu permanent sich bildenden Selbstvorstellungen verdichtet.

Es wurden viele Türen geöffnet. Nun wird gezeigt, dass sich das Feld der Massenkommunikation durch alle diese Türen – also mit den unterschiedlichsten Perspektiven auf Beiträge der Massenmedien zur Stiftung personaler Identität, zum Anstoß, zur Genese und Modifikation von Selbstvorstellungen – betreten lässt.

Teil 2:
Personalität, Identität und Massenkommunikation

Bevor entlang der zuvor erarbeiteten Zugangsmöglichkeiten zu den Wechselbeziehungen von Personalität, Identität und Kommunikation nun die Frage gestellt wird, wie Personen und Identitäten *in* den Massenmedien (als Themen) konstruiert werden, wie derartige Konstruktionen *durch* Massenkommunikation Personalitäts- und Identitätsauffassungen anderer kommunikativer Zusammenhänge affizieren, und wie sie dadurch (also indirekt) sowie durch deren Teilhabe an Massenkommunikation (also direkt) Selbst- und Identitätsvorstellungen von Bewusstseinen (als Effekte) betreffen, sei zunächst kurz skizziert, was hier unter Massenkommunikation und Massenmedien verstanden werden soll, und wie sich die Massenmedien in eine allgemeine Gesellschaftstheorie (hier vor allem autopoietische Systemtheorie) einbauen lassen.

Zunächst wird im Folgenden von der mittlerweile klassischen Definition der *Massenkommunikation* durch Gerhart Maletzke (1963: 32) ausgegangen.

> Demnach ist Massenkommunikation „eine Form der Kommunikation, bei der Aussagen öffentlich (also ohne [prinzipiell] begrenzte und personell definierte Empfängerschaft) durch technische Verbreitungsmittel (Medien) indirekt (also bei räumlicher oder zeitlicher oder raumzeitlicher Distanz zwischen den Kommunikationspartnern) und einseitig (also ohne Rollenwechsel zwischen Aussagendem und Aufnehmenden) an ein disperses Publikum [...] vermittelt werden".

Mit dem Begriff des *dispersen Publikums* sollen in diesem Zusammenhang vor allem mindestens bis auf die Geniesemantik (siehe 1.3.2a) rückführbare negative Konnotationen des Massenbegriffes neutralisiert werden, die über Literatur und Philosophie[206] in die Alltagssprache diffundieren und von hier oder dort zu einer von vornherein werturteilsbeladenen wissenschaftlichen Diskussion von Phänomenen der Massenkommunikation (z.B. später bei Habermas[207]) führen. In die-

---

[206] Z.B. über einen philosophischen Freiheitsbegriff Millscher (1869/1980) Prägung, der das Genie, wie gezeigt wurde (1.3.2a), der (über die durch Presseerzeugnisse konstituierte öffentliche Meinung!) manipulierten und unfreien Masse gegenüberstellt.

[207] Nach Habermas wandelt sich infolge des manipulativen Einsatzes der Massenmedien von den durch strategische Kommunikation gekennzeichneten und damit von der sog. Lebenswelt zu unterscheidenden ,Systemkomponenten' Wirtschaft und Politik Öffentlichkeit von einem Komplex der spontanen verständigungsorientierten Meinungsbildung zu einem von diesen Systemen kolonisierten Bereich, der damit „Funktionen der Einflussnahme auf Entscheidungen von Konsumenten, Wählern und Klienten von Seiten der Organisationen, die in eine massenmediale Öffentlichkeit intervenieren, um Kaufkraft, Loyalität oder Wohlverhalten zu mobilisieren" (Habermas 1962/1990: 28; vgl. auch 1981: 509) erfüllt. Die wertende Gegenüberstellung von System und Lebenswelt scheint mir im Übrigen eine Vorstellung der Romantik zu sein, wobei die Romantiker bereits den Verlust ,lebensweltlicher' Sinnzugänge beklagen und somit den utopischen Charakter des Lebens-

ser für das alltagssprachliche Verständnis sowie für Teile des wissenschaftlichen Diskurses der Massenkommunikation implizit oder explizit kennzeichnenden Begriffsfassung „impliziert [der Begriff ‚Masse'] [...] zweierlei: Zum einen beschreibt er eine Gesellschaft der Individuen, denen es an Orientierung mangelt, zum anderen eine damit einher gehende Anfälligkeit für Beeinflussungen unterschiedlichster Art" (Jäckel 2002a: 61; vgl. auch Brosius & Esser 1998: 342).

Treffend wird hier die meist unreflektiert vorgebrachte gängige Ansicht auf den Punkt gebracht, dass gesteigerte, sich ihrer selbst bewusste Individualität ihr Gegenteil, nämlich die Vermassung, fördere. Freilich gibt es komplexe Zusammenhänge zwischen Individualisierungsforderungen, modernen Individualitätssemantiken und Kopieneigungen, die zu sich durch entsprechende Paradoxien selbst anheizenden unstrukturierten Identitätsreflexionen (vgl. Kap. 1.3.2) und evtl. Identitätsdiffusionen (Erikson) führen mögen. Inwiefern hiermit manipulativ gesteuerten Vermassungstendenzen Tür und Tor geöffnet werden mag, wäre aber sowohl theoretisch zu präzisieren, als dann auch empirisch zu klären. Zumal den Massenmedien nicht per definitionem eine Wirkungsweise untergeschoben werden kann, die erst durch die hypothetische Verknüpfung von Definitionen einer Konfrontation mit weiteren (empirischen) Beobachtungen zugeführt werden könnte. Eine wissenschaftliche Definition muss zunächst Wirkungsaspekte unberücksichtigt lassen (vgl. auch Jäckel 2002a: 63).

Auch mit dem Begriff des Publikums sind sicherlich nicht-wertneutrale Vorverständnisse verbunden. In der Maletzkeschen Definition von Massenkommunikation dient er allerdings lediglich dazu, den Massenbegriff einerseits zu präzisieren und andererseits auf der Wertebene zu neutralisieren. Maletzke (1963: 28ff) unterscheidet das disperse Publikum von einem an einem Ort versammelten Präsenzpublikum (bspw. bei Konzerten, Vorträgen etc.), um auf die räumliche, soziale (vgl. ebd.: 30) und evtl. zeitliche Trennung der Adressaten von Massenkommunikation zu verweisen. „Das disperse Publikum ist weder strukturiert, noch organisiert, es weist keine Rollenspezialisierung auf und hat keine Sitte und Tradition, keine Verhaltensregeln und Riten und keine Institutionen" (ebd.). Es handelt sich demnach gerade nicht um eine soziale Gruppe im soziologischen Sinne, sondern um eine reine Merkmalsgruppe, deren einziges konstitutives Merkmal das (möglicherweise höchst divergente) Verstehen bestimmter Mitteilungen der Massenkommunikation ist. Aus der operativen Geschlossenheit von Bewusstseinssystemen und von die Massenkommunikation beobachtenden sozialen Teilsystemen sowie der Akkumulation differenzieller Systemgeschichten

---

weltkonzepts betonen. Bei Novalis heißt es z.B.: „Wenn nicht mehr Zahlen und Figuren/Sind Schlüssel aller Kreaturen,/Wenn die, so singen oder küssen,/Mehr als die Tiefgelehrten wissen,/Und sich die Welt ins freie Leben [!]/Und in die Welt wird zurückgegeben,/Und sich dann Licht und Schatten zu echter Klarheit wieder gatten,/Und man in Märchen und Gedichten erkennt die wahren Weltgeschichten./Dann fliegt vor einem geheimen Wort/Das ganze verkehrte Wesen fort."

folgt geradezu wie die Nacht dem Tage, dass „Verstehen [...] praktisch immer ein Missverstehen ohne Verstehen des Miß [ist]" (Luhmann 1996a: 173).

In diesem Sinne meint Massenkommunikation die Erreichbarkeit einer a priori unbekannten Zahl von Empfängern. Deren Existenz und deren Verstehen von Mitteilungs-Informations-Differenzen wird in einer wie weit auch immer gesponnenen Zukunft von gewissen mitteilenden Instanzen der Massenkommunikation zwar vorausgesetzt, über ihre konkreten, individuellen Verstehensprozesse muss aber prinzipiell nichts weiter bekannt sein und kann wegen ihrer operationalen sowie positionalen bzw. funktionalen Heterogenität, der Unbekanntheit der Zeitpunkte und Orte ihrer Teilhabe an Massenkommunikation etc. auch nicht bekannt sein. Auch Cooley (1909/1956: 80) hatte betont:

> „The changes that have taken place since the beginning of the nineteenth century are such as to constitute a new epoch in communication [...] If one were to analyse the mechanism of intercourse, he might, perhaps distinguish four factors that mainly contribute to its efficacy, namely: Expressiveness or the range of ideas and feelings it is competent to carry. Permanence of record, or the overcoming of time. Swiftness, or the overcoming of space. Diffusion, or access to all classes of men".

Das funktioniert nur mit Hilfe technischer Verbreitungsmittel, die einerseits die verstehensunabhängige Speicherung von Mitteilungen ermöglichen, also das konstituieren, was oben als soziales Gedächtnis bezeichnet wurde, und andererseits durch Vervielfältigungsprozeduren, die für die synchrone und diachrone Diffusion der Adressatenkreise sorgen können. „Dabei ist für Massenmedien (im Unterschied zur Kommunikation unter Anwesenden) der aktuell mitwirkende Adressatenkreis schwer bestimmbar. In erheblichem Umfang muss daher eindeutige Präsenz durch Unterstellungen ersetzt werden" (Luhmann 1996a: 14).

Hier lässt sich auch der *systemtheoretische Medienbegriff* Luhmanns unmittelbar anschließen. Luhmann versucht in der frühen Fassung dieses Begriffs vor allem die von Parsons sog. generalisierten Austauschmedien mit anderen Medienbegriffen zu integrieren. Kommunikationsmedien sind für ihn in diesem Zusammenhang „sämtliche Einrichtungen [...], die der Umformung unwahrscheinlicher in wahrscheinliche Kommunikation dienen". (Luhmann 1981: 28; Luhmann 1984: 220; siehe auch Luhmann 1997. 190f).

Dabei geht es insbesondere um die Unwahrscheinlichkeit des Verstehens, des Erreichens von Empfängern und des Erfolgs von Kommunikation. Allgemeiner formuliert brauchen nicht fremddeterminiert operierende autopoietische Sinnsysteme die Unterscheidung von *Medium und Form* (die selbst eine Form eines Beobachters ist). Mit dieser Unterscheidung wird es möglich, hohe Freiheitsgrade des Operierens mit momenthaften Selbstfestlegungen oder -determinationen zu verknüpfen, an die neue Operationen anschließen können.

Medien sind dabei Mengen lose gekoppelter Elemente, die in bestimmten Zeitmomenten strikt gekoppelt und damit zu Formen, als Zwei-Seiten-Unterscheidungen, von denen Drittes Nicht-Unterschiedenes ausgeschlossen ist, zusammengefügt werden können. Sie sind gewissermaßen in Sinnsystemen kursierende Potenzialgedächtnisse, aus oder auf denen ständig Neues geformt werden kann, während die Möglichkeitsmengen davon, wie dies geschieht, weitgehend unangetastet bleiben. Wenn wir also z.B. diesen Satz bilden, verwenden wir lose gekoppelte Elemente des Mediums Sprache, die wir strikt in der Form dieses Satzes koppeln. Durch die lose Kopplung der Elemente des Mediums Sprache haben wir nun wieder verschiedene Anschlussmöglichkeiten für diesen Satz (im Grunde unendlich viele), von denen aber eine realisiert werden muss, damit wieder weitere Anschlüsse erfolgen können. Es lässt sich auch sagen, dass die Medien sich als Möglichkeitsüberschüsse darstellten, deren Festlegung in Formen es bedürfe, um weiter operieren zu können. „Die feste Kopplung ist das, was gegenwärtig [...] realisiert ist. Die lose Kopplung liegt in den dadurch nicht festgelegten Möglichkeiten des Übergangs vom einen zum anderen" (Luhmann 1997: 200). Dabei ist „nicht das mediale Substrat, sondern [sind] nur die Formen im System operativ anschlußfähig" (ebd.: 201).

Die sog. *Verbreitungsmedien* dienen nun dazu, kondensierte, einseitig bezeichnete Formen sozial redundant wiederverfügbar zu machen. Es geht also, einfacher formuliert, um die zeitliche und räumliche Vergrößerung des Empfängerkreises von Mitteilungen (vgl. Luhmann 1981, Luhmann 1984: 221, Luhmann 1997: 202f). Somit sind Verbreitungsmedien (insbesondere Schrift) geradezu notwendige Voraussetzung für eine Steigerung des Niveaus funktionaler Ausdifferenzierung. *Massenmedien* führen nun dazu, dass die soziale Redundanz der verbreiteten Kommunikation anonymisiert wird (vgl. ebd.: 203).

Dazu bedarf es zweierlei: einerseits der Entwicklung von Vervielfältigungstechniken (z.B. Buchdruck) und andererseits der Erweiterung der Verstehensmöglichkeiten potenzieller Adressaten (man könnte auch von Medienkompetenz sprechen: z.B. Schriftbeherrschung). Auf diese Weise werden Zugangsmöglichkeiten zu sozialem Gedächtnis von der Anwesenheit konkreter Personen an konkreten Orten entkoppelt (vgl. ebd.: 314; Assmann & Assmann 1994). Es werden also soziales Gedächtnis und Erinnerung auseinanderdividiert, so dass die Massenmedien „Produkte in großer Zahl mit noch unbestimmten Adressaten erzeugen" (Luhmann 1996a: 10). Insofern kann die Gutenbergpresse die Lutherbibel erst zu einem Massenmedium machen, wenn genug Leute lesen können (vgl. auch Jäckel 2002a: 36f). Genau das ist wohl auch u.a. mit dem Begriff des ‚dispersen Publikums' gemeint.

Des weiteren wird unterstellt, dass die Empfängerkreise mindestens im Zuge des Verstehens der massenkommunikativen Mitteilungen weitgehend unverbunden sind, und dass Rückkopplungsmöglichkeiten bzw. genauer: personale Feedbackprozesse in großem Umfang ausgeschlossen werden. Das Publikum bleibt dispers. In diesem Sinne können gedruckte Bücher wie Romane oder Gedichtbände, Zeitungen und Zeitschriften, Tonträger wie Kassetten, Schallplatten und CDs, audiovisuelle Datenträger wie Videokassetten oder DVDs sowie der Rundfunk (Hörfunk und Fernsehen) und auch Teile des Internets[208] (Websites) als Massenmedien bezeichnet werden.

> „Interaktion wird durch die Zwischenschaltung von Technik ausgeschlossen und das hat weitreichende Folgen, die uns den Begriff der Massenmedien definieren. Ausnahmen sind möglich (doch nie: mit allen Teilnehmern), wirken aber als inszeniert und werden in den Senderäumen auch so gehandhabt [z.B. Anrufe während einer Radiosendung; J.R.]. Sie ändern nichts an der technisch bestimmten Notwendigkeit der Kontaktunterbrechung [z.B. bei Leserbriefen; J.R.]. Durch die Unterbrechung des unmittelbaren Kontaktes sind einerseits hohe Freiheitsgrade der Kommunikation gesichert" (Luhmann 1996a: 11).

Andererseits können Verbreitungsbereitschaft der Mitteilungssender und Aufmerksamkeitszuwendungsbereitschaft des Publikums (Luhmann spricht zu speziell von Einschaltinteresse) nicht mehr zentral koordiniert werden. Es bedarf daher der Herausbildung von Organisationen (z.B. von Verlagen, Rundfunkanstalten, Redaktionen), die Massenkommunikation produzieren, indem sie Vermutungen über die Aufmerksamkeitslage des Publikums, Zumutbarkeit der Mitteilungen usw. anstellen (vgl. ebd.: 12).

> „Das Quantum [...] [der] Präsenz [des Publikums] kann bezeichnet und interpretiert werden, wird aber nicht über Kommunikation rückvermittelt. Selbstverständlich bleibt mündliche Kommunikation als Reaktion auf Gedrucktes oder Gefunktes möglich. Aber das Gelingen von planmäßiger Kommunikation hängt davon nicht mehr ab" (ebd.: 34, Hervorh.i.O.).

Auf diese Weise führt die Verbreitungstechnologie als Medium (ähnlich wie das Geld im Falle der Wirtschaft) zur Herausbildung eines gesellschaftlichen Subsystems (vgl. ebd.: 11, 34), dessen Funktion die Konstruktion gesamtgesellschaftlicher (Hintergrund-)Realität (vgl. ebd.: 169ff) ist, die dann wiederum anderen Teilsystemen als gesellschaftsinterne Umwelt zur Verfügung steht, und die durch die Transformation von Operationen in Operationen über einen Code erbracht wird, der zwischen Information (für ein als mehr oder weniger einheitlich vorgestelltes Publikum!) und Nicht-Information (vgl. ebd.: 36f) unterscheidet. Darüber wird noch zu sprechen sein.

Hier interessiert zunächst, dass nur in diesem Sinne von *Massen*kommunikation geredet werden kann: Die innerhalb des funktional ausdifferenzierten Mediensystems segmentär differenzierten *Organisationen der Massenkommunikation* können ihr Publikum nicht als Menge von Individuen beobachten, deren Individualität Rechnung getragen werden könnte, sondern nur als mehr oder weniger differenzierte *Masse*.

Das mag einhergehen mit der institutionellen Verfestigung von Ausbildungsgängen der Journalisten, Programmdirektoren, Drehbuchautoren usw. (vgl.

---

[208] Zur Frage, inwiefern das Internet als klassisches Massenmedium bezeichnet werden kann vgl. Jäckel (2002a: Kap. 12).

Bourdieu 1996/1998: 33) sowie der Herausbildung von konstanten Selektionskriterien der Organisationen oder Mustern der Publikumsforschung und so zu weitgehenden Konvergenzen auf Seiten der Themen und Inhalte bzw. der Produkte der Massenkommunikation[209] führen. Ebenso ist an ebenfalls nicht individuengerechte, an Milieus oder Ähnlichem orientierte Divergenzen (vgl. Luhmann 1996a: 12) zu denken.

Es sagt aber zunächst einmal noch nichts über vermassende, manipulative Wirkungen auf Seiten der Bewusstseinssysteme der Rezipienten oder der alltäglichen Interaktion aus, insbesondere dann nicht, wenn man davon ausgeht, dass diese die ihre Autopoiesis anleitenden Strukturen (obgleich durch Umwelt irritiert) nur durch eigenes Operieren hervorbringen können.

Insofern dienten obige Ausführungen dem Versuch, das Phänomen der Massenkommunikation möglichst wertneutral zu bestimmen und nicht die Fragestellung von vornherein durch in die Definition über den Massenbegriff versteckt eingebaute Wirkungsannahmen zu verstellen bzw. auf bestimmte Aspekte zu begrenzen.

Von einem negativ konnotierten Massenbegriff geleitet war auch – zusätzlich stimuliert durch die Massenmobilisierungen im Ersten Weltkrieg und später durch die erschreckenden Erfolge der Nazi-Propaganda – die frühe empirische Wirkungsforschung der Massenkommunikation (vgl. für einen Überblick Brosius & Esser 1998, Jäckel 2002a: Kap. 3; Schenk 2002). Diese nahm – wohl nicht zuletzt wegen der Zentralität des Kommunikationsbegriffes in der frühen amerikanischen sozialpsychologischen und soziologischen Theorie (Cooley, Mead) – insbesondere in den USA ihre Anfänge und war zunächst an der Erforschung starker manipulativer Medienwirkungen interessiert.

Vor allem die Forschergruppe um Harold Lasswell (vgl. 1927, Lasswell, Smith & Casey 1946) widmete sich der Erforschung von Propaganda-Mechanismen.

Die Vorstellung einer manipulativen Allmacht der Medien schien sich dann insbesondere durch die Wirkung eines von Orson Welles inszenierten Hörspiels „War of the Worlds" zu bestätigen. Diverse Zuhörer, die sich erst nach Beginn des Hörspiels zugeschaltet hatten und daher nicht über dessen fiktiven Charakter informiert worden waren, hatten an eine tatsächliche Invasion vom Mars geglaubt (vgl. Cantril 1940; eine kritische Einordnung dieses Medienereignisses findet sich z.B. bei Jäckel 2002a: Kap. 4).

Auch der aus Österreich in die USA ausgewanderte (bzw. geflohene) Paul Felix Lazarsfeld war in seiner berühmten Studie „The People's Choice" (mit Berelson und Gaudet 1944/1968) von starken direkten Einflüssen der Massenmedien auf das Wahlverhalten ausgegangen. Die Forscher waren überrascht stattdessen

---

[209] Entsprechende Programmstrukturanalysen für das deutsche Fernsehen werden im Übrigen regelmäßig von der GfK (Gesellschaft für Konsumforschung) durchgeführt und in der Zeitschrift Media Perspektiven publiziert.

eher interpersonale Einflussmuster zu entdecken. So entstand die Hypothese vom sog. „Two-Step-Flow of Communication": Das Wahlverhalten großer Bevölkerungsgruppen werde eher über sog. Meinungsführer mit zentralen Positionen in kommunikativen Netzwerken stimuliert, die allerdings selbst verstärkt an Massenkommunikation teilhätten und diese Teilhabe für die Strukturierung ihrer Argumentationslinien nutzten (vgl. für einen Überblick und die aktuelle Einordnung dieser Forschungslinie: Weimann 1994, Jäckel 2001a).

Angeregt durch derartige Forschungsergebnisse und durch die in Abgrenzung zur funktionalistischen Soziologie in den 60er und 70er Jahren wiederum zunächst in den USA entstehende Austauschtheorie (z.B. Homans 1967/1972), die den individuellen Akteur als rationales Zweck-Mittel-Relationen kalkulierendes Wesen (wieder) in den Mittelpunkt soziologischer Überlegungen stellt, wurde mit dem sog. uses and gratifications approach (Katz, Blumler & Gurevitch 1974) ein kommunikationstheoretischer Perspektivenwechsel in der Medienwirkungs- bzw. Rezeptionsforschung von der Manipulation zur aktiv-kreativen Teilhabe des Rezipienten am Massenkommunikationsprozess (vgl. Renckstorf 1977) vollzogen. In kritischer medien- und kommunikationssoziologischer Auseinandersetzung mit diesem Ansatz hat Michael Jäckel (insbesondere 1992, Jäckel 1996: 79ff, Jäckel & Reinhardt 2001) immer wieder Folgendes betont: Einerseits seien Mediennutzungssituationen i.d.R. nicht durch die Antizipation hoher Kosten einer Fehlnutzung durch die Rezipienten gekennzeichnet, da u.a. „die Folgen einer nicht-optimalen Entscheidung unter Umständen schon im Zuge der Nutzung [z.B. durch Abschalten, Umschalten, Weiterblättern usw.; J.R.] korrigiert werden können" (Jäckel und Reinhardt 2001: 50). Andererseits kämen Gratifikationen der Mediennutzung auch gerade durch Nicht-Vorherwissen in Form von Überraschungen zustande. Dies kann auch deswegen kaum anders laufen, da der die Autopoiesis des Massenkommunikationssystem leitende Code Information/Nicht-Information dazu führt, dass einmal publizierte Informationen zu Nicht-Informationen werden. „Mit anderen Worten: Das System veraltet sich selber. Fast könnte man daher meinen, es verwende den Code neu/alt, gäbe es nicht auch andere, sachliche Gründe, eine Information nicht zu bringen" (Luhmann 1996a: 42). Des weiteren lässt sich feststellen, dass Mediennutzungsverhalten nicht unabhängig von über soziale Positionalisierungen kanalisierten Habitus, Rollen und auch Personalitätsvorstellungen stattfindet (vgl. z.B. Jäckel 1999a, Weiß 2000). Rollenidentitäten, Statusvorstellungen, Vorstellungen bzgl. möglicher Anschlusskommunikation in Interaktionen mit signifikanten Anderen sowie innerhalb solcher Rahmen konstruierte Personalität und korrespondierende Selbstvorstellungen mögen die Wahrscheinlichkeit bestimmter Mediennutzungsmuster, vor allem aber die Grenzen der Mediennutzung in Form von Präferenzgrenzen, Motivgrenzen, Verstehensgrenzen, Zeitbudgetrestriktionen usw. (vgl. Jäckel & Reinhardt 2003b) beeinflussen.

Da hier vor allem interessiert, wie Sinnsysteme personale Identitäten konstruieren, also wie Personalität *in* der Kommunikation vorkommt, und wie *angeregt durch* Kommunikation Selbstvorstellungen im Bewusstsein erzeugt werden, muss unsere (Beobachter-)Perspektive zunächst auf einer allgemeinen Ebene zweierlei im Auge behalten:

a) Die Mediennutzung wird in bestimmten kommunikativen Zusammenhängen selbst als Aspekt von Personalität behandelt, geht also gewissermaßen über die vorgestellte Registrierung und Beurteilung von Mediennutzungsmustern durch signifikante und generalisierte Andere in individuelle ‚mes' (Mead) ein.

b) Massenmedien als Konstrukteure sozialer Realität greifen in ihrer Produktion von Information und Behandlung von Themen auf Personen zurück, deren personale Identität durch sie im Falle von Fiktionen vollständig erzeugt und im Falle von Nachrichten, Berichten, Dokumentationen und Talks zumindest mitgeneriert wird. Diese Personen der Massenkommunikation fungieren als Spiegel, Schablonen, Schemata, Referenzpunkte für Personalität in anderen Kommunikationszusammenhängen und für Selbstvorstellungen von Bewusstsein.

Vor allem letzter Punkt wird über die gesamte folgende Analyse von zentraler Bedeutung sein.

Begonnen sei wie zuvor mit der Sozialdimension der Stiftung und Modifikation personaler Identität durch Massenkommunikation. Dann seien sukzessive die zuvor ausgearbeiteten Aspekte der Sach- und Zeitdimension von Identität behandelt. Die folgende Analyse bleibt dabei auf einer Ebene mit hohem Allgemeinheits- bzw. Abstraktionsgrad und versucht vor allem, theoretische Zugangsmöglichkeiten der vorliegenden Fragestellung aufzuzeigen, aber gleichzeitig das Gesagte durch Beispiele zu illustrieren und dort, wo es angezeigt erscheint, zumindest in groben Zügen nach Art des Massenmediums, der Themen und Genres zu unterscheiden. Allerdings kann im Folgenden nicht immer en detail nach Medienart und Anspruchspublika der Massenkommunikation differenziert werden: Im Zweifelsfall sind daher die populären Angebote der audiovisuellen Medien und der Presse und weniger der Roman gemeint, da mir im letzteren Falle Themen- und Qualitätsspektra zwischen Kunst und Trivialliteratur noch wesentlich stärker zu variieren scheinen.

2.1 Person, Selbst und Massenmedien – ein erster Versuch oder: die Massenmedien als Spiegel und Gespiegelte

Wie bereits angedeutet besteht *eine* Zugangmöglichkeit für eine theoretische Präzisierung der Beziehung von Massenkommunikation, Personalität und Identität darin, dass beobachtete und beobachtbare Mediennutzungsmuster von Individuen als personen- und/oder rollenspezifisch aufgefasst werden. Dieser Blickwinkel ist ebenso wie der zweite (nämlich die Konstruktion personaler Realität in den Massenmedien) mit einem operativen Konstruktivismus Luhmannscher Prägung kompatibel.

2.1.1 Massenmedien in Personenspiegeln

Massenkommunikation ist Realität, weil sie stattfindet, weil das System der Massenmedien operiert (vgl. Luhmann 1996a: 12ff) und andere gesellschaftliche Teilsysteme und (in diesem Fall fremdreferenziell) wahrnehmende Bewusstseinssysteme daran teilhaben. Zudem gilt: „Das ,Eintrittsgeld' in [...] Medienwelten ist niedrig, eine Exklusion auf Basis ökonomischer Leistungskraft scheidet weitgehend aus" (Jäckel 1999b: 701). Das System der Massenmedien ist wie andere Funktionssysteme an der Inklusion möglichst vieler Personen interessiert, sei es aufgrund eines Bildungs- oder Funktionsauftrags des öffentlich-rechtlichen Rundfunks (vgl. zur neueren Diskussion exemplarisch z.B. Ladeur 2000), sei es aufgrund der Logik von Auflagen und Absatzzahlen oder Zusammenhängen von Werbefinanzierungsmitteln und Einschaltquoten etc.[210] Insofern hat nicht nur (fast) jeder die Möglichkeit an Massenkommunikation teilzunehmen, sondern man kann ihr auch gar nicht entgehen (man denke nur an die Plakatwerbung oder die Hintergrundmusik in Supermärkten, Kneipen, Restaurants usw.). Man müsste sich schon ohne Fernseher, Bücher, Zeitungen, Radio usw. zuhause einschließen und die Wohnung nicht mehr verlassen, um eine Totalverweigerung der Teilhabe an Massenkommunikation praktizieren zu können. Wahrscheinlich fände man das auf Dauer dann auch sehr langweilig. Neben der Unentrinnbarkeit der Teilhabe an Massenkommunikation, können aber verschiedene Formen dieser Teilhabe unterschieden werden, die in der Kommunikation und dadurch angeregt auch in Bewusstseinssystemen als Entscheidungen von Personen reflektiert werden.

Kommunikation kann mit Hilfe der Personenform Bewusstseine (als Personen) in der Hinsicht beobachten, wie sie an Massenkommunikation und vor allem an welchen Formen der Massenkommunikation sie teilhaben. Bewusstseinssysteme können sich selbst auf ähnliche Weise im Hinblick auf ihre Medienpräferenzen beobachten, sowie sie die Kommunikation darauf beobachten können, welche Medienpräferenzen in bestimmten kommunikativen Zusammenhängen bzw. für generalisierte Andere oder für bestimmte signifikante Andere Konjunktur haben. In der Folge werden Medienvorlieben dann auch für Selbstthematisierungen nutzbar.

---

[210] Auf Organisationsebene kann sich dies dann freilich anders darstellen, indem z.B. auf die (unterstellte) Exklusion bestimmter Personengruppen Wert gelegt wird, wie z.B. die Diskussion um ein sog. ,Unterschichten-Fernsehen' zeigt. Siehe: Thomas Tuma: Wer ist Proll? In: Der Spiegel, Nr. 21 vom 23.5.2005. S. 102-104.

Vor diesem Hintergrund geht es nun erstens darum, welche Formen der Mediennutzung *Anschlusskommunikationen* über Medieninhalte mit bestimmten signifikanten Anderen oder generalisierten Anderen – respektive Angehörigen bestimmter sozialer Gruppen – wahrscheinlicher erscheinen lassen. In diesen Fällen geht es eher um eine Logik der Imitation: Man will mitreden können und deswegen dazugehören (man denke bspw. an Mediengespräche auf dem Schulhof; vgl. dazu Göttlich & Nieland 2002).

Zweitens kann von der beobachtbaren Mediennutzung auf die *sozialstrukturelle Verortung von Personen* geschlossen werden, insbesondere auf das Volumen inkorporierten kulturellen Kapitals (vgl. Bourdieu 1979/1982: z.B. 143ff) oder gelegentlich ökonomischen Kapitals (im Falle der öffentlichen Nutzung kostspieliger Medieninnovationen), evtl. auch auf die Kapitalstruktur. Jedenfalls besitzen bestimmte Formen der Mediennutzung oder Nicht-Nutzung symbolischen Kapitalwert. Sie repräsentieren bestimmte Statuslagen und können zur Distinktion von sozialen Gruppen bzw. von symbolischen Gemeinschaften (Weßler 2002), denen man sich nicht zugehörig fühlt, verwendet werden. Gerade die Nicht-Nutzung bestimmter Formen, Formate und Angebote der Massenkommunikation (s.u.) kann der personalen Distinktion von der ‚Masse‘ im negativen Sinne und der gleichzeitigen Zurschaustellung eines gruppenidealen Habitus dienen.[211]

Drittens können bestimmte Strukturen der Mediennutzung *Bestandteile sozialer Rollen* sein. So müssen Politiker neben diversen anderen Tageszeitungen die BILD-Zeitung lesen und natürlich das Fernsehgeschehen verfolgen. Ein Wissenschaftler, der überhaupt nicht liest, ist kaum vorstellbar. Ein Analyst muss ebenso die internationale Wirtschaftspresse usw. verfolgen. Dass dem so ist, wissen wir natürlich (wie in den anderen Fällen auch) aus den Medien – so dass im Grunde die Dimension der Konstruktion personaler Realität durch die Massenmedien von der Dimension der Konstruktion personaler Realität mit Hilfe der Mediennutzung bzw. der Realität der Konstruktion nur analytisch getrennt werden kann. Die Massenmedien beobachten permanent Personen, Rollen und auch Organisationen und produzieren dadurch ständig neue bzw. modifizierte Realitätsgrundlagen. Dementsprechend kann z.B. Spiegel-Online berichten, dass die Deutsche Bank Mitarbeitern den Bezug von Zeitungen streiche, was einen PR-Gau ausgelöst habe (vgl. www.spiegel-online.de/wirtschaft/0,1518,262368,oo.html, Artikel vom 22.8.03), und kann damit selbst die Reaktualisierung bzw. gar Veränderung von Rollennormen und organisationaler Identität mitbesorgen. Ferner gilt natürlich ein Postulat der generellen Beobachtung des Mediengeschehens in hohem Maße für zentrale Rollen des Mediensystems selbst (bspw. Journalisten,

---

[211] So schreibt z.B. Friedrich H. Tenbruck (1990: 76): „Mir jedenfalls scheint es nicht nur eine Pflicht der seelischen Gesundheit, im eigenen Haus auf Distanz zum Fernsehen zu halten, sondern auch eine soziale Pflicht, diese Haltung im Umgang mit anderen still zu markieren.“

Programmdirektoren, Moderatoren usw.), wodurch die Selbstbeobachtung des Mediensystems angeheizt wird (vgl. auch Bourdieu 1996/1998: 30ff). Luhmann (1997: 1102) bezeichnet in diesem Zusammenhang

> „die öffentliche Meinung [...] [auch als einen] Spiegel, auf dessen Rückseite ebenfalls ein Spiegel angebracht ist. Der Informationsgeber sieht im Medium [hier: öffentliche Meinung] der kurrenten Information sich selbst und andere Sender. Der Informationsabnehmer sieht sich selbst und andere Informationsabnehmer und lernt nach und nach, was man hochselektiv zur Kenntnis zu nehmen hat, um im jeweiligen Sozialkontext (sei es Politik, sei es Schule, seien es Freundschaftsgruppen, seien es soziale Bewegungen) mitwirken zu können. Der Spiegel selbst ist intransparent."

Im Extremfall machen dann sogar viertens bestimmte Mediennutzungsmuster die *Inklusion in Interaktionssysteme* und soziale Gruppen erst möglich. Am Auffälligsten ist dies wohl bei sog. Jugendkulturen, wie die Arbeiten von Waldemar Vogelgesang (vgl. z.B. Vogelgesang 1991, Vogelgesang 1994, Vogelgesang 1997, Vogelgesang 1997/1999) zeigen.

Fünftens dienen Mediennutzungsmuster neben der Symbolisierung partizipativer Identität, auch der *Demonstration individueller Idiosynkrasien* und idiosynkratischer Kombinationen von Medienvorlieben (die häufig vielleicht gar nicht so idiosynkratisch sind). Man liebt z.B. Thomas Mann, Heavy Metal Musik und kann auf den ,Tatort' nicht verzichten.

In allen diesen Fällen kann Personalität also über spezifische beobachtete Muster der Teilhabe an Massenkommunikation mitbestimmt werden. Wir können von einer expressiven, die positive Seite der Personenform mitbezeichnenden Funktion der Mediennutzung sprechen: Es geht um die Feststellung von individuell attribuierten Verhaltensmöglichkeiten durch Fremdbeobachtung von Mediennutzungsverhalten und um die Inszenierung von Personalität oder gar Persönlichkeit durch selbstreferenzielle Beobachtungen der Bewusstseine, die im Wechselspiel fremdreferenziell andere Sinnsysteme in ihrer Umwelt im Blick behalten: nach dem Motto ,Sage mir, was Du siehst, liest, hörst usw., und ich sage Dir, wer Du bist': „Hinter der FAZ steckt immer ein kluger Kopf." Bestimmte Liebhaber der Zwölftonmusik mögen mit dem Verweis auf diese musikalische Vorliebe einen gewissen intellektuellen Avantgardismus zur Schau stellen. Dagegen dürfte ein Literaturprofessor, der seine Freizeit (nicht aus wissenschaftlichen Zwecken) der Lektüre von Groschenromanen widmet, etwas seltsam anmuten usw.

Allgemein können auf der Ebene der Mediendifferenzierung verschiedene Facetten der *Konstruktion von Personalität durch die Beobachtung und Inszenierung individueller Nutzungsmuster* unterschieden werden.

Erstens gibt es Formen der personalen Spezifikation über Mediennutzungsmuster, die zwischen der *expressiven* (zumeist quantitativ umfangreichen) *Nutzung* und – mindestens genauso wichtig – *Nicht-Nutzung bestimmter Massenmedien* unterscheiden. Z.B. kann jemand als Leseratte bezeichnet werden, als Vielseher oder ‚Fernsehjunkie', ‚Internetanalphabet' (vgl. zur Problematik des sog. Digital Divide: Jäckel 2003) usw. Auch kann z.B. das Nicht-Fernsehen eine expressive Funktion für personale Respezifikationen haben, die teilweise über Ideologien oder zu kollektiven Identitäten generalisierbare partizipative Identitäten vermittelt werden. Man sieht also bspw. nicht fern, weil man aufgrund einer aktiv-dynamischen Lebensführung dafür keine Zeit hat. Peter Sicking (vgl. 1998: 44ff) spricht in der Analyse von Leitfadeninterviews einer qualitativen Studie zu nicht-fernsehenden Personen (n = 28, vgl. ebd.: 38ff) von einem aktiven Nicht-Fernsehtyp (n = 13). Andere halten das Fernsehen aufgrund mehr oder weniger weltanschaulich kanalisierter Reflektionen für schlecht, Phantasie tötend usw. Sicking (vgl. ebd.: 100ff) unterscheidet hier einen selbstbestimmten (allerdings nur 2 Personen) von einem weltanschaulich geprägten Lebensreformtyp (n = 9). „Anthroposophische, ökologische und philosophisch-religiöse Denkweisen sind in unterschiedlicher Mischung das Fundament dieses Lebensstils. Es handelt sich häufig um Familien mit Kindern. Die entscheidende Differenz zum ersten Typus [dem aktiven Nicht-Fernseher] liegt in der Vergangenheit: Fernsehen war Teil der Alltagsroutine und man wollte diese Bildschirmorientierung nicht länger fortführen. Entsprechend konzentrieren sich gerade hier negative Beurteilungen des Mediums: das Bild ist Lüge; was gesendet wird, ist katastrophal; Vorgaukeln einer perspektivischen Erfahrung, künstliche Sozialwelt usw. Der Vorteil des Nicht-Fernsehens wird hier in einem höheren Bewusstseins- und Wahrnehmungsniveau der Umwelt gesehen" (Jäckel 2001b: 120). Ferner unterscheidet Sicking (vgl. 1998: 159ff) den Typus des ehemals ‚suchtgefährdeten' Nicht-Fernsehers (n = 4). Hier wird besonders deutlich, dass Einstellungen zum Fernsehen Bestandteile einer Medienbiographie werden (vgl. Jäckel 2001b: 121). Mischtypen sind natürlich denkbar. Genauso gibt es Formen der Verweigerung der Rezeption von Werbung: z.B. explizites Wegschalten in Werbepausen oder die Befestigung von Zetteln am Briefkasten ‚Bitte keine Werbung einwerfen!' (zur Verweigerung von Marken siehe Klein 2001). Ebenfalls scheint das Nicht-Lesen in bestimmten (jugendlichen) Kreisen – Schulze (1992/1996) würde wohl vom Unterhaltungsmilieu, Bourdieu (1979/1982) vielleicht von den Verlierern der Bildungsexpansion sprechen – für eine bestimmte Form von ‚cooler' Lebenskunst zu stehen. So hatte der Teilnehmer Zlatko der ersten Staffel der sog. ‚Doku-Soap' oder ‚Real-Life-Soap' ‚Big Brother' offensichtlich überhaupt kein Problem damit, Shakespeare für einen Regisseur gehalten zu haben. Dieser Form der Inszenierung einer von klassischen Bildungsstandards bewusst abweichenden Individualität wurde von dem System der Massenmedien dann ein so großer Informationswert zugeschrieben, dass allerorts (auch in der sog. seriösen Presse) darüber berichtet wurde, Zlatko in diverse Talkshows eingeladen wurde, kurze Zeit von dem ‚Big Brother'-Sender RTL II sogar eine Sendung namens ‚Zlatkos World' bekam und auf diese Art zu einem (allerdings kurzlebigen) Medienstar aufgebaut wurde. Auch hier greifen freilich wieder die eingangs erwähnten zwei Aspekte des Zusammenhangs von Massenkommunikation und Personalität ineinander: Ein Mediennutzungsmuster wird als Personenmerkmal (hier von den Massenmedien) beobachtet und als Anlass für die Konstruktion personaler Realität in den Massenmedien verwendet, die dann wieder beobachtet und als (abschreckendes oder anregendes) Beispiel für Personen in anderen Kommunikationszusammenhängen dienen kann. Ob das Beispiel von Zlatko nun tatsächlich für einen neuen ‚expressiven' Analphabetismus, für eine mehr oder weniger weit verbreitete Form der expressiven Exklusionsindividualität über die Selbstexklusion von Teilen der Massenkommunikation oder für ein „Wissensproletariat" (Jäckel 1999b: 700) steht, das von einer Klasse an sich zu einer Klasse an und für sich wird, oder nur eine von den Massenmedien selbst konstruierte Eintagsfliege war, wäre empirisch zu klären. Nichtsdestoweniger spricht die massenmediale Aufmerksamkeit, die das Phänomen Zlatko bündeln konnte, für sich, d.h. für die mit modernen Individualitätssemantiken kompatible personale Augenfälligkeit der Überlagerung von Mediennutzungsmuster und Wissensmuster in diesem Fall (vgl. dazu auch die klassische Wissensklufthypothese: Tichenor, Donohue & Olien 1970). Des weiteren wird auch deutlich, dass mediale Nutzungsmuster durch diesen übergeordnete Personensemantiken und Identitätswerte auch auf andere Personencharakteristika (z.B. Intelligenz, Bildung) verweisen.

Zweitens kann personale Spezifikation über die *Nutzung oder Nicht-Nutzung bestimmter Medienformate* (also bestimmter Zeitungen, Sender, Formen von Literatur usw.) laufen. Man hat den Spiegel unterm Arm und Konkret im Mund (Hüsch) oder liest z.B. die Frankfurter Rundschau, aber keineswegs die FAZ oder die BILD und lässt so zugleich die politische Gesinnung aufblitzen. Gerade bestimmte Zeitungen (und Bücher) können auch – wie oben ausgeführt – als Prestigeobjekte (vgl. Schönbach und Peiser 1997/1998: 108) fungieren. Ähnliches gilt in eingeschränktem Maße für die Nutzung bestimmter Fernsehsender. Man sieht nur die öffentlich-rechtlichen Sender oder ARTE und hält alles andere für kommerziellen Quatsch oder käme nicht im Traum auf den Gedanken, das ZDF einzuschalten, weil es als ‚Seniorenfernsehen' gilt, oder aus umgekehrten Gründen MTV. Man liest nur klassische oder anspruchsvolle Literatur oder nur Comics usw.

Drittens können Personen über ihre *Vorliebe für Mediengenres* mitbezeichnet werden. Jemand liebt z.B. Krimis, Liebesfilme oder sog. ‚Splattermovies' (Horrorfilme), schaut allenfalls Nachrichten, liest nur den Wirtschaftsteil der Zeitung oder nur das Feuilleton oder überhaupt nur die Bibel oder den Koran. Die eine interessiert sich für Kunst- und Fotografiebände, der andere für Computerzeitschriften, wieder eine andere liebt Opern, ein weiterer Hip Hop usw. Solche Genrenutzungsmuster werden dann auch vor dem Hintergrund sozialer Konsistenznormen beobachtet und bewertet: Welche Genres passen zueinander und welche nicht? Welche Kombination gilt als absurd, welche als normal, welche als originell? Welche Muster passen zu spezifischen Positionsinhaberschaften der

Personen (also darf sich z.B. ein Pfarrer Horrorfilme anschauen, ein Philosophieprofessor mit Begeisterung Fürstenromane lesen oder ungarische Schnulzen hören?)?

Viertens können Mediennutzungsgewohnheiten noch weiter spezifiziert werden, indem ganz *konkrete Medieninhalte und Medienautoren* genannt werden. Es gibt Lieblingsfilme und -bücher, Lieblingsautoren, -regisseure, -schauspieler usw. Man ‚steht auf' Brigitte Bardot, Brad Pitt oder Günter Grass, schätzt die Analysen von Helmut Schmidt in der ZEIT oder findet Michel Friedman arrogant[212] und Thomas Gottschalk lächerlich. Häufig laufen die Anfänge eines intimeren Kennenlernens von (insbesondere jugendlichen) Personen über den kommunikativen Austausch von Medienvorlieben. Man erzählt sich, welche Musik man gerne hört, nennt Lieblingsschauspieler und -bücher usw. und unterhält sich überhaupt gerne über ‚Medienpersonen'. Einerseits erleichtert das den Gesprächseinstieg, weil diese Personen und Themen als bekannt vorausgesetzt werden können (man denke an die Realität der Konstruktion der Realität der Massenkommunikation), und andererseits ist das wohl auch deswegen so interessant, weil dadurch aufblitzt, welche Kontingenzhorizonte jeweils für eigene Personalität aktuell (für Kreuzen im Sinne Spencer-Browns) verfügbar sind und diese positiv (man wäre gerne wie X) oder negativ (... und bloß nicht wie Y) abgrenzen und bestimmen.

Ferner können fünftens, wie bereits angedeutet, auch *kollektive Identitäten* vor allem jugendlicher Cliquen (vgl. z.B. Vogelgesang 1991, Vogelgesang 1997/ 1999), aber auch ideologischer Gruppierungen (wie der Anthroposophen) über gemeinsame Mediennutzungsmuster und Medienaneignungsformen definiert und (mit)gestiftet werden. Im Falle der gemeinschaftlichen Mediennutzung „begründet die Teilnahme wohl insbesondere dann ein Einschlusskriterium, wenn es sich um außergewöhnliche Angebote handelt" (Jäckel 1999b: 700). Umgekehrt fungiert die Nicht-Teilnahme an bestimmten Formen der Massenkommunikation dann als Inklusionsvoraussetzung, wenn es sich um gewöhnliche Angebote (wie das Fernsehen) handelt. Daneben entstehen „Gemeinschaften, die sich um Medienangebote versammeln" (ebd.), um sich darüber auszutauschen, Hintergrundinformationen zusammenzutragen, Bewunderung des Medienobjekts durch Bestätigungskommunikation zu zementieren usw. Hier sind vor allem sog. Fan-Gemeinschaften oder Fanclubs von (Kult-)Serien, Filmen und Medienstars

---

[212] Wie der Fall ‚Möllemann' zeigt, können solche Meinungen über Personen dann auch zu negativen Gruppenidentifikationen generalisiert werden und in zirkuläre präjudizierende (hier rassistisch-antisemitische) Argumentationen überführt werden, nach dem Muster: Wer so arrogant ist, muss sich über den Antisemitismus, den er mit seiner eigenen Arroganz hervorgerufen hat, nicht wundern. Die Verwechselung von pars und totum führte in der Affäre ‚Möllemann' zu einer Apologie des Antisemitismus über persönliche Abneigungen. Das ist natürlich meine persönliche Auffassung, mit der ich mich nichtsdestoweniger in guter ‚Gesellschaft' anderer Personen (z.B. Jürgen Habermas) weiß.

(wie Schauspielern, Moderatoren, Musikgruppen etc.) zu nennen. Derartige Gemeinschaften bringen dann bestimmte Mediengenres wie Fan-Magazine usw. (vgl. exemplarisch das Beispiel der Serie ‚Lindenstraße' bei Vogelgesang 1995) mit hervor.

Derartige Facetten der personalen Mediennutzung können für die Mitkonstruktion personaler Realität gleichsam (sieht man einmal von normativen Konsistenzzwängen ab) beliebig kombiniert werden.

In allen diesen Fällen erscheinen die Massenmedien als Gespiegelte in den vorgestellten oder kommunizierten Personenspiegeln signifikanter alter Egos oder generalisierter Anderer. Die Beobachtung und vorgestellte Beobachtung von Personen schließt deren Teilhabe an Massenkommunikation als personale Realitätssphäre mit ein. Anders ausgedrückt: Expressive Mediennutzung dient als eine Personensemantik (unter anderen). Das haben auch wissenschaftliche Befragungen von Mediennutzungsgewohnheiten vor allem unter dem Aspekt sozialer Erwünschtheitseffekte in Rechnung zu stellen.

2.1.2 Massenmedien als Personenspiegel

Neben dieser expressiven Funktion der kommunikativen Beobachtung und Inszenierung von Mediennutzungsvorlieben für die Konstruktion personaler Realität in Interaktionssystemen (Kommunikation unter Anwesenden) und anderen interpersonal strukturierten Kommunikationszusammenhängen (z.B. Briefe, Telefonate usw.) aufgrund der „realen Realität" (also operativen Realität) der Massenmedien erfüllt die Massenkommunikation selbst die Funktion der Konstruktion von Realität, auf die dann (als Selbstverständlichkeit) andere soziale Teilsysteme, wie auch Bewusstseine zurückgreifen müssen und können.

Das ist auch der Fokus einer Reihe neuerer empirisch ausgerichteter Theorien mittlerer Reichweite, die den realitätskonstruierenden Charakter der Massenkommunikation betonen. Hervorzuheben sind hier insbesondere die Theorie der Schweigespirale von Noelle-Neumann (1982/1996), die Agenda-Setting-Hypothese von McCombs und Shaw (1972; siehe neuerdings vor allem: Dearing & Rogers 1996) und die Kultivierungstheorie von George Gerbner und Mitarbeitern (z.B. Gerbner & Gross 1976, Gerbner et al. 2002). Hier interessiert zunächst allerdings – wie oben bereits deutlich gemacht – die Theorie der Massenmedien von Niklas Luhmann, der die Massenmedien als gesellschaftliches Subsystem fasst, dessen Funktion eben diese Konstruktion von Realität ist. Diese Theorie scheint hinlänglich allgemein und vor allem bestens geeignet, die bisherigen theoretischen Überlegungen zur Beziehung von Personalität, Identität und Kommunikation anzuschließen.

„Was wir über unsere Gesellschaft, ja über die Welt, in der wir leben, wissen, wissen wir durch die Massenmedien", schreibt Luhmann (1996a: 9) am Anfang seines Buches über die Massenkommunikation. Eigentlich müsste es heißen, was wir über ‚die Realität zu wissen meinen', denn Massenmedien versorgen uns vor allem mit Realitätskonstruktionen und zu einem großen Teil (mit als solchen kenntlichen) Realitätsfiktionen. Sie gleichen in dieser Hinsicht eher Platons Höhle (vgl. auch Jäckel 2002a: 216f) als einem Fenster zur Welt – aber: Die Höhle ist die Realität! Das ist Luhmann (vgl. 1996a: 14ff) natürlich bewusst.

In gewissem Maße findet – gemäß der Perspektive des operativen Konstruktivismus – in allen Sinnsystemen eine Verdopplung von Realität statt. Systeme sind real, weil sie operieren und durch ihre autopoietische Geschlossenheit eine reale Differenz von System und Umwelt konstituieren. Sinnsysteme können darüber hinaus ihr eigenes Operieren beobachten und von Vorgängen in der Umwelt unterscheiden, re-entries der Differenz von System und Umwelt in das System als fremd- oder selbstreferenzielle Sinnaktualisierungen, Strukturgeschichten und Gedächtnisse vornehmen und sich selbst und Welt auf diese Art und Weise beobachten und von Moment zu Moment (neu) bezeichnen.

Die Massenmedien beobachten nun wie andere soziale Systeme auch die Welt und sich selbst als Teil der Welt (sowie davon unterschieden: ihr eigenes Operieren), u.a. die Gesellschaft als Ganze und deren natürliche Umwelt, bestimmte gesellschaftliche Teilbereiche und natürlich Personen, die in diesen Teilbereichen durch diese oder zumindest die Massenmedien selbst als Handlungs- und wahrgenommene Merkmalsträger rekonstruiert werden. Genau solche Weltbeobachtungen und dadurch erzeugte *Realitätskonstruktionen* sind, sofern sie mittels Verbreitungstechnologie als massenhafte Mitteilungen einem weitgehend unbestimmten Adressatenkreis (Öffentlichkeit) zur Verfügung stehen, hier mit Massenkommunikation gemeint. Davon wären reflexiv selbstreferenzielle Kommunikationen innerhalb des Systems der Massenkommunikation zu unterscheiden, also z.B. Anweisungen eines Chefredakteurs an Journalisten, das Schminken der Schauspieler etc., die im Normalfall gerade nicht-öffentlich ablaufen, aber freilich unter bestimmten Umständen auch (als Bestandteil der Welt) zu Gegenständen von Massenkommunikation werden können.

Man kann dann wie Meyrowitz (vgl. 1990: 106ff) in Anlehnung an Goffman (vgl. z.B. 1974/1980: Kap. 5) zwischen Vorderbühne, Hintergrund und evtl. Seitenbühne unterscheiden, wobei sich auf der Letzteren Hinterbühnen- und Vorderbühnenaspekte vermischen, indem z.B. Hinterbühnenverhalten inszeniert wird (wie in sog. ‚Making Offs' oder medialen Einblicken in das Privatleben von Stars, in den Wahlkampf von Politikern etc.).

Zudem ist deutlich, dass die Beobachtungen der Massenkommunikation auch als reale oder fiktionale Weltbeobachtungen kenntlich gemacht und als solche wiederum von den Massenmedien beobachtet und mit Alternativen konfrontiert werden können, so „dass die Medien Widerstand gegen sich selber erzeugen" (Luhmann 1996a: 160).

Die Massenkommunikation flaggt sich selbst sozusagen als *Äquivalent für Wahrnehmungen*, Wahrsagung (man denke an die Werbung) und Phantasie (man denke nicht nur an das Mediengenre ‚Fantasy') aus. Vor diesem Hintergrund muss eine Soziologie der Massenkommunikation als Beobachterin der massenmedialen Beobachter (vgl. ebd.: 15) auftreten, kenntlich machen, was bezeichnet wird und was eben nicht, und welche zwei Seiten-Formen und Programmierungen den Massenmedien für ihre Weltbeobachtungen und resultierenden massenhaft kommunizierten Realitätskonstruktionen zur Verfügung stehen. Die Frage lautet also:

> „Wie können wir (als Soziologen zum Beispiel) die Realität ihrer [der massenmedialen] Realitätskonstruktionen beschreiben? Sie lautet nicht: Wie verzerren Massenmedien die Realität durch die Art und Weise ihrer Darstellung? Denn das würde ja eine ontologische, vorhandene, objektiv zugängliche konstruktionsfrei erkennbare Realität, würde im Grunde den alten Essenzkosmos voraussetzen" (ebd.: 20, Hervorh.i.O.).

Nochmal: Die platonische Höhlensicht ist die Realität! Ob eigener Konstruktionen von Realität kann die Realität der Massenmedien allerdings freilich von anderen sozialen Teilsystemen (z.B. der Politik oder Wissenschaft) oder Bewusstsein als verzerrt beobachtet werden. Da jedes Sinnsystem durch sein Operieren eigene Realität erzeugt und diese gewissermaßen für realer als ausgemachte Fremdrealitäten hält, und die Massenmedien ihre Beobachtungen auch als solche erscheinen lassen, drängt sich ein genereller *Manipulationsverdacht* gegen die Massenmedien quasi automatisch auf.

Dennoch kann man auch bei der Feststellung von Realitätsdivergenzen der Realität der (als wie auch immer verzerrt empfundenen) Spiegelung durch die Massenmedien nicht entgehen. Das gilt für Personen, wie z.B. für Politiker, deren Lapsus oder missverständliche, evtl. aus dem Kontext gerissene Äußerungen publiziert werden (man denke an die Fälle ‚Jenninger' oder ‚Däubler-Gmelin'), und für Organisationen (wie oben erwähntes Beispiel der Neuordnung der Zeitungsabonnements durch die Deutsche Bank oder auch der Fall der Versenkung der Ölplattform „Brent Spar" durch den Shell-Konzern zeigt). Auch das kann die Soziologie wieder beobachten. Die Frage lautet also auch immer: Wer ist der Beobachter? Und: Auf welcher Ebene beobachtet er? (Vgl. dazu mittlerweile klassisch: Maturana & Varela 1984/1987: 137ff).

Um beobachten zu können, bedarf es nun Unterscheidungen als zwei Seiten-Formen, mittels derer bezeichnet werden kann, was relevant ist und was nicht, über was also im Falle der Massenmedien kommuniziert wird, was Massenkommunikation wird und was nicht. Es geht um den Anschluss von Kommunikation an Kommunikation bzw. den Anschluss von Beobachtung an Beobachtung. Der *Code*, der dies leistet, ist für die Luhmannschen (vgl. 1996a: 36ff) Beobachtungen der Massenmedien die Unterscheidung von Information und Nicht-Information.

Da alle Systeme mittels Codes Relevantes von Irrelevantem unterscheiden, also Information von Nicht-Information, liegt hier eine etwas verwirrende Dopplung des Informationsbegriffes vor. Mittels der Unterscheidung von Information und Nicht-Information wird unterschieden, was eine Information ist und was nicht. Es wäre daher evtl. besser den Code des Mediensystems *Publikationswür-digkeit/Nicht-Publikationswürdigkeit* zu nennen (ähnlich Marcinkowski 1993: 65ff). Das System kann dann Publikationen nicht einfach wiederpublizieren, weil sie bereits publiziert sind, aber neue Auflagen, Sondereditionen, Wiederpublikatio-nen bzw. -ausstrahlungen, z.B. von sog. ,Klassikern' oder ,Kult-Sendungen und - Filmen', veranlassen und sich natürlich in weiteren Publikationen auf bereits Pu-bliziertes beziehen, wie das Wirtschaftssystem ja auch konkrete Zahlungen nicht noch einmal vollziehen, wohl aber weitere Zahlungen daran knüpfen kann (vgl. den Einwand bei Luhmann 1996a: 42, Fn. 16). Das ist freilich vor allem ein no-minaldefinitorisches Problem.

Da jedenfalls im Sinne des Batesonschen Informationsbegriffes (vgl. Kap. 1.4.1) auch Nullwerte von Dichotomien Informationswert haben, muss das Sy-stem der Massenmedien (wie andere Systeme auch) über Programme entschei-den, was als informativ bzw. publikationswürdig und was als nicht-informativ weiterbehandelt wird. Luhmann (vgl. ebd.: Kap. 5-7) unterscheidet drei große *Programmbereiche der Massenmedien*, die sicherlich weiter unterteilt werden könn-ten, die aber für die hier relevanten Belange weitgehend reichen: *Nachrichten* und *Berichte*, *Werbung* und *Unterhaltung*, mit je typischen Selektoren des Informativen.

Die Informationen, die durch das System der Massenmedien erzeugt werden, zeichnen sich gegenüber Informationen, die von anderen Systemen erzeugt wer-den, nun dadurch aus, dass sie infolge der massenhaften Verbreitung oder deren Unterstellung durch Massenkommunikation bzw. Publikation (!) ständig in Nicht-Informationen verwandelt werden (vgl. ebd.: 40f). Damit sind Wiederho-lungen (vgl. ebd.: 42f) nicht ausgeschlossen. Diese müssen allerdings das Verges-sen der Information oder differenzielle Zeitbudgets der Rezipienten unterstellen (bei Wiederholungen von Fernsehserien etc.) oder auch den Reflexionswert der Informativität des Nichtinformativen benutzen, um so Zusatzinformationen – etwa über die Wichtigkeit einer Aussage – zu produzieren (z.B. im Falle der Werbung[213] oder bei sog. Kultfilmen). Die massenhafte Verbreitung publizierter Informationen führt jedenfalls in der Regel dazu, dass die Massenmedien und auch andere Systeme unterstellen müssen, dass die durch Massenkommunikati-on mitgeteilten Informationen allgemein bekannt sind.

Das lässt sich auch *gedächtnistheoretisch* formulieren (wieder etwas anders als Luhmann 1996a: 179ff; vgl. auch Reinhardt & Jäckel 2005): Die Massenmedien erzeugen durch ihre Operationsweise infolge der Medieneigenschaften (Cooley: permanence of record) soziales Gedächtnis als Speicher (vgl. auch Assmann & Assmann 1994), der in Form von Archiven den Organisationen des Systems, aber auch außerhalb des Systems (in Form von Büchern, Tonträgern etc.) zur Verfügung steht. Dabei wird unterstellt (!), dass die einfache Aktualisierung (Er-

---

[213] Ein klassisches Beispiel wäre hier die Werbung für den VW-Käfer: „Er läuft und läuft und läuft ...“

innern im weiten Sinne) wegen der massenhaften Teilhabe sozialer und psychischer Systeme gewissermaßen ein Kollektiv*bewusstsein*, „eine[...] latente[...] Alltagskultur" (Luhmann 1996a: 121) erzeugt. Für die Erinnerung als Erinnern des Erinnerns dagegen kann angenommen werden, dass sie kollektive Erinnerungen hervorbringt und so ein (z.B. nationales) Kollektiv*gedächtnis* reimprägniert, während die Erinnerung des Vergessens (nach dem Muster: Was wurde eigentlich aus ...?), die in Wiederauffinden des Vergessenen mündet, kollektives Vergessen inhibiert. Vieles wird natürlich gar nicht erst ‚gespeichert', von anderem wird vergessen, dass es vergessen wurde. So werden Teile der Gegenwart kollektiviert, so dass differenzielle an Massenkommunikation gekoppelte Systeme teils von (unterstellten) gleichen, teils von verschiedenen Gegenwartshorizonten in Zukunft oszillieren (schön zu sehen bspw. bei der Bekanntgabe von Wirtschaftsdaten). Es stellt sich jedenfalls zweifelsohne ein „Bekanntsein des Bekanntseins" (ebd.: 43) gewisser Informationen ein. Dadurch werden sie einerseits zu Nicht-Informationen, andererseits zu Selbstverständlichkeiten, die als Realität (!) vorausgesetzt werden können. Des weiteren schaffen sie *Bedarf für neue Informationen*.

> So „erzeugen [die Massenmedien] die Zeit, die sie voraussetzen, und die Gesellschaft passt sich dem an. Der geradezu neurotische Zwang in Wirtschaft, Politik, Wissenschaft und Kunst, etwas Neues bieten zu müssen [...] bietet dafür einen eindrucksvollen Beleg" (ebd.: 44).

Neben diesem zeitdimensionalen Aspekt produzieren Massenmedien nun auch auf der Sozialdimension (wer einmal einer Tat durch die Massenmedien bezichtigt oder gerühmt wurde, wird es schwer haben, diesen Makel oder Vorteil wieder loszuwerden) und Sachdimension Realität, die andere (an Massenkommunikation partizipierende) Sinnsysteme kaum ignorieren können.

So produzieren Massenmedien ständig gewissermaßen *teilsystemübergreifende Kommunikation*, wenn man darunter versteht, dass ihre Mitteilungen auch in anderen Systemen verstanden werden, indem sie als Realitätsaspekte (der Umwelt auch dieser Systeme) vorausgesetzt werden und dort zu kommunikativen Anschlüssen führen. Sie stellen neue strukturelle Kopplungen (vgl. dazu auch Sutter 2002) zwischen sozialen Teil- und Subsystemen sowie zwischen Gesellschaft (und ihren Teilsystemen) und Bewusstsein her.

> „Strukturelle Kopplung gesellschaftsinterner Teilsysteme kann [...] [ja] nichts anderes meinen, als dass teilsystemspezifische Kommunikation von anderen Teilsystemen beobachtet, (anders) verstanden und mit eigenen Codes weiterbehandelt wird. Wenn also bspw. US-Präsident Bush und Bundeskanzler Schröder grundsätzliches Einvernehmen bekunden, findet diese Kommunikation zunächst im System der Massenmedien statt, die zugrundeliegende Differenz von Information und Mitteilung wird aber auch im Politiksystem, im Wirtschaftssystem (bspw. Auswirkungen auf Aktienkurse) etc. [evtl. deutlich abweichend] verstanden, wobei jeweils mit verschieden schematisierten Anschlüssen reagiert wird". (Reinhardt & Jäckel 2002: 82f).

Ebenso können massenmedial vermittelte Schemata, Skripte und Zurechnungsmuster in der geselligen Interaktion vorausgesetzt werden (vgl. ebd.; Luhmann 1996a: 190ff; Luhmann 1997: 1106ff).

Den über strukturelle Kopplungen vermittelten Kontakt zu anderen gesellschaftlichen Bereichen und zu Bewusstseinssystemen hält das System der Massenmedien dabei über bestimmte Themen (vgl. Luhmann 1996a: 28ff), die nicht immer völlig neu erfunden, dann aber neu strukturiert, behandelt und zu Agenden hierarchisiert werden (vgl. Dearing & Rogers 1996), anderswo Anschlüsse finden und auf die Strukturierung von Kommunikation und Denken rückwirken (vgl. Jarren 2000, Reinhardt & Jäckel 2002: 86ff).

Massenmedien stellen „in der ständigen Erzeugung und Bearbeitung von Irritationen" (Luhmann 1996a: 174) gesellschaftsinterne Konstruktionen gesamtgesellschaftlicher Realität zur Verfügung und dirigieren so Anschlusskommunikation und -denken strukturell gekoppelter Sinnsysteme.

> „Massenmedien [sind] dicht mit der Kommunikation ihrer gesellschaftlichen Umwelt verbunden [...]; und mehr noch [...] gerade darin [liegt] ihre gesellschaftliche Funktion [...]. Sie rechnen damit, dass im Anschluss an die Veröffentlichung auch außerhalb der Medien über entsprechende Themen kommuniziert wird. Und auch auf der Inputseite ist die Vernetzung unentbehrlich" (Luhmann 1997, 1103).

„Einerseits saugen Massenmedien Kommunikation an, andererseits stimulieren sie weiterlaufende Kommunikation" (Luhmann 1996a: 176). Wenn man so will, kann man das auch als Integrationsfunktion bezeichnen, wenn man darunter „die Reduktion der Freiheitsgrade von Teilsystemen, die diese den Außengrenzen des Gesellschaftssystems und der damit abgegrenzten internen Umwelt dieses Systems verdanken" (Luhmann 1997, 603), versteht (vgl. Reinhardt und Jäckel 2002), Integration also „nicht nur subjektfrei, sondern auch entschieden nicht normativ konzipiert" (Sutter 2002: 132). Es bleibt zu bedenken, dass durch die Teilhabe an Massenkommunikation Konstruktionen von Gesellschaft als Beziehungs- und Abhängigkeitsgeflecht sichtbar werden, die auf operativer Ebene teilsystemspezifische strukturelle Umweltkopplungen umformen oder neu erzeugen (Luhmanns Beispiel ist in diesem Zusammenhang häufig die ökologische Kommunikation):

> „Gesellschaftliche Kommunikation als die Gesamtheit unterschiedlicher Kommunikationstypen und –formen erhält durch die Leistung der Massenmedien eine soziostrukturelle Stabilisierung. Und die wechselseitige Undurchsichtigkeit gesellschaftlicher Teilsysteme wird dadurch zumindest partiell aufgehoben. Allein durch die Imagination von Zusammenhängen und Beziehungen durch die Medien entsteht soziale Bindung, weil teilsystemspezifische Kommunikationen auf diesem Weg tendenziell gesellschaftsweit sichtbar werden." (Jarren 2000: 30).

Die *Spiegelmetapher* ist in diesem Zusammenhang (bei allen Problemen, die sie sonst bereiten mag) deswegen instruktiv, weil auch Spiegel durch ihre Bauweise selektiv funktionieren. Sie reflektieren nie die Realität, wie sie ist, sondern allein, weil sie räumlich begrenzt sind, nur Ausschnitte. Sie zeigen nur die Oberfläche materieller Körper und nicht die Innenseite. Sie müssen zudem als Spiegel wahrgenommen werden, um als solche fungieren zu können. Dabei vollzieht sich die Wahrnehmung des Gespiegelten wiederum selektiv. Außerdem hängt das im Spiegel Wahrgenommene von der Perspektive des Betrachters, von seiner Position zum Spiegel ab sowie von meist unreflektiert kausal einwirkenden Einflüssen des Lichts, der Konvexität oder Konkavität der Spiegelfläche etc. Wenn hier also massenmediale Realitätskonstruktionen als Spiegel bezeichnet werden, so ist damit nicht gemeint, dass reales Geschehen, sowie es eben geschieht, widergespiegelt werde. Dagegen spricht bereits das selektive Operieren der autopoietischer Systeme. Vielmehr ist gemeint, dass die Massenmedien ihre Realitätskonstruktionen selbst als Spiegelungen beobachten, und andere Systeme die Realität der Spiegelung, nicht des Spiegels, in Rechnung stellen müssen. Sie können so auch die massenkommunikativen Realitätskonstruktionen als Spiegel benutzen (was dann wiederum eine eigene Realitätskonstruktion der betreffenden Systeme ist), der oblique zu ihnen selbst steht, so dass sie andere Systeme beobachten können, ohne selbst beobachtet zu werden. Ebenso ist eine frontale Positionierung der umweltlichen Sinnsysteme zu dem massenmedialen Spiegel einnehmbar, so dass sie sich selbst beobachten und darstellen können (Vorderbühne). Möglich ist ferner (mit Hilfe von Mehrfachspiegelungen) eine Spiegelung im Profil, so dass sich die in Frage stehenden Systeme selbst (z.B. der eigenen Biographie) in einer Perspektive gegenüberstehen (Seitenbühne), die sie ohne Massenmedien nicht sehen könnten (und evtl. auch nicht wollten).

Hier interessiert der Aspekt, dass diese Realitätskonstruktionen der Massenmedien auf der Ebene der Programme, Themen und Beiträge an Personalitätstypen, Personentypen[214] und konkrete (reale oder fiktive) Personen geknotet werden, die dann wiederum Bewusstseins- und Kommunikationssystemen unmittelbar in der massenmedial angereicherten Personalität oder mittelbar als Personenmodelle zur Verfügung stehen. Damit die Kommunikation kommunizieren kann, müssen Kommunikationen als Handlungen vorgeführt werden. Ohne die Zuschreibung einer Mitteilung zu einem Miteilungssubjekt könnte Information und Mitteilung nicht verstehend unterschieden werden.

So wird auch die Massenkommunikation Personen zugeschrieben, die etwas mitteilen (wollen). Es gibt in dieser Perspektive also *Personen, die unmittelbar beobachtbar Massenkommunikation betreiben* wie Journalisten, Romanautoren, Schauspieler, Fotomodelle, Experten oder Politiker, die interviewt werden usw. Dahin-

---

214 Unter Personalitätstypen werden hier grundlegende Annahmen über die Art der thematisierten Personen (also bspw. ob diese real oder fiktiv sind) verstanden, während mit Personentypen Muster von Personencharakteristika bzw. -semantiken gemeint sind, die häufig verwendet werden und so einen Typus symbolisieren, der von verschiedenen konkreten Personen realisiert werden kann wie der verwirrte Professor mit abstehenden Haaren oder der neurotische Schriftsteller mit Schreibblockade.

ter kann ein Beobachter, z.B. ein Soziologe, dann weitere Personen ausmachen, sog. ‚Gatekeeper' (vgl. zusammenfassend Jäckel 2002a: 208ff; kritisch Bourdieu 1997/2001: 134f) wie Regisseure, Produzenten, Programmdirektoren, Chefredakteure etc., die vorselegieren, welche Personen sich wie in den Massenmedien äußern können. Diese sind aber nicht unmittelbar sichtbar, es sei denn, es wird über sie berichtet.

Vor allem aber kommunizieren die Massenmedien über Kommunikationen und natürlich über Handlungen, die Personen zugeschrieben werden, so dass *Personen Thema* von Kommunikation sind.

Auf der Ebene der Programme kann nun zwischen realen und fiktiven Personen unterschieden werden, über deren Kommunikationen bzw. Handlungen oder Schicksale berichtet wird. Freilich sind mehrfache Verschachtelungen möglich, also es kann darüber kommuniziert werden, wie Person A darüber redet, dass Person B über Person C geredet hat usf.

Auf der Programmebene der *Nachrichten und Berichte* geht es um als real vorgestellte Personen, deren gegenwärtige oder vergangene Existenz vorausgesetzt wird. Diese können natürlich auch unter dem Aspekt ihrer Autorenschaft von fiktiven Personen thematisiert werden, werden aber jedenfalls mit Realitätssiegeln versehen. Bestimmte Themen werden explizit über Personen in die Massenmedien eingeführt, deren Schicksale als sog. ‚trigger events' fungieren wie das Thema AIDS und der Fall Rock Hudson oder der des unbekannten Jungen Ryan White zeigen (vgl. Dearing & Rogers 1996: 56ff, auch Luhmann 1996a: 68f). Es mag auch sein, dass in einer Zeit, „die ihre Zukunft als abhängig von Handlungen und Entscheidungen erlebt, [...] die Orientierung an Personen [zunimmt]" (ebd.: 67).

Gleichzeitig treten reale Personen als Sprecher, Kommentatoren, Korrespondenten usw. auf, die sich evtl. auch für die Wahrheit des Gesagten verbürgen. Auch hier haben wir auf der Personenebene also eine Realitätsverdopplung, die in der kommunizierten Selbstreflexion des Systems funktional als Bekanntgabe von Tatsachen ausgewiesen wird, und zwar bzgl. der Reflexion sowohl der Einheit des Codes (als bislang oder wieder unbekannte Tatsachenberichte) als auch der Einheit des Programms (als Information einer ‚mündigen' Bevölkerung). Bei dieser Berichterstattung von Personen über Personen wird unterstellt, dass von Rollenträgern, die ihre Rolle auf individuelle Weise – also als Personen – (schlecht oder recht) meistern, über Rollenträger, für die nämliches gilt, und nicht von Personentypen über Personentypen kommuniziert wird. Diese Unterstellung mag allerdings als illusorisch wahrgenommen werden, wenn man an Bourdieus (1996/1998: 40) kritische Ausführungen über die von ihm sog. „Medienhirsche" denkt[215]. Jedenfalls kreieren die Massenmedien über selektive Auswahlprozeduren aus einem begrenzten Kreis von personalen Kommunikatoren wie Kommentatoren und Experten (Literaturkritiker, Ärzte, Professoren usw.) das, was Klaus Merten (1994: 317) als „virtuelle Meinungsführer" (vgl. auch Jäkkel 2001a) bezeichnet hat: Rollenträger, die zugleich Personen sind, von denen bekannt ist, dass sie in gewissen Bereichen ‚Ahnung haben', auf deren Urteil man also vertrauen kann, ohne dass man sie kennt. Die Massenmedien verschrauben hier Systemvertrauen (Vertrauen in die Ausbildung von Rollenträgern, in die Auswahlkriterien der Massenmedien usw.) und Personenvertrauen (vgl. Luhmann 1973) auf einzigartige Weise.

In gewissen Hinsichten ähnliche Personalitätstypen verwenden im Übrigen die *non-fiktionalen Unterhaltungsprogramme* (wie Daily Talks, Boulevardmagazine). Bei der Funktion dieses Typus der Massenkommunikation rückt der Schwerpunkt der Reflexion allerdings von der Bekanntgabe von Tatsachen auf eben Unterhaltung. Daher werden die Personen zwar nach wie vor durch die Inhaberschaft bestimmter Positionen gekennzeichnet, sind aber typischerweise sowohl als Kommunikatoren (mit Ausnahme der Autoren, Interviewer, Moderatoren, also der Medienrollen) als auch als Themen(aspekte) nicht mehr ausschließlich durch ihre berufliche Rollenträgerschaft bestimmt, sondern treten im Gegenteil als ‚Privatmenschen' auf. Freilich können und werden diese ‚Privatmenschen' dann (z.B. im Falle von Skandalen) mit Positionsinhaberschaften und Rollenerwartungen konfrontiert. Dabei steht aber immer der ‚ganze Mensch', ‚das Individuum' im Vordergrund (das dann durch die Berichterstattung zu einem Typus zusammengeschrumpft werden mag) und nicht wie im Falle der Nachrichten und Berichte (mit Ausnahme biographischer Dokumentationen) Position und Rolle. Dort bringt man Verständnis oder Unverständnis (und Achtung und Missachtung), Mitleid oder Bewunderung auf, hier heißt es, jemand müsse die politische Verantwortung tragen oder sei untragbar, habe sich strafbar gemacht usw. Die Reflexion der Einheit des Codes läuft im Falle der non-fiktionalen Unterhaltung zwar nach wie vor auf Tatsachenberichte hinaus, die Reflexion der Einheit des Programms aber auf Unterhaltung der Rezipienten. Es geht nicht mehr darum, was die Leute *wissen* müssen, sondern, was ihnen *gefällt* zu erfahren und zu beurteilen, und: wie es ihnen gefällt. Diese Reflexion der Einheit des Programms ist auch für die fiktionale Unterhaltung typisch, was auch immer sonst mitreflektiert wird (wie geistige Erbauung, Anregung von Bewusstseinsreflexivität usw.). Besonders deutlich mitkommuniziert wird dies bei Komödien. Aber auch die Tragödie sucht das Gefallen des Publikums, auch der komplexe Roman das Gefallen der Leser, und seien es auch nur wenige. Damit mag wiederum eine Verdopp-

---

[215] Vgl. zu Bourdieus Thesen über das Fernsehen und passenden Beispielen aus der deutschen ‚Fernsehlandschaft' auch den Artikel von Josef Nyary aus der Welt am Sonntag, vom 14. Juni 1998 (S. 34).

lung der Gefühlswelt des Rezipienten einhergehen, eine Freude an der Anstrengung der Entschlüsselung des Komplexen z.B. beim Hören bestimmter Musikstücke (einschlägig: Adorno 1962/1977) oder sog. Mediengefühle wie die Freude am Grusel, an der Trauer usw. Die Transformation von Langeweile in ‚Kurzweile' im weiten Sinne, in Unterhaltung auf Seiten des Rezipienten wird in allen Unterhaltungsprogrammen der Massenkommunikation, den fiktionalen und non-fiktionalen, mitreflektiert.

Die non-fiktionalen Unterhaltungsprogramme arbeiten nun üblicherweise mit der Vorführung von Personentypen, die sie teils selbst hervorbringen. Zu nennen wären einerseits der Typus des *Prominenten* (vgl. z.B. Wenzel 2000; Koppetsch 2004), wobei hier bestimmte Aspekte des Privatlebens, nämlich einerseits das Liebesleben und andererseits (damit teils zusammenhängende) Schicksale und Skandale interessieren. Die Prominenten sind dabei entweder bereits aus anderen Bereichen der Massenkommunikation bekannt (wie Nachrichtensprecher, Schauspieler, Sportler, Models, Musiker etc.), oder ihre Prominenz wird erst erzeugt, wobei bestimmte Auswahlkriterien wie Adel, Reichtum, Schönheit, Liaisons mit anderen Prominenten etc. eine Rolle spielen.[216]

Andererseits gibt es (wenn man an Daily Talks oder die Rubriken ‚Kurioses' und ‚Vermischtes' denkt) den Personentypus des *Medienlaien*, dem Außergewöhnliches (wie Katastrophen, Missgeschicke etc.) zugestoßen ist, oder der als außergewöhnlich (wie ‚Ich putze mir nie die Zähne') und/oder kontrovers betrachtete Ansichten (wie ‚Frauen gehören in die Küche') vertritt. Bestimmte Medienformate spezialisieren sich dabei mehr auf den einen (Boulevard-, sog. Frauenmagazine etc.) oder anderen Typus (Daily Talks).

Des weiteren gehört der Typus des *Sportlers* in den Bereich der non-fiktionalen Unterhaltung, der typischerweise durch herausragende Leistungen – ob Siege oder Rekorde (vgl. Bette 1999) – in Verbindung mit (!) Nationalität interessant wird.

---

[216] Lothar Müller (Süddeutsche Zeitung vom 25.10.2003, S. I) schlägt in einem Artikel mit dem Titel „Deutschland sucht den Polarstern" (was eine Anspielung auf die Sendung „Deutschland sucht den Superstar" ist, in der unbekannte (Laien-) Musiker zu Prominenten aufgebaut werden) eine Differenzierung in Stars und Prominente vor. Diesen Vorschlag erläutert er am Beispiel von Johnny Cash wie folgt: „Als vor einigen Wochen der Sänger Johnny Cash starb, stellte Bob Dylan einen Nachruf auf seine Website. Der wunderschöne Schlüsselsatz darin lautete ‚Johnny was and is the North Star; you could guide your ship by him.' Knapper lässt sich das Bild nicht aufrufen, das dem Begriff des Stars zugrunde liegt. Nach dem Nordstern, dem Polarstern, konnten sich in der alten Seefahrt die Schiffe richten, weil seine Position dem Himmelsnordpol sehr nahe kommt. Ein fester Orientierungspunkt, ein Fixstern – das ist die eine Seite des Stars. Die andere ist, dass seine Position durch den Tod nicht entscheidend berührt wird. Johnny was and is the North Star – in dem Moment, in dem der lebendige Cash ins Imperfekt rückt, nimmt den Toten das ewige Präsens in sich auf und entrückt ihn in die Unsterblichkeit. Zum Star gehört die Gewissheit des Nachruhms. Zum Prominenten gehört diese Gewissheit nicht."

Im Ganzen betrachtet ist nun die Personenpalette der *fiktionalen Unterhaltung* wesentlich breiter. Sie reicht von komplexen Charakterstudien in Literatur und Film bis zu auf bestimmte Körperaspekte reduzierten, quasi depersonalisierten Personentypen in Pornofilmen oder auch bestimmten Actionfilmen, oft sog. ‚Gewaltfilmen'. Jedenfalls liegt hier immer eine gewisse sichtbare Verdopplung von Personen vor. Wir haben es einerseits mit erfundenen Personen zu tun, anderserseits mit den Autoren, die sie erfunden haben, und von denen angenommen wird, dass sie sich in den erfundenen Personen ebenso widerspiegeln. Im Falle von Hörspielen, Filmen, Fernsehserien etc. kann dann auch eine Verdopplung oder gar Multiplikation der Autorenschaft ausgemacht werden, die in ein Zeitkontinuum überführt werden kann: z.B. Drehbuchautor, Regisseur, Schauspieler, (Produzent), fiktive Person. Besonders die Schauspieler spielen hier eine wichtige Rolle, da sie einerseits zum Entscheidungskriterium für Medienrezeptionen werden können (man geht z.B. in den neuen Film mit Robert De Niro) und andererseits mit den fiktiven Personen verwischen mögen. So kann es dazu kommen, dass Schauspieler auf bestimmte ‚Rollen' im nicht-soziologischen Sinne, also Personentypen ‚abonniert' sind, und dass andererseits das Spiel bestimmter Schauspieler (im Zusammenspiel mit den Ideen anderer Autoren) Personentypen mit bestimmten Rollenkombinationen im soziologischen Sinne erzeugt, die dann immer wieder bedient werden müssen. Ein in diesem Sinne immer wieder vorkommender Personentyp ist z.B. der überarbeitete Polizist aus Überzeugung, geschieden, unterhaltspflichtig, alkoholgefährdet und in chaotischen Wohnverhältnissen lebend, der sich während der filmischen Narration (wohlmöglich in die Hauptverdächtige) neu verliebt.

Schließlich werden uns im Falle der *Werbung* eigentümlich depersonalisierte Personentypen vorgeführt, die uns entweder als bloß schöne Körper oder als wiederum schöne Verkörperung bzw. Symbolisierung sozialer Rollen entgegentreten. Im Unterschied zu Nachrichten und Berichten, die Rollenträger auch als Rollenspielräume ausfüllende Personen betrachten, wird hier die Rolle nur mit dem Körperaspekt der Person verkoppelt. Der relativ zur Rolle untypisch attraktive Körper wird mit einer als rollentypisch vorgeführten Kommunikationssituation verknüpft. Der Rezipient soll sich eben durch den Erwerb des Produktes an die Stelle des Models versetzen und sich so vorstellen, ein Stück von dessen körperlicher Attraktivität mitzunehmen. Das ist der typische Fall. Daneben finden wir kuriose Körper, entstellte Körper etc., eben alles, was man mit Körpern inszenieren kann, ohne einhellige (!) moralische Ablehnung zu ernten (vgl. in diesem Zusammenhang zu provokanter Werbung: Jäckel & Reinhardt 2002a; Jäckel & Reinhardt 2002b; Jäckel & Reinhardt 2003a), und natürlich virtuelle Meinungsführer in Form von Prominenten und inszeniertem Expertentum (z.B. Zahnbürstenempfehlungen durch Prof. Dr. Best; vgl. dazu auch Willems & Jurga 1998: 213ff). Man kann sich in diesem Zusammenhang auch fragen, ob die Werbung nicht ein ausdifferenziertes Subsystem des Mediensystems darstellt, das einen eigenen Code verwendet. Statt um einen unterstellen Informationswert für ein Publikum scheint es oft um reine Aufmerksamkeitserzeugung (Aufmerksamkeit/Nicht-Aufmerksamkeit) zu gehen. Geht man allerdings davon aus, dass das System der Massenmedien den Code Publikationswürdigkeit/Nicht-Publikationswürdigkeit verwendet, so ergibt sich die Differenz zu anderen Formen der Massenkommunikation lediglich auf der Ebene des Programms und der reflexiven Beobachtung der Einheit von Programm (Aufmerksamkeitserzeugung) und Code (Aufmerksamkeit). Dass es auch um die Erzeugung von Zahlungsbereitschaft geht, wird freilich ebenso unterstellt und vor allem – gedeckt über Wirkungstheorien – den Auftraggebern gegenüber kommuniziert. Man könnte also meinen, es handele sich um ein Subsystem des Wirtschaftssystems. Die selbstreferenzielle Evaluation von Werbemaßnahmen scheint aber eher über die Beobachtung von Aufmerksamkeitseffekten als über die der Generierung von Zahlungen zu laufen. Der Fall ‚Benetton' ist hier nur ein Beispiel unter vielen (vgl. Jäckel & Reinhardt 2002a: insbesondere 155f, Jäckel & Reinhardt 2002b: vor allem 545f). Nichtsdestoweniger werden durch Werbung neue strukturelle Kopplungen mit dem Wirtschaftssystem erzeugt, wie die Werbefinanzierung vieler massenmedialer Angebote zeigt, aber auch Kopplungen mit moralischer Kommunikation, die neue Institutionen (bspw. den Werberat) hervorbringen mag (vgl. ebd.).

Ob man nun von System- oder Programmdifferenzen spricht, in allen Fällen werden uns jedenfalls nicht nur Personen und Personentypen, sondern auch Situationen, zumeist Interaktionssituationen, und Situationstypen (z.B. Verwechselungen in bestimmten Komödien, Interviewsituationen) vorgeführt. Diese Situationstypen können wiederum Personentypen (z.B. den gehörnten Ehemann) hervorbringen oder typische Abläufe von Interaktionssequenzen (z.B. des Verliebens) vorführen. So werden in der gesellschaftsinternen Umwelt des Mediensystems beobachtete Schemata und Skripte einerseits aufgenommen und andererseits verabsolutiert (Bourdieu spricht in anderem Zusammenhang von Verstecken durch Zeigen) sowie transformiert (z.B. durch Zeitraffereffekte der medialen Darstellung). Jedenfalls stellen die Massenmedien auf Verständlichkeit ab (gehen sie doch von einem Massenpublikum aus), weswegen ein gewisser Grad der Schematisierung unvermeidlich ist (vgl. Luhmann 1996a: 195f; vgl. auch Bourdieus (1996/1998: 22f) Äußerungen über sog. omnibus-Meldungen).

Bewusstseinssysteme und auch andere Sozialsysteme können nun derartige Situations- und Personenkonstruktionen (natürlich auch massenmediale Konstruktionen von Organisationen und Subsystemen) für Selbstreflexionen und Umweltbeobachtungen als Spiegel und Spiegelungen in Anspruch nehmen. Das kann wieder auf mehreren Ebenen durchdekliniert werden.

Da erstens Personen (und auch Organisationen), die auch anderswo Personen sind, als Kommunikatoren oder Themen in den Massenmedien vorkommen, können diese gar nicht umhin, sich auch in diesen Spiegeln zu sehen, als wie auch immer verzerrt sie sie empfinden mögen, und sich in ihrer Identitätsreflexion (z.B. ‚so bin ich nicht', ‚warum habe ich das nur gesagt', ‚ich bin ein angesehener Schauspieler' usw.) und Identitätsinszenierung (z.B. über Dementis, Richtigstellungen, Verweise auf die eigene Medienpräsenz) daran zu orientieren. Wie das geschieht, hängt dann u.a. mit den Positionen und Positionsensembles der Personen in anderen Kommunikationssystemen zusammen. Auch der Adenauer zugeschriebene Satz, ‚was ihn denn sein Geschwätz von gestern kümmere', ist so eine Orientierung an *medialen Spiegelungen der eigenen Person.*

Zweitens können natürlich auch *andere diese konkreten Personen,* ihr Auftreten oder ihre Thematisierung in den Massenmedien *beobachten* und dadurch Personenkenntnisse erwerben. Dabei kann der Inszenierungscharakter des Auftretens von Personen als Kommunikatoren mehr oder weniger bewusst sein. Meyrowitz (1990: 91) stellt in diesem Zusammenhang fest:

> „Fernsehen ist etwa vergleichbar damit, Menschen durch einen Einwegspiegel in einer Situation zu beobachten, in der alle Beteiligten wissen, daß sie von Millionen von Menschen in isolierten Quadern beobachtet werden; Radio hören ist, wie Menschen durch eine Tür oder Wand zu [be]lauschen, die sich bewusst sind, daß sie ‚abgehört werden'."

Das gilt für die Fiktion und die als Kommunikatoren auftretenden Medienpersonen und für verschiedene Formen der abgesprochenen Thematisierung von Personen in Medien, dagegen nicht für ohne ihr Wissen thematisierte Personen, z.B. im Falle von Skandalen. Hier werden sozusagen die ‚Abhörprotokolle' ohne Wissen der Beteiligten veröffentlicht bzw. inszeniert. Es können außerdem personale Attributionen der medialen Inszenierung von Kommunikatoren vorgenommen werden. Man kann z.B. gewisse Experten als ‚Medienhirsche' (Bourdieu) oder ‚Stars' bezeichnen, was deren ‚Marktwert' bzw. symbolisches Kapital in anderen Systemzusammenhängen erhöhen oder senken mag (vgl. kritisch bis abfällig: Bourdieu 1996/1998: 77ff). Das gilt natürlich generell für die Beobachtung der Thematisierung von Personen in den Massenmedien durch andere Sozialsysteme wie Märkte, Organisationen, auf denen diesen Personen Werte zugeschrieben werden, bzw. in denen sie Positionen innehaben. Hier sind bspw. die ‚Kokainaffären' ‚Friedman' und ‚Immendorff' instruktiv. Während in dem einen Fall (Friedman) die Niederlegung aller politischen Ämter und die Aufgabe der Position des Talkmasters folgte, wird in dem anderen Fall (Immendorff) wohl ebenso der Verlust des Lehrstuhls unvermeidlich sein. Auf der anderen Seite fragt sich hier aber z.B. Spiegel-Online: „Steigt nun der Marktwert seiner Bilder?" (vgl. www.spiegel-online.de/spiegel/0,1518,262611,00.html, Artikel vom 25.8.03). In dieser Angelegenheit beobachten die Medien also die strukturelle Kopplung von Mediensystem und Kunstmarkt prognostisch und schaffen so vorweg die Realität einer Konstruktion künftiger Realität, die zur self-fullfilling prophecy werden mag. Wir werden sehen. Die Medien werden darüber bestimmt wieder berichten.

Drittens kann die Massenkommunikationssituation selbst *als Interaktionssituation* wahrgenommen werden, was dann ob der gängigen Definition der Massenmedien als (mehr oder weniger) pathologisch wahrgenommen wird. Horton & Wohl (1956) haben hierfür den Begriff der *parasozialen Interaktion* geprägt: Die durch ein audiovisuelles Medium hergestellte Rezeptionssituation wird in derartigen Fällen als Interaktion (also face-to-face-Kommunikation) missinterpretiert, wobei die Cooleyschen oder Meadschen Interaktionsspiegelungen (natürlich einseitig) mitvorgestellt werden müssten. Ebenso können sich parasoziale Beziehungen (vgl. zu der Thematik neuerdings Schramm, Hartmann & Klimmt 2002) etablieren, die dann entlang der vorgestellten eigenen Spiegelung im Bewusstsein der entsprechenden Medienperson wiederum Identitätsreflexionen kanalisieren. So selten scheint das nicht zu sein. Es handelt sich offenbar um ein zumindest bei weiblichen Teenagern akzeptiertes Kulturmuster, sich in Medienstars zu verlieben, worauf die Massenmedien oder, wenn man so will, die ‚Kulturindustrie' wieder mit entsprechenden Produkten (bspw. sog. ‚Boygroups') reagieren können.

Viertens stellen die Massenmedien vor allem in den fiktiven Beiträgen Interaktionssituationen zwischen Personen dar, in die sich Rezipienten über (partielle) *Identifikationen* während der Rezeptionssituation hereinversetzen können. Was Goffman (1974/1980: 149) für das Theater ausführt, gilt auch für die Rezeption von Massenkommunikation:

> „Jeder Theaterbesucher ist auch etwas anderes. Er macht bei dem Unwirklichen auf der Bühne mit. Er nimmt mitfühlend und sich identifizierend an der unwirklichen Welt teil, die durch die dramatischen Verwicklungen zwischen den Gestalten des Stücks entsteht. Er überlässt sich ihr. Er wird auf das kulturelle Niveau der Gestalten und Probleme des Autors gehoben (oder herabgezogen), er hört Anspielungen, die ihm nicht ganz verständlich sind, nimmt Eheprobleme zur Kenntnis, die er nicht ganz verdauen kann, verschiedene Lebensstile, die ihm etwas fremd sind [...]".

Massenmedien können damit als *Grundlage für die Unterstellung des Verstehens anderer und unserer selbst* dienen. Insbesondere in den fiktionalen Angeboten, aber auch in Nachrichten oder „Talks" führen sie uns Typen von Personen, Gruppen, Rollen, Situationen, Handlungsabfolgen, Motiven und Anzeichen vor, mit Hilfe derer diese entschlüsselt werden können.[217] Darin erkennen wir uns und andere wieder, was wiederum auf die Vorstellung von Verständigung (vgl. Hahn 1989/2000a), d.h. des fremden Verstehens eigenen Tuns und Unterlassens, rückspiegelt. Auch in diesem Sinne sind Massenmedien „looking glasses" im Sinne Cooleys. Sie zeigen uns nun, wie wir in den Augen anderer sind, nicht sind, sein könnten und sein sollten, indem sie stellvertretend andere für uns spiegeln.

---

[217] Klaus Lüderssen empfiehlt in der FAZ (Feuilleton vom 8.8.2003.) im Zusammenhang mit der Gerichtsverhandlung gegen Marcus Gäfgen (den Mörder des Bankierssohns Jacob von Metzler) gar dem Rechtssystem die Rekonstruktion der Motivlage von Angeklagten mit Hilfe von Kriminalromanen.

„Die Kunstform des Romans und daraus abgeleitete Formen der spannenden Unterhaltung rechnen mit Individuen, die ihre Identität nicht mehr aus ihrer Herkunft beziehen, sondern sie selber gestalten müssen. [...] Jeder findet sich vor, schon geboren, als jemand, der seine Individualität erst noch bestimmen oder bestimmen lassen muss [...] Es liegt dann verführerisch nahe, virtuelle Realitäten an sich selber auszuprobieren – zumindest in der Imagination, die man jederzeit abbrechen kann" (Luhmann 1996a: 111).

Die Medien gleichen somit über das Modell der Identifikation *Zauberspiegeln*, die uns nicht nur unsere Gegenwart vermitteln, sondern auch unsere Vergangenheit und mögliche Zukünfte. Sie führen uns in ihren fiktionalen und non-fiktionalen Angeboten vor, wie wir als Arzt wirken würden oder als Lastwagenfahrer, warum wir als nicht-attraktiv wahrgenommen wurden und wie es dazu kam, dass man uns ausgelacht, bemitleidet oder beneidet hat.

Fünftens eignen sich auch die von den Medien erzeugten ‚signifikanten Anderen', die Prominenten und virtuellen Meinungsführer (vgl. Merten 1994, Jäckel 2001a) in besonderen Maße als *Personenbilder, an denen wir uns orientieren können, mit denen wir uns vergleichen*, Ähnlichkeiten und Unterschiede feststellen, mit denen wir sympathisieren, die wir gerne kennen würden, oder denen wir gerne ähnlicher werden würden, aber auch als solche, die uns abstoßen, die wir lachhaft oder skurril oder tragisch finden, von denen wir uns distinguieren. Wieder kann uns allein ihr Auftauchen in den Medien ein Vorbild oder abschreckendes Beispiel sein – so dass man es bspw. eines Soziologen für unwürdig hält, über Bernhard-Henri Lévy zu sprechen. „Jeder hat seine privaten Zielscheiben", auch Bourdieu (1996/1998: 77).

Sechstens sind wir – ob wir uns nun mit den Personen der Massenmedien identifizieren oder nicht – gleichzeitig auch immer *unbeteiligte Beobachter* (Smith). Wir sehen das bestimmte Situationselemente wiederkehren und bestimmte Personentypen auftauchen und so oder so wahrgenommen werden. Wir entwickeln auf diese Art und Weise *Vorstellungen vom generalisierten Anderen*, von Personensemantiken und -schemata, von Klugheit, Schönheit usw., von Motiven, Interaktionsabläufen (Skripten) (vgl. auch Luhmann 1996a: 190ff; Luhmann 1997: 1106ff) und natürlich von sozialen Rollen, die wir beobachten können, und in die wir uns hineinversetzen können, ohne jemals real in einen entsprechenden Rollenkontext eingebunden gewesen zu sein. Die Medien spiegeln uns z.B. vor, was man von uns erwartet, wenn wir als Angeklagter vor Gericht stehen, und wie man dort auf Nicht-Erwartetes reagiert, dass Manager Anzüge tragen, Männer in Frauenkleidern komisch sind, und eine bestimmte Busengröße ideal ist. Wir haben bereits vor unserem ersten Rendezvous gelesen, gesehen oder gehört, dass Frauen Rosen mögen und auf verwelkte Blumen beleidigt reagieren etc. Wir kennen Rollen und deren Erwartungsbündel, bevor wir sie selbst inne gehabt haben, und zwar auch von solchen Rollen, die nicht in unserem Nahbereich erfahrbar sind. Außerdem werden wir mit Bewertungskompetenz für die Rollenperformanz unserer selbst und anderer ausgestattet. „Mit dem 'mediatisierten generalisierten Anderen' wird die Abhängigkeit des Selbstkonzepts vom Ort und seinen Bewohnern abgeschwächt, wenn auch nicht restlich aufgehoben" (Meyrowitz 1998: 178). Sowohl Mead als auch Cooley sehen diesen Aspekt von Massenkommunikation bereits. So ist z.B. für Mead (1934/1993: 303f)

> „die große Wichtigkeit von Kommunikationsmitteln wie dem des Journalismus offenkundig, da sie über Situationen berichten, die uns helfen, in die Haltungen und Erfahrungen anderer Personen einzudringen. Das Drama erfüllte einst diese Funktion, indem es als wichtig erachtete Situationen aufzeigte [...] Die Entwicklung dieser Art der Kommunikation vom Drama zum Roman ist geschichtlich fast ebenso bedeutend wie der Journalismus für unsere Zeit. Der Roman stellt eine Situation dar, die außerhalb des unmittelbaren Gesichtskreises liegt, und zwar dadurch, daß er in die Haltung der Gruppe in der jeweiligen Situation eindringt. Unter diesen Voraussetzungen ist ein weit größeres Ausmaß an Teilnahme und folglich an Kommunikation gegeben, als es sonst möglich wäre".

Durch die drastische Erhöhung der Beobachtungschancen für Rollenverhalten steigern Massenmedien auf ebenso drastische Weise die *Allgemeinzugänglichkeit von Rollenwissen*, wobei sie typischerweise gemäß ihrer Programme Rollenbestandteile selegieren, überspitzen, modifizieren usw. So mögen sie zur Veränderung von Rollenerwartungen selbst, auf jeden Fall aber zur Generierung von Erwartungen, dass solche Erwartungen und solches Oberflächenwissen bestehen, (auch auf Seiten der Rollenträger) beitragen. Im Extremfall mag ein massenmedialer Zugang zu Rollenwissen tatsächlich Fähigkeiten für die Inszenierung von Rollenperformanz ohne legitime Positionsinhaberschaft bereitstellen und so modernen Hauptmännern von Köpenick oder Felix Krulls Tür und Tor öffnen. Wie weit so etwas verbreitet ist, sei dahingestellt. Jedenfalls berichten die Medien gerne über solche Fälle und verfilmen sie natürlich (z.B. neuerdings Steven Spielbergs ‚Catch me if you can' mit Leonardo di Caprio).

Siebtens verändert Massenkommunikation unsere *Beziehung zu Raum bzw. Lokalität*, wie Joshua Meyrowitz (1998: 178) zeigt.

> Die Medien bringen „ein Bewusstsein des ‚generalisierten Anderswo' hervor, indem sie uns mit – vom jeweiligen Ort aus gesehen – externen Perspektiven versorgen. Dieses generalisierte Anderswo dient als Spiegel, in dem wir den eigenen Ort wahrnehmen und beurteilen. So kommt es, dass wir den Ort, an dem wir leben, nicht nur als die Gemeinschaft erleben, sondern als eine von vielen möglichen Gemeinschaften; nicht nur als das Zentrum unserer Erfahrungen, sondern als einen Ort, der nördlicher oder westlicher liegt und liberaler oder konservativer ist als andere Orte".

In allen Fällen führen uns die Massenmedien Personen, Rollen, Situationen und Orte vor, in oder an die wir uns imaginativ versetzen können, und in denen wir uns wieder erkennen, oder aus deren Perspektive wir auf unser Selbst, unsere Identität und die Welt als deren Horizont reflektieren können. Nicht nur die „Unterhaltung ermöglicht die Selbstverortung in der dargestellten Welt" (Luhmann 1996a: 115).

In diesem Sinne zeigen die Medien uns aber nicht nur, wie und was wir sind bzw. zu sein scheinen, sondern auch das, was wir nicht sind, was und wie andere aber sind, was und wie wir sein könnten, sein sollen, sein müssen und nicht sein dürfen. Die Massenmedien stimulieren und inhibieren demnach Selbstvorstellungen und personen- oder rollensemantische Teilidentitäten, vor allem, indem sie zeigen, was und wie wir nicht sind, aber möglicherweise sein könnten oder sein werden, und koppeln das wiederum an soziale Bewertungen. Sie reproduzieren somit unser Selbst als Kontingenzerfahrung und zeigen, dass nicht jede Selektionsleistung gleichwertig ist. Sie sind *Verweisungshorizonte*, mit einem darüber gelegten Bewertungsschema. Ihre Personen bilden insbesondere den Kontingenzhorizont unserer je aktualisierten Personalität. Sie füllen und begrenzen die andere Seite der Personenform (Unperson) und verorten so die Personseite in einem Personenfeld, laden aber auch zu imaginativen oder experimentellen Kreuzungen auf die andere Seite ein, stiften Gegenwart, aus der in mögliche personale Zukunft oszilliert werden kann.

Massenmedien sind dabei, wie bereits mehrfach betont, keineswegs ausschließlich Konstrukteure von völlig Neuem. Vielmehr sind sie Selektionsagenturen von Mustern der Kommunikation und Interpretation, auf die sie dann typischerweise selbst Bezug nehmen (kritisch und/oder humoristisch oder in Form von Zitaten), und die sie somit stabilisieren, modifizieren und/oder inflationieren. So sind die in den 50er und 60er Jahren massenmedial erzeugten Hausfrauenbilder heute allenfalls noch als zu verspottendes Gegenmodell Gegenstand der Massenkommunikation. Schämen muss sich, wer so ist (die SPD hat dies bei der Bundestagswahl 2002 übrigens in Wahlwerbespots eingesetzt, um gegen den als konservativ geltenden, bayrischen Ministerpräsidenten und Kanzlerkandidaten der CDU Edmund Stoiber zu polemisieren).

Bevor sich die Arbeit nun solchen Beziehungen von Massenkommunikation und identitätsrelevanten Kategorien der Sachdimension wie Rollen, Körpern und Individualität zuwendet, sei zusätzlich darauf verwiesen, dass die *Identitätsproblematik* selbst und nahezu alle Aspekte, die diesbzgl. behandelt wurden, in den Massenmedien auf die unterschiedlichste Art und Weise auf allen denkbaren kulturellen Niveaus reflektiert werden. Gerade für die fiktionalen Angebote der Massenmedien, aber auch für die Texte der Rockmusik[218] gilt gewissermaßen, dass nichts interessanter ist als die Identität von Personen bzw. die Thematisierung bzw. Beobachtung von Personen mit Identitätsproblemen. Es wurden in dieser Arbeit selbst bereits mehrfach die Beobachtungen Max Frischs in ‚Stiller' zitiert, auf Prousts Recherche verwiesen usw. Die Liste der Romane, die Identität

---

[218] Programmatisch sei für den in der Rockmusik zentralen Zusammenhang von Liebe und Identität auf den Velvet Underground und Nico-Klassiker „I'll be your mirror" verwiesen (I'll be your mirror/Reflect what you are/In case you don't know/I'll be in/ The rain and the sunset/A light on your door/To show that you're home ...).

als Zentralthema vorführen, ließe sich angefangen mit Cervantes ‚Don Quichotte' und Flauberts ‚Madame Bovary' (Kopiemotiv) über die Thematisierung von Identitätswechseln in z.B. Dostojewskis ‚Jüngling', Musils ‚Törleß', Manns ‚Zauberberg', Hesses ‚Steppenwolf' usw. ins schier endlose erweitern. Das hängt natürlich damit zusammen, dass es in allen Romanen um Biographien oder Biographieausschnitte fiktiver Personen geht. Ebenso handelt eine Unmenge von Filmen – darauf wurde eingangs verwiesen – von Amnesien und Identitätsverlusten, Selbstfindungsproblemen, Schwierigkeiten des Übergangs von Jugendphase in das Erwachsenenleben etc. Sogar die parasoziale Interaktion wird thematisiert (bspw. jüngst in dem Film ‚Requiem for a Dream' von Daren Aronofsky und natürlich in Ray Bradburys Roman ‚Fahrenheit 451').

2.2 Massenkommunikation und identitätsrelevante Kategorien: Rollen, Namen, Körper, Individualisierung und Modelle der Identitätsbalance in den Medien

Die Personen, die in den Massenmedien vorkommen, sind und werden sachdimensional über die verschiedensten Personensemantiken beschrieben. Personen werden über unzählige Eigenschaften charakterisiert, die hier nicht alle aufgezählt werden können. Dabei greift das System der Massenmedien wieder auf alle möglichen Personensemantiken zurück, die außerhalb, in anderen Kommunikationszusammenhängen kursieren oder kursierten (z.B. Heldensemantiken), sofern ihnen ein Informationswert zugeschrieben wird, der Publikationswert schafft und so (!) einen Unterschied macht.

Durch die selektive Modifikation, Bewertung und Neukombination von Personen-Eigenschaften bringen die Massenmedien dann auch neue Personensemantiken hervor wie ‚Wellness', benutzen Termini aus anderen Zusammenhängen für Personenbeschreibungen wie ‚Authentizität' oder machen Minderheitensemantiken wie ‚Coolness' (vgl. dazu Diederichsen 2003) allgemein verfügbar, die dann allerseits aufgegriffen und so evtl. im Vergleich zu ursprünglichen Sinnzusammenhängen verwässert, mindestens verändert werden.

Im Folgenden wird auf die identitätsrelevanten Kategorien Bezug genommen, die im allgemeinen Teil dieser Arbeit behandelt wurden. Diese Kategorien haben in der Soziologie auch deswegen Dauerkonjunktur, weil sie Verwebungen von Personen, personaler Identität und Gesellschaft besonders deutlich machen können.

Über *Positionen und Rollen* werden Verknüpfungen von Selbst(en) und sozialen Teil- und Subsystemen erkennbar, die auch als partizipative Identitäten (Hahn) wahrgenommen und (evtl. kontrafaktisch) zu kollektiven Identitäten generalisiert werden können (vgl. Willems & Hahn 1999: 15, Fn. 5, 16f).

Kommunikation mit und über *Körper* verknüpft die leibliche Materialität des menschlichen Daseins mit ästhetischen Schemata der gesellschaftlichen Teilsysteme und bringt zudem das Subsystem der Medizin hervor, das sich mit der Unterscheidung von gesunden und kranken Körpern beschäftigt.

Eigennamen dienen der umwegslosen Adressierung von Kommunikation, ihrer Zurechnung als Handlung mit Handlungssubjekten (Senderadressen) und –objekten (Empfängeradressen). Wie das Geld Tauschumwege vermeidet, vermeidet die Nennung von Namen ausführliche Personenbeschreibungen, die möglicherweise auf Nachfrage nachgereicht werden können, und ersetzt diese durch Identitätsunterstellungen (wie das Geld Wertidentitäten unterstellt). Die Nennung von Namen ist also gewissermaßen ein Medium der (reflexiven) Selbstreferenz von Kommunikation (Metakommunikation).

Der Begriff der *Individualisierung* verbindet schließlich soziale Differenzierung, Personensemantiken und Selbstreflexionserfordernisse, während der Begriff der Identitätsbalance auf Leistungen der Individuen bzgl. der Integration differenzieller Teilidentitäten bzw. teilsystemspezifischer Personalität verweist.

Alle diese Aspekte produziert und reproduziert das System der Massenmedien durch sein faktisches Operieren als Subsystem mit Rollen, ästhetischen Standards etc. und durch die mit seiner Operationsweise ‚massenhaft' verbreiteten Realitätsbeobachtungen und die dadurch erzeugte Realität der Realitätskonstruktionen. Wichtige Auswirkungen auf die Kommunikation über Personen, Personalität, Selbst- und Identitätsvorstellungen wurden bereits behandelt. Nun wird versucht, entlang der soeben genannten identitätsrelevanten Kategorien einige weitere theoretisch interessante Punkte herauszuschälen. Dabei wird aber kein Anspruch auf erschöpfende Behandlung der in Frage stehenden Sachverhalte erhoben. Vielmehr sind die folgenden Erläuterungen als Perspektiven des theoretischen Zugangs zu der Frage nach der Beziehung von Massenkommunikation und Identität gedacht, die sowohl zum Fortspinnen der theoretischen Reflexion als auch zu empirischen Studien einladen sollen.

2.2.1 Rollen der Massenmedien und Rollen, partizipative und kollektive Identität in den Massenmedien

In Kapitel 1.3.1.c wurde festgestellt, dass Positionen und Rollen Personen auf verschiedene Arten mit Kommunikationssystemen verknüpfen. Während über Positionen die legitime Inklusion von Personen in Kommunikationssysteme geregelt wird, die an personale Inklusionsvoraussetzungen (z.B. die Inhaberschaft anderer Positionen, unterstellte Charakter- und Körpereigenschaften etc.) gebunden ist und zudem legitime Kommunikationsbeziehungen zu anderen Positionsinhabern definiert werden, legen Rollen normative Erwartungen bzgl. des Mitteilungsverhaltens von Positionsinhabern und des Verstehens von (Komplementär-) Positionsinhabern zugeschriebenen Kommunikationen fest. Selbst- und Fremdbeschreibungen und -bezeichnungen über Positionen und Rollen kommunizieren bzw. denken vor diesem Hintergrund (mehr oder weniger latent) auch immer Gesellschaftsbeschreibungen, insbesondere Annahmen über die soziale Differenzierung von Gesellschaften mit: „Wenn man sich also über die Zugehörigkeit zu einem gesellschaftlichen Teilsystem definiert, sei dieses nun segmentär oder funktional bestimmt, dann wird die Gesellschaftsbeschreibung zum Moment der Selbstbeschreibung von Personen" (Hahn 1997/2000: 14).

Durch sein eigencodebestimmtes Operieren und die damit verbundene operative Schließung und reflexive Selbstreferentialität bringt das Mediensystem auf der Ebene der operativen Realität nun eine Reihe von Positionen und Rollen hervor, die unmittelbar durch die Beobachtung der Massenkommunikation und ihre Zurechnung zu Kommunikatoren – die sowohl Personen als auch Positionsinhaber sind (Moderatoren, Journalisten, Schauspieler etc.) – oder durch die mittelbare Beobachtung von Beobachtungen des Mediensystems (als Welt) durch das Mediensystem (Regisseure, Produzenten, Werbedesigner etc.) sichtbar werden. In beiden Fällen ist die Sichtbarkeit der *Medienrollen* freilich höchst selektiv.

Im Falle der direkt sichtbaren Kommunikatoren der Massenkommunikation wird nur der Teil der Rolle sichtbar, der von vornherein durch Inszenierungs- und Darstellungserwartungen gekennzeichnet ist, während die Vorbereitung der Darstellung bzw. Inszenierung unsichtbar bleibt, ja bleiben muss, da der *Inszenierungscharakter* dem Publikum nicht auffallen soll (vgl. dazu auch Hahn 2001c). Dabei ist den Rezipienten freilich klar, dass es um Darstellung und nicht unbedingt um Wahrheit geht (vgl. den Fall des brasilianische Finanzminister Ricúpero bei Luhmann 1996a: 82ff[219]), dennoch bleiben die Arbeit der Inszenierung und ihrer Vorbereitung bei guter Performanz der Medienrollen eben unsichtbar.

Im Falle der *Thematisierung von Medienrollen* durch Massenkommunikation geschieht dies natürlich auch im Rahmen von in entsprechende Positionsgefüge eingebetteten Medienrollen und mit dem Code des Mediensystems, der für ein Publikum Interessantes von Uninteressantem scheidet. Demgemäß sind Blicke auf die ‚Hinterbühne', wie z.B. im Falle der sog. ‚Casting Shows', die Inklusions-

---

[219] Über Luhmanns Interpretation dieses Falles lässt sich freilich trefflich streiten. Ob der Mangel an Auswirkungen dieses Falles auf das Wahlverhalten der Bevölkerung tatsächlich nur darauf zurückführen ist, dass diese die Wahrheit sowieso nicht in den Medien vermutet hatte, ist fraglich. Normative Forderungen sind doch gerade durch ihr kontrafaktisches Aufrechterhalten gekennzeichnet. Evtl. spielt die generelle Verbreitung von Mustern innovativen oder resignativen Verhaltens (Merton) in der brasilianischen Alltagskultur eine Rolle. Der Fall des Ehrenwortes des ehemaligen schleswig-holsteinischen Ministerpräsidenten Uwe Barschel hatte jedenfalls Auswirkungen auf das Wahlergebnis. Inwiefern der momentane Vorwurf der Opposition gegenüber der deutschen Regierung, diese habe sich einer Wahllüge (der sog. ‚Steuerlüge') schuldig gemacht, der sog. Lügenausschuss etc. die Umfrageergebnisse nach der Wahl beeinflusst hat, wäre auch empirisch zu klären. In Brasilien ist im Übrigen auch mittlerweile Cardosos damaliger Gegner Lula an der Macht. Aber das ist eine andere Geschichte ...

vorgänge und -erwartungen von Medienpositionen vorführen, selbst Inszenierungen und gleichen so eher dem von Meyrowitz so bezeichneten ‚Seitenbühnenverhalten' bzw. Darstellungen von Hinterbühnen auf der Vorderbühne.

Auf beide Arten verwischen die Produkte der Massenkommunikation mit den über Positionen und Rollen gesteuerten Produktionsmodi. Das mag erklären, dass Medienrollen gerade in den jungen Leuten von modernen Gesellschaften gewährten Orientierungsphasen bzw. psychosozialen Moratorien (Erikson) eine fast beispiellose Faszination ausüben und als positionale *Wunschhorizonte* der eigenen Personalität und Positionalität fungieren.

Nebenbei generieren die sichtbaren personalen, positionalen und rollenperformativen Inklusionsvoraussetzungen von Medienrollen *Modifikationen von personalen Bewertungsschemata* (z.B. bzgl. der Bedeutsamkeit der körperlichen Attraktivität von Männern), Positions- und Rollenerwartungen. Ein besonders eindrucksvolles Beispiel schildert Dirk Schümer in der FAZ (vom 9. August 2003, S. 27) für das italienische Fernsehen. Es geht um das Berufsbild der sog. ‚Veline':

> „Es handelt sich dabei um eine typisch italienische Profession: Junge schöne Mädchen in grellbunten Bikinis stolzieren durch Unterhaltungsprogramme, lächeln königlich in die Kamera, sprechen möglichst wenig, applaudieren begeistert und umrahmen telegen den – meist sehr viel weniger attraktiven – Moderator. Genau dieser merkwürdige Beruf ist der Traum von Millionen junger Italienerinnen." Dabei sei „[m]it hergebrachtem Feminismus [...] in der nationalen Debatte wenig auszurichten, weil sich die postfeministische Generation selbst als Ware anbiete[...]."

Solche Extremfälle werden dann auch von den Medien (siehe Schümer) kritisch kommentiert. Man kann allerdings davon ausgehen, dass die Modifikation von Personensemantiken und Positions- sowie Rollenerwartungen in der Regel subtiler abläuft: z.B. über die Selektion von Personenkörpern, die sich innerhalb gewisser Attraktivitätsspannen bewegen, über Kleidung, Wortwahl, dargestellte Relationen von Positionen und Rollen etc. In diesem Sinne kann man natürlich auch den Schümerschen Artikel in das Muster des Versteckens durch Zeigen (Bourdieu) einordnen, das der Beobachtung der eigenen Realitätskonstruktionen durch die Massenmedien inhärent ist: Einiges wird als Konstruktion ‚entlarvt', der Rest bleibt eben selbstverständlich Realität.

Damit ergibt sich der nächste Punkt: die *Thematisierung von Rollen in den Medien*. Neben den Medienrollen werden diverse andere Rollen, Rollenzusammenhänge, rollentypische Situationen etc. in den Massenmedien vorgeführt.

Das Erscheinen bestimmter Positionen (und damit verknüpft die Thematisierung zugehöriger Rollen) lässt sich aufgrund der körperlichen Sichtbarkeit der personalen Inklusionsmerkmale gar nicht vermeiden. Zu nennen sind vor allem Alter, Geschlecht und Hautfarbe. Hier greifen die Medien einerseits aufgrund ihres Verständlichkeitspostulats und aufgrund des Eingebettetseins der sog. Medienverantwortlichen in entsprechende Rollenzusammenhänge auf *Schemata und Stereotype* anderer Sozialsysteme (oder was sie dafür halten) zurück. Andererseits führen sie aufgrund ihres in ihre Operationsweise eingebauten Faibles für Neues und Überraschendes *Abweichungen* vor, und zwar sowohl Abweichung in Form von Devianz als auch Abweichung im Sinne innovativer Trends. Sie sorgen so gleichzeitig für die Reproduktion und die Dynamisierung von Rollenstereotypen. Gerade für Werbung (vgl. allgemein: Willems 2002: 71ff) ist die Bedienung kultureller Stereotype vor allem im Zusammenhang mit Geschlechtsrollen (vgl. als einschlägigen Klassiker neben einer Fülle neuerer Literatur: Goffman 1963/1981) häufig gezeigt worden. Neuerdings gerät auch die Beziehung von Wandel und Reproduktion von Altersstereotypen in der Werbung vermehrt ins Blickfeld (vgl. z.B. Thimm 1998, Jäckel, Kochhan & Rick 2002). Ein weiteres Beispiel sei gestattet, das der hier vertretenen Auffassung nach die komplexe Beziehung der Thematisierung von Geschlechtsrollenwandel bei gleichzeitiger (impliziter) Bedienung kultureller Stereotype (wieder: Verstecken durch Zeigen!) besonders schön illustriert. Eine Serie wie „Sex in the City", in der vier Single-Frauen in den 30ern systematisch auf Männerfang gehen und ihre Sexualität sowohl hemmungslos ausleben als auch ebenso hemmungslos im Freundeskreis thematisieren, hätte in den 50er Jahren wohl bestenfalls völlig absurd gewirkt. Gleichzeitig sind aber alle vier Frauen nach wie vor auf der Suche ‚nach dem Richtigen', ihre ständige Suche nach Sexualität mit oder ohne Liebe demonstriert ihre Abhängigkeit von Männern. Ihre Sexualpraktiken, Beziehungen oder ihre Partnerlosigkeit werden dann auch als dominante Gesprächsthemen des Freundeskreises vorgeführt. Berufliche Kontexte und Probleme, politische Fragen usw. tauchen außer in Ansätzen kaum auf. Zudem sind alle diese Frauen, schlank, hübsch, jung, modisch gekleidet, weiß und (immerhin) berufstätig.

Neben der Unvermeidlichkeit der Thematisierung von Geschlechts- und Altersrollen kommen auch funktionale Rollen bzw. *Berufsrollen* in den Massenmedien vor. Dabei wird deutlich, dass die Medien keineswegs Spiegel der Wirklichkeit sind, sondern lediglich als solche verwendet werden können. Bestimmte Berufsrollen und berufliche Kontexte kommen nämlich in überproportionalen Verhältnissen in den Massenmedien als Thema vor, andere kaum. Insbesondere handeln die fiktionalen Angebote der Massenkommunikation von Polizisten/Privatdetektiven, Anwälten (und natürlich Verbrechern, seltener, obgleich auch stark vertreten, von Richtern), von Soldaten, Ärzten und Psychologen, aber kaum von Soziologen[220], Müllmännern, Bäckern, Blumenverkäufern usw., zumindest nicht in zentralen Rollen. In den non-fiktionalen Angeboten werden insbesondere Medienrollen, Politiker, Künstler, Schriftsteller etc. gezeigt. Allein,

---

[220] Lässt man einmal Dietrich Schwanitz Romane außen vor, so ist mir nur eine Fernsehserie bekannt, in der eine Soziologin vorkommt, nämlich Ally McBeal. Hier wird die Soziologin als dickes, radikalfeministisches ‚Mannsweib' im mittleren Alter mit letztlich gutem Kern vorgeführt (man beachte den Kontrast zu den hübschen, schlanken bis annorektischen Anwältinnen), immerhin ‚fachlich' gebildet, obgleich man sich fragen mag, was das hier präsentierte ‚Fachwissen' eigentlich mit Soziologie zu tun hat.

dass diese Rollen gezeigt werden, hat natürlich Einfluss auf *Rollenprestige*, Berufswünsche junger Leute usw., die freilich im Laufe der (Medien-)Sozialisation
durch die Konfrontation mit konträrem Material konterkariert werden können.
Besonders deutlich zeigen sich (werbe-)zielgruppenspezifische Berufungs- und
vielleicht Kooptationseffekte (vgl. Bourdieu 1979/1982: 189) (als Thema und
evtl. Wirkung) bei sog. Daily Soaps:

> „Statt ein Abbild der Wirklichkeit lässt die Daily Soap vor unseren Augen eine radikale
> Sozialutopie entstehen, in der Gesellschaft kaum noch vorkommt. In ‚Verbotene Liebe'
> [...] ist eigentlich jeder Erwachsene als Selbständiger im Mode-, Kunst- oder Werbebusi-
> ness tätig. Die herrschende Klasse der Jugendlichen versetzt das in die Lage, ziemlich
> mühelos an ihre hippen Jobs [...] und Praktika [...] heranzukommen" (Wenzel 1999, zit.
> nach Jäckel 1999c: 43).

Daily Soaps sind natürlich nicht umsonst so konstruiert. Probleme des jugendlichen Alltags werden von den Machern ebenso unterstellt bzw. (wahrscheinlich
immer häufiger) statistisch erhoben wie Berufswünsche. Man braucht also nur
die Alltagsprobleme in die Berufswunschwelt zu versetzen, die man dadurch
produziert bzw. reproduziert. Michael Jäckel meint dazu: „Lässt man die Spezi-
fika der einzelnen Produktionen einmal außer Acht, dann erübrigt die überdeut-
liche Darstellung profitabler Milieus und Zielgruppen die Antwort auf die Frage,
wie nahe Daily Soaps am Alltag der Menschen orientiert sind" (ebd.: 44). Jedenfalls werden ständig a priori-Passungen von Person und Stelle vorgeführt, die sich
eigentlich erst a posteriori herausstellen können, da „die Verknüpfung selbst die
beiden verkoppelten Identitäten (die ja nicht zu einer neuen Einheit verschmelzen, sondern operative Geschlossenheit behalten) [und] deren Struktur auf un-
vorhersehbare Weise ändert" (Hahn 2003d: 10). Man kann daher in Anlehnung
an die von Aristophanes im Gastmahl von Platon vorgetragene Theorie der
durch die Götter getrennten Zwitterwesen, deren Hälften sich dann jeweils suchen und vielleicht finden, von *aristophanischen Fehlschlüssen* (vgl. ebd.: 7ff) sprechen.

Wie dem auch sei, in den Massenmedien tauchen sowohl in den fiktionalen
als auch den non-fiktionalen Angeboten Rollen und Rollenensembles auf, die
wir aus unserem sozialen Nahbereich kennen (wie der Familienvater oder Arzt)
oder eher nicht kennen (wie Geheimagenten oder Nuklearwissenschaftler). Wie
das geschieht beeinflusst, wie bereits angedeutet, unsere Vorstellung von diesen
Rollen im Hinblick auf die Attribute, die zu den Rollen gehören (Charakterzüge,
Kleidung usw.), unsere Vorstellungen von den Erwartungen, die Absender in
Komplementärrollen uns gegenüber hegen[221], und von den Erwartungen, die wir
selber als Erwartungsabsender legitimerweise haben dürfen. Auf diese Weise
werden funktionale *Rollenbilder stabilisiert oder verändert* und somit auch unsere

---

221 Bspw. dass Väter bestimmte Aufgaben in der Kindererziehung zu übernehmen haben und
dass Konflikte erzeugt werden, wenn sie diesen nicht nachkommen.

damit verbundenen Selbstkonzepte. Da Berufsrollen über professionelle Ausbildungssysteme erworben werden, wird das Selbstbild eines Inhabers einer hoch spezialisierten beruflichen Funktion durch deren massenmediale Darstellung direkt wohl weniger affiziert. Indirekt üben die Massenmedien aber über folgende Mechanismen Einfluss auf die Wahrnehmung unserer Berufsrollen:

- erstens dadurch, dass wir die Funktion ja bereits aus den Medien kennen, bevor wir sie innehaben, und somit unsere *Motivlage*, diese oder jene Rolle zu übernehmen, beeinflusst wird;
- zweitens dadurch, dass Berufsrollen massenkommunikativ an *Status* gekoppelt werden, der auf unser Selbstkonzept rückspiegelt;
- drittens über die *Änderung personaler Inklusionserwartungen* (schön zu sehen an solchen schwammigen Profilanforderungen wie ‚Persönlichkeitskompetenz‘ und ‚soziale Kompetenz‘, was auch immer damit gemeint sein mag: vielleicht Attraktivität?);
- und viertens dadurch, dass *Komplementärrolleninhaber* ihre für legitim gehaltenen Erwartungen einer Rolle gegenüber modifizieren.

So erscheinen wohl z.B. Ärzte oder Lehrer, die wir in unserem Nahbereich erleben, gegenüber fiktiven Inhabern dieser Rollen wie Prof. Brinkmann aus der Schwarzwaldklinik oder dem Lehrer Specht wie Abziehbilder einer Idee oder – um abermals dieses Bild zu verwenden – wie die Schatten in der Platon'schen Höhle. So ist auch Cooleys (1902/1922/1956: 122) Bemerkung zu verstehen, dass Hamlet in unseren Gedanken eine viel realere Person ist als viele unserer täglichen Interaktionspartner[222]: „It is worth noting here that there is no seperation between real and imaginary persons; indeed, to be imagined is to become real, in a social sense, as I shall presently point out." (Cooley 1902/1922/1956: 95)

Die Medien der Massenkommunikation beobachten Rollenzusammenhänge und Kontexte der Objektverwendung ferner auch als partizipative Identitäten, heben aber weniger Inklusionszusammenhänge in Funktionssysteme hervor als Merkmalsgruppen, die sie als soziale Gruppen oder zumindest symbolische Gemeinschaften behandeln, denen sie *kollektive Identitäten zuschreiben*, die wechselseitig aufeinander verweisen. Die Massenmedien sind gewissermaßen das Äquivalent zu den Marxschen Unternehmenskonzentrationen, die die Konzentration von Arbeitermassen und schließlich die Transformation von Klassen bzw. Gruppen an sich in Klassen bzw. symbolische Gemeinschaften für sich befördern – freilich mit Ausnahme des Klassenhandelns, das durch die Dispersität des Publikums erschwert werden mag. Nichtsdestotrotz können Einzelhandlungen natürlich als Gruppenhandlung bzw. Handeln im Namen von Gruppen interpretiert

---

[222] Das wird bei den Propheten und Gottheiten der Religionen freilich noch viel deutlicher (vgl. Collins 1994: 255).

werden. Zudem mag mit Hilfe neuer Medien (Internet) der Zusammenschluss von Publikumsteilen zu sozialen Gruppen erleichtert werden (vgl. Thiedeke 2000). Jedenfalls gleichen die Massenmedien weniger neutralen Beobachtern als Beurteilern, die die „Realität" nicht nur fixieren, sondern ordnen und hierarchisieren. Somit weisen sie sozialen Rollen und Gegenständen Statusanzeigefunktionen zu. Sie fungieren als *Prestigegeneratoren*. Dabei können sie den Status von Berufen natürlich nicht völlig losgelöst von der sozialen Nahwelt neu erfinden, aber sie können ihn gleichsam daran festzurren, stabilisieren und auch Umbewertungen in kleinerem Rahmen vornehmen. So wird das hohe Prestige des Arztberufes durch Serien, in denen Ärzte als allzeit hilfsbereite Charaktere, die sich für ihre Patienten in überlangen Schichten ohne Rücksicht auf das eigene Schlafbedürfnis etc. (bspw. ‚Emergency Room') aufopfern, sozial stabilisiert. Verwaltungsdirektoren von Kliniken werden demgegenüber als eher hinderliche Miesepeter vorgeführt. So mögen Truckerfilme (auch in der Literatur gibt es im Übrigen den Mythos der Kapitäne der Landstraße) zur Prestigeerhöhung und Mystifizierung des eher schlecht bezahlten und durch soziale Isolation gekennzeichneten Berufs des Lastwagenfahrers führen. So wurde in den 80er und 90er Jahren durch Wirtschaftskrimis (bspw. Wall Street) oder -komödien (bspw. The Secret of My Success mit Michael J. Fox) der Beruf des Börsenmaklers sozial aufgewertet; ist das Yuppie-Phänomen ohne Massenmedien nicht denkbar. Typischerweise werden einige der sehr sichtbaren Klischees der fiktionalen Produktionen dann in dokumentarischen Berichten aufgegriffen und kritisiert. Prestige wird sozusagen degeneriert, während partizipative und kollektive Identitäten den Beobachtungen tatsächlicher Rolleninhaber (wie auch immer diese wieder ausgewählt werden mögen), die von den Medien beobachtet werden, angeglichen und dadurch stabilisiert werden. Aber der eigene Beruf ist Thema der Medien: Ein Hauch von Mythos bleibt.

In einer anderen Klasse von Fällen wird *Objekten Status* verliehen. Das geschieht in Filmen und Serien, in denen prestigeträchtige Berufsrollen mit Statussymbolen verknüpft werden (also bspw. der Graf einen bestimmten Fahrzeugtypus fährt, sein Essen in einer bestimmten Form einnimmt etc.) oder fiktive Kultpersonen (wie James Bond) bestimmte Stile pflegen und Gegenstände benutzen (sog. Product Placement) – vor allem aber in der Werbung, die uns vormacht, dass wir durch den Konsum des Produktes einer Marke unseren Status erhöhen und somit erfolgreicher im Beruf, bei der Eroberung von Frauen usw. werden. Damit mag Werbung unter anderem die „latente Funktion [...] der Erzeugung und Festigung von Kriterien des guten Geschmacks für Leute, die von sich aus darüber nicht mehr verfügen" (Luhmann 1997: 1105) erfüllen. Nichtsdestotrotz ist diese „Belieferung mit Urteilssicherheit in bezug auf die symbolischen Qualitäten von Objekten und Verhaltensweisen" (ebd.) nur von kurzer Dauer, d.h. findet in einem dynamischen Umfeld sich wandelnder Moden und Trends sowie kürzer werdenden Produktlebenszyklen statt. Bereits Simmel (1895/1983) verwies im Bereich der Mode auf die Zusammenhänge von Diffusion, Distinktion und Innovation. Gerade diese von der Werbung selbst noch weiter beschleunigte Dynamik macht sie aber als geschmacksbildendes Orientierungsraster umso bedeutsamer. Die Werbung stiftet sozusagen Ordnung in einem von ihr selbst (mit)herbeigeführten Chaos oder lebt von (un)systematisch erzeugten Irritationen. Was auch hier bleibt, ist die Illusion von Partizipation an kollektiver Identität (man ist dabei, macht es mit oder nicht) und paradoxerweise gelegentlich zugleich von Individualisierung. Das hängt mit der modernen Vorstellung zusammen, dass Individualität steigerbar sei und sich somit auch Personen auf Kontinua der Individualisierung verorten ließen. Wer zuerst kopiert, ist jedenfalls individueller als die „late majority" (vgl. Rogers 1962/1995).

Zudem können Massenmedien, indem sie kollektive Identitäten beobachten bzw. konstruieren, nicht nur (evtl. illusorische) kollektive Identitätsvorstellungen selbst erzeugen, sondern auch dazugehörige *Positions- und Rollenerwartungen*. Der eindrucksvollste Fall ist wohl der der *Nation* (vgl. hierzu viele interessante Beiträge in: Giesen (Hg.) 1991).

Der Nationalstaat ist zwar in erster Linie eine politische Herrschaftsform. Diese ist aber angewiesen auf Nationalvorstellungen und Nationalgefühle der zu Staatsbürgern gewordenen Untertanen. Sonst könnte sie weder die globalen Ausuferungs- und Totalinklusionstendenzen der durch sie möglich gewordenen Ausdifferenzierung von Funktionssystemen (vgl. Hahn 1993, s.u.) in Zaum halten, noch neue Formen der politischen Inklusion wie die Mobilisierung Freiwilliger für militärische Aktionen oder im Falle von Demokratien die Beteiligung an Wahlen (vgl. Parsons 1966) ermöglichen. In Folge der Ausdifferenzierung einer administrativen Bürokratie freigesetzte Entfremdungstendenzen werden – so die These von Parsons (1972/1985: 149) – durch neue Gemeinschaftssymbole (im Tönniesschen Sinne von Gemeinschaft) und Inklusionsformen zurückgefahren:

> „Wir würden dagegen bemerken, daß die Bürokratisierung im negativen Sinne keineswegs droht alles mit sich zu reißen. Darüber hinaus ist das System der Massenkommunikation [Sic !] ein funktionales Äquivalent, welches gewisse Züge der Gemeinschafts-Gesellschaft trägt und welches ein Individuum in die Lage versetzt, je nach seinen eigenen Kriterien und Wünschen teilzunehmen [...]. Das zweite positive Symbol ist die ‚Teilnahme', besonders in der Formel der ‚partizipatorischen Demokratie'."

Beides wirkt meiner Auffassung nach zusammen, da die Realisation der Möglichkeit politischer Partizipation auf passende Motivzurechnungen auf Seiten der Bewusstseinsysteme sowie Personensemantiken, Positions- und Rollennormen der Kommunikation wie Nationalbewusstsein oder staatsbürgerliche Pflicht angewiesen ist. Beides kann aber in großterritorialen Herrschaftsgebilden wie Nationalstaaten, die auf die Inklusion möglichst großer Teile der Bevölkerung[223] zielen, nur mit Hilfe von Massenmedien bewerkstelligt werden. Zumindest für

---

[223] Aber nicht aller: Es gibt auch unerwünschte Gruppen.

die Ausdifferenzierung eines politischen Funktionssystems sind der Inklusionsmodus Nation und das über Massenmedien vermittelte Bekanntsein von Inklusionsvoraussetzungen (Positionserwartungen) und Inklusionsnormen (Rollenerwartungen) sowie entsprechende Inklusionsmotive wichtige Voraussetzungen. Schon in dieser Hinsicht sind Nationen mehr als eine „Auffangsemantik" (Luhmann 1997: 1045) von Gesellschaft – obgleich dies auch zutreffen mag (vgl. Hahn 1993: 197ff) – oder Selbstbeschreibungsformeln des politischen Systems (vgl. Luhmann 1997: 1045ff). Zudem können sich auch Recht, Wirtschaft und Wissenschaften (wir nehmen die Religion bewusst aus, siehe Kap. 1.3.2) „nur im Schoße neuer segmentärer Differenzierungen ausdifferenzieren" (Hahn 1993: 194f). Bereits Elias (1939/1997) hatte auf die Bedeutung staatlicher Gewaltmonopole hingewiesen. Des weiteren sind die Erfolgsmedien der Funktionssysteme, mindestens für deren historischen Take Off, an nationalstaatliche Erzeugungsbedingungen gebunden (vgl. auch zu Folgendem: Hahn 1993: 194). Der Umlauf von Geld ist untrennbar mit Währung und nationalbanklichen oder äquivalenten (wie im Falle der EU) Begrenzungen der Geldmenge sowie massenmedial vermitteltem Währungsvertrauen (wie die große Inflationskrise der 20er Jahre des vergangenen Jahrhunderts zeigt) verknüpft, wissenschaftliche Wahrheit mit Nationalsprachen und Vertrauen in die nationalen Wissenschaftler, die dann wieder massenmedial zu personalen Symbolen der Fortschrittlichkeit der Nation aufgebaut werden können. Ebenso ist das Recht mit nationalterritorialer Rechtgeltung und nationalen Erzwingungsapparaten verknüpft sowie mit der massenmedialen Demonstration (in Form von Berichten über Verbrechen und Verbrecher, Gerichtsverfahren, Polizeiaktionen etc.), dass diese funktionieren. Freilich sind die Massenmedien selbst an Bedingungen nationalstaatlicher Politik gebunden (wie Rechtssicherheit, Pressefreiheit etc.), können aber, sofern sie als autopoietisches System ausdifferenziert sind, indirekt zur Aufrechterhaltung oder Modifikation dieser (aus ihrer Sicht) Umweltbedingungen beitragen (z.B. in der sog. ‚Spiegel-Affäre'). Dies ist möglich, weil die Massenmedien kollektive bzw. populäre (vgl. Stäheli 2004) Realitätsangebote verfügbar machen, von deren Bekanntsein in der Personenumwelt dann auch andere Systeme auszugehen haben, und die sie – freilich eigencodespezifisch (z.B. in Bezug auf die Möglichkeit der Wiederwahl einer Regierung) – auch operativ zu berücksichtigen haben. Die Organisationen der Massenmedien bilden und beobachten sich zudem oft genug selbst als nationale Akteure auf der Suche nach einem nationalen Publikum, das sie selbst erzeugen.

Diese Erzeugung eines nationalen Publikums, die Idee einer Nationalkultur und -geschichte etc. geschieht dabei wiederum vor einem *Kontingenzhorizont anderer Nationen, Kulturen usw.*, über die massenmedial ebenso berichtet wird. Wieder wird die vermeintliche ‚Innenansicht' nur durch (ebenso vermeintliche) Außenansichten möglich. Schon der Roman als eine frühe Form der Massenkommunikation eröffnet Einblicke in Lebenszusammenhänge, die die Rezipienten selbst nicht unmittelbar betreffen oder gar bestimmen, und liefert somit Kontingenzhorizonte für (unterstellte) Kollektividentitäten: Einblicke in differenzielle Milieus, in verschiedenenartige mehr oder minder komplexe Beziehungs- und Kommunikationsgeflechte zwischen Personen, in fremde Kulturen und Sitten etc. Als bedeutsamer Einschnitt werden hier immer wieder die „Lettres persannes" (1721) von Montesquieu (1689-1755) hervorgehoben, in denen er die französische Gesellschaft aus der Perspektive zweier in Frankreich reisender Perser beschreibt, die über ihre Beobachtungen erstaunt und irritiert korrespondieren. Die eigene Kultur verliert ihren Absolutheitsanspruch, wird sozusagen als nur noch *eine* Möglichkeit der Reduktion von Weltkomplexität relativiert, dadurch aber auch als von anderem zu Unterscheidendes allererst konstituiert (vgl. Luhmann 1995/1999; Reinhardt 2005). Der Roman stellt nicht nur einen eigenen überlokalen (Schrift-)Sprachraum her und führt innerhalb dessen zu einer Normierung von Schriftsprache, sondern kreiert eigentümliche Verknüpfungen zwischen Kulturelementen, unterschiedlichen sozialen Schichten etc. und produziert somit Vorstellungen bzw. Fiktionen von kultureller Einheit, was eine bedeutsame Vorraussetzung für die Bildung von Nationalstaaten darstellt. Hinzu muss später freilich noch die Konstitution einer überlokalen und milieuübergreifenden politischen Öffentlichkeit kommen, die dem Aufkommen neuer Massenmedien wie Zeitungen und Zeitschriften und später des Radios sowie des Fernsehens geschuldet ist.

Die *Massenkommunikation ist also eine wichtige Stifterin nationaler Identität.* Sie versorgt die Bevölkerung großflächig mit Nationalgefühl, -bewusstsein und nationalen Motiven (wie Vaterlandsliebe). Das hängt auch damit zusammen, dass die Organisationen, die Massenkommunikation betreiben, selbst lokale oder nationale Akteure sind, oder zumindest eine derartige Tradition haben. So stellt Meyrowitz (1998: 182) hier im Anschluss an Kirby (den er in anderer Hinsicht kritisiert) fest, dass

> „lokale Fernsehsender ein Beleg für die Vitalität des Lokalen [sind] ... Die ganze Welt als eigene Nachbarschaft zu begreifen ist unmöglich – metaphorischen Gebrauch einmal ausgenommen. Man kommt nicht aus ohne eine engere Vorstellung von lokaler Identität, und lokale Fernsehsender und Zeitungen gehören zu den Dingen, die so etwas anbieten. Aber die lokale Identität, die man im Lokalfernsehen zu sehen bekommt, ist wohl kaum dieselbe Identität wie die, die aus unmittelbar persönlichen Kontakten besteht, und weder bezeichnet, noch bewahrt sie lokale Traditionen",

obgleich sie solche vielleicht erfinden mag (vgl. Bell 2003). Dabei geht Lokal- oder Regionalfernsehen von der Reichweite her betrachtet auch stark über den unmittelbar erlebbaren sozialen Nahbereich hinaus (vgl. Meyrowitz 1998: 183), ist oft national empfangbar. Deutlich wird aber auch, dass die Reichweite von Fernsehen, Zeitung, Radio usw. irgendwo an Grenzen stößt – und oft sind dies nationale Grenzen zumindest aber Sprachgrenzen[224]. Die Organisationen der Massenkommunikation entwickeln entsprechend regionale oder nationale Vorstellungen ihres Publikums und entfalten vor diesem Hintergrund auch nationale Selektionslogiken, selbst dann, wenn es sich um global agierende Akteure handelt. So wird z.B. eine bestimmte, besonders provokante Werbung in Deutschland nicht geschaltet, weil man die Deutschen für konservativ hält, in Großbritannien aber sehr wohl etc. (vgl. Jäckel & Reinhardt 2002b: 537f). So werden die Kulturen, auf die man sich bezieht, mithervorgebracht. Auch hier haben wir es mit Co-Evolutionen zu tun.

Des weiteren ist die Inklusion von Personen über Positionen in die segmentär differenzierten Organisationen der Funktionssysteme, ob diese nun wollen oder nicht, an nationale Pässe, Aufenthaltsgenehmigungen, Meldebescheinigungen, Greencards usw. gebunden (vgl. Bohn 2003b: 11ff). Auch damit werden Bedingungen für das Abstellen der Organisationen von Funktionssystemen auf erweiterte Inklusion von Funktionsträgern unter Bedingungen *generalisierter Fremdheit* (vgl. Hahn 1993: 201) geschaffen. U.a. können Personen, die als verantwortliche Handlungsträger für normative Störungen der organisationalen Kommunikation ausgemacht wurden, mindestens innerhalb nationalstaatlicher Grenzen identifiziert und zur Rechenschaft gezogen werden. Die Idee oder, wenn man so will, Fiktion der Nation ermöglicht unter diesen Voraussetzungen wechselseitiger Fremdheit dennoch über Organisationen hinausweisende partizipative Identifikationen, Solidaritätsbeziehungen und kompensatorische Gemeinschaftsgefühle. „Sie ist insofern nicht zufälliges Relikt vormoderner Zustände, sondern umgekehrt ein in gewisser Weise unvermeidliches kompensatives Moment der mit funktionaler Differenzierung verbundenen Generalisierung von Ent-Fremdungs-Prozessen" (ebd.). Nation und Pass ersetzen zunächst die Differenz von Bekanntsein/Fremdsein durch die *Differenz von Inländern und Ausländern*. Damit diese „Herstellung von Fremdheit nach außen und [...] Fiktion von Einheit nach innen" (Bohn 2003: 11) in kollektive Identitätsfiktionen und partizipative Identität umgemünzt werden kann, bedarf es der Massenmedien, die dafür verschiedene Mechanismen einsetzten.

Erstens führen sie uns *Prototypen von Inländern und vor allem Ausländern* (wie im Extremfall etwa den ewig kichernden Japaner oder den rotweinseligen, Baguette tragenden Franzosen mit Baskenmütze, aber freilich auch weniger augenfällige Klischees) vor und erzeugen so einen Inländertypus, insbesondere aber – wie bereits erwähnt – Kontingenzhorizonte der Inländerposition und -rolle[225]. Da-

---

[224] Zu denken ist daneben an technische Grenzen wie im Fall des sog. Tals der Ahnungslosen, einem Gebiet in der ehemaligen DDR, in dem kein West-Fernsehen empfangen werden konnte (vgl. Mikos 1992: 109).

[225] Man denke z.B. an die Verunglimpfung des von gewissen Kreisen sog. ,alten Europas', insbesondere Deutschlands und Frankreichs, durch die US-amerikanischen Massenmedien

durch, dass uns Fremdes als Selbstverständliches vorgeführt wird, meinen wir zudem durch unsere Teilhabe am Prozess der Massenkommunikation Personengruppen, die uns aus eigener Anschauung nicht bekannt sind, zu kennen, weil wir den Typus kennen. Damit ist wiederum eine dramatische Steigerung der Chance von (fiktionalen) *Reziprozitätserfahrungen* verbunden. Massenmedien globalisieren diese Chance, indem sie anthropologische Konstanten konstruieren, Unterschiede kultureller bzw. nationaler Realitätskonstruktionen durch die Dominanz von gut/böse-Schemata überdecken oder marginalisieren. Vor allem in gewissen fiktionalen Angeboten wie Abenteuer- oder Agentenfilmen verbergen sich hinter massenmedial produzierten kulturellen oder gar rassistischen Vorurteilen häufig (meist) ethnozentrische *anthropologische Konsensfiktionen*, die ebenso vorgeführt werden. Ganz deutlich zu sehen ist dies an den Agentenfilmen der Zeit des sog. ‚kalten Krieges‘, der auch ein Krieg der nationalen Massenmedien war (und der Ausgang ein Sieg der Westmedien? Vgl. auch Münch 1991, Reich 1994). Neben dem obersten Bösewicht und Feind des Helden im Ausland, der zumeist als ganz und gar ‚unmenschlich‘ und grausam dargestellt wird, sowie dessen Schergen, die zumeist als mehr oder minder dumme und eifrige Befehlsempfänger konzipiert sind, gibt es den kooperativen Ausländer bzw. zumeist die Ausländerin (so dass zudem eine Love-Story möglich wird), die im Grunde gegen das eigene nationale Regime steht oder zumindest im Laufe des Plots davon überzeugt werden kann, da sie letztlich doch auf einer Metaebene westliche Werte teilt (so z.B. in dem James Bond Film ‚Liebesgrüße aus Moskau‘). In diesem Zusammenhang wird auch deutlich,

> „daß sowohl der ‚Mensch‘ wie die ‚Nation‘ Kristallisationspunkte für eine Thematik werden, innerhalb derer die Dramatik der Verselbstständigung von Lebenssphären verarbeitet wird. ‚Mensch‘ und ‚Nation‘ sind Gegenpole, von denen gegen die Erosion gemeinschaftlicher Formen von Sozialität Front gemacht wird“ (Hahn 1993: 197).

Zweitens zeigen uns die Massenmedien *„Ausländer im Inland“* als moderne Fremde (ebd.: 201). Sie führen uns in den Unterhaltungsangeboten Klischees vor, z.B. den selbstbewussten südländischen Macho in Daily Talks (vgl. Schorb et al. 2003: 20f), die sie dann in Berichten – nach oben angeführtem Muster – wieder relativieren mögen. Jedenfalls spalten sie den Kontingenzhorizont des Inländers dadurch in einen unproblematischen und einen (wie auch immer) problematischen.

Drittens berichten sie über *Inländerstatistiken* (wie der McKinsey-Report über das Sexualleben der Amerikaner) und erzeugen so *Inländernormalismen* (im Sinne statistischer Bereiche des Normalen, vgl. dazu Link 1997/1999).

(siehe z.B.: Hans Leyendecker: Waschlappen. Wiesel. Wurm. In: Süddeutsche Zeitung Nr. 59, 12.1.2004; S. 15).

Viertens kommunizieren und erzeugen die Medien *Rollennormen des Inländers*, also z.B. Erwartungen dazu, wie sich ein Deutscher im Ausland (nicht) verhalten darf, welche Formen des Nationalgefühls und Patriotismus untersagt, erwünscht und evtl. einforderbar sind. Sie koppeln so aktualisierte Nationalgeschichte an Nationalrollenerwartungen wie in Deutschland die staatlich organisierte Judenermordung unter dem Hitlerregime an antirassistische und antinationalistische Normen der Rolle des Deutschen. Man muss gar nicht auf die Vorwürfe des Vaterlandsverrats etc. gegenüber kriegskritischen Personen in den amerikanischen Medien während des Irak-Konfliktes unter der Administration von George W. Bush zu sprechen kommen, sondern kann bei der deutschen Geschichte bleiben, um zu sehen, dass es auch weniger positive Kopplungen gibt.

Fünftens verwenden die Massenmedien vor allem in Nachrichten und Berichten, aber auch im Sport *nationale Referenzlogiken*. Außenpolitisches wird unter dem Gesichtspunkt nationaler Störungen und/oder Profite thematisiert. Wieder mag die Erinnerung an die Thematisierung des Irak im jüngsten Irak-Konflikt in den nationalen Medien für sich sprechen. Ein wenig anders ist dies im Falle von Katastrophen, die unter dem Deckmantel des sog. ‚human interest‘, also auch gemäß massenmedialer Selektionslogik, Informationswert erhalten. Erstaunlich ist allerdings, dass ‚human interest‘ vor allem quantitativ, bei vergleichsweise vielen Opfern von Katastrophen zu greifen scheint – ein Phänomen, was sich im Übrigen der moderne islamistische Terrorismus zu Nutze zu machen scheint, indem versucht wird, Personen in möglichst große Opferzahlen zu transformieren (vgl. Reinhardt 2004). Aber auch für die Thematisierung von Katastrophen gilt, dass die Opferzahlen exakt und evtl. gar (wieder) zu Personen werden, wenn Inländer verwickelt sind. So erfährt man in Deutschland in der Berichterstattung über einen Flugzeugabsturz oder Terroranschlag die Anzahl der deutschen Opfer, nicht aber die Zahl der Chilenen, Nigerianer etc. Evtl. wird dann auch über persönliche Schicksale der deutschen Opfer berichtet. Zudem wird die Konstruktion nationaler bzw. kultureller Ähnlichkeiten und Nähe sichtbar. Bleiben die deutschen Opfer aus, erfährt man eher etwas über Österreicher, Franzosen usw. als über Nigerianer, Chilenen u.a.

> „Wie zum Ausgleich des Abstraktionsgrades der Quantitäten wird ein lokaler [häufig nationaler; J.R.] ([und/]oder funktional äquivalent: ein personaler) Bezug der Information erwartet und hergestellt. Man kann damit die Paradoxien des Typs mehr = weniger oder höher = niedriger, die Paradoxien des Werdens also auflösen in eine Identitätsthese, die dadurch nicht in Frage gestellt wird. Das führt zu ethnozentrischen Perspektiven und zur Überschätzung der Bedeutung einzelner Personen für die Dramaturgie der Ereignisse" (Luhmann 1997: 1100).

Ähnliches gilt für den *Sport*. Sportlerpersonen werden einerseits zunächst qua Heldensemantik (und nicht Individualitätssemantik) konstruiert, wobei es um die eindimensionale Steigerung von Leistungen bis zur Vortrefflichkeit, zum Sieg oder Rekord geht (vgl. Bette 1999). Andererseits spielt aber das *Inländersein der*

Sportler eine ebenso wichtige Rolle. Es wimmelt von sportlichen Nationalhelden in den Medien, in Deutschland von Michael Schumacher über Boris Becker, Michael Ballack bis zu Franziska van Almsick (die im Gegensatz zu Ballack sogar dem Rechtschreibprogramm von Microsoft Word bekannt ist). Diese werden natürlich in den Wettkämpfen mit nationalen und ausländischen Konkurrenten konfrontiert, von denen die Hauptkonkurrenten für die Massenmedien ebenso interessant sind. Das gilt aber offensichtlich nicht für alle Sportarten. Natürlich kennen Sie David Beckham (der ja auch alles nur Erdenkliche dafür tut) oder Andre Agassi. Aber können Sie eine ausländische Schwimmerin benennen? Außerdem werden die ausländischen Sportler alla Lance Armstrong vs. Jan Ullrich mit nationalen Sportlern verglichen. Und: Die nationale Referenzlogik schaltet die Logik von Sieg oder Niederlage partiell aus. Natürlich ärgern sich alle und besonders die BILD-Zeitung, wenn Deutschland ein Fußballspiel verliert, nichtsdestotrotz bleiben Mannschaft und Stars interessant: Es werden Sündenböcke gesucht, Glück/Pech-Semantiken verwendet oder die Förderung des Nachwuchses verlangt. Und auch im Falle weniger populärer Sportarten, wobei die Popularität von Sportarten natürlich auch mit dem Erfolg nationaler Akteure zusammenhängt, erfährt man: ,Peter Müller, kam als bester Deutscher auf Platz X', oder Mägerlein fragt: ,Wo ist Behle?'.

Sechstens scheinen auch die *territorialen Grenzen der Funktionssysteme* in der Massenkommunikation auf – gleichwohl wie im Falle der Medaillenspiegel des Sports eingebettet in eine Art kontinentalen oder globalen Wettbewerbs: Man erfährt, dass das deutsche Wirtschaftswachstum mit, sagen wir 0,7%, zu gering sei, dass Entwicklungsländer wie China demgegenüber Wachstumsraten von 7% hätten und man aufpassen müsse, dass wir den Anschluss nicht verlören usw.

Auf diese und ähnliche Weise (re)produzieren Massenmedien fortwährend nationale Identität als kollektive Identitätsfiktion und zugleich Muster partizipativer Identität mit korrespondierenden Inländerrollen und Ausländerhorizonten.

Nationale Identität wird aber durch Massenmedien nicht nur generiert, sondern auch in Frage gestellt und von Krisen bedroht. Die Ausdifferenzierung des Systems der Massenmedien hängt, wie die der anderen Funktionssysteme auch, im Rahmen des Take Off an der Co-Evolution der Nation und operiert dann – freilich nach wie vor auf verschiedenen Pfaden strukturell an Nationalstaaten gekoppelt – nach Maßgabe des eigenen Codes.

Durch die Massenmedien lernen und erfahren wir einerseits von Prozessen der *Globalisierung*, weil dem Informationswert zugeschrieben wird. Die Wenigsten von uns werden sich wohl als globale Akteure begreifen. Dennoch wird uns vermittelt, dass Globalisierung unaufhaltsam stattfindet. Es wird berichtet über internationale Unternehmensfusionen, die Bemühungen der Uno um den Weltfrieden, das internationale Kriegsverbrecher-Tribunal und darüber, dass die US-Konjunktur Auswirkungen auf den deutschen Arbeitsmarkt hat. Wir können uns der Wirksamkeit des „generalisierten Anderswo" (Meyrowitz) auf unsere Lebensmitte nicht mehr entziehen, wird uns suggeriert: Wir müssen mithalten, z.B. im Anschluss an das Internet, selbst wenn wir das weder brauchen noch wollen, wie die Debatte um den sog. Digital Divide zeigt (vgl. Jäckel 2003: 293ff). Die Delokalisierung der personalen Orientierung ist offensichtlich ein Identitätswert (Goffman) mit aktueller Konjunktur in massenkommunikativen Identitätsdiskursen.

Andererseits wird vor allem die Medienkommunikation selbst globaler (vgl. z.B. Ang 1990, Tomlinson 1997). Es wird zitiert, kopiert und aus den Angeboten global agierender Presseagenturen selegiert. Andreas Hepp (2002: 869f) weist daraufhin, dass derartige Prozesse der Globalisierung von Medienkommunikation besser mit der Netzwerkmetapher als mit der der globalen Nachbarschaft beschrieben werden.

> „Medienkommunikation, auch, wenn sie im globalen Kontext erfolgt, löst nicht einfach Lokalität in Virtualität auf, vielmehr schafft sie neue, translokale Kommunikationsbeziehungen. Verdichtungen dieser translokalen Konnektivitäten decken sich zum Teil mit bestehenden, das Lokale transzendierenden Gemeinschaften wie denen der Nation [...] Daneben bestehen aber auch Verdichtungen von Konnektivitäten, die sich gerade nicht mit dem Nationalen und Territorialen decken: Verdichtungen in Bezug auf Diasporas, Stilgemeinschaften, Szenen usw. Was mit der Globalisierung von Medienkommunikation entsteht, ist so eine komplexe Geographie translokaler Medienkulturen, in denen die Nation als zentrale Verdichtung bestehen bleibt, deren Grenzen aber zunehmend unscharf sind gegenüber der Vielzahl weiterer relevanter Verdichtungen" (ebd.: 874).

Somit entstehen durch die globalisierte Massenkommunikation auch neue Formen segmentärer translokaler oder – wie man es auch nennen kann – *Netzwerk-Identitäten*, die sowohl zu den global werdenden Funktionssystemen als auch zum Nationalstaat sozusagen quer liegen. Die Massenkommunikation kann in diesem Zusammenhang für beinahe globale Bekanntheitsunterstellungen bzgl. korrespondierender Positions- und Rollenerwartungen sorgen und so tatsächlich neue Positionen und Rollen, die es ohne sie nicht gäbe, hervorbringen. Ein drastisches Beispiel hierfür sind sicherlich die Al-Quaida-Terroristen. Ein angeblicher Terroraufruf oder eine vermeintliche Terrorankündigung Bin Ladens, die auf Al Djasira oder CNN ausgestrahlt wird, kann dazu führen, dass sich irgendwo Personen als Al-Quaida-Mitglieder definieren und entsprechende Anschläge planen, vorbereiten und durchführen. Die physische Existenz Osama Bin Ladens (oder Allahs, in dessen Namen vorgegeben wird zu sprechen) ist dafür genauso wenig Voraussetzung wie die des christlichen Gottes für die Kreuzzüge. Weniger krasse Beispiele sind Globalisierungsgegner, Bush-Gegner (Man schaut „Bowling for Columbine" und schon kann man sich als Netzwerk-Mitglied fühlen), jugendkulturelle Identitäten wie Heavy-Metal-Freaks oder sexuelle Spezial-Identitäten wie Sadomasochismus etc.

Wie andere Sozialsysteme auch schreiben Massenmedien Kommunikationen in der selbstreferenziellen Beobachtung von Kommunikation durch Kommunikation in Handlungen um, die sie an Akteure und deren Namen koppeln. Sie beobachten nicht nur die eigenen Kommunikationen auf diese Weise, sondern auch die ihrer Umwelt. Sie sind ständig auf der Suche nach Namen von Verantwortlichen: der Täter, der Korrupten, der politisch Verantwortlichen, der Spender usw., an die sie Geschehnisse koppeln können.

Sie nennen ferner bestimmte Namen häufiger und koppeln sie an Rollen, indem sie z.B. gewisse Experten immer wieder einladen, ihnen evtl. gar eigene Sendungen, Kolumnen etc. zubilligen. Sie machen so gewisse Namen zu Qualitätssiegeln. Man liest z.B. das, was Marcel Reich-Ranicki empfiehlt (oder verreißt), anderes bleibt durch das Zeigen versteckt.

Zudem machen die Medien Personen namentlich bekannt, was dann (s.o.) den Marktwert der Personen in anderen Systemzusammenhängen erhöhen oder senken mag, so dass im (von Deutschland aus gesehen) ,generalisierten Anderswo' gar Schauspieler Bürgermeister (Eastwood), Gouverneure (Schwarzenegger) oder Präsidenten (Reagan) werden können. Jedenfalls gelten für gewisse Namen allgemeine Bekanntheitsunterstellungen. Sie kursieren und stehen stellvertretend für bestimmte Bedeutungszusammenhänge (wie Ghandi, Charles Manson, Sloterdijk usw.).

Ebensolches gilt für die erfundenen Namen der fiktionalen Unterhaltung. Romeo und Julia stehen für dramatische Liebesbeziehungen, James Bond für die Agentenrolle und den kultivierten Engländer usw. Jedenfalls verbinden wir mit gewissen Namen durch unsere Teilhabe an Massenkommunikation mehr als mit anderen, weswegen sich auch – wie oben bereits erwähnt – Namensgebungen von Kindern durch ihre Eltern zum Teil an den Namen von Romanhelden und -heldinnen und anderen Medienfiguren orientieren.

In diesem Zusammenhang assoziieren wir mit Namen natürlich auch Körpervorstellungen wie Sex-Appeal (man denke an Marilyn) usw. So können die Namen von Medienfiguren als Metaphern für körperliche Attraktivität (und anderes) fungieren und für die Beschreibung und Charakterisierung anderer Personen eingesetzt werden. In den USA konnte man bspw. eine zeitlang einem attraktiven Mann dadurch ein Kompliment machen, dass man sagte ,You look like a Baldwin' und dabei Bezug auf die Schauspielerbrüder Alec, William und Daniel Baldwin nahm. Damit sind wir beim nächsten Thema.

2.2.3 Die Körper der Massenmedien

Die Bedeutung attraktiver, jugendlicher Körper gerade für die (audio)visuellen Massenmedien ist so offensichtlich, dass man meinen könnte, es lohnte sich gar nicht darüber zu sprechen. Wir können den Körpern der Medienpersonen nicht entgehen. Wir brauchen gar nicht das Fernsehen einzuschalten oder in Zeitschriften zu blättern, sondern nur in die Innenstädte zu gehen und sogleich sind wir von den Personenkörpern der massenmedialen Werbung an Plakatwänden, in Schaufenstern usw. umgeben. Diese Sichtbarkeit der schönen Körper der Massenmedien ist uns so selbstverständlich geworden, dass sie uns kaum mehr auffällt. Weist man darauf hin, so wird allerdings sofort offensichtlich, dass dadurch Schönheitsideale, Körpervorstellungen von möglichen Sexual- und Liebespartnern sowie Vorstellungen des eigenen Körpers beeinträchtigt werden. Vor diesem Hintergrund seien dennoch einige Aspekte des Zeigens (und Versteckens) von Körpern durch die Massenmedien hervorgehoben.

Oben wurde versucht zu zeigen, dass mit den Körperkontrollerfordernissen infolge der Verlängerung von Interdependenzketten, der Auflösung von Standesgrenzen und einer Zunahme der wechselseitigen Orientierung von adeliger und bürgerlicher Oberschicht im Rahmen einer Logik von Distinktion und Imitation etc. eine Zurückdrängung der Sichtbarkeit des Körpers als physisch-organischer Einheit einhergeht. Ebenso wurde behauptet, dass sich damit jedoch zugleich neue Freiheitsgrade für (subsystemspezifische) Thematisierungen des Körpers ergeben sowie eine zunehmende Verwendung von Körperoberflächen und -gestalten als mehr oder minder sichtbare Kommunikationsmittel und Flächen für die Projektion von Kommunikation (wie Kleidung/Mode, Piercings, Tatoos). Der Körper wird demnach zum Reflexionsobjekt und Gegenstand von Disziplinierungs- *und* Idealisierungsdiskursen. Auch die Massenmedien thematisieren Körper auf ihre Art und Weise, beobachten und nutzen dafür aber auch Disziplinierungs- und Idealisierungssemantiken ihrer gesellschaftsinternen Umwelt. Sie verknüpfen dabei Disziplinierungs- und Idealisierungsdispositive des Körpers auf einzigartige Weise. Folgende, keineswegs erschöpfende Aspekte seien an dieser Stelle hervorgehoben.

Erstens werden im Falle des *Sports* Disziplinierung und Idealisierung miteinander verschränkt. Außerordentliche Köperbeherrschungsleistungen der Sportler werden als selbstverständlich und erwartbar vorgeführt. Innerhalb dieser Erwartungsräume werden dann aber besondere Disziplinierungsleistungen hervorgehoben, sofern sie im Vergleich mit der Konkurrenz oder bislang Erreichtem Außergewöhnliches, also paradoxe Abweichungen im Rahmen des Erwartbaren markieren (wer zu stark von den bisher erbrachten Leistungen abweicht, gerät dann unter Dopingverdacht oder in den Verdacht, sich zu nachlässig vorbereitet zu haben): „Sporthelden sind deshalb paradoxe Figuren. Sie individualisieren sich durch eine Anpassung durch Abweichung. Abweichung durch Leistung, die erwartet wird, individualisiert aber nicht so stark wie eine Abweichung die gegen die Erwartung läuft" (Bette: 1999: 166). Ob sich die modernen Sporthelden deswegen eigenartige Frisuren und außergewöhnliche Outfits zulegen oder wie im Falle des bereits erwähnten David Beckham über das Tragen von Damenunterwäsche philosophieren (lassen), um zu demonstrieren, dass sie außer Sporthelden auch Individuen sind, sei hier dahingestellt. Jedenfalls zeigt der Fall Beckham, dass im Falle der Mediensportler *nicht* gilt, dass „der Sportheld [...] nicht wissen [darf], daß er einer ist" (ebd.). Der Sportheld wird (im Zusammenhang mit Nationalität) zum körperlichen Idealbild und Ideal der Körperbeherrschung stilisiert und darf sich auch dementsprechend inszenieren. Gleichzeitig fungiert die Körperdisziplinierung als Vorbild, als ein Weg des sozialen Aufstiegs. Es werden Sportlertypen konstruiert und hervorgehoben, die es trotz widriger Umstände durch eisernen Körperdisziplinierungswillen nach ganz oben geschafft haben. Lance Armstrong und Arnold Schwarzenegger sind aktuell in den Medien kursierende Beispiele. Die Körperdisziplinierung durch Sport wird als ein *sozialer Erfolgsweg* gezeigt, der prinzipiell jedem offen steht und für die Umsetzung von Körperkapital in ökonomisches, soziales und symbolisches Kapital sorgen kann. Die massenmediale Vorführung biographischer Aufstiegsgeschichten von Sportlerpersonen erfüllt demnach die latente Funktion der *Aufrechterhaltung von Illusionen der Chancengleichheit* (vgl. Merton 1938/1957/1995), auch wenn der illusorische Charakter anderer prototypischer Erfolgswege (wie der vom Tellerwäscher, der Millionär wird) bereits aufgeflogen ist. Die Bedeutung farbiger Sporthelden für die Aufrechterhaltung eines ‚Rassenfriedens' in den USA ist in diesem Zusammenhang kaum zu überschätzen.

Zweitens wird der *schöne jugendliche Körper* in diversen Angeboten der Massenmedien idealisiert. Ein Königsweg (nicht der einzige) der Werbung scheint es hier immer noch zu sein, attraktive Körper in verschiedenen Alters-, Berufs- und Familienrollen der Hauptzielgruppe (und das sind zumeist Personen im Alter von 18-60 Jahren mit mittlerem Einkommen) zu präsentieren. Ebenso sind die Kommunikatoren der non-fiktionalen Unterhaltungs- und Nachrichtenangebote der visuellen Medien sowie die von Schauspielern dargestellten Personen der fiktionalen Unterhaltung durch überdurchschnittliche Attraktivität gekennzeichnet, wobei der Einsatz derartiger Personenkörper freilich die Schönheits- und Attraktivitätsideale bedient, die er selbst hervorbringt. Der Disziplinierungs-, Inszenierungs- und evtl. Modellierungsaufwand, der mit derartigen Körperpräsentationen verbunden ist, bleibt allerdings zumeist im Verborgenen. Das Schminken, der Einsatz von Körperdoubles, Körperteildoubles (wie Bein-, Po- oder Hautdoubles für Nackt- bzw. Nahaufnahmen) und Stimmendoubles, Beleuchtungs- und Kameraeffekte (die z.B. kleine Schauspieler wie Tom Cruise wesentlich größer erscheinen lassen) usw. finden auf der Hinterbühne statt (vgl. Gradinger 2003: 23ff). Was wir zu sehen bekommen sollen, ist authentische Körperschönheit; was deswegen nicht auffallen darf, ist die Inszenierung des Authentischen (vgl. Hahn 2001c). Performative Leistungen der *Körpermodellierung und Inszenierung* werden uns hier als askriptive Merkmale (vgl. Koppetsch 2002: 372) vorgeführt. Auf diese Weise werden *körperorientierte Identitätswerte* (Goffman) in den massenmedialen Diskurs eingespeist, mit denen sich tatsächlich niemand (!) mehr messen kann, dem nicht die Körperinszenierungsprofis der Massenmedien und die Trennung von Aufnahmesituation und Publikation zur Verfügung steht. Nichtsdestoweniger fungieren die konstruierten Idealkörper der Massenmedien als Idealbilder und Orientierungsgrößen für unsere eigene körperliche Attraktivität.

Drittens wird die *Existenz von Körpertraining, -disziplinierung und -modellierung der attraktiven Personenkörper der Massenmedien paradoxerweise wiederum durch die Medien bekannt gemacht.* Alles, was bzgl. der Steigerung des als körperlich attraktiv Wahrgenommenwerdens gesagt werden kann, hat für die Massenmedien Informations- und Publikationswert, da das wiederum massenmedial erzeugte Interesse des Publikums vorausgesetzt werden kann (die Paradoxie löst sich auf). Es entwickeln sich z.B. an den Methoden der ,Stars' orientierte Ratgeberrubriken. Meine Fernsehzeitung (TV Hören und Sehen, Programm vom 23.8.03 bis zum 29.8.03) titelt (semper idem) z.B. mit dem Bild von Meg Ryan: ,Meg Ryan – Forschung – Das Charisma-Lächeln. So geht's: Besser überzeugen, mehr Ausstrahlung, mehr Erfolg.' Auf diese und ähnliche Weise wird eine Form von *Körperkapitalisierung* erzeugt, vor deren Hintergrund Disziplinierungs- und Inszenierungsinvestitionen in den eigenen Körper selbstverständlich erscheinen, ja gar zu Personenerwartungen bzw. Identitätswerten mutieren. Wenn man das so sieht, muss man sich auch nicht mehr darüber wundern, dass die ,Medienstars' selbst neuerdings bereitwillig über Körpermodellierungsinvestitionen in Form von Schönheitsoperationen sprechen, und die Schönheitschirurgie momentan eine nie gekannte Konjunktur erlebt (vgl. Riedle 2003). Auch entsprechende ,Reality-Shows' haben inzwischen ihren Weg von den USA ins deutsche Fernsehen gefunden: In der Sendung ,The Swann' werden z.B. Frauen einer mehrmonatigen, u.a. schönheitschirurgischen ,Generalüberholung' unterzogen, bis sie sich schließlich gemeinsam mit der Medienöffentlichkeit wieder im Spiegel betrachten dürfen (bis die Metamorphose vollständig vollzogen ist, sind Spiegel für die Kandidaten verboten) und natürlich begeistert reagieren (Was sollen sie im Fernsehen auch sonst tun?).

Viertens mag die im Vergleich zum Alltagsleben *überdimensionale Dominanz körperlich attraktiver Personen* in den Massenmedien (genau wie das überproportionale Vorkommen von Berichten über Gewalttaten sowie von Gewaltfiktionen) *Kultivierungseffekte* (vgl. Gerbner et al. 2002) zeitigen. Allerdings ist dies hier nicht in dem Sinne gemeint, dass sog. Vielseher die Zahl attraktiver Menschen überschätzen. Die Selektionslogik der Massenmedien kann ja als bekannt vorausgesetzt werden. Es wird ja nicht einfach die Welt beobachtet und quantitativ eingeschätzt, sondern Selbst- und Weltbeobachtung werden mit Hilfe von Unterscheidungen bzw. Formen durchgeführt, so dass die Bezeichnung von Unterschieden immer vor dem Hintergrund von formspezifischen Verweisungshorizonten stattfindet. Vielleicht kann auch auf diese Weise das „deutliche[...] Missverhältnis zwischen den [von der Gerbner-Gruppe] dem Medium zugeschriebenen Einflüssen und den präsentierten empirischen Ergebnissen" (Jäckel 2002a:

230f) erklärt werden. Es geht im Falle der Einflüsse massenmedialer Realitätskonstruktionen auf die Realitätsvorstellungen von Rezipienten eben auch immer darum, mit welcher Unterscheidung überhaupt was beobachtet wird und wie sich Beobachtungsformen und -programme sowie Beobachtungen zur Verfügung stehende Kontingenzhorizonte durch die Teilhabe an Massenkommunikation selbst verändern: ‚Who is the observer?' (Maturana). Im Falle von Attraktivität könnte man vermuten, dass Attraktivitätssemantiken die Verwendung der Personenform durch Vielseher stärker dominieren als im Falle von Wenigsehern, dass also Personenbeschreibungen stärker auf Attraktivitätsbeschreibungen hinauslaufen, dass sich Vielseher vor dem Hintergrund massenmedial erzeugter personaler Verweisungshorizonte selbst für unattraktiver halten als dies im Durchschnitt der Wenigseher der Fall ist, und dass sie in stärkerem Maße Investitionen am eigenen Körper vornehmen, schönheitschirurgischen Eingriffen aufgeschlossener gegenüberstehen usw. Beides wäre leicht empirisch zu prüfen.

Fünftens wird dies alles durch die *Werbung* genutzt, die körperliche Schönheit als durch die Verwendung ihrer Produkte erreichbar darstellt oder ihre *Produkte* mindestens als *Äquivalente für körperliche Attraktivität* anbietet. Gerade die Konstruktion von Alter und Altern in der Werbung setzt u.a. auf diese beiden Strategien. Einerseits kann Werbung,

> „[w]ährend die Anzahl der gelebten Jahre ‚normalerweise' (in den industriellen Gesellschaften) für die Definition von sozialem Alter eine bedeutsame Rolle spielt [...], [...] die Relevanz der Chronologie erheblich heruntermodulieren, umgekehrt dramatisieren oder durch die Bennenung anderer Bestimmungskriterien des Lebenslaufs relativieren [...]. Dementsprechend weisen konkrete Altersangaben immer wieder daraufhin, dass die Anzahl der Lebensjahre gerade nicht als entscheidendes Definitionskriterium für das Alter gilt und gelten sollte. Vor allem in Werbungen für Kosmetik und Medikamente fungiert die Altersangabe des Lebensalters der Darsteller vielfach als ‚Beweis' dafür, dass die Zuordnung von Jahren und Alter (dank der Produkte) nicht zwingend oder legitim ist" (Willems & Kautt 2002: 641f, Hervorh. i. O.).

Andererseits wird vorgeführt, dass Glück im oder trotz Alter(n)s in Form von Partneridyllen, Gemütlichkeit und Muße oder Wohlstand (vgl. ebd.: 643ff) mit Hilfe der beworbenen Leistungen und Produkte herbeigeführt werden kann.

Sechstens wird in den fiktionalen Angeboten der Medien, aber auch in der Konstruktion von Prominenten *körperliche Attraktivität an andere Eigenschaften der Personen wie gut/böse, klug/dumm, erfolgreich/nicht erfolgreich etc. gekoppelt.* Schönheit ist nicht gerade „topischer Indikator für Tugend" (Luhmann 1989/1998: 175), wie das in den Romanen vor dem 18. Jahrhundert der Fall gewesen sein mag, aber auch nicht für Lasterhaftigkeit, worüber sich noch der Protagonist in Pitigrillis (1922/2002: 9) Skandalroman beklagt, sondern alles kann mit Schönheit kombiniert werden. Vor allem die Helden und Heldinnen müssen attraktiv sein oder zumindest wie im Falle des immer noch virulenten Aschenputtelmotivs im Laufe des Plots attraktiv werden, wenn sie nicht gerade alt sind (wie der klassische Kommissar oder der Miss Marple-Typus der rüstigen alten Dame; auch dann sind die Helden und Heldinnen natürlich keine überaus hässlichen Exemplare ihrer Altersgruppe). Für die Schurken steht dann dämonische Hässlichkeit, dämonische Schönheit, aber auch das zwielichtige Minenspiel sog. Charaktergesichter zur Wahl. Mittelmäßige Attraktivität hat zumindest bei den zentralen Rollen kaum einen Platz, es sei denn Mittelmäßigkeit soll demonstrativ und/oder satirisch vorgeführt werden. Ganz deutlich wird dies bei Actionfilmen, Agentenfilmen, Horrorfilmen und Comics. Der Film ‚Unbreakable' mit Bruce Willis und Samuel Jackson von M. Night Shyamalan interpretiert diesen Körper-Gegensatz von Schurke und Held als Gegensatz von Krankheit des Schurken und übermenschlicher Gesundheit des Helden. Während der Held (dargestellt von Bruce Willis) die schwersten Katastrophen ohne Knochenbrüche usw. (daher Unbreakable) überlebt, leidet der Schurke (Samuel Jackson) unter einer Krankheit, die selbst leiseste Berührungen zu schweren Knochenbrüchen führen lässt (Glasknochenkrankheit). Aber auch in anderen fiktionalen und nonfiktionalen Angeboten der Medien wird zumindest das Mittelmaß gegenüber Alltagskontexten zurückgeschraubt. Um ein weiteres Beispiel anzuführen: Auch der typisch männliche Erfolgstopos oder -mythos der, wie man Veblen paraphrasierend sagen könnte, stellvertretenden Attraktivität der Partnerin wird zurückgefahren und in typischen ménages à trois entzaubert, in Satiren oder bissigen Kommentaren der Boulevardmagazine lächerlich gemacht usw. Attraktivität sucht Attraktivität und Attraktivität sucht Erfolg. Erfolg ohne Attraktivität gerät in den Mustern der Fiktion von Film und Fernsehen dann auch immer wieder in den Verdacht der Illegitimität oder leistungslosen Askriptivität infolge von Erbschaften. Der erfolgreiche Held, dessen Leistungen vorgeführt werden und/oder der eine attraktive Partnerin für sich gewinnt, sieht gut aus. Auch die Werbung führt in diesem Zusammenhang seit geraumer Zeit vor, dass männlicher Status über körperliche Schönheit erworben wird, und dass sich Männer- und Frauenbild in dieser Hinsicht immer mehr angleichen (man denke bspw. an die rasierte Brust des Modells in der Davidoff-Parfüm-Werbung oder an das wiederum durch besagten Beckham repräsentierte Phänomen des sog. ‚Metrosexual'). Riedle (2003: 58) berichtet in diesem Zusammenhang: „Vor 30 Jahren war gerade einmal jeder achte Mann mit dem eigenen Äußeren unzufrieden, jetzt ist es fast schon jeder Zweite, und in der Schönheitschirurgie haben Männer einen inzwischen noch ausbaufähigen Anteil von rund 20 Prozent".

Siebtens mag es durch globale Medienvernetzungen, Kopielogiken und nicht zuletzt durch den globalen Erfolg amerikanischer Hollywood-Produktion, der enormen Investitionen in Ausstattung, Spezialeffekte etc. geschuldet ist, zu einer *Globalisierung ethnozentrischer bzw. US-amerikanischer Schönheitsideale* kommen.

Zu Beginn dieses Teils über Identität und Massenkommunikation (siehe 2.1.1) wurde bereits erwähnt, dass Individualitätsansprüche u.a. durch bestimmte expressive Mediennutzungs- und Nicht-Nutzungs-Muster kommuniziert werden können. Das geschieht bspw. über die expressive Nicht-Nutzung populärer Medien, über expressive Bildungsverweigerungsdemonstrationen, über sonstige Vorführungen von Abweichungen vom Mainstream – z.B. durch Äußerungen über. für exklusiv gehaltene Medienvorlieben (für z.B. weitgehend unbekannte Komponisten oder Musikgruppen, sog. Undergroundfilme usw.) – oder über für idiosynkratisch gehaltene Kombinationen von Medienpräferenzen. Auch erfahren gerade neue Medientechnologien (auch in Folge der Werbung, aber auch in (populär-)wissenschaftlichen Formen)

> „Interpretationen, die ihnen fast die Gestalt eines ‚Freiheitsvehikels' verleihen. Diese neuen Freiheiten und Möglichkeiten werden zwar mit den Schattenseiten der Vielfalt kontrastiert, die Schlussfolgerungen haben in der Regel aber einen appellierenden Charakter und sehen in der Eigenverantwortung den Gewinn, der an die Stelle des Verlustes alter Bindungen und Gewohnheiten tritt" (Jäckel 1999d: 12).

Die Rede von der Eigenverantwortung und den persönlichen Präferenzen sowie die Vorstellung von deren Selbsterzeugung durch das Individuum – die mit dem kulturanthropologischen Hinweis auf die Notwendigkeit kultureller Überformungen residualer Triebenergie leicht entkräftet werden könnte – ist dann auch eine Form moderner Anspruchsindividualität unter der Bedingung des Exklusionsindividuums (Luhmann).

Alle Personenbeschreibungen und -modelle der Massenmedien gehen von diesem modernen Individuumsbegriff aus (vgl. für den Roman: Luhmann 1996a: 111, und für die Ebene der Programme: ebd. 131ff), der das personale Individuum nicht mehr als bloß qua Natur bzw. göttlicher Schöpfung Individuiertes unterstellt, sondern betont, dass menschliche Individuen sich in ihrer Einzigartigkeit, ihren Erfolgen, Misserfolgen und sonstigen biographischen Schicksalen durch eigenes Entscheiden und Handeln angesichts von biographischen Zufällen und/oder den Entscheidungen und Handlungen anderer Personen selbst (mit)hervorbringen. Identität ist im Zuge dieses Aufbaus der Personenbeschreibungen der Massenmedien immer problematisch, auch ohne, dass die Exklusion des Individuums aus der Gesellschaft infolge der Ausdifferenzierung nur partialinkludierender funktionaler Subsysteme mitreflektiert werden muss (was allerdings offensichtlich vor allem im modernen Roman auch geschieht wie z.B. die in 1.3.2a herangezogenen Beispiele aus den Romanen von Frisch und Breton zeigen). Sie muss gesucht und gefunden werden, gerät in Krisen, hängt von Entscheidungen an Scheidewegen ab usw. Davon handeln *alle* Personengeschichten der Massenmedien, wie wir sie kennen und hier meinen. Das System der Massenkommunikation ist ja selbst ein Produkt funktionaler Ausdifferenzierungsvorgänge und entsprechender Co-Evolutionen. Es verwundert deshalb kaum, dass die Folgen der Umstellung gesellschaftlicher Organisation auf Funktionsprimate für Individuen und Personen sowie die erst jetzt problematisch gewordene Frage nach der personalen Identität von den Massenmedien einfach als selbstverständlich (als Objektivation im Sinne Bergers & Luckmanns) vorausgesetzt werden. Die Medien führen uns dabei sowohl das Gelingen der ‚Suche nach Identität‘ (Strauss) als auch ihr Scheitern vor, wobei die durch den Hollywood-Film geprägte Populärkultur freilich Happy Ends bevorzugt.

Massenmedien nutzen in ihrer Beobachtung und Erfindung von (individualisierten oder sich individualisierenden) Personen alle Semantiken, die Sie diesbzgl. auffinden können, spulen sie ab, kombinieren sie usw. Helden- und Geniesemantiken sind keinesfalls nur Übergangssemantiken des Individuums der Moderne. Die Massenmedien halten sie wach, weil sie in spezifischer Form vorgeführt (das Beispiel der Sporthelden wurde bereits erläutert) ein Millionenpublikum begeistern, das sie erwartet, weil es an Massenkommunikation teilhat. Deshalb können die Massenmedien selbst ohne weiteres erwarten, dass die Bedienung dieser Erwartungen erwartet wird.

Für die *Geniesemantik* hat sich in den fiktionalen Angeboten der Massenmedien vor allem der Topos von Genie und Wahnsinn[226], der das Exklusionsindividuum in extremo vorstellt, eingeschliffen. In den non-fiktionalen Angeboten dominiert demgegenüber der Topos des Genies als Beispiel für nationale Exzellenz (dafür gibt es eigene Einrichtungen in Form von Preisen wie den Nobelpreis).

Die Massenmedien bieten zudem den in toto von Gesellschaft exkludierten Individuen alle bereits angeführten Strategien der Befreiung von nur auf Differenz und eben nicht auf Identität stoßenden Selbstreflexionen bei parallel laufenden sozialen Individualisierungserwartungen an, an denen sich Bewusstseinssysteme via Sozialisation orientieren.

Das System der Massenkommunikation führt vor allem im Programmbereich der Unterhaltung *Personen als Individuen* vor.

> „Hier erscheinen Individuen mit Biographie, mit Problemen, mit selbsterzeugten Lebenslagen und Lebenslügen, mit einem (für einen Beobachter verständlichen) Bedarf für Verdrängung, für Unbewusstheit von Latenz. Das Medium der Fiktionalität hat den Vorzug, Konkretisierungen vollziehen oder zumindest andeuten zu können, es zugleich aber dem Zuschauer zu überlassen, ob er daraus Rückschlüsse auf sich selbst oder ihm bekannte Personen ziehen will – oder nicht" (Luhmann 1996a: 132).

Nicht nur in diesem Bereich, sondern auch im Bereich der non-fiktionalen Unterhaltungen werden mit den sog. ‚Stars‘ und deren Lebensgeschichten, Lebens-

---

[226] Z.B. in Form des von Anthony Hopkins in den Filmen ‚das Schweigen der Lämmer‘, ‚Hannibal‘ und ‚Roter Drache‘ dargestellten ‚Hannibal the Cannibal‘. Stevensons Dr. Jekyll hatte ich oben bereits erwähnt.

führungsstilen usw. – sehr deutlich zu sehen im Bereich der Musikindustrie – Vorlagen von Individuen konstruiert, an denen sich Rezipienten mit *Abgrenzungs-* oder *Kopiemotiven* orientieren können. Gerade die in der Moderne vorgesehenen psychosozialen Moratorien (Erikson) erzeugen eine Art kollektive expressive Totalexklusionsillusion der jugendlichen Cliquen, die dann das Experimentieren mit und Kopieren von Personen- und Personeneigenschaften aus den Medien, das Verwerfen und Neuprobieren etc. möglich macht, ohne in den Verdacht der kopierenden Deindividualisierung zu geraten. Im Gegenteil wird das als Teil der ‚Suche nach Identität' und somit Individualität interpretiert. Das Experimentieren mit und Kopieren von Stilen, Einstellungen und Ideologien wird z.B. von der Psychologie[227] als notwendige Illusion der Oszillation aus zu Gegenwart geronnener Vergangenheit in Richtung Zukunft beobachtet:

> „Was immer eine Ideologie sonst noch sein mag […] und welche vorübergehenden oder dauernden Formen sie annehmen mag, hier wollen wir sie nur ganz vorläufig ins Auge fassen […] als eine Notwendigkeit für das heranwachsende Ich, das in der Kette der Generationen steht und in der Adoleszenz eine neue Synthese von Vergangenheit und Zukunft finden muß, eine Synthese, die die Vergangenheit einschließt, aber sie auch transzendiert, ebenso wie Identität es tut" (Erikson 1956/1973: 181f).

Aber auch Personen, denen aufgrund anderer Altersrollen solche Moratorien nicht zugestanden werden, bieten sich diverse mehr oder weniger subtile Kopiemöglichkeiten in Form von Kleidung und Accessoires[228] oder persönlichen Einstellungen und Meinungen (vgl. Luhmann 1997: 1097) an, die dann allein schon wegen der autopoietischen Geschlossenheit der Selbstsozialisation des Bewusstseins einzigartige kombinatorische Verschränkungen generieren, obgleich es wieder eine andere Sache ist, das dann zu kommunizieren. Aber wie gesagt: Es genügt die kommunikative Unterstellung der Neu- und Einzigartigkeit der Kombination.

Zudem werden – wie bereits angedeutet – *Modelle expressiver Exklusionsindividualität* vorgestellt (wie der Aussteiger, der Künstler, Rockmusiker, Modelle von Zivilcourage etc.), die dann in den Geschichten der Medien glücken oder scheitern, aber jedenfalls auch für Orientierung und insbesondere als Kontingenzhorizonte eigener Individualität fungieren.

Ebenso wird *Anspruchsindividualität* als Modellangebot der Massenkommunikation ins Spiel gebracht. Zu nennen sind soziale Konstruktionen des Menschen mit allen möglichen als Rechte ausgewiesenen Ansprüchen, für deren Realisierung sich einerseits die Helden der fiktiven Mediengeschichten einsetzen, die

---

[227] Oder von Churchill, man denke an den Satz: ‚Wer mit 19 kein Kommunist ist, hat kein Herz, wer mit 30 aber immer noch Kommunist ist keinen Verstand'.

[228] Man denke an James Dean, diverse Rockstars oder an Nicholas Cage's (alias Sailor) berühmten Satz ‚Diese Schlangenlederjacke ist ein Zeichen meiner Individualität' in David Lynchs ‚Wild at Heart'. Dabei ist die Schlangenlederjacke selbst eine Kopie bzw. ein Zitat aus Paul Joyce's ‚The Wild One' mit Marlon Brando.

aber andererseits auch von den Organisationen der Massenmedien in der Selbstreflexion ihrer Programme zum Zuge kommen, wenn der Rezipientenstatus am „Mythos des Dienstes am Menschen" (Luhmann 1996a: 136) rekonstruiert wird:

> „Dieser Mensch ist ‚interessiert' an Informationen, ja in lebenswichtigen Dingen abhängig von Informationen; also muss er informiert werden. Er ist moralisch anfällig für Versuchungen; also muss ihm der Unterschied von guten und bösen Verhalten laufend nahe gebracht werden. Er treibt steuerlos im Strom der Verhältnisse; also müssen ihm Entscheidungsmöglichkeiten vorgestellt werden – mit dem Stichwort des Medienkonzerns: ‚geistige Orientierung'." (ebd.).

Auf alles das haben die Menschenrezipienten einen Anspruch. Gleichzeitig wird durch die Präsentation der diversen persönlichen Vorlieben, Abneigungen, Meinungen etc. der Medienfiguren permanent der Anspruch auf den Anspruch, Ansprüche zu haben, reproduziert. Aber welche Ansprüche? Hier schreitet die Werbung ein und präsentiert die Legitimität der Ansprüche auf ihre Produkte und das dadurch Erreichbare: ‚Ich rauche gern' (R6) oder ‚Ich will so bleiben wie ich bin'[229] (Du darfst) sind bekannte Werbesprüche.

Alle drei Modelle werden nicht nur in den Beobachtungen der Massenmedien vorgeführt, sondern in anspruchsvolleren Narrationen und Reflexionen der Medien auch in der Ausweglosigkeit ihrer Modellanlagen beobachtet und bezeichnet (Beispiele wie Frischs ‚Stiller' oder der Film ‚Requiem for a Dream' wurden bereits genannt).

2.2.5 Konsistenzforderungen und Angebote der Massenmedien für die Balance von Ich-Identität

Wie bereits im allgemeinen Teil (1.3.2.b) angeführt, sind Individualisierungssemantiken nur eine Seite der funktionalen Ausdifferenzierungsprozessen geschuldeten Exklusionsindividualität. Auf der anderen Seite erfordert die gleichzeitige Inanspruchnahme verschiedener partizipativer Identitäten eine Balance zwischen diesen differenten und teilweise divergenten Rollen, Personalitäten und Selbst-

---

[229] Interessanter Weise stellt die letzte Zeile der inoffiziellen Nationalhymne der Luxemburger ‚De Feierwon' (De Feierwon, den ass beret,/E peift durch d'Loft a fort e get/Am Dauschen iwer d'Stroß vun Eisen/An hie get stolz de Noper weisen,/Dat mir nun och de We hu fonnt/Zum e'weg gro'sse Völkerbond./Kommt hier aus Frankreich, Belgie, Preisen,/Frot dir no alle Seiten hin,/Mir kënnen iech ons Hemecht weisen/*Mir welle bleiwe wat mir sin*.) ‚Wir wollen bleiben, was wir sind' mit nahezu identischem Text im Plural eine Verknüpfung partizipativer mit kollektiver Identität in der Form eines kollektiven Anspruchs her. Dieser Anspruch eigener Nationalität wird paradoxerweise aus der Kopie technologischer Errungenschaften anderer Nationen, nämlich der Eisenbahn, abgeleitet. Während der deutschen Besatzung wurde diese Zeile im Übrigen entlang der Inländer/Ausländer-Differenz mit Bezug auf den Ausländer im Inland umgeformt in ‚Mir wëlle jo keng Preise sin' (Wir wollen ja keine Preußen sein). Für diese Hinweise möchte ich mich bei Alois Hahn sowie Jean-Marie Jungblut bedanken.

konzepten. Das Individuum wird zur Integrationsfigur seiner Partialinklusionen und multiplen personalen Vorkommen.

Die Massenmedien führen nun einerseits vor, wie damit umgegangen werden *soll*. Durch die personalen Rollenkombinationen, Rollen-Personen-Kombinationen und Rollenkonstellationen und den daraus erwachsenden Schwierigkeiten und Vorteilen ihrer Figuren, die sie in ihren als fiktional oder nicht-fiktional gekennzeichneten Kommunikationen vorführen, reproduzieren sie permanent einen Identitätsdiskurs mit entsprechenden Identitätswerten und Konsistenzforderungen. Manche Inkonsistenzen können sie sich z.B. gar nicht vorstellen. Die Selektionslogik des Versteckens durch Zeigen produziert *Bereiche von Konsistenzmodellen*.

Andererseits thematisieren die Massenmedien Rollenkonflikte, Person-Rolle-Konflikte etc. Sie lassen ihre Figuren diese Konflikte schlecht oder recht lösen, führen vor, wie Erwartungsbereiche von Ich-Leistungen gut oder schlecht ausgefüllt werden, befragen die Prominenten und Experten zu derartigen Problemen usw. Sie setzen das moderne Exklusionsindividuum eben voraus.

So bieten sie auch verschiedene *Modelle der Balance von Ich-Identität* (Krappmann) an.

Erstens werden in vielen fiktionalen Angeboten der Massenmedien (besonders in Daily Soaps, Filmen und Serien) eigentümliche Verschränkungen von Funktionslogiken vorgeführt, wobei (moralische) *Hierarchien von Funktionssystemen* gebildet werden (Die Liebe siegt über Geld oder Karrierechancen; der Detektiv verliebt sich in die Tatverdächtige, überführt und verhaftet diese dann aber doch etc.). Es werden somit Metawertlogiken bzw. Identitätswerte im Sinne Goffmans eingeführt, die wiederum geeignet sein mögen, segmentäre Wertegruppen zu synthetisieren. „[D]ie Relevanzbereiche des Handelns [weisen] selbst eine Rangordnung auf: Eine Hierarchie von Relevanzbereichen entspricht einer Rangordnung von Interessenkomplexen, die einem gesellschaftlichen Wertesystem zugeordnet ist" (Dreitzel 1968/1972: 114). Die Massenmedien leisten über ihre impliziten oder expliziten mit „Vermißtheitsakzenten" (Luhmann 1996a: 143) (also Erinnerungen des Vergessens und Nicht-Vergessen-Dürfens) gestempelten moralischen Bewertungen ihren Beitrag zur Produktion und Reproduktion solcher Relevanzhierarchien und, indem sie über den Mechanismus der Unterstellung des Bekanntseins des Bekanntseins ihrer Menschenmodelle nationale bzw. anthropologische Konsensillusionen erzeugen, einen Beitrag zu „eine[r] Art Pasteurisierung der Gesamtgesellschaft" (ebd.).

Gleichzeitig erfahren wir zweitens aber aus den Nachrichten oder den diversen Talksendungen, dass es um die *faktische Geltung derartiger Wertehierarchien* oft schlecht bestellt ist (Soll-Ist-Diskrepanz). Und die *Werbung* suggeriert uns sogar ganz *andere Wertlogiken*, indem sie den Erfolg in Funktionssystemen und auch das persönliche Glück mit Produkten und Marken verknüpft (Soll-Soll-Diskrepanz). Aus derartiger (täglicher) *Konfrontation mit Widersprüchlichkeiten* kann aber eine *Steigerung von Ambiguitätstoleranz* (Krappmann) resultieren, was wiederum die Balance widersprüchlicher Teilidentitäten erleichtert. Überhaupt mag die dem Zentralcode geschuldete Präferenz der Medien für Konflikte, Dissense, Abweichungen und Ambivalenzen eine Art *Normalisierung von Ambiguität* herbeiführen.

Drittens führen entsprechende Präferenzen der Medien für personale Originalität zur permanenten Präsentation der individuellen Ausnutzung von Erwartungsspielräumen in Form von *Ich-Leistungen*. Rollen und Rollenkonstellationen wie der suspendierte Polizist, der auf eigene Faust weiter ermittelt, oder der Arzt, der sich über Verwaltungsvorschriften hinwegsetzt, werden bevorzugt. Es wird ferner gezeigt, wie über die Ausnutzung von Ich-Leistungsbereichen *Rollengrenzen verwischen*. Am laufenden Bande verlieben, befreunden, hassen und bemitleiden sich die Medienfiguren während sie ihren beruflichen Tätigkeiten nachgehen oder sonstige Rollen ausüben, für die derartige emotionale Lagen im Prinzip nicht vorgesehen sind.

Viertens werden auf ähnliche Weise Muster von *Rollendistanz* vorgeführt. Es geht häufig um alles Mögliche, nur nicht um die in Frage stehenden Zentralrollen. Diese werden vielmehr über die massenmediale Präferenz für das Persönliche, für Charaktere, Konflikte und Abweichungen in den Hintergrund gedrängt. Vor allem die fiktiven Figuren der Medien setzten sich über ihre Rollen hinweg, indem sie ihnen schicksalhaft zuteil werdenden ‚Berufungen‘ folgen.

Fünftens zeigen die Massenmedien – wie bereits erwähnt – auch *Modelle von expressiver Exklusionsindividualität* wie den Intellektuellen, der über der sozialen Alltagswelt thront und diese mehr oder minder wohlwollend bewertet[230], den besessenen Künstler, Rockmusiker usw., der sich über jede Konvention hinwegsetzt, aber auch den Verbrecher, der zugleich wahnsinnig und genial ist. Sie schaffen so Residuen in den personalen Verweisungshorizonten für phantasierende Entlastung: ‚Man könnte ja ..., aber ...‘.

Sie mögen so auch Erinnerungen (von Erinnerungen) an Entscheidungen generieren, die in den Selektionsmomenten gar nicht als solche reflektiert wurden. Damit sind wir beim nächsten Thema: der Erzeugung von Zeitlichkeit und der Entwicklung des Selbst in der und durch die Massenkommunikation.

---

[230] Bourdieu (1979/1982: 736, Fn. 8) hat gezeigt, dass es sich im Falle der intellektuellen Selbstbeobachtung als „unklassifizierbare [...] Klassifizierer" um eine Fiktion handelt und den Intellektuellen sehr wohl ein Ort innerhalb von Sozialstruktur zugeordnet werden kann.

2.3 Erinnerung, Biographie, Sozialisation und die Massenmedien als Generatoren und Agenten des Zeitlichen

Infolge der massenmedialen Zentralunterscheidung von Information und Nicht-Information bzw. Publikationswürdigkeit und Nicht-Publikationswürdigkeit wird, wie bereits erwähnt, das Publizierte sofort von Information in Nicht-Information transformiert. Auf dieser Ebene operativer Realität wird eine Form von Eigen-Zeit von Massenkommunikation produziert, die – da die Massenmedien ja auf massenhafte Sichtbarkeit abstellen, sich beobachtbar machen und es auf die Generierung von Anschlüssen anlegen – auf andere Subsysteme abzufärben scheint. Jedenfalls sind Neuheit und Innovation wichtige Selbstbeschreibungsformeln verschiedener Sozialsysteme auf der Zeitdimension von Sinn.

Die Massenmedien erzeugen aber durch die ihrer Operationsart inhärente Beobachtungsweise der Beobachtung von Beobachtern (auf der Ebene der Konstruktion sozialer Realität) auch Beobachtungen von Zeitkonstruktionen anderer Sinnsysteme, die wieder massenhaft beobachtbar werden. So lassen sich als Gedächtnisaktualisierungen beobachtbare Konstruktionen von Schemata und Skripten des gesellschaftlichen Verkehrs genauso finden wie Konstruktionen des Erinnerns des Erinnerns in Form von Gesellschaftsgeschichte. Ähnliches gilt für die massenmediale Rekonstruktion des Erinnerns von Personen. Von diesen und verwandten Phänomenen handelt daher der nächste Abschnitt.

Ebenso werden die Lebensverläufe von Personen in den Geschichten der Massenmedien als biographische Zusammenhänge vorgeführt. Zudem kann die Teilhabe an Massenkommunikation oder die Thematisierung durch die Massenmedien als Biographie- und/oder Karrieregenerator fungieren. Diese Thematik soll anschließend abgehandelt werden.

Mit einigen Überlegungen zu der Beziehung von Massenkommunikation und menschlicher Ontogenese bzw. der Sozialisation von Selbst- und Personenvorstellungen durch die Teilhabe von Bewusstseinssystemen an den Angeboten des Mediensystems kommt die vorliegende Arbeit dann zu ihrem Ende und schließt so die mit Überlegungen zur Beziehung von Bewusstsein und Kommunikation in der Phylogenese aufgemachte Klammer.

2.3.1 Massenmedien als Gedächtnis- und Erinnerungsgeneratoren[231]

Einerseits kann für eine Behandlung der Beziehung von Gedächtnis sowie Erinnerung des Selbst bzw. der Person und Massenmedien wiederum auf die differenziellen Realitätsebenen der Massenkommunikation zurückgegriffen werden. In diesem Zusammenhang wird auf der Ebene der operativen Realität des Medi-

---

[231] Vgl. auch Reinhardt & Jäckel (2005).

226

ensystems unterschieden: zwischen *Erinnerung durch Massenmedien* – wobei die Massenmedien als Generatoren sozialer, kollektiver und individueller Gedächtnisse in Erscheinung treten sowie Massenkommunikation als Erinnerung erster und zweiter (Erinnern des Erinnerns) Ordnung beobachtet werden kann – und *Erinnerung an Massenkommunikation* – wobei Medieninhalte und -figuren als Inhalte individueller und kollektiver Gedächtnisse rekonstruiert werden können. Davon abzugrenzen ist ferner die *Konstruktion personaler Erinnerung in den Massenmedien*, also die Behandlung von Erinnerungen (im engeren Sinne des Erinnerns des Erinnerns) von realen Personen und fiktiven Medienfiguren als Thema.

Andererseits kann, wie in Kapitel 1.4.2 ausführlich erläutert, zwischen Gedächtnis und Erinnerung sowie Erinnerung erster Ordnung bzw. einfacher Gedächtnisaktualisierung und Erinnerung zweiter Ordnung (reflexive Erinnerung oder Erinnern des Erinnerns) sowie Vergessen erster (Nicht-Generierung von Gedächtnis) und zweiter Ordnung (Erinnern des Vergessens und Vergessens des Erinnerns) differenziert werden.

a) Erinnerung durch Massenmedien

Es wurde im Rahmen der Darstellung der hier verwendeten allgemeinen Theorie der Massenkommunikation bereits erläutert, dass die operative Realität der Massenkommunikation gedächtnistheoretisch rekonstruiert werden kann. Daran sei hier noch einmal erinnert.

Die als Bedingung der Möglichkeit von Massenkommunikation fungierende Technologie ist so beschaffen, dass das Operieren des Mediensystems automatisch eine Form sozialen Gedächtnisses im oben erläuterten Sinne generiert (vgl. auch Assmann & Assmann 1994). Mit dem massenmedialen Operieren entstehen von individuellen Gedächtnissen und sozialem und individuellem Erinnern unabhängige Speicher von Kommunikation in Form von schriftlichen, akustischen, visuellen und audiovisuellen Aufzeichnungen, die soziale und individuelle Erinnerungsunterbrechungen überdauern und in Archiven und auf Datenträgern lagern können. Es ist daher prinzipiell auch für andere Sozialsysteme möglich, auf das soziale Gedächtnis der Medien nach eigenen Suchlogiken bzw. Logiken des Erinnerns des Vergessens zuzugreifen. Besonders deutlich gilt dies für die Geschichtswissenschaft und historische Fragestellungen anderer Wissenschaften, die als Programm für die Bezeichnung der Wahrheitsseite des Zentralcodes der Wissenschaft wahr/falsch die Transformation des Erinnerns des Vergessens in Erinnern des Erinnerns vorsehen. Peter Steinbach (1999: 35) beklagt in diesem Zusammenhang z.B., dass

„[e]in Blick in einschlägige Untersuchungen zeigt, daß der Historiker des Kaiserreichs, der Weimarer Republik, des Dritten Reiches und auch unserer Zeit trotz einiger Ausnahmen noch immer auf eine weitgehend[e] und überraschende Weise ohne Zeitungen auskommt. Dies ist insofern erstaunlich, als es bei den Massenmedien niemals allein um die Träger von Überlieferungen geht, sondern immer auch um die Wirkungen, die sie erzielen. Und ohne einen Blick auf Zeitungen läßt sich kaum ein Zugang zur Stimmungsgeschichte der Zeit finden."

Gemeint ist hier die historische Rekonstruktion öffentlicher Meinung durch Medieninhaltsanalyse als Form des Erinnerns des Erinnerns. Die Wirkungen, die Medien in diesem Zusammenhang durch die Realität ihrer Realitätskonstruktionen erzielen mögen, beginnt aber noch auf einer viel tieferen Ebene.

Einmal ist die massenmediale Gedächtnisgenese entlang der positiven Seite des Systemcodes, also des Informationswertes einer Kommunikation für ein Publikum, organisiert, sprich: Das *soziale Gedächtnis der Massenmedien ist wie alle Gedächtnisse selbst hoch selektiv*. Vieles wird deshalb vergessen (1. Ordnung), weil es gar nicht ins Gedächtnis eingeht und ist dann, wie Rutger Hauer bzgl. der Erinnerungen der von ihm dargestellten sterbenden Medienfigur in dem Ridley Scott-Film ,Blade Runner' so schön sagt, für immer verloren „like tears in the rain".

Des weiteren laufen Gedächtnisgenese und kommunikatives Erinnern des Erinnerns im Falle der aktuellen Nachrichten und Berichte der Medien parallel. Was aktuell geschehen ist, wird mit Raum-Zeitindices versehen und so als Erinnerung im engeren Sinne (oder im Falle von Life-Sendungen als Produktion von Gegenwart) vorgeführt mit Blick auf ein Publikum, welches das noch nicht weiß, im Anschluss an die massenhafte Kommunikation aber wissen wird, so dass ein (zumindest unterstellbares und unterstelltes) *Kollektivbewusstsein des Gegenwärtigen* als aktuell geronnene Vergangenheit und ein entsprechendes *kollektives ,Kurzzeitgedächtnis'*[232] erzeugt wird. Damit werden permanent Jetztzeit-Hintergründe und Zukunfts-Ungewissheiten generiert, die auch für personale Verortungen in Gegenwart bspw. in Form von Ansprüchen und Ängsten[233] (vgl. Luhmann 1996a: 151) genutzt werden können.

> „Jeden Morgen und jeden Abend senkt sich unausweichlich das Netz der Nachrichten auf die Erde nieder und legt fest, was gewesen ist und was man zu gewärtigen hat. Einige Ereignisse ereignen sich von selbst, und die Gesellschaft ist turbulent genug, daß immer etwas passiert. Andere werden für die Massenmedien produziert" (Luhmann 1997: 1097, zu den auch ,Events' genannten Medienereignissen vgl. insbesondere Dayan & Katz 1996).

Bei den sog. *Medien-Events* wird offensichtlich neuerdings als eine Vergessensprognose das Vergessen des Erinnerns und damit Vergessen des Vergessens des Publikums mitreflektiert, so dass diese Ereignisse in Form von unmittelbar auf

---

[232] Assmann & Assmann (1994: 119f) unterscheiden in ähnlichem Zusammenhang „das kommunikative und das kulturelle Gedächtnis". Die Begriffe sind meiner Auffassung nach aber etwas verwirrend. Siehe 1.4.2.

[233] Z.B. in der Form, dass man am gestiegenen Wohlstand teilhaben will, oder dass es um die Sicherheit des Arbeitsplatzes schlecht bestellt ist, oder einfach, dass man ,in' oder ,out' ist

sie folgenden Rückschauen[234] (auf z.B. Shows der Art ‚Deutschland sucht den Superstar‘) gewissermaßen ‚warmgehalten‘ werden, solange ein Erinnern des Vergessens auf Seiten des Publikums und damit die Möglichkeit der Transformation in ein Erinnern des Erinnerns (mit Informationswert!) noch unterstellt werden kann.

In diesen Fällen handelt es sich – allgemein gesprochen – um Arten von Kurzzeiterinnerungen (im engen Sinne), in denen jüngste Vergangenheit als Gegenwart repräsentiert wird.

Es gibt aber auch Formen von *Langzeiterinnerungen*[235], die von den Medien als Geschichte beobachtet und ausgewiesen werden. Hier kann differenziert werden: erstens nach Erinnerungen an Geschichtliches mit den Mitteln der massenmedialen *Dokumentation* (also ein Erinnern des Erinnerns durch ‚Abspulen‘ von Speichermedien des sozialen Gedächtnisses der Medien), wobei diese durch die Kombinatorik und Kommentierung des Dokumentierten auch neue soziale Gedächtnisinhalte, sozusagen Gedächtnisse im Gedächtnis produzieren; zweitens nach *Rekonstruktionen von Geschichte mit Hilfe von Individualgedächtnissen* (z.B. im Rahmen der Befragung von sog. Zeitzeugen) oder mit Hilfe von Quellen anderer sozialer Systemgedächtnisse (z.B. der Wissenschaft), wobei diese nach massenmedialer Selektionslogik ausgewählt werden wie z.B. die Goldhagen-Debatte oder die Sendungen von Guido Knopp zeigen (vgl. Wilke 1999: 24f); und drittens nach über beide Pole möglichen *Rekonstruktionen der Geschichte des Mediensystems* selbst als Mediengeschichte (z.B. durch Zeigen der Tagesschau von vor 30 Jahren) oder als Gesellschaftsgeschichte bzw. Geschichte von Subsystemen gesellschaftsinterner Umwelt des Mediensystems (z.B. Betrachtungen der Watergate-Affäre).

Auf diese Weise können *kollektive Identitäten* erzeugt und modifiziert werden (z.B. durch die Rekonstruktion des heiligen römischen Kaiserreichs deutscher Nationen als Teil deutscher Nationalgeschichte), Kollektivbewusstseinsunterstellungen eingeschliffen und Kollektivgedächtnisse generiert und permanent reimprägniert werden, mit teils erschreckenden Folgen, wie es der Nationalsozialismus und dessen Wegebnung (z.B. durch die sog. Dolchstoßlegende) auf dramatische Art zeigt (vgl. Steinbach 1999: 37ff; Wilke 1999). Auch die fiktionalen hi-

<hr />

234 Für diesen Hinweis danke ich Michael Jäckel.
235 Eine (assoziative) Kopplung von Kurzzeiterinnerungen an baldiges Vergessen bzw. Erinnerungen des Vergessens und von Langzeiterinnerungen an Wiedererinnerungen nach langen Erinnerungsunterbrechungen und/oder Erinnerungen des Erinnerns kann dann von einem Beobachter (der das System selbst sein kann) als Differenz von Kurz- und Langzeitgedächtnis beobachtet werden. Wie bereits ausführlich erläutert ist die Unterscheidung von Erinnerung und Gedächtnis sowie die Unterscheidung von Gedächtnisarten (die eigentlich eine von Erinnerungsarten bzw. der damit verbundenen (Raum-)Zeit-Indices ist) eine Leistung (reflexiv) fremd- oder selbstreferenziell beobachtender Sinnsysteme.

storischen Dramen der Medien, die Biographien historischer Personen usw. dürften hier eine bislang kaum erforschte Rolle spielen.

Des weiteren wird auf diesen Wegen auch ein *Bewusstsein der ‚generalisierten anderen Zeit'* geschaffen. Man denke an das Diktum vom ‚finstern Mittelalter' bzw. die laien- bzw. alltagshistorische Verlegung der Hexenverfolgung von der frühen Neuzeit in das Mittelalter (vgl. z.B. Hahn 1985). Andere Zeitalter stehen als Verweisungshorizonte von Jetztzeit und Jetztpersonen zur Verfügung und für phantasierendes Kreuzen von Selbstvorstellungen in zeitlicher Hinsicht auf die andere Seite der Personenform durch Zeitenkonstruktion: ‚I wished that/I was born a thousand years ago/I wished that/ I sailed the dark blue seas/ On a great peculiar ship/ Going from this land into that ...' singt z.B. Lou Reed in dem Velvet Underground-Song ‚Heroin'.

Damit sei zu einer weiteren Form und anderen Beobachtungsebene der Erinnerung durch Massenmedien übergeleitet. Massenmediale Angebote und insbesondere Musikstücke können als *Erinnerungsclues* für individuelle oder kollektive Gedächtnisse dienen. Die permanente Begleitung des Alltagslebens und insbesondere dessen als außeralltäglich wahrgenommener Aspekte (wie Feiern etc.) führen zu einer *Kopplung von Gedächtnisinhalten an Massenkommunikationen*, deren Wiederholung (auf die z.B. Tonträger ja angelegt sind) dann Erinnerungen (im engeren Sinne des Versehens mit Raum-Zeit-Indices) produzieren, die als kollektiv oder individuell wahrgenommen werden. Man denke an Weihnachtslieder oder Musikstücke, die zur Erinnerungen an bestimmte Personen, Lebensabschnitte und/oder Situationen wie den ersten Kuss usw. führen. Die herausragende Stellung der Musik in diesem Zusammenhang scheint in deren Synästhesien auslösenden Kraft der Erzeugung eines „Mitschwingen des Leibes" (Hahn) und unwillkürlicher Erinnerungen (Proust) zu liegen. Nicht umsonst spielt bei Proust die Melodie sowohl als Erinnerungsclue (vgl. z.B. Proust 1913/1981: 458ff) als auch als Metapher für Essenzerlebnisse (vgl. z.B. Proust 1923/1983: 500ff) des unwillkürlichen Erinnerns eine große Rolle. Man kann fast sagen, die individuell lagerbaren Massenkommunikationsspeicher stellen ein funktionales Äquivalent der Kunst (vgl. Hahn & Thömmes 1997) in der Ablösung unwillkürlicher Erinnerung vom Zufall dar. Die besondere Wirkung der Musik machen sich andere Formen der Massenkommunikation ebenfalls zu Nutze, indem sie alles Mögliche mit Musik unterlegen, aber vor allem eigene Musikstücke für bestimmte Sendungen (wie ‚Big Brother') oder Ereignisse (wie olympische Spiele) oder Filme (man denke z.B. an das unvergessliche ‚Goldfinger' von Shirley Bassey) komponieren und intonieren lassen.

‚Goldfinger' und die Erinnerungen an Gert Fröbe und Sean Connery leiten wie von selbst zum nächsten Aspekt, der hier kurz behandelt werden soll.

b) Erinnerung an Massenkommunikation

Gelegentlich kommt es zur Erinnerung (im engeren Sinne) an bestimmte Inhalte der Massenkommunikation und insbesondere an bestimmte Figuren und Schauspieler, wobei mit ihnen bestimmte Lebenszeitspannen, Rezeptionssituationen mit anderen Personen usw. verbunden werden können.

Dabei kann erstens die *Präzisierung von Mediennutzungsvorlieben durch die Kommunikation von Zeithorizonten* und damit zusammenhängenden Ursachen ihres Entstehens die Möglichkeit expressiver Mediennutzung für Persönlichkeits- bzw. Individualitätsdemonstrationen zeitdimensional erweitern.

> Subjektiv zugeschriebene „'Lektüre'erfahrungen [im Sinne des ‚Lektüre'- bzw. ‚Text'-Begriffes der Cultural Studies; vgl. dazu Winter 1997] als Bestandteil der erzählbaren Lebensgeschichte sind dann im dynamischen Prozess der Identitätsbildung mindestens ebenso wichtig wie die sozialen Erfahrungen der Lebenswelt. Beiden sind identitätsstiftende Bezüge eigen, die für die jeweils aktuelle Identität einer Person eine Rolle spielen. Medien- und Lebenserfahrungen lassen sich nicht mehr voneinander trennen, sie greifen ineinander" (Mikos 1999: 7).

Auch in dieser Hinsicht zeigt sich demnach die Problematik eines Gegensatzes von System und Lebenswelt (Habermas) als theoretischer Leitfigur.

Zweitens können *sich selbst bewusste Erinnerungen* (also Erinnerungen des Erinnerns) an Medieninhalte eigene *Gratifikationserlebnisse* der Teilhabe an Massenkommunikation erzeugen. Das spielt zum einen bei der *Entschlüsselung* von Zitaten von Literatur, Film, Musik usw. in Literatur, Filmen und Musikstücken eine große Rolle. Zum anderen kann die kollektive Erinnerung an Medieninhalte in Interaktionen durch nacherzählende Narrationen eine Form von *Mediengesprächen* mit eigentümlichem Erlebnischarakter generieren (vgl. Bergmann & Ulmer 1993). Auch wenn nicht erinnert wird, dass erinnert wird, sondern Gedächtnisaktualisierungen erster Ordnung in Form mitgeführter Vorverständnisse, die das nicht reflektierte Wiedererkennen von Schemata, Skripten, Hintergrundfolien usw. bedingen, stattfinden, sind Mediennutzungserfahrungen mit anderen Mediennutzungserfahrungen und Alltagserfahrungen mit Medien‚texten' verwoben. Das kann man dann als hermeneutischen Zirkel (Dilthey) oder *Intertextualität* (vgl. z.B. Mikos 1999: 6f) bezeichnen. Im Falle des (sich) bewussten Erinnerns können bestimmte Formen von Filmen, Sketchen usw. nun aber z.B. auch erst durch die (unterstellte) kollektive Erinnerung an das dort Dargestellte und vor allem daran, was als nächstes kommt, zu einem *Kollektiverlebnis* eigener Qualität werden. Zu denken ist insbesondere an bestimmte Formen der Komödie oder des Klamauks, deren Witz sich erst (oder eben anders) durch kollektiv geteiltes Vorherwissen des Geschehens ergibt. Beispiele wären hier Monty-Pythons- oder Helge-Schneider-Filme oder für eine andere Generation: Eddie Constantine-

Filme, bei denen der sich erinnernde Teil des Publikums an den entscheidenden Stellen ‚Duck Dich Eddie!' usw. gerufen haben soll[236].

Mit solchen gemeinsamen, durch Medienerinnerungen kanalisierten Medienerlebnissen verbinden sich dann drittens *Vorstellungen kollektiver Identitäten*. Der Fall jugendlicher Videocliquen (Vogelgesang) wurde oben bereits angeführt.

Es ergeben sich viertens aber auch Unterstellungen kollektiver Gedächtnisinhalte, die sich auf Medienfiguren und Mediengeschichten beziehen und auf der Basis von *Konsensfiktionen* zu kollektiven Identitäten generalisiert werden können. Hahn (2003c: 4, meine Hervorh.) spricht in diesem Zusammenhang von „*deiktische[r]*" Erinnerung.

> „Kommunikativ wird sie dann aktiviert, wenn wir etwa einem anderen nicht ein konkretes Ereignis berichten, sondern lediglich auf etwas verweisen, von dem wir annehmen, dass der andere schon weiß, was wir meinen. In Wirklichkeit mögen dann in seinem Bewusstsein Erinnerungen aufsteigen, die sich himmelweit von denen unterscheiden, auf die wir verweisen wollten."

Typisch sind solche Erinnerungen im Zusammenhang mit Medieninhalten – in der Regel mit dem (expliziten oder impliziten) Zusatz versehen ‚das war(en) noch ...'– für die Erzeugung *generationaler Identitätsfiktionen* nach dem Muster ‚Erinnerst Du Dich noch an den Atombusen von Sophia Loren, das waren noch Frauen damals ...' oder ‚Die Beatles, das war noch Musik ...'. Solche *deiktischen Medienerinnerungen* können auch selbst wieder über Medien verbreitet werden. Florian Illies ‚Generation Golf' (dessen Titel bereits auf eine Volkswagen-Werbung verweist) ist nur ein Beispiel.

c) Personale Erinnerungen als Thema der Massenkommunikation

Schließlich werden in den fiktionalen oder non-fiktionalen Realitätskonstruktionen der Massenmedien wiederum Erinnerungen von Personen und Erinnerungen an Personen als Thema behandelt. Die Vorführung der Befragung von Zeitzeugen wurde bereits erwähnt. Daneben gibt es vor allem zwei Formen der Thematisierung personaler Erinnerung: Einmal die Präsentation kurioser, katastrophaler und emotionalisierender Erinnerungen nicht-prominenter Personen sowie solche, aber auch banale Erinnerungen Prominenter. Prominenz macht offenbar auch das Banale interessant. Auf der anderen Seite spielt die Thematisierung von Erinnerungen fiktionaler Medienfiguren in Form von Rückblenden, Erzählungen anderer Medienfiguren und Ähnlichem eine große Rolle. Vor allem die filmischen Rückblenden verwenden dabei Darstellungsformate wie beißendes grelles Licht als Übergang in das Erinnerte oder Vernebelungen der Erinnerungsbilder, die stark an die Proustschen ‚memoires involontaires' erinnern (!).

---

[236] Für diesen Hinweis danke ich Hans-Joachim ‚Stan' Mathias.

Folgende Effekte oder latente Funktionen für die Erinnerungen im Zuge des Erinnerns identisch gesetzter Selbste von Bewusstseinsystemen seien hier hervorgehoben.

Erstens werden durch das Vorführen von Erinnerungen realer und fiktiver Personen, aber auch durch die Erinnerung an Personen in Form von Zeitzeugenberichten, biographischen Erzählungen usw. *soziale Relevanzstrukturen des Gedächtniswürdigen* und Gedächtnis- und Erinnerungspflichtigen (z.B. Hochzeitstage) produziert und reproduziert. Das Gleiche gilt im Übrigen für Relevanzstrukturen des Vergessenswürdigen, für Zeitspannen der Einlösung von Vergessenspflichten und der Transformation von Erinnerungen des Erinnerns in Erinnerungen des Vergessens (z.B. im Falle des Nachtragens).

Zweitens wird dargestellt, *welche Erinnerungen wie und wann kommuniziert* werden können, und was man lieber für sich behalten sollte. Das geschieht freilich in für die Massenkommunikation typischen widersprüchlichen Formen. Nichtsdestoweniger bleibt ein Bereich von zeit-, sach- und sozialdimensional variierenden Möglichkeiten der Inszenierung von Erinnerungen.

Drittens zeigen die Medien insbesondere in ihren fiktiven Geschichten, *typische Erinnerungsclues*, die sie für positive und traumatisierende Erinnerungen variieren lassen. Auch koppeln sie die vorgeführten Erinnerungen in bestimmten Fällen an Musikstücke, die erinnerte Dialoge, die man bei Sichtbarkeit der Dialogsituation nicht hören kann (ähnlich wie im Falle der Vernebelung als Stilmittel), durch Melodien ersetzen und so der dominanten Rolle von Musik als Erinnerungsclue den Rücken stärken.

Viertens reproduzieren schließlich die *Darstellungen von Gedächtnisverlusten* in der medialen Fiktion, denen die Protagonisten nachjagen, und die sich im Laufe des Plots zumindest für den Leser oder Zuschauer mit Erinnerungen (im engeren Sinne) füllen, die Differenz von Gedächtnis und Erinnerung/Vergessen als Beobachtungsschema von Vergangenheit. Sogar die funktionale Äquivalenz von Schrift und individualpsychischem Gedächtnis wird thematisiert – so in dem Film ‚Memento', in dem der unter antherograder Amnesie leidende Held seinen Körper via Tätowierung als Gedächtnis (vgl. dazu auch Hahn 1993/2000) verwendet. Zugleich wird so für eine Diffusion psychiatrischen Gedächtniswissens (mit den typischen Selektionseffekten der Massenkommunikation) gesorgt.

Fünftens wird in biographischen Schriften und Filmen, Zeitzeugenbefragungen und Vergleichbarem die Erinnerung an Personen als Erinnerung an die Einheit wie brüchig auch immer dargestellter Lebensverläufe vorgestellt.

Von Medien als Biographiegeneratoren handelt der nächste Abschnitt.

Für die Analyse der Massenmedien als Biographiegeneratoren (Hahn) kann nun wiederum zwischen den verschiedenen Realitätsebenen (und Programmen) der Massenkommunikation sowie außerdem insbesondere zwischen Karrieren und Biographien (siehe 1.4.3) unterschieden werden. Durch die Kombination dieser Differenzen ergeben sich unter anderem folgende Aspekte, die hier kurz erläutert seien.

Erstens werden die realen und fiktiven Personen in den Beiträgen der Massenmedien in zeitlicher Hinsicht als (aufgrund von genetischen und biographischen Ursachen) Gewordene und (aufgrund von zu Gegenwart geronnener Vergangenheit) Werdende thematisiert. *Die Personen der Medien erscheinen daher als je gegenwärtige Einheiten (Identitäten) personaler Vergangenheit und Zukunft.* Diese Einheitlichkeit kann dann wiederum auf die Einheit spezifischer funktionssystemspezifischer Karrieren oder auf die Einheit aller Subsystemkarrieren als Lebenseinheit bezogen sein. In dieser Hinsicht reflektieren die fiktionalen und nonfiktionalen Unterhaltungs-Programme vor allem auf biographische Einheiten, innerhalb derer aber freilich auch Funktions-Karrieren sichtbar werden, während Nachrichten und Berichte (mit Ausnahme biographischer Dokumentationen) Personen zeitdimensional eher unter Karriereaspekten behandeln. Auch die Werbung zielt hauptsächlich auf personale Karriereausschnitte in Form von Körperkarrieren, Beziehungskarrieren, Familien- und Berufskarrieren ab, wobei ihre Produkte als diese Karrieren förderliche Ursachen dargestellt werden.

In allen Fällen werden zweitens Muster zugeschriebener *Kausalverknüpfungen* von Karriere- und/oder biographischen Ereignissen offensichtlich, massenhaft bekannt gemacht und mit massenhaften Bekanntheitsunterstellungen versehen. Es wird also gleichsam deutlich über welche Drittvariablen Biographie- und/oder Karriereelemente verknüpft werden können. Zu nennen sind verschiedene askriptive Merkmale von Personen und deren Einbettung in situative Kontexte: so Körperkapital in Form vorteilhafter äußerlicher Gestalt und neuerdings auch als auf Genen gespeicherte Charaktereigenschaften und Talente, ebenso das Hineingeborensein in durch andere Kapitalsortenkombinationen gekennzeichnete Statuslagen. Ferner spielen Attributionen biographischer Zufälle und Schicksalsschläge eine große Rolle, die auch in ihrem Hineinwirken in Karrieren thematisiert werden. Daneben werden verschiedene Ereignisse und Ereigniskombinationen als Leistungen ausgewiesen, die umso größer erscheinen je mehr sie mit ungünstigen askriptiven biographischen Ausgangslagen konfrontiert werden.

Daraus ergibt sich drittens, dass die für die Verknüpfung biographischer und/oder Karriereereignisse herangezogenen Faktoren (moralischen, aber auch wahrscheinlichkeitstheoretischen) *Bewertungen* unterzogen werden. Mit denen als Zufall ausgewiesenen Ereignissen kann niemand kalkulieren, der sein Karriere plant, wohl aber kann derjenige, der auf seine (bisherige) Biographie zurückschaut, diese unter Aspekten des *Glücks oder Pechs* beleuchten und auf der Basis entsprechender Zuschreibungen in persönliche Zukunft oszillieren (z.B. nach dem Muster ,bisher hatte ich nur Pech, aber das kann/wird sich jetzt ändern'). Mit *askriptiven Personenmerkmalen* und denen durch sie erzeugbaren Effekten bzw. den entsprechenden Kausalzusammenhängen kann man jedoch rechnen, wenn man sie hat, so dass man Personen- und Karrieregeschichten antizipieren kann, die dann zu *self fullfiling prophecies* (Merton) werden mögen; besonders deutlich ist das in Fällen sichtbarer Stigmatisierung (Goffman). Im Falle moralischer Bewertungen ist es nun keineswegs so, dass askriptive Merkmale generell missachtet und performative Merkmalsattributionen geschätzt würden. Entsprechende Muster variieren beträchtlich nach Programmbereichen, Genres, Anspruchspublika usw. Verschiedene Muster fallen aber besonders ins Auge: Performanz kann in normative *Abweichungen* im Sinne von Vortrefflichkeit (siehe die Ausführungen zur Heldensemantik) und nicht-normative Abweichung (Devianz) unterteilt werden. Dabei transzendieren die Massenmedien allerdings soziale Normen in gewisser Hinsicht gleichsam moralisch und scheiden sowohl notwendige Devianz als auch lässliche Devianz sowie sympathische (und nicht-etikettierbare, weil clevere) Devianz[237] von intolerabler bzw. ,böser' Devianz. Askriptive Merkmale werden ebenso auf unterschiedliche Weise mit moralischen Rahmen kombiniert. Z.B. wird der Einsatz attraktiver körperlicher Gestalt für Berufskarrieren von vor allem Frauen (im Zusammenhang mit der Unterstellung sexueller Dienstbarkeit) häufig negativ konnotiert, während entsprechendes Körperkapital für Liebeskarrieren als unabdingbare außerordentlich positiv bewertete Voraussetzung erscheint. Ebenso werden Talente durchweg positiv betrachtet. Ähnliches gilt für den Adel, der insbesondere als Maß ästhetischer Stilisierung des Lebens sowohl in der (trivialen) Fiktion als auch in den entsprechenden Boulevardmagazinen kursiert. Ökonomisches Kapital wird wiederum sowohl in askriptiver als auch in performativer Form als Karrieregenerator missachtet, während es in der performativen Variante ebenso wie kulturelles Kapital als Biographiegenerator im Mythos des sog. Selfmademan als ein kultureller Prototyp von Individualität fungiert. Die Liste ließe sich zweifelsohne weiter fortsetzten.

Viertens sind auf der Ebene der operativen Realität der Massenmedien einerseits *Medienkarrieren* auszumachen und andererseits Karrieren, die durch das Thematisiertwerden oder Sich-Äußern in den Medien erzeugt bzw. negativ oder positiv beeinflusst werden. Über die Bourdieuschen ,Medienhirsche' oder Fälle wie die von ,Friedman', ,Jenninger' usw. wurde bereits gesprochen. Darüber hinaus werden Medien als Karrieregeneratoren und Medienkarrieren auf vielfältige Weise verknüpft. Es gibt z.B. gewisse Partysternchen (wie Jenny Elvers oder Ariane Sommer), die nur wegen ihrer Medienpräsenz von den Medien weiter-

---

[237] Z.B. deutlich zu sehen an dem Faible der medialen Fiktion für den großen Coup ohne Personenschaden wie in dem Film ,Der Clou' mit Paul Newman und Robert Redford.

thematisiert werden. Man könnte fast von einer Berufsrolle sprechen, die ausschließlich darauf zielt, die eigene Person im Mediendiskurs zu halten. Daneben thematisieren die Medien selbst Medienkarrieren u.a. in ihren institutionellen Anfängen und kausalen Auslösemechanismen und versuchen sich dabei neuerdings als Stifter von self fullfilling prophecies in den sog. Star- und Casting-Shows, so dass sogar die Auswahl der italienischen ‚Velinen' „wieder zum Fernsehereignis werden kann" (Dirk Schümer, FAZ vom 9. August 2003: 27).

Fünftens werden überhaupt die *Biographien von Prominenten und berühmten historischen Personen* massenmedial hervorgebracht, indem sie erzählt werden oder die Medien Personenmaterial produzieren, an dem sich Biographen oder die Verfasser eigener Memoiren dann (zumindest richtigstellend) orientieren (müssen).

Des weiteren ist sechstens für nicht- oder halb-prominente Personen (wie Universitätsprofessoren) die *Nennung des eigenen Namens* in den Massenmedien bereits *biographisches Ereignis*. Entsprechende Zeitungsausschnitte werden gesammelt usw.

Siebentens kommt in modernen Gesellschaften, die über ein Pressewesen verfügen, fast jede Person zwei Mal in den Massenmedien vor und beide Male ohne unmittelbare eigene Wahrnehmungsmöglichkeit: nämlich in (m.E.) *Geburtsanzeigen* und *Todesanzeigen*. Während in Geburtsanzeigen, die ja gerade den Beginn einer kontingenten Biographie eines modernen Individuums einläuten, insbesondere auf die Einheit/Erfüllung des (Familien-)Lebens der Familienmitglieder als Glück reflektiert wird, kann zwischen Todesanzeigen unterschieden werden, die auf die Einheit des Lebens der verstorbenen Person hinweisen, und solchen, die die Einheit des Sterbens (wie ‚Nach langem Leiden fand XY endlich seine bzw. ihre letzte Ruhe') kommunizieren. Ferner wird die von den Angehörigen, Freunden, Arbeitskollegen usw. zugeschriebene gesellschaftliche Bedeutung der Person und/oder die Bedeutung der (erwähnten) Angehörigen usw. durch die Größe der Todesanzeige, die regionale oder überregionale Publikation und Ähnliches verdeutlicht. Manche Todesanzeigen sind demnach mit Nachrufen als Biographiegeneratoren der thematisierten gestorbenen Person funktional analog, während andere vor allem als Biographiegeneratoren und Signalements biographisch bedeutsamer Ereignisse und vielleicht auch religiöser Karrieren der Angehörigen etc. fungieren.

2.3.3 *Medien und (Selbst-)Sozialisation von Selbst-, Identitäts- und Personenvorstellungen*

Auf den vorangegangenen Seiten wurde ausführlich, aber keineswegs erschöpfend dargestellt, wie von den Massenmedien identitätsrelevante Themen kollektive, partizipative sowie individuelle Identitätskonstruktionen oder -fiktionen, Rollenkonstruktionen, situative oder personale Alltagsschemata und -skripte, personale Verweisungshorizonte, Nationen-, Personen- und Individuumssemantiken, Identitätsnormen und -werte sowie weitere Erwartungsstrukturen der Kommunikation transportiert werden. Dabei wurde unterstellt, dass durch die Beobachtung von Massenkommunikation(en) Selbstverortungen, Identitätsvorstellungen von Bewusstseinssystemen sowie Personenkonstruktionen der kommunikativen Umwelt des Mediensystems affiziert werden können, die über spezifische (evtl. als individuell oder kollektiv gewählt vorgestellte) Inklusionsformen in das Mediensystem vermittelt werden. Dadurch werden einerseits entsprechende (für individuell oder kollektiv gehaltene) Präferenzvorstellungen für Medien bzw. Medieninhalte generiert und anderseits erweiterte Beobachtungsmöglichkeiten für Thematisierungen von Personen und Personenkonstellationen in den Massenmedien geöffnet, die wiederum kommunikative oder bewusstseinseitige Identitätsreflexionen anfeuern. Es wurden demgemäß sozialisatorische Effekte der Massenkommunikation permanent vorausgesetzt.

Hier können nun nicht die einzelnen behandelten sozial-, sach- und zeitdimensionalen massenmedialen Facetten der Identitätsproblematik noch einmal sozialisationstheoretisch aufgerollt werden und schon gar nicht Prognosen sozialisatorischer Wirkungen bestimmter Formen der Teilhabe an Massenkommunikation für bestimmte z.B. anhand soziodemographischer Merkmale identifizierte Personengruppen abgegeben werden. Letzteres wäre allein wegen der hier unterstellten autopoietischen operativen Schließung beteiligter Sinnsysteme, die sich zudem über multiple und selbst wieder laufenden Modifikationen ausgesetzte strukturelle Kopplungen permanent wechselseitig irritieren, ein sehr schwieriges, wenn nicht gar unmögliches (um nicht zu sagen sinnloses) Unterfangen. Das soll nicht heißen, dass sich Sozialisationsprozesse nicht wissenschaftlich beobachten, oder dass sich keine sich wiederholenden Konstellationen ausmachen ließen. Nur können bestimmte sozialwissenschaftlich festgelegte Merkmalsgruppen noch keine (strukturelle) Ähnlichkeit von Sozialisationsarrangements (vielleicht eher noch von familialen Erziehungsprogrammen, obgleich auch das problematisch ist) und schon gar nicht von Sozialisationseffekten im Sinne von Abweichung oder Konformität garantieren. Zunächst einmal wäre überhaupt auszumachen, welche strukturellen Kopplungen von Bewusstseinssystemen an Kommunikationssysteme auf welche Weise zusammenwirken, dadurch bewusstseinsinterne Feedbackprozesse beeinflussen usw.

In dieser Hinsicht ist empirisch in den letzten Jahrzehnten vor allem sowohl in der Peer-Group-Forschung als auch im Rahmen der Berücksichtigung von Massenmedien als Sozialisationsagenten viel geleistet worden. Das alles aufzuarbeiten und in einer Theorie der Selbstsozialisation durch Teilhabe an (bzw. Irritation durch) Massenkommunikation zu vereinigen, würde allerdings eine eigene

Arbeit darstellen[238], zumal ebenso Irritationen durch körperliche Reifungsprozesse, psychosexuelle und kognitive Entwicklungsphasen (vgl. Gilgenmann 1986), Altersstufen, -rollenerwartungen, die Mitwirkung des Erziehungssystems etc. in Rechnung zu stellen wären. Wir müssen uns hier daher mit einer groben Skizze über Massenmedien kanalisierter Sozialisationsmechanismen begnügen und beschränken uns zudem inhaltlich auf die Sozialisation von Selbstvorstellungen.

Nichtsdestotrotz kann an die in Kapitel 1.4.1 erarbeitete Sozialisationstheorie des Selbst angeknüpft und können mindestens einige Problemfelder und Ansatzpunkte für eine Theorie der Mediensozialisation vorgeführt werden. Vor allem aber seien die Schnittstellen von Massenkommunikation und Bewusstsein bzw., wenn man so will, die Einwirkungsfelder abschließend noch einmal nachgezeichnet und systematisiert.

In den zuvor (1.4.1) erörterten sozialisationstheoretischen Überlegungen wurde zuallererst von der operativen Geschlossenheit der Autopoiesis von Wahrnehmungssystemen und Gesellschaft (als Gesamt aller teils selbst wieder operativ geschlossenen Kommunikationssysteme) ausgegangen und unter Sozialisation die Orientierung von Bewusstseinssystemen in ihren Realitätskonstruktionen an den Realitätskonstruktionen (und somit eben auch an normativen Erwartungen als Soll-Realitäten) der Kommunikation verstanden, wobei der Begriff der Orien-

---

[238] Für die Diskussion eines derartigen Versuchs sowie Theorieansätze mit allerdings anderen thematischen Schwerpunkten siehe Sutter (1999a). Hier zeigen sich auch deutlich Schwierigkeiten (und gelegentlich Tendenzen zu babylonischen Verwirrungen), system- und handlungstheoretische Begriffssysteme in einander zu übersetzen, die daraus resultieren, dass der Zentralität der Figur des Beobachters und der Unterscheidung von Selbst- und Fremdreferenz sowie der Differenzierung unterschiedlicher Beobachtungsebenen in der Systemtheorie in Begriffssystemen sowohl der Handlungstheorie, als auch (m.E.) der sozialen Konstitutionstheorie Oevermanns kaum Rechnung getragen werden kann. Die Lösung des Problems doppelter Kontingenz in der Luhmannschen Systemtheorie kann eben *nicht* „durch ein Modell dreizügiger Handlungssequenzen konkretisiert werden" (Sutter 1999b: 130), in dem Reaktionen Alters „durch Egos Anschlussverhalten bestätigt werden" (ebd.). Es geht eben um Anschlusskommunikation, nämlich um das Verstehen einer Differenz von Mitteilung und Information in dem Anschlussverhalten Egos und um das Verstehen des Mitteilungs- und des Informationsaspektes. Damit das funktionieren kann, muss die Kommunikation Kommunikationen selbstreferenziell als Miteilungshandlungen von Personen rekonstruieren. Dabei müssen permanent Bewusstseinssysteme mitwirken, die ihrerseits wie Alter in diesem Fall die Perspektiven anderer Bewusstseinssysteme (hier Ego) als alter Egos rekonstruieren und dann Mitteilungsaspekte und Informationsaspekte als Bestätigung oder Ablehnung vorher gemeinten Sinns verstehen können. So kann etwas auf der Ebene der Kommunikation als Ablehnung verstanden werden, was auf Bewusstseinsebene als Bestätigung behandelt wird, wodurch die weitere Selbstreferenz und (auf Bewusstsein bezogene) Fremdreferenz der Kommunikation und des Bewusstseins auf spezifische Weise angeheizt wird und so jeweils eigene Realitäten konstruiert werden. Das reine Anschlussverhalten sagt nichts über Bestätigung oder Ablehnung oder darüber, wie weiterkommuniziert wird, wie folgender Dialog beispielhaft illustriert: A: Liebst Du mich? B: Nein, ich liebe Dich nicht mehr. A: Das sagst Du nur, ich sehe Dir doch an, dass Du mich noch liebst. B: Was Du Dir wieder einbildest, ich habe doch gesagt, dass ich Dich nicht liebe. A: Da hast Du gelogen usw.

tierung die Positionen von Abweichung und Konformität offen hält. Es wurde oben (1.4.1) gezeigt, dass eine derartige Kopplung psychischer Systeme und sozialer Systeme nur über die Emergenz von Sinn in psychischen Systemen zu leisten ist, die über eine Kopplung der noch nicht sinnbasiert operierenden Wahrnehmungssysteme von Säuglingen bzw. Kleinkindern an Kommunikationssysteme mit einseitigen kontrafaktischen Bewusstseins- und doppelten Kontingenzunterstellungen läuft. Das Wahrnehmungssystem des Kindes fungiert dabei zunächst als Medium für sprachliche Äußerungen, die sich im Rahmen der Auflösung symbiotischer Bezugsperson-Kind-Systeme zu Namen wandeln, die an Personenkörpern haften bleiben. In dieser Situation kann dann mit der Erfahrung des Wahrnehmens des Wahrgenommen- und Bezeichnetwerdens im Einklang mit der Erfahrung des Bezeichnens und Wahrnehmens des Wahrnehmens die Differenz von (rudimentärem) Selbst und Welt als Sinnbasis konstituiert und reflexive Selbstreferenz sowie nun über Sprache gesteuerte Fremdreferenz mit Hilfe der Personenform der Kommunikation und der weiteren Subformen (wie Körper, Wille, Gefühl usw.) sowie Alternativformen (wie Tieren, Gegenständen etc.) in Gang gesetzt werden. Über die Emergenz von Sinn und die Verwendung der Personenform (die es ja auch ermöglicht zwischen Mitteilung und Information zu unterscheiden) ist nun die Kopplung von Bewusstsein an beliebige Kommunikation möglich, ganz gleich ob (miss)verstanden oder verstanden wird, dass man nichts versteht. Somit wird auch die sinnbasierte Teilhabe an Massenkommunikation bzw. Inklusion in das Mediensystem möglich.

Unterstellt man nun, dass „*Wahrnehmung* (Bewusstsein) und *Kommunikation zwei Resultate von Medienangeboten* sein können" (Jäckel 1999d: 15, meine Hervorh.; vgl. auch Sutter 1999b: 136ff), so ist Mediensozialisation als Orientierung von Bewusstseinssystemen in ihren Realitätskonstruktionen, also Selbst- und Weltvorstellungen, an den Realitätskonstruktionen der Massenkommunikation auch prinzipiell über diese Kanäle möglich.

> „Was der Soziologe Friedrich Tenbruck als ‚Verflechtung in sekundäre Strukturen' [...] bezeichnet hat, beginnt heute schon sehr früh. [...] Hier tauchen die Medien auf, deren Angebote ihre Popularität nicht nur der Verbreitung über den Bildschirm, sondern gerade auch einer symbolischen und/oder kommunikativen Präsenz im Alltag verdanken" (Jäckel 1999e: 114).

Des weiteren wirken nicht nur die Inhalte von Massenkommunikation als Hintergrundrealität(en), Selbstverständlichkeiten und Dirigenten von Selbstbeobachtungen an der operativen welt- und selbstbeobachtenden Realität anderer Kommunikationssysteme mit, sondern *andere Kommunikationssysteme (z.B. Familien) sehen die Massenkommunikation als Weltelement in ihren Realitätskonstruktionen vor*, das sie (moralisch) bewerten, unter Relevanzaspekten, Interessensaspekten usw. differenzieren, und für das sie eigene Verstehensschemata und Formen der Anschlusskommunikation vorsehen. Dabei versuchen die Institutionen, Organisationen und Gruppen der Kommunikationssysteme (hier insbesondere Familien,

Peergroups, Organisationen des Erziehungssystems, politische Parteien) unter anderem auch die *Inklusionen ihrer Mitglieder und sonstiger Zielpersonenkreise in das Mediensystem zu regulieren*; und zwar: über Rollenerwartungen (z.B., dass Kinder im Alter von so und soviel Jahren solche oder solche Sendungen nicht sehen dürfen), entsprechende Verbote (man denke z.B. an das Fernsehverbot der Waldorfpädagogik) und Gebote sowie Anschlusskommunikationen (z.B. ist, wer diese oder jenes nicht gesehen, gelesen usw. hat, ‚uncool', kann nicht mitreden etc.). Zu denken ist auch an technische Vorrichtungen (bspw. Blockaden bestimmter Seiten des Internet oder bestimmter Fernsehsender).

Andere Kommunikationssysteme wirken demnach auf vielfältige Weise an Prozessen der Mediensozialisation mit:

a) Über Zugangsgebote und Verbote in Bezug auf Medienangebote,
b) über Anschlusskommunikation,
c) über damit verbundene Verstehensschemata und Relevanzschemata in Bezug auf massenmediale Inhalte,
d) über Personenmodelle der Mediennutzung und damit zusammenhängend
e) über die Kommunikation und Bewertung von Mediennutzungsmotiven,
f) über die Behandlung massenmedialer Hintergrundrealitäten als Objektivationen,
g) über kommunikative Feedbackprozesse gegenüber Personen in Bezug auf ihre Inklusionsformen in das Mediensystem und
h) in Bezug auf ihre (als solche verstandene) alltägliche Orientierung an Medieninhalten.

Auf diese Weise generieren und modifizieren sie Zugangs-, Motiv-, Präferenz- und Verstehensspektra (vgl. Jäckel & Reinhardt 2003b) von Bewusstseinssystemen in Bezug auf die Kommunikationen des Mediensystems. Damit ist keineswegs gemeint, dass derartige Regulationen (die als solche reflektiert werden können oder nicht) im Sinne der beteiligten Gruppen, Interaktionssysteme und Organisationen gelingen. Sie wirken lediglich als positive oder negative Orientierungsraster, die mit anderen Orientierungsrastern (z.B. Individualitätssemantiken) konkurrieren, zu denen sie evtl. in Widerspruch stehen. So können Verbote bzw. normative Erwartungen deren Verletzung erst interessant machen. Zudem geschieht im Laufe der Sozialisation von Kindern, Jugendlichen und jungen Erwachsenen eine Multiplikation von Inklusionen in soziale Gruppen, Organisationen und Funktionssysteme. Hierdurch werden diesbzgl. Konkurrenzen und Ambivalenzen drastisch erhöht und kommunikative Feedbackprozeduren der individuellen Mediennutzung mit korrespondierenden Konsistenzforderungen auf Entscheidungen und schließlich personensemantische Bezeichnungen zugespitzt.

Somit wird *personale Mediennutzungsgeschichte* akkumuliert, die wiederum kommunikativ in Form der oben bereits mehrfach erwähnten expressiven Mediennutzungsvorlieben von Personen repräsentiert werden kann, sich aber auch als unreflektierter Habitus einschleifen kann.

Auf diese oder ähnliche Weise entsteht einerseits die *Person als Mediennutzer* mit entsprechenden *Individualitäts- oder Kollektividentitäts-Unterstellungen* und andererseits die *personale Mediennutzung als Habitus*, der ggf. von kollektiven Nutzungsmustern (permanent) reimprägniert werden kann.

In diesen Rahmen können auch *Kinder- und Jugendkulturen der Mediennutzung* eingeordnet werden. So meint Neil Postman (1982/1983: 31ff), dass Kindheit überhaupt erst mit der Existenz der Druckerpresse entsteht (vgl. zur Diskussion dieser These und zu Folgendem auch Jäckel 1999e: 118ff). Diese These hat mit Sicherheit ihre Richtigkeit darin, dass für den Erwerb von Kompetenzen des Lesens und Schreibens (die aufgrund funktionaler Ausdifferenzierungsprozesse, von denen die Entstehung des Mediensystems nur einen darstellt, notwendig werden) Kindheit prolongiert und pädagogisiert werden muss, und dass außerdem durch damit verbundene differenzielle Inklusionsmöglichkeiten in das Mediensystem differenzielle Wissens- und Geheimniskulturen entstehen. Daraus lässt sich nun aber keineswegs schließen, dass Kindheit mit dem Aufkommen der elektronischen Medien verschwinde, „weil es keine dunklen, ungreifbaren Geheimnisse mehr gibt, die die Erwachsenen den Kindern zunächst vorenthalten und dann später, wenn sie es für nötig, möglich und angebracht halten, offenbaren" (Postman 1982/1983.: 104), so dass die Kinder „aus dem Garten der Kindheit vertrieben werden, indem man ihnen die Frucht des Erwachsenenwissens zugänglich macht" (ebd.: 114, ähnlich argumentiert im Übrigen Meyrowitz 1990, siehe Jäckel 1999e: 119). Denn Kindheit ist als soziale Konstruktion Realität. Es gibt unterschiedliche Alters- und Familienrollen, im Rahmen derer sich dann Kommunikations- und Bewusstseinssysteme mit der Realität dieser Konstruktion in der Konstruktion eigener Realitäten auseinandersetzen müssen. Hierdurch ergeben sich von vornherein allein wegen der unterschiedlichen Perspektiven, die Kindern und Erwachsenen über die Kommunikation angesonnenen werden, differenzielle Realitätskonstruktionen und *Geheimnisse sowohl des Kindseins, als auch des Erwachsenseins*! Tatsächlich wird die Errichtung von Inklusionssperren in Bezug auf die Massenmedien im Zeitalter elektronischer Medien schwieriger, da Sehen und Hören schneller gelernt (!) ist als Lesen. Dennoch wird in Familien, Schulen, über technische Vorrichtungen usw. versucht, den Zugang zu regulieren, was dann wiederum spezifische Formen von *Konformitäts- oder Abweichungsverstärkungen* auf Kinder- und Jugendseite erzeugen mag. Das kann das Mediensystem aber wiederum voraussetzen. So kann es auch in dieser Hinsicht differenzielle Teilpublika (mit)erzeugen und Angebote für Kinder und Jugendliche (z.B. einen sog. Kinderkanal oder diverse Musiksender) schaffen, die auf Konformität mit oder Abweichung von pädagogischen Normen setzten. Derartige Angebote können Kinder und Jugendlich dann wiederum annehmen oder benutzen, um sich davon abzugrenzen – bspw. im Falle von Rollendistanzszenarien, die für Altersübergänge typisch sind (vgl. Goffman 1961/1973) –, wie sie sich auch von den Angeboten, die Erwachsene nutzen, abgrenzen können. So können gerade mit Hilfe von Peer-Cliquen (und dort etablierten kommunikativen Feedbackverfahren) eigene Realitätsordnungen geschaffen werden, auf dass die Jugend mit ihrer (aus den unterschiedlichen Beobachterperspektiven als solche reflektierten) Kultur die Ordnung der Erwachsenen stören kann, weil die Ordnung der Erwachsenen sie stört (vgl. Schelsky, nach Luhmann 1969: 41).

Jedenfalls wird über das komplexe Zusammenspiel zwischen Zugangsregulierungen, Konformitäts- und Abweichungsverstärkungen im Zusammenhang mit gruppenspezifischen Feedbackprozessen einerseits und reflektierten Nutzungsvorlieben und Habitusformen andererseits der Zugang zum massenmedialen Personen- und Interaktionsspektrum und damit die Wahrnehmung in Rezeptionssituationen kanalisiert.

Die Massenkommunikation kann für Rezeptionssituationen bzw. für die auf sie gerichtete Wahrnehmung innerhalb dieser Rahmenbedingungen ganz einfach sorgen, weil sie sich die Eigenschaft des Bewusstseins zu Nutze macht, zugleich als Medium für Sprach- und Bildformen der Kommunikation fungieren zu können *und* autopoietisches System zu sein (vgl. Luhmann 1988/1995: 43). Sie arbeitet mit entsprechenden Aufmerksamkeitseffekten, um die medialen Eigenschaften von Bewusstsein zu nutzen. Man kann sich dann der Massenkommunikation erfreuen, sich mit ihren Figuren identifizieren, über sie lachen, erschrecken usw. oder sich ärgern, davon belästigt zu werden, aber man kann *nicht* nicht gesehen, gehört usw. haben.

Über die Beobachtung der fiktiven oder realen Medienfiguren auf diesem Wege ergeben sich dann wiederum folgende oben bereits ausführlich besprochene Möglichkeiten der Selbstverortung:

a) Die Figuren der Medien schaffen Kontingenzhorizonte für eigene Rollen und Personalität (siehe 1.2 und 2.1).

b) Sie ermöglichen ferner Spiegelungsvorstellungen (siehe 1.2 und 2.1) der eigenen Person über Mechanismen der Identifikation oder Abgrenzung,

c) die Entstehung entsprechender Wunsch- bzw. Vermeidungshorizonte für eigene Identität (siehe 1.2 und 2.1),

d) die Entdeckung von Mustern für die individualitätsstiftende Ausnutzung von Erwartungsleerräumen und -spielräumen sowie von Mustern der Rollendistanz (siehe 1.3.1 und 2.2.1),

e) die Genese und Modifikation von Körpervorstellungen (siehe 1.3.1 und 2.2.3) und

f) die Identifizierung von Kopiemotiven (sie 1.3.2 und 2.2.4).

g) Außerdem transformiert die Beobachtung von Interaktionen und wechselseitigen Beurteilungsprozessen von Personen[239], die in den Massenmedien explizit oder implizit dargestellt werden, den Zuschauer in einen Beobachter zweiter Ordnung, der zugleich allein wegen des objektiven massenkommunikativen Mangels an Rückkopplungsmöglichkeiten zum ‚impartial spectator' (Smith) wird. Im Verein mit den selegierenden, kanalisierenden und kommentierenden Rollenträgern des Mediensystems wird der Zuschauer selbst gleichsam zum generalisierten Anderen (siehe 1.2, 1.4.1 und 2.1), der den gesamten wechselseitigen Beurteilungsprozess seinerseits wieder beurteilen kann und sich dabei im Verein mit den diversen Anderen des Publikums weiß, von denen er die unterschiedlichsten Vorstellungen haben mag, vor allem aber die, dass sie es so sehen müssten (sowohl im Konjunktiv realis als auch potentialis) wie er.

h) Die unbeteiligte Beobachtung von Beobachtern ermöglicht weiterhin die Ableitung von Schemata, Regeln des Zusammenlebens, moralischen Erwartungshorizonten (siehe 1.2, 1.4.1 und 2.1) usw.,

i) insbesondere aber die Identifizierung von Identitätsnormen (Konsistenzforderungen) und -werten (siehe 1.3.2 und 2.2.5) sowie

j) die Identifizierung von Karriere- und Biographiemustern (siehe 1.4.3 und 2.3.2) sowie von Erinnerungssemantiken (siehe 1.4.2 und 2.3.1).

k) Zudem verursacht der „Kult der Person" (Bourdieu 1979/1982: 648; auch Gehlen 1957) der Medien um persönliche Meinungen, Schicksale, Körper etc. eine permanente Reimprägnierung individueller Gedächtnisse bzgl. der Metanorm der gesamten Identitätsproblematik, nämlich: Dass (individuelle) Identität wichtig ist, und dass man sich der Identitätsfrage zu stellen habe.

Insofern ist es durchaus berechtigt, die Massenmedien als „Identitätsmärkte" (vgl. Winter & Eckert 1990: 148ff) zu bezeichnen. Allerdings sind die Pfade der Medien zur individuellen und kollektiven ‚Suche nach Identität' (Strauss) viel zu verschlungen, als dass sie durch ein Marktmodell herkömmlicher Provenienz abgebildet werden könnten. So dürfte es besser sein, sie allgemeiner als *Identitätsgeneratoren*' zu bezeichnen.

Die Orientierung des Bewusstseins an den massenmedialen Personen- und Personalitätsmodellen (und ebenso an den Modellen kollektiver Identitäten), Identitätswerten etc. jedenfalls kann abhängig von der multiplen strukturellen Kopplungen geschuldeten Strukturgeschichte des Bewusstseins wieder beide Pfade einer eingespielten Bifurkation (Luhmann) nehmen: Abweichung oder Konformität, Distanz oder Imitation. Auch insofern ist es treffend, Mediensozialisa-

---

[239] Bestimmte Fernsehsendungen, insbesondere die sog. Daily Talks (z.B. die Sendung ‚Oliver Geisen') scheinen es nur auf das Vorführen derartiger wechselseitiger Beurteilungen, Charakterisierungen, Beschimpfungen usw. anzulegen.

tion „zwischen Autonomie und Vereinnahmung" (Jäckel 1999e) zu thematisieren.

Die Orientierung an von Medien gemachten kollektiven Identitätsangeboten, an Medienfiguren usw. ist des weiteren, sofern sie für Kommunikation und dort aufscheinende eigene Personalität nutzbar werden soll, in einem nächsten Schritt wiederum an Feedbackschleifen von Kommunikationssystemen wie sozialen Gruppen oder Organisationen geknotet. Oft ist es bspw. angezeigt, *nicht durchblicken zu lassen, dass eine allzu große Orientierung an Massenkommunikation stattfand*, da dies wieder negativ in Bezug auf Individualitätsforderungen interpretiert werden könnte. Die Kommunikation der gesellschaftsinternen Umwelt des Mediensystems relativiert die Orientierung an Massenkommunikation über eigene Feedbackprozesse, die wiederum mit Feedbackprozessen des Bewusstseins bifurkal verknüpft sind.

Extremfälle *pathologischer Totalidentifikationen* mit Medienfiguren, wie sie z.B. teilweise im Falle von sog. Amokläufen auftauchen, sind dann auch insbesondere für kommunikativ isolierte Einzelpersonen oder isolierte Dyaden auszumachen, denen triadische Objektivierungsmöglichkeiten (Simmel) fehlen. Hier ließen sich entsprechende Analysen anschließen.

In jedem Fall aber dürfte die Beobachtung der Teilhabe am Mediensystem und der Beobachtung von medialen Personen durch Bewusstseins- und Sozialsysteme als Identitätsgenerator eine fruchtbare Perspektive für Theorien der Selbstsozialisation (im Luhmannschen Sinne) und Mediensozialisation sein, die sich auf diesem Wege verweben lassen. Auch Theorien sozialer Differenzierung lassen sich hier problemlos anschließen. Denn Massenkommunikation fungiert gerade deshalb als Identitätsgenerator, weil sie partizipative Identitäten (Hahn) zu Personen mit teilidentitätsübergreifenden Eigenschaften verdichtet, zeigt, dass partizipative Identitäten wechselseitig aufeinander durchscheinen, und so Personensemantiken als Identitätssemantiken zur Verfügung stellt. Nichtsdestotrotz bleiben die Selbstvorstellungen von Bewusstseinssystemen auf den Testfall Interaktion angewiesen.

Fazit

Die Behandlung der Identitätsproblematik im Rahmen eines wechselseitigen Konstitutionsverhältnisses psychischer und sozialer Systeme hat auf den vorangegangenen Seiten auf viele verschiedene Pfade geführt und unterschiedliche Perspektiven eröffnet, die ausführlich erläutert und diskutiert worden sind. Angefangen mit einer Theorie der Co-Evolution von Gesellschaft und Bewusstsein in phylogenetischer Perspektive, die verschiedene soziologische und anthropologische Theoriestücke zu verbinden suchte, wurden durch Kommunikation stimulierte Alter-Ego-Perspektiven von Bewusstseinen als Spiegelungsverhältnisse im Sinne Cooleys und Meads analysiert und mit kommunikationstheoretischen Überlegungen der autopoietischen Systemtheorie sowie der Luhmannschen Personentheorie verknüpft. Von dieser Basis aus sind sachdimensional Körperkonstruktionen, Namen, Rollen, über soziale Differenzierungsprozesse angeschobene Individualitätssemantiken sowie Konsistenznormen und Probleme der Identitätsbalance im Falle multipler Inklusionen von Individuen in diverse differenzielle Sozialsysteme abgehandelt worden, während die Arbeit zeitdimensional zwischen Sozialisationsvorgängen, Erinnerungs- und Gedächtnisphänomenen sowie Lebensverläufen, Karrieren und Biographien unterschieden hat. Alle diese Phänomene sind in einem zweiten Abschnitt auf die Massenkommunikation bezogen worden, wobei zuletzt in dem hier vorgestellten Ansatz zu einer Theorie der Mediensozialisation grundlegende Wirkmechanismen der (Massen-)Kommunikation auf Identitätsbildungsprozesse von Bewusstseinssystemen noch einmal systematisiert wurden.

Der theoretische Schlüssel zur vorliegenden Arbeit ist dabei eine konsequente Ebenendifferenzierung, wie sie die autopoietische Systemtheorie hinsichtlich der Unterscheidung von Operation und Beobachtung, Selbst- und Fremdreferenz, verschiedener Beobachtungsebenen unterschiedlicher Systeme und Systemreferenzen vorsieht. Insbesondere sind Bewusstseinssysteme aufs Schärfste von Kommunikationssystemen zu scheiden. Wechselseitige Kontakte sind nie unmittelbar, sondern nur über strukturelle Kopplungen möglich, so dass wechselseitige Irritation nur über jeweils systeminterne Strukturen laufen und systeminterne Anschlüsse finden können. Nichtsdestotrotz sind Bewusstsein und Kommunikation in einem phylogenetischen reziproken Konstitutionsverhältnis begriffen, das Sinn als co-evolutionäre Errungenschaft hervorbringt. Nur über Kommunikation können psychische Systeme – wie auch in der Ontogenese – Vorstellungen des Wahrgenommenwerdens durch alter Egos und somit auch Selbstvorstellungen im Sinne des Wahrnehmen des Wahrnehmens, also Bewusstsein entwickeln und dieses dann wieder in alter Egos projizieren, so dass sie sich als durch diese wahrgenommene handelnde und mitteilende Körperpersonen (im Sinne des Meadschen ,me') vorstellen können. Ebenso ist die Kommunikation darauf angewiesen, dass Bewusstseinssysteme derartige Unterstellungen machen, damit Information und Mitteilung verstehend geschieden werden können. Die Differenz von Information, Mitteilung und Verstehen, deren Einheit Kommunikation ist, bedingt wiederum, dass Kommunikation selbstbezüglich zwischen Sender- und Empfängeradressen unterscheiden muss, sich also selbstreferenziell als Handlungen rekonstruiert, die von Personen im Hinblick auf andere Personen initiiert werden. Der Eigen-Sinn von Bewusstseinssystemen führt dann zu Irritationen, auf die die Kommunikation mit der Personenform reagiert, indem sie individuell attribuierte Verhaltensmöglichkeiten mit individuell attribuierten Körpergestaltkonstruktionen verkettet. Dadurch irritiert sie aber wiederum Bewusstseinssysteme und stachelt diese zu daran orientierten Selbstreflexionen und -vorstellungen an. Über die Beobachtung von Kommunikation und ihren Personen, die einerseits Adresse andererseits Thema sind, werden personale Identitätsvorstellungen in Form von Unterschieden (die einen Unterschied machen) gegenüber personalen Verweisungshorizonten im Rahmen der Personenform möglich.

Derartige Zusammenhänge lassen sich für alle Kommunikationssysteme, an denen (spezifische) Bewusstseinssysteme beteiligt sind, ausmachen, so auch für die Massenkommunikation. Die Verknüpfung dieser identitätstheoretischen Grundlagen mit einer Theorie der Massenkommunikation muss aber ständig berücksichtigen, dass Massenkommunikation einerseits spezifische Besonderheiten (wie die prinzipielle Ausschaltung von Interaktion unter Anwesenden) aufweist, und andererseits Realitätsvervielfachungen des Massenkommunikationssystems in Rechnung stellen. Dieses ist real, weil es operiert. Außerdem konstruiert es aber über Beobachtungen erster Ordnung Umwelt seines Operierens (z.B. in Form von Publika). Schließlich beobachtet es Welt und die von ihm ausgemachten Beobachter in der Welt (z.B. Personen) und konstruiert so Realität als thematischen Fokus seiner Kommunikationen. Diese werden überdies mit Hilfe von Technologie massenhaft verbreitet, so dass über Unterstellungen des Bekanntseins des Bekanntseins Realitätsselbstverständlichkeiten erzeugt werden, die von anderen Sinnsystemen (auch im Rahmen ihrer Selbstbeobachtungen) beachtet werden müssen. Auf allen Ebenen der Massenkommunikation spielen dabei Personen eine Rolle: als Rollenträger des Mediensystems, als Rezipienten und als Themen der Beiträge der Massenkommunikation und auf allen Ebenen werden daher über die in dieser Arbeit ausführlich erläuterten (und in Kap. 2.3.3 noch einmal für die Mediensozialisation zusammengefassten) Mechanismen Identitäts- und Selbstvorstellungen strukturell gekoppelter Bewusstseinssysteme sowie Personen- und Kollektivitätskonstruktionen anderer Sozialsysteme irritiert, modifiziert oder gar erzeugt, wie für die verschiedenen hier ausgewählten identitätsrelevanten Themenfelder gezeigt wurde.

Neben der hier getroffenen thematischen Auswahl gibt es nun sicherlich viele andere Aspekte und Perspektiven, die eine Identitätstheorie, wie sie hier vorgestellt wurde, bereichern könnten. In diesem Sinne ist auch diese Arbeit hochselektiv verfahren und lädt zu Ergänzungen und Differenzierungen sowie empirischen Anschlussstudien ein. Interessant wäre es in dieser Hinsicht vor allem Personenmodelle verschiedener Funktionssysteme, Institutionen, Organisationen und anderer Teilsysteme der Gesellschaft zu identifizieren und zu analysieren sowie die hier angebotene Perspektive im Rahmen von Kulturvergleichen (inklusive Medienvergleichen) entsprechend zu erweitern. Ebenso wäre es vielversprechend, das System der Massenmedien über die von Luhmann vorgeschlagenen Programmbereiche hinaus zu differenzieren und Personenmodelle unterschiedlicher Genres und Subgenres sowie unterschiedlicher Medien der Massenkommunikation genauer unter die Lupe zu nehmen. Darüber hinaus wäre eine Unterscheidung von massenmedialen Angeboten nach differenziellen Anspruchspublika, auf die sie sich beziehen, äußerst sinnvoll. Ebenso könnte man vielleicht schichtspezifische oder subkulturelle Spezifikationen von Identitätsbildungsprozessen vornehmen. Auch hier könnte es sich bezahlt machen, Identität durch Differenz zu ersetzen und differenzielle Sinnhorizonte von Personalität und Identität auszumachen.

Identität gibt es nicht, da Leben, Bewusstsein und Kommunikation ihre Existenz der Abarbeitung von Differenzen verdanken, Identität wäre ihr Tod. Und es gibt sie doch: als Vorstellung von Bewusstsein und als Thema von Kommunikation, das aber mit je nach Systemreferenz differerierenden Unterscheidungen bearbeitet wird. Die Unmöglichkeit, identisch zu sein, in Verbindung mit der Unentrinnbarkeit des Identitätsdiskurses ist *die* Identitätsparadoxie der Moderne. Identität ist wichtig, weil sie unmöglich ist. Das können wir aus den Massenmedien wissen, die Identitätsunterstellungen nicht nur kolportieren, sondern generieren, um sich im nächsten Moment sogleich wieder ihrer Degeneration widmen zu können.

Literaturverzeichnis

Adorno, Theodor W. (1962/1977): Einleitung in die Musiksoziologie. 2. Auflage. Frankfurt am Main.

Adorno, Theodor W.: (1966/1984): Negative Dialektik. Gesammelte Schriften. Band 5. 3. Auflage. Frankfurt am Main.

Ang, Ien (1990): Culture and Communication. Toward an Ethographic Critique of Media Consumption in the Transnational Media System. In European Journal of Communication 5. S. 239-260.

Aslin, Richard N., Peter W. Jusczyk & David B. Pisoni (1998): Speech and Auditory Processing during Infancy: Constraints on and Precursors to Language. In: William Damon, Deanna Kuhn and Robert S. Siegler (Eds.): Handbook of Child Psychology. Fifth Edition. Volume 2: Cognition, Perception, and Language. S. 147-198.

Assmann, Aleida (1992/2003): Erinnerungsräume. Formen und Wandlungen des kulturellen Gedächtnisses. München. (Ursprünglich Habilschrift).

Assmann, Aleida (2003): Identität und Authentizität in Shakespeares Hamlet. Konstanz. Manuskript.

Assmann, Aleida & Jan Assmann (1994): Das Gestern im Heute. Medien und soziales Gedächtnis. In: Klaus Merten, Siegfried J. Schmidt und Siegfried Weischenberg (Hgg.): Die Wirklichkeit der Medien. Eine Einführung in die Kommunikationswissenschaft. Opladen. S. 114-140.

Assmann, Jan (1987): Sepulkrale Selbstthematisierung im Alten Ägypten. In: Alois Hahn und Volker Kapp (Hgg.): Selbstthematisierung und Selbstzeugnis. Bekenntnis und Gedächtnis, Frankfurt am Main. S. 208-232.

Assmann, Jan (1992/2001): Das kulturelle Gedächtnis. Schrift, Erinnerung und politische Identität in frühen Hochkulturen. München.

Augustinus (397/1987): Confessiones – Bekenntnisse. Frankfurt am Main.

Baecker, Dirk (1987): Das Gedächtnis der Wirtschaft. 519-547. In: Dirk Baecker et al. (Hgg.): Theorie als Passion. 519-547.

Baecker, Dirk (2001): Der Witz der Organisation. In: Frank E.P Dievernich (Hg.): Kommunikationsbrüche: vom Witz und Humor der Organisation. Konstanz. S. 221- 232.

Bahner, Ottmar (1997): Intersubjektivität, Kommunikation und Natur. Theoretische und ethische Aspekte der Sprachuntersuchungen mit großen Menschenaffen. Frankfurt am Main usw.

Bandura, Albert (1977): Social Learning Theory. New Jersey.

Bateson, Gregory (1972/1981): Ökologie des Geistes. Anthropologische, biologische und epistemologische Perspektiven. Frankfurt am Main.

Bateson, Gregory (1979/1984): Geist und Natur. Eine notwendige Einheit. Dritte Auflage. Frankfurt am Main.

Bauer, Ullrich (2002): Selbst- und/oder Fremdsozialisation. Zur Theoriedebatte in der Sozialisationsforschung. Eine Entgegnung auf Jürgen Zinnecker. In: ZSE 22, Nr. 2. S. 118-142.

Bell, Duncan S.A (2003): Mythscapes: Memory, Mythology, and National Identity. In: British Journal of Sociology 54, 1. S. 63-81.

Berger, Peter L. & Thomas Luckmann (1966/1997): Die gesellschaftliche Konstruktion der Wirklichkeit. Eine Theorie der Wissenssoziologie. Frankfurt am Main.

Bergmann, Jörg & Bernd Ulmer (1993), Medienrekonstruktionen als kommunikative Gattungen? In: Werner Holly und Ulrich Püschel (Hgg.): Medienrezeption als Aneignung. Methoden und Perspektiven qualitativer Medienforschung. Opladen. S. 81-102.

Bette, Karl-Heinz (1987): Wo ist der Körper? In: Dirk Baecker et al. (Hgg.): Theorie als Passion. Niklas Luhmann zum 60. Geburtstag. Frankfurt am Main. S. 600-628.

Bette, Karl-Heinz (1999): Systemtheorie und Sport. Frankfurt am Main.

Bloom, Lois (1998): Language Acquisition in its Developmental Context. In: William Damon, Deanna Kuhn and Robert S. Siegler (Eds.): Handbook of Child Psychology. Fifth Edition. Volume 2: Cognition, Perception, and Language. S. 309-370.

Blumer Herbert (1973/1992): Der methodologische Standort des symbolischen Interaktionismus. In: Roland Burkhart und Walter Hömberg (Hgg.): Kommunikationstheorien. Ein Textbuch zur Einführung. Wien.

Bohn, Cornelia (1999): Schriftlichkeit und Gesellschaft. Kommunikation und Sozialität der Neuzeit. Opladen und Wiesbaden.

Bohn, Cornelia (2000): Kleidung als Kommunikationsmedium, in: Soziale Systeme 6, S. 111-135.

Bohn, Cornelia (2003a): Individuen und Personen. Vom Inklusionsindividuum zum Exklusionsindividuum. In: Jörg Huber (Hg.): Interventionen 12: Person/Schauplatz. Zürich usf. S. 161-181.

Bohn, Cornelia (2003b): Passregime: Vom Geleitbrief zur Identifikation der Person. Manuskript. Erscheint in: Jesper Gulddal & Mette Mortensen (Hgg.): Pas. Identitet, kultur og grænser. Kopenhagen (Informations forlag).

Bohn, Cornelia & Alois Hahn (1999): Selbstbeschreibung und Selbstthematisierung. Facetten der Identität in der modernen Gesellschaft. In: Herbert Willems und Alois Hahn (Hgg.): Identität und Moderne. Frankfurt am Main. S. 33-61.

Bourdieu, Pierre (1979/1982): Die feinen Unterschiede. Zur Kritik der gesellschaftlichen Urteilskraft. (Aus dem Frz.). Frankfurt am Main.

Bourdieu, Pierre (1980/1993): Sozialer Sinn. Kritik der theoretischen Vernunft. Frankfurt am Main.

Bourdieu, Pierre (1996/1998): Über das Fernsehen. (Aus d. Frz.). Frankfurt am Main.

Bourdieu, Pierre (1997/2001): Meditationen. Zur Kritik der scholastischen Vernunft. (Aus d. Frz.). Frankfurt am Main.

Brandt, Reinhard (1988): § 29 ‚John Locke'. In: Jean-Pierre Schobinger (Hg.): Grundriss der Geschichte der Philosophie. Begründet von Friedrich Ueberweg. Die Philosophie des 17. Jahrhunderts. Band 3: England. 2. Halbband. Basel. S. 607-713.

Breton; André (1928/1992): Nadja. Erzählung. Frankfurt am Main.

Brisch, Karl Heinz (1999/2001): Bindungsstörungen. Von der Bindungstheorie zur Therapie. Vierte Auflage. Stuttgart.

Brosius, Hans-Bernd & Frank Esser (1998): Mythen in der Wirkungsforschung. Auf der Suche nach dem Stimulus-Response-Modell. In: Publizistik 43, Heft 4. S. 341-361.

Burkart, Günter (2000): Zwischen Körper und Status. Zur Kulturbedeutung der Haare. In: Cornelia Koppetsch (Hg.): Körper und Staus. Zur Soziologie der Attraktivität. Konstanz. S. 61-98.

Butler, John (1736/1986): Dissertation I: Of personal identity. In: The Analogy of Religion, Natural and Revealed to the Constitution and Course of nature. To which are Added to Brief Dissertations.

Butzkamm, Wolfgang & Jürgen Butzkamm (1999): Wie Kinder sprechen lernen. Kindliche Entwicklung und Sprachlichkeit des Menschen. Tübingen u.a.

Cahill, Spencer E. (1998): Toward a Sociology of the Person. In: Sociological Theory 16: 2 July. S. 131-148.

Cantril, Hadley (1940): The Invasion from Mars. A Study of Psychological Panic. Princeton (NJ).

Collins, Randal (1994): Four Sociological Traditions. New York und Oxford.

Cooley, Charles Horton (1902/1922/1956): Human Nature and the Social Order. In: The Two Major Works of Charles H. Cooley. Glencoe (Ill.).

Cooley, Charles Horton (1909/1956): Social Organization. In: The Two Major Works of Charles H. Cooley. Glencoe (Ill.).

Dahrendorf, Ralf (1958/1977): Homo Sociologicus. Ein Versuch zur Geschichte, Bedeutung und Kritik der Kategorie der sozialen Rolle. 15. Auflage. Opladen.

Dahrendorf, Ralf (1963/1977): Anhang I: Soziologie und menschliche Natur. In: Ders.: Homo Sociologicus. Ein Versuch zur Geschichte, Bedeutung und Kritik der Kategorie der sozialen Rolle. 15. Auflage. Opladen. S. 97-118.

Dayan, Daniel & Elihu Katz (1996): Media Events. The Live Broadcasting of History. Cambridge.

Dearing, James W. & Everett M. Rodgers (1996): Agenda Setting. Communication Concepts 6. Thousand Oaks usw.

De Levita, David L. (1965/1971): Der Begriff der Identität. Frankfurt am Main.

Descartes, René (1641/1991): Meditationes de Prima Philosophia. Meditationen über die erste Philosophie. Lateinisch/Deutsch. Stuttgart (Reclam-Ausgabe).

Dewey, John (1925/1929/1995): Erfahrung und Natur. (Aus d. Amerik.). Frankfurt am Main (Mit einem Vorwort und Änderungen des ersten Kapitels von 1929).

Diaz-Bone, Rainer und Klaus Schubert (1996): Wiliam James zur Einführung. Hamburg.

Diederichsen, Diedrich (2003): Coolness. Souveränität und Delegation. In: Jörg Huber (Hg.): Interventionen 12: Person/Schauplatz. Zürich usf. S. 243-254.

Düring, Ingemar (1966): Aristoteles. Darstellung und Interpretation seines Denkens. Heidelberg.

Dreitzel, Hans-Peter (1968/1972): Die gesellschaftlichen Leiden und das Leiden an der Gesellschaft. Vorstudien zu einer Pathologie des Rollenverhaltens. Stuttgart.

Durkheim, Emile (1893/1996): Über soziale Arbeitsteilung. Studie über die Organisation höherer Gesellschaften. Frankfurt am Main.

Durkheim, Emile (1895/1995): Die Regeln der soziologischen Methode. Hrsg. und eingeleitet von René König. 3. Auflage. Frankfurt am Main.

Durkheim, Emile (1912/1994) Die elementaren Formen des religiösen Lebens. Frankfurt am Main.

Eckert, Roland, Alois Hahn & Marianne Wolf (1989): Die ersten Jahre junger Ehen. Verständigung durch Illusionen? Frankfurt am Main und New York.

Erikson, Erik H. (1946/1973): Ich-Entwicklung und geschichtlicher Wandel. In: Ders.: Identität und Lebenszyklus. Frankfurt am Main. S. 11-54.

Erikson, Erik H. (1950/1973): Wachstum und Krisen der gesunden Persönlichkeit. In: Ders.: Identität und Lebenszyklus. Frankfurt am Main. S. 55-122.

Erikson, Erik H. (1956/1973): Das Problem der Ich-Identität. In: Ders.: Identität und Lebenszyklus. Frankfurt am Main. S. 123-211.

Eirmbter, Willy H., Alois Hahn & Rüdiger Jacob (1993): Aids und die gesellschaftlichen Folgen. Frankfurt am Main und New York.

Elias, Norbert (1933/1969): Die höfische Gesellschaft. Untersuchungen zur Soziologie des Königtums und der höfischen Aristokratie; mit einer Einleitung: Soziologie und Geschichtswissenschaft. Neuwied u.a. Ursprünglich 1933 unter dem Titel „Der höfische Mensch" bei Karl Mannheim eingereichte Hablitationsschrift.

Elias, Norbert (1939/1997): Über den Prozeß der Zivilisation. Soziogenetische und psychogenetische Untersuchungen. 2 Bände. Frankfurt am Main.

Esposito, Elena (2002): Soziales Vergessen. Formen und Medien des Gedächtnisses der Gesellschaft. Frankfurt am Main.

Esposito, Elena (2003): Das Gedächtnis des Systems. Soziologische Perspektiven auf Erinnern und Vergessen. In: Handlung Kultur Interpretation 12, Heft 1. 164-179.

Festinger, Leon (1954): A Theory of Social Comparison Processes. In: Human Relations. Vol. 7, S. 117-140.

Fouts Roger S., Deborah H. Fouts & Thomas E. Van Cantfort (1989): The Infant Loulis Learns Signs from Cross-Fostered Chimpanzees. In: R. Allen Gardner, Beatrix T. Gardner and Thomas E. Van Cantfort (Eds.): Teaching Sign Language to Chimpanzees. Albany. S. 280-307.

Freud, Sigmund (1912/1956): Totem und Tabu. Einige Übereinstimmung im Seelenleben der Wilden und der Neurotiker. Frankfurt am Main und Hamburg.

Freud, Sigmund (1938/2002): Abriss der Psychoanalyse. Einführende Darstellungen. Frankfurt am Main.

Frisch, Max (1954/1973): Stiller. Roman. Frankfurt am Main: Suhrkamp (Taschenbuchausgabe).

Fuchs, Peter (2003): Die Signatur des Bewusstseins. Zur Erwirtschaftung von Eigen-Sinn in psychischen Systemen. In: Jörg Huber (Hg.): Interventionen 12: Person/Schauplatz. Zürich usf. S. 123-135.

Führmann, M. (1989): Artikel ,Person' I: In Joachim Ritter und Karlfried Gründer (Hgg.): Historisches Wöterbuch der Philosophie. Bd. 7. P-Q. Basel. Sp. 269-283.

Gallup, Gordon G. (1970): Chimpanzees: Self Recognition. In: Science 167. S. 86-87.

Gallup, Gordon G. & Daniel L. Povinelli (1993): Mirror, Mirror on the Wall which is the Most Heuristic Theory of Them All. A Response to Mitchell. In: New Ideas in Psychology 11. S. 327-335.

Gardner, Beatrice T. & R. Allen Gardner (1971): Two-Way Communication with an Infant Chimpanzee. In: Allan M. Schrier and Fred Stollnitz (Eds.): Behavior of Nonhuman Primates. Modern Research Trends. New York and London. S. 117-184.

Garfinkel, Harold (1959/1968): Aspects of Common-Sense Knowledge of Social Structures. In: Chad Gordon and Kenneth J. Gergen (Eds.): The Self in Social Interaktion. New York et al.

Geertz, Cliffort (1966/1987): Person, Zeit und Umgangsformen auf Bali. In: Ders. Dichte Beschreibung. Beiträge zum Verstehen kultureller Systeme. Frankfurt am Main. S. 133-201.

Geertz, Cliffort (1973/1987): Dichte Beschreibung. Bemerkungen zu einer deutenden Theorie der Kultur. In: Ders.: Dichte Beschreibung. Beiträge zum Verstehen kultureller Systeme (Aus d. Amerik.). Frankfurt am Main. S. 7-43.

Geertz, Cliffort (1975/1987): Common Sense als kulturelles System. In: Ders.: Dichte Beschreibung. Beiträge zum Verstehen kultureller Systeme. Frankfurt am Main. 261-288.

Gelman, Rochel & Earl M. Williams (1998): Enabling Constraints for Cognitive Development and Learning: Domain Specifity and Epigenesis. In: William Damon, Deanna Kuhn and Robert S. Siegler (Eds.): Handbook of Child Psychology. Fifth Edition. Volume 2: Cognition, Perception, and Language. S. 575-630.

Gehlen, Arnold (1940/1974): Der Mensch. Seine Natur und seine Stellung in der Welt. Frankfurt am Main.

Gehlen, Arnold (1957): Die Seele im technischen Zeitalter. Sozialpsychologische Probleme der industriellen Gesellschaft. Hamburg.

Gerbner, George & Larry Gross (1976): Living with Television: The Viloence Profile. In: Journal of Communication 26. S. 173-199.

Gerbner, George, Larry Gross, Michael Morgan, Nancy Signorielli & James Shanahan (2002): Growing Up with Television: Cultivation Processes. In: Jennings Bryant und Dolf Zillman (Eds.): Media Effects: Advances in Theory and Research. 2nd Edition. Mahwah (NJ). S. 43-67.

Geulen, Dieter (2002): Subjekt, Sozialisation, „Selbstsozialisation". Einige kritische und einige versöhnliche Bemerkungen. In: ZSE 22, Nr. 2. S. 186-196.

Giesen, Bernhard (Hg.) (1991): Nationale und kulturelle Identität. Studien zur Entwicklung des kollektiven Bewusstseins in der Neuzeit. Frankfurt am Main.

Gilgenmann, Klaus (1986): Autopoiesis und Sozialisation. Zur systemtheoretischen Rekonstruktion von Sozialisationstheorien. In: ZSE 6, Nr. 1. S. 71-90.

Goffman, Erving (1961/1973): Interaktion: Spaß am Spiel; Rollendistanz. München.

Goffman, Erving (1963/1975): Stigma. Über Techniken der Bewältigung beschädigter Identität. Frankfurt am Main.

Goffman, Erving (1963/1981): Geschlecht und Werbung. Frankfurt am Main.

Goffman, Erving (1974/1980): Rahmen-Analyse. Ein Versuch über die Organisation von Alltagserfahrungen. Frankfurt am Main.

Göttlich, Udo & Jörg-Uwe Nieland (2002): Selbstauslegung – Annerkennung – Integration. Zur Rolle der Stellung von Unterhaltungsangeboten in der Rezeption durch Jugendliche. In Kurt Imhof, Ottfried Jarren und Roger Blum (Hgg.): Integration und Medien. Wiesbaden. S. 219-243.

Goody, Jack (1986/1990): Die Logik der Schrift und die Organisation von Gesellschaft. Frankfurt am Main.

Gradinger, Sebastian (2003): Der Beruf des Fotomodells. Der Körper als Kommunikationsinstrument. Unveröffentlichte Diplomarbeit. Trier.

Grimm, Hannelore (1987): Sprachentwicklung: Voraussetzungen, Phasen und theoretische Interpretationen. In: Rolf Oeter und Leo Montada (Hgg.): Entwicklungspsychologie. Ein Lehrbuch. 2., völlig neubearbeitete und erweiterte Auflage. München-Weinheim. S. 578-663.

Gross, Neal; Ward S. Mason & Alexander W. McEachern (1958/1966): Explorations in Role Analysis. Studies of the School Superintendent Role. New York usf.

Habermas, Jürgen (1962/1990): Strukturwandel der Öffentlichkeit. Untersuchungen zu einer Kategorie der bürgerlichen Gesellschaft. Frankfurt am Main.

Habermas, Jürgen (1980): Handlung und System. Bemerkungen zu Parsons' Medientheorie. In: Wolfgang Schluchter (Hg.): Verhalten, Handeln und System. Talcott Parsons' Beitrag zur Entwicklung der Sozialwissenschaften. Frankfurt am Main, S. 68-105.

Habermas, Jürgen (1981): Theorie des kommunikativen Handelns. 2 Bd. Frankfurt am Main.

Hahn, Alois (1970): Artikel „Soziale Rolle". In: Staatslexikon. Band IX (Ergänzungsband 3). Freiburg i.B. Sp. 228-238.

Hahn, Alois (1973): Systeme des Bedeutungswissens. Prolegomena zu einer Soziologie der Geisteswissenschaften. Freiburg i. Brsg. und Franfurt am Main. Unveröffentlichte Habilitationsschrift. Manuskript.

Hahn, Alois (1982): Zur Soziologie der Beichte und anderer Formen institutionalisierter Bekenntnisse: Selbstthematisierung und Zivilisationsprozeß. In: Kölner Zeitschrift für Soziologie und Sozialpsychologie 34. S. 408-434.

Hahn, Alois (1983): Konsensfiktionen in Kleingruppen. Dargestellt am Beispiel junger Ehen. In: Friedhelm Neidthardt (Hg.): Gruppensoziologie. Perspektiven und Materialien. Köln. S. 210-232.

Hahn, Alois (1984): Theorien zur Entstehung der europäischen Moderne. In: Philosophische Rundschau 31. S. 178-202.

Hahn, Alois (1985): Die Cautio Crminalis. In: Gunther Franz (Hg.): Friedrich Spee, Dichter, Seelsorger, Bekämpfer des Hexenwahns zum 350. Todestag. Katalog einer Ausstellung der Stadtbibliothek Trier. Trier.

Hahn, Alois (1986): Differenzierung, Zivilisationsprozess, Religion. Aspekte einer Theorie der Moderne. In: Friedhelm Neidhardt, M. Rainer Lepsius und Johannes Weiß (Hgg.): Kultur und Gesellschaft. Sonderheft 27 der Kölner Zeitschrift für Soziologie und Sozialpsychologie. S. 214-231.

Hahn, Alois (1987): Identität und Selbstthematisierung. In: Ders. und Volker Kapp (Hgg.): Selbstthematisierung und Selbstzeugnis. Bekenntnis und Gedächtnis. Frankfurt am Main. S. 9-24.

Hahn, Alois (1988/2000a): Biographie und Lebenslauf. In: Ders.: Konstruktionen des Selbst, der Welt und der Geschichte. Aufsätze zur Kultursoziologie. Frankfurt am Main. S. 97-115.

Hahn, Alois (1988/2000b): Kann der Körper ehrlich sein? In: Ders.: Konstruktionen des Selbst, der Welt und der Geschichte. Aufsätze zur Kultursoziologie. Frankfurt am Main. S. 353-366.

Hahn, Alois (1989/2000a): Verständigung als Strategie. In: Ders.: Konstruktionen des Selbst, der Welt und der Geschichte. Aufsätze zur Kultursoziologie. Frankfurt am Main. S. 80-96.

Hahn, Alois (1989/2000b): Autothematisation bei Proust. In: Ders.: Konstruktionen des Selbst, der Welt und der Geschichte. Aufsätze zur Kultursoziologie. Frankfurt am Main. S. 463-474.

Hahn, Alois (1990/2000): Religiöse Dimensionen der Leiblichkeit. In: Ders.: Konstruktionen des Selbst, der Welt und der Geschichte. Aufsätze zur Kultursoziologie. Frankfurt am Main. S. 387-403.

Hahn, Alois (1993): Identität und Nation in Europa. In: Berliner Journal für Soziologie 3, Heft 2. S. 193-203.

Hahn, Alois (1993/2000): Handschrift und Tätowierung. In: Ders.: Konstruktionen des Selbst, der Welt und der Geschichte. Aufsätze zur Kultursoziologie. Frankfurt am Main. S. 367-386.

Hahn, Alois (1997/2000): Partizipative Identitäten. In: Ders.: Konstruktionen des Selbst, der Welt und der Geschichte. Aufsätze zur Kultursoziologie. Frankfurt am Main. S. 13-80.

Hahn, Alois (1997/2000b): Proust und der erkenntnistheoretische Konstruktivismus. In: Ders.: Konstruktionen des Selbst, der Welt und der Geschichte. Aufsätze zur Kultursoziologie. Frankfurt am Main. S. 475-487.

Hahn, Alois (1998): Kontingenz und Kommunikation. In: Gerhart von Graevenitz und Odo Marquard (in Zusammenarbeit mit Matthias Christen) (Hgg.): Kontingenz. Poetik und Hermeneutik XVII. München. S. 493-521.

Hahn, Alois (1999/2000): Kunst, Wahrnehmung und Sinndeutung. In: Ders.: Konstruktionen des Selbst, der Welt und der Geschichte. Aufsätze zur Kultursoziologie. Frankfurt am Main. S. 407-439..

Hahn, Alois (2001a): Aufmerksamkeit. In: Aleida und Jan Assmann (Hgg.): Aufmerksamkeiten. Archäologie der literarischen Kommunikation VII. München. S. 25-56.

Hahn, Alois (2001b): Heideggers Philosophie des Todes im Diskursfeld seiner Zeit. In: Johannes Weiß (Hg.): Die Jemeinigkeit des Mitseins. Die Daseinsanalytik Heideggers und die Kritik der soziologischen Vernunft. Konstanz. S. 105-128.

Hahn, Alois (2001c): Inszenierung von Unabsichtlichkeit. In: Erika Fischer-Lichte (Hg.): Theatralität und die Krisen der Repräsentation. Stuttgart und Weimar. S. 177-197.

Hahn, Alois (2003a): Wohl dem der eine Narbe hat: Identifikation und ihre soziale Konstruktion. Trier. Manuskript.

Hahn, Alois (2003b) : Prognose. In: Ders.: Erinnerung und Prognose. Zur Vergegenwärtigung von Vergangenheit und Zukunft. Otto-von-Freising-Vorlesungen der Katholischen Universität Eichstätt. Opladen. S. 23-41.

Hahn, Alois (2003c): Inszenierung der Erinnerung. In: Ders.: Erinnerung und Prognose. Zur Vergegenwärtigung von Vergangenheit und Zukunft. Otto-von-Freising-Vorlesungen der Katholischen Universität Eichstätt. Opladen. S. 1-21.

Hahn (2003d): Personelle Vielfalt und Organisationsidentität. Vortrag in Trier am 27.3.2003. Manuskript.

Hahn (2004a): Ist Kultur ein Medium? In: Günter Burkart und Gunter Runkel (Hgg.): Luhmann und die Kulturtheorie. Frankfurt am Main 2004. S. 40-57.

Hahn, Alois (2004b): Der Mensch in der deutschen Systemtheorie. In: Ulrich Bröckling, Axel T. Paul und Stefan Kaufmann (Hgg.): Vernunft – Entwicklung – Leben. Schlüsselbegriffe der Moderne. Festschrift für Wolfgang Essbach. München. S. 279-290.

Hahn, Alois & Jürgen Thömmes (1997): Proust und der erkenntnistheoretische Konstruktivismus. In: Ursula Link-Heer und Volker Roloff (Hgg.): Marcel Proust und die Philosophie. Frankfurt am Main und Leipzig. S. 228-250.

Hahn, Alois & Rüdiger Jacob (1994): Der Körper als soziales Bedeutungssystem. In: Peter Fuchs und Andrea Göbel (Hgg.): Der Mensch, das Medium der Gesellschaft. Frankfurt am Main, S. 146-188.

Hahn, Alois, Willy Eirmbter & Rüdiger Jacob (1996): Krankheitsvorstellungen in Deutschland. Das Beispiel Aids. Opladen.

Hayes, Keith J. & Catherine Hayes (1954): The Cultural Capacity of Chimpanzee. In: Human Biology 26. S. 288-303.

Hauser, Marc D. (2000/2001): Wilde Intelligenz. Was Tiere wirklich denken. München.

Hayes, Keith J. & Catherine H. Nissen (1956/1971): Higher Mental Function of a Home-Raised Chimpanzee. In: Allan M. Schrier and Fred Stollnitz (Eds.): Behavior of Nonhuman Primates. Modern Research Trends. New York and London. S. 59-115.

Heidegger, Martin (1956/1986): Der Satz vom Grund. 6. Auflage. Pfullingen.

Heidegger, Martin (1959/1990): Unterwegs zur Sprache. 9. Auflage. Pfullingen.

Heidenescher, Mathias (1992): Zurechnung als soziologische Kategorie: Zu Luhmanns Verständnis von Handlung als Systemleistung. In: Zeitschrift für Soziologie 21, S. 440-455.

Hepp, Andreas (2002): Translokale Medienkulturen. In: Andreas Hepp und Martin Löffelholz (Hgg.): Grundlagentexte zur transkulturellen Kommunikation. Konstanz. S. 861-885.

Homans, George Caspar (1967/1972): Grundlegende soziale Prozesse. In: Ders.: Grundfragen soziologischer Theorie, hg. von Viktor Vanberg. Opladen. S. 59-105.

Horton, Donald & R. Richard Wohl (1956): Mass Communication and Parasocial Interaction: Observation on Intimacy at a Distance. In: Psychiatry 19. S. 185-206.

Hume, David (1738/1968): A Treatise on Human Nature. 2 Volumes. London.

Hurrelmann, Klaus (2002): Selbstsozialisation oder Selbstorganisation? Ein sympathisierender, aber kritischer Kommentar. In: ZSE 22, Nr. 2. S. 155-166.

Husserl, Edmund (1931/1995): Cartesianische Meditationen. Hamburg.

Jacob, Rüdiger, Willy H. Eirmbter, Alois Hahn, Claudia Hennes & Frank Lettke (1997): Aids-Vorstellungen in Deutschland. Stabilität und Wandel. Berlin.

Jäckel, Michael (1992): Mediennutzung als Niedrigkostensituation. Anmerkungen zum Nutzen- und Belohnungsansatz. In: Medienpsychologie 4, S. 246-266.

Jäckel, Michael (1996): Wahlfreiheit in der Fernsehnutzung. Eine soziologische Analyse zur Individualisierung der Massenkommunikation. Opladen.

Jäckel, Michael (1997): Zur Bedeutung der Begriffe Selbstinteresse und Sympathie in der Sozialtheorie von Adam Smith. In: Sociologia Internationalis, 35. Band, Heft 1. S. 87-103.

Jäckel, Michael (1999a): Die kleinen und die großen Unterschiede. Anmerkungen zum Zusammenhang von Mediennutzung und Individualisierung. In: Michael Latzer, Ursula Maier-Rabler, Gabriele Siegert und Thomas Steinmaurer (Hgg.): Die Zukunft der Kommunikation. Phänomene und Trends in der Informationsgesellschaft. Innsbruck und Wien. S. 277-291.

Jäckel, Michael (1999b): Inklusion und Exklusion durch Mediennutzung? In: Claudia Honnegger, Stefan Hradil und Franz Taxler (Hgg.): Grenzenlose Gesellschaft? Verhandlungen des 29. Kongresses der Deutschen Gesellschaft für Soziologie, des 16. Kongresses der Österreichischen Gesellschaft für Soziologie, des 11. Kongresses der Schweizerischen Gesellschaft für Soziologie in Freiburg i.Br. 1998. Teil 1. Opladen. S. 691-706.

Jäckel, Michael (1999c): Ein endloses Thema – Zur Akzeptanz von Unterhaltungsangeboten und Serien. In: Claudia Cipitelli und Axel Schwanebeck (Hgg.): Pickel, Küsse und Kulissen. Soap Operas im Fernsehen. S. 39-47.

Jäckel, Michael (1999d): Individualisierung und Integration. Zur Bedeutung von Medienangeboten. In: Uwe Hasebrink und Patrick Rössler (Hgg.): Publikumsbindungen. Medienrezeption zwischen Individualisierung und Integration. München. S.11-19.

Jäckel, Michael (1999e): Zwischen Autonomie und Vereinahmung. Kindheit, Jugend und die Bedeutung der Medien. In: Gunnar Roters, Walter Klingler und Maria Gerhards (Hgg.): Mediensozialisation und Medienverantwortung. Baden-Baden. S. 113-127.

Jäckel, Michael (2001a): Opinion Leader: A Promising Idea! In: Heidrun Abromeit, Jörg-Uwe Nieland und Thomas Schierl (Hgg.): Politik, Medien, Technik. Festschrift für Heribert Schatz. Wiesbaden. S. 245-259.

Jäckel, Michael (2001b): Rezension von „Peter Sicking: Leben ohne Fernsehen". In: Medien & Kommunikationswissenschaft. 48, Heft 1. S. 119-121.

Jäckel, Michael (2002a): Medienwirkungen. Ein Studienbuch zur Einführung. 2., überarbeitete und erweiterte Auflage. Wiesbaden.

Jäckel, Michael (2003): Defizit oder Differenz. Anmerkungen zur Internetverbreitung in Deutschland unter Berücksichtigung der Knowledge Gap-Hypothese. In: Wolfgang Donsbach und Olaf Jandura (Hgg.): Chancen und Gefahren der Mediendemokratie. Konstanz. S. 292-304.

Jäckel, Michael, Christoph Kochhan & Natalie Rick (2002): Ist die Werbung aktuell? Ältere Menschen als Werbeträger. In: Herbert Willems (Hg.): Die Gesellschaft der Werbung. Kontexte und Texte. Produktionen und Rezeptionen. Entwicklungen und Perspektiven. Wiesbaden. S. 675-690.

Jäckel, Michael & Jan D. Reinhardt (2001): Über welche Brücke muss man gehen? Die Mehr-Ebenen-Analyse und ihre Relevanz für die Rezeptionsforschung. In: Patrick Rössler, Uwe Hasebrink und Michael Jäckel (Hgg.): Theoretische Perspektiven der Rezeptionsforschung. München. Angewandte Medienforschung. Band 17. S. 35-58.

Jäckel, Michael & Jan D. Reinhardt (2002a): Empören oder Schweigen. Ethische Dimensionen der provokanten Werbung. In: Sociologia Internationalis 40, Heft 2. S. 147-164.

Jäckel, Michael & Jan D. Reinhardt (2002b): Aufmerksamkeitsspiele: Anmerkungen zu provokanter Werbung. In: Herbert Willems (Hg.): Die Gesellschaft der Werbung. Kontexte und Texte. Produktionen und Rezeptionen. Entwicklungen und Perspektiven. Wiesbaden. S. 527-547.

Jäckel, Michael & Jan D. Reinhardt (2003a): Provokante Werbung unter dem Gesichtspunkt einer Ethik der Massenkommunikation. In: Bernhard Debatin und Rüdiger Funiok (Hgg.): Kommunikations- und Medienethik. Konstanz. S. 203-218.

Jäckel, Michael & Jan D. Reinhardt (2003b): Sozialstruktur und Medienkonsum. Überlegungen zu einer Theorie der Nutzungsgrenzen. In: Manfred Knoche (Hg.): Medienwirtschaft und Gesellschaft. Zur Integration von Theorieansätzen einer ökonomischen Mediensoziologie und einer soziologischen Medienökonomie. Band 2/2: Medienkonsum und Mediengesellschaft. (im Druck).

James, William (1890/1950): The Principles of Psychology. Two Volumes. New York and Toronto.

Jarren, Otfried (2000), Gesellschaftliche Integration durch Medien: Zur Begründung normativer Anforderungen an die Medien, Medien und Kommunikationswissenschaft 48. S. 22-41.

Kaminski, Julia, Josep Call & Julia Fischer (2004): Word Learning in a Domestic Dog: Evidence for „Fast Mapping". In: Science 304, 11 June 2004. S. 1682-1683.

Kant, Imanuel (1781/1787/1925): Kritik der reinen Vernunft. Berlin.

Katz, Elihu, Jay G. Blumler & Michael Gurevitch (1974): The Uses and Gratifications Approach to Masscommunication. Beverly Hills and London.

Kellogg, W.N. & L.A. Kellogg (1933): The Ape and the Child. A Study of Environmental Influence upon Early Behavior. New York and London.

Kible, B. Th. (1989): Artikel ‚Person' II. In Joachim Ritter und Karlfried Gründer (Hgg.): Historisches Wöterbuch der Philosophie. Bd. 7. P-Q. Basel. Sp. 283-300.

Kierkegaard, Sören (1843/2000): Die Wiederholung. Hamburg.

Klein, Naomi (2001): No Logo! Der Kampf der Global Players um Marktmacht. Pößneck.

Klein, Stanley B. (2001): A Self to Remember. A Cognitive Neoropsychological Perspective on How Self Creates Memory and Memory Creates Self. In: Constantine Sedikides and Marilynn B. Brewer (eds.): Individual self, Relationals Self, Collective Self. Ann Arbor, MI. S. 25-46.

Kobusch, Th. (1976): Artikel ‚Individuum, Individualität' I. In: Joachim Ritter und Karlfried Gründer (Hgg.): Historisches Wörterbuch der Philosophie. Bd. 4. Basel und Stuttgart. Sp. 300-304.

Köhler, Wolfgang (1917/1921/1963): Intelligenzprüfungen an Menschenaffen. Berlin usw.

Koppetsch, Cornelia (2002): Die Verkörperung des schönen Selbst. Attraktivität als Imagepflege. In: Herbert Willems (Hg.): Die Gesellschaft der Werbung. Kontexte und Texte. Produktionen und Reproduktionen. Entwicklungen und Perspektiven. Wiesbaden.

Koppetsch, Cornelia (2004): Öffentlichkeitseliten und Wandel von Expertenkulturen. Überlegungen zu Luhmanns Theorie der Massenmedien: In Günter Burkart und Gunter Runkel (Hrsg.): Luhmann und die Kulturtheorie. Frankfurt am Main. S. 189-212.

Krappmann, Lothar (1969/2000): Soziologische Dimensionen der Identität. Strukturelle Bedingungen für die Teilnahme an Interaktionsprozessen. Neunte, in der Ausstattung veränderte Auflage. Stuttgart.

Krappmann, Lothar (2002): Warnung vor dem Begriff der Selbstsozialisation. In: ZSE 22, Nr. 2. S. 178-185.

Ladeur, Karl-Heinz (2000): Der ‚Funktionsauftrag`des öffentlich-rechtlichen Rundfunks – auf ‚Integration' festgelegt oder selbst definiert? In: Medien & Kommunikationswissenschaft 48, Heft 1. S. 93-106.

Largo, Remo H. (1993): Babyjahre. Die frühkindliche Entwicklung aus biologischer Sicht. Das andere Erziehungsbuch. Hamburg.

Lässle, Reinhold G. (1991): Eßstörungen. In: H. Reinecker (Hg.): Lehrbuch der klinischen Psychologie. Modelle psychischer Störungen. Göttingen usw.

Lasswell, Harold D. (1927): Propaganda Technique in the World War. New York.

Lasswell, Harold D., Smith, B.L. & Casey, R.D. (1946): Propaganda. Communication and Public Opinion. A Comprehensive Reference Guide. Princeton (N.J.).

Lazarsfeld, Paul F., Bernard Berlelson & Hazel Gaudet (1944/1968): The People's Choice. How the Voter Makes up his Mind in a Presidential Campaign. New York und London.

Lemert, Edwin M. (1951): Social Pathology. New York.

Lemert, Edwin M. (1975): Der Begriff der sekundären Devianz. In: Karl Lüderssen und Fritz Sack (Hgg.): Seminar: Abweichendes Verhalten I. Die selektiven Normen der Gesellschaft. Frankfurt am Main. S. 433-476.

Link, Jürgen (1997/1999): Versuch über den Normalismus. Wie Normalität produziert wird. 2., aktualisierte und erweiterte Auflage. Wiesbaden.

Linton, Ralph (1936/1964): The Study of Man. An Introduction. New York.

Locke, John (1690/1976): An Essay Concerning Human Understanding. Abridged and edited with an introduction of John W. Yolton. Four Books. London und New York.

Loftus, Elisabeth F. & John C. Palmer (1974): Reconstruction of Automobile Destruction. An Example of the Interaction Between Language and Memory. In: Journal of Verbal Learning and Verbal Behavior 13, S. 585-589.

Loftus, Elisabeth F. & Jacquie E. Pickrell (1995): The Formation of False Memories. In: Psychiatric Annals 25, S. 720-725.

Loftus, Elisabeth F. (1997): Creating False Memories. In: Scientific American 277, S. 70-75.

Lorenz, K. (1976): Artikel ‚Identität' II. In: Joachim Ritter und Karlfried Gründer (Hgg.): Historisches Wörterbuch der Philosophie. Bd. 4. Basel und Stuttgart. Sp. 144-148.

Luhmann, Niklas (1966): Reflexive Mechanismen. In: Soziale Welt 17, S. 1-23.

Luhmann, Niklas (1969): Normen in soziologischer Perspektive. In: Soziale Welt 20, S. 28-48.

Luhmann, Niklas (1970): Soziologie als Theorie sozialer Systeme. In: Niklas Luhmann: Soziologische Aufklärung 1. Aufsätze zur Theorie sozialer Systeme. Opladen. S. 113-136.

Luhmann, Niklas (1973): Vertrauen. Ein Mechanismus zur Reduktion sozialer Komplexität. 2., erweiterte Auflage. Stuttgart.

Luhmann, Niklas (1980): Sozialstruktur und Semantik. Studien zur Wissenssoziologe der modernen Gesellschaft. Band 1. Frankfurt am Main.

Luhmann, Niklas (1984/1996): Soziale Systeme. Grundriß einer allgemeinen Theorie. 6. Auflage. Frankfurt am Main.

Luhmann, Niklas (1986/1987): Codierung und Programmierung. Bildung und Selektion im Erziehungssystem. In: Ders.: Soziologische Aufklärung 4. Beiträge zur funktionalen Differenzierung der Gesellschaft. S. 182-201.

Luhmann, Niklas (1987a): Die Autopoiesis des Bewußtseins. In: Alois Hahn und Volker Kapp (Hgg.): Selbstthematisierung und Selbstzeugnis. Bekenntnis und Gedächtnis, Frankfurt am Main. S. 25-94.

Luhmann, Niklas (1987b): Sozialisation und Erziehung. In: Soziologische Aufklärung 4. Beiträge zur funktionalen Differenzierung der Gesellschaft. S. 173-181.

Luhmann, Niklas (1987/1995): Die gesellschaftliche Differenzierung und das Individuum. In: Ders. Soziologische Aufklärung 6. Die Soziologie und der Mensch. Opladen. S. 125-141.

Luhmann, Niklas (1988): Was ist Kommunikation? In: Fritz B. Simon (Hg.): Lebende Systeme. Wirklichkeitskonstruktionen in der Systemischen Therapie. Berlin usw.

Luhmann, Niklas (1988/1995): Wie ist das Bewußtsein an Kommunikation beteiligt? In: Ders. Soziologische Aufklärung 6. Die Soziologie und der Mensch. Opladen. S. 37-54.

Luhmann, Niklas (1989/1998): Individuum, Individualität, Individualismus. In: Ders.: Gesellschaftsstruktur und Semantik. Band 3: Studien zur Wissenssoziologie der modernen Gesellschaft. Frankfurt am Main. S. 149-258.

Luhmann, Niklas (1991): Soziologie des Risikos. Berlin und New York.

Luhmann, Niklas (1991/1995): Die Form „Person". In: Ders. Soziologische Aufklärung 6. Die Soziologie und der Mensch. Opladen. S. 142-154.

Luhmann, Niklas (1992/1995): Die operative Geschlossenheit psychischer und sozialer Systeme. In: Ders. Soziologische Aufklärung 6. Die Soziologie und der Mensch. Opladen. S. 25-36.

Luhmann, Niklas (1993/1995): Das Recht der Gesellschaft. Frankfurt am Main.

Luhmann, Niklas (1995/1999): Kultur als historischer Begriff. In: Ders.: Gesellschaftsstruktur und Semantik. Band 4: Studien zur Wissenssoziologie der modernen Gesellschaft. Frankfurt am Main. S. 31-54.

Luhmann, Niklas (1996a): Die Realität der Massenmedien. 2., erweiterte Auflage. Opladen.

Luhmann, Niklas (1996b): Zeit und Gedächtnis. In: Soziale Systeme 2. S. 307-331.

Luhmann, Niklas (1997): Die Gesellschaft der Gesellschaft. 2 Bände. Frankfurt am Main.

Luhmann, Niklas (2000/2002): Die Religion der Gesellschaft. Posthum hrsg. von André Kieserling. Frankfurt am Main.

Luhmann, Niklas (2002): Das Erziehungssystem der Gesellschaft. Posthum hrsg. von Dieter Lenzen. Frankfurt am Main.

Luhmann, Niklas und Karl-Eberhard Schorr (1979): Reflexionsprobleme im Erziehungssystem. Stuttgart.

Maletzke, Gerhard (1963): Psychologie der Massenkommunikation. Theorie und Systematik. Hamburg.

Maratsos, Michael (1998): The Acquistion of Grammar. In: William Damon, Deanna Kuhn and Robert S. Siegler (Eds.): Handbook of Child Psychology. Fith Edition. Volume 2: Cognition, Perception, and Language. S. 421-466.

Marcinkowski, Frank (1993): Publizistik als autopoietisches System. Opladen.

Markowitsch, Hans J. (2001): Bewußte und unbewußte Formen des Erinnerns. Befunde aus der neurowissenschaftlichen Gedächtnisforschung. In: Harald Welzer (Hrsg.): Das soziale Gedächtnis. Geschichte, Erinnerung, Tradierung. Hamburg. S. 219-238.

Maturana, Humberto R. und Francisco J. Varela (1984/1987): Der Baum der Erkenntnis. Die menschlichen Wurzeln biologischen Erkennens. Berlin und München.

Mauss, Marcel (1938/1997): Eine Kategorie des menschlichen Geistes. Der Begriff der Person und des ‚Ich'. In: Ders.: Soziologie und Anthropologie 2. Frankfurt am Main (Fischer). S. 223-252

Mayr, Ernst (2001): What Evolution is. New York.

McCombs, Maxwell E. & Donald L. Shaw (1972): The Agenda-Setting Function of Mass Media. In: Public Opinion Quaterly 36. S. 176-187.

Mead, George Herbert (1934/1993): Geist, Identität und Gesellschaft. Aus Sicht des Sozialbehaviourismus. Frankfurt am Main.

Merleau-Ponty, Maurice (1964/1994): Das Sichtbare und das Unsichtbare. Gefolgt von Arbeitsnotizen. 2. Auflage. München.

Merten, Klaus (1994): Wirkungen von Kommunikation. In: Klaus Merten, Siegfried J. Schmidt und Siegfried Weischenberg (Hgg.): Die Wirklichkeit der Medien. Eine Einführung in die Kommunikationswissenschaft. Opladen. S. 291-328.

Merton, Robert K. (1938/1957/1995): Sozialstruktur und Anomie. In: Ders.: Soziologische Theorie und soziale Struktur. Berlin und New York. S. 127-154.

Merton, Robert K. (1948/1995): Die self-fulfilling prophecy. In: Ders.: Soziologische Theorie und soziale Struktur. Berlin und New York.

Merton, Robert K. (1957): The Role Set. In: Journal of British Sociology 8, S. 106-120.

Merton, Robert K. & Elinor Barber (1963): Sociological Ambivalence. In: Edward A. Tiryakian (Ed.): Sociological Theory, Values and Sociocultural Change. New York. S. 91-120.

Meyrowitz, Joshua (1990): Überall und nirgends dabei. Die Fernseh-Gesellschaft I. Weinheim und Basel.

Meyrowitz, Joshua (1998): Das generalisierte Anderswo. In: Ulrich Beck (Hg.): Perspektiven der Weltgesellschaft. Frankfurt am Main. S. 176-191.

Mikos, Lothar (1992): Das Mediensystem in der ehemaligen DDR im Umbruch. Vom Zentralismus zum Föderalismus. In: Bundeszentrale für politische Bildung (Hg.): Privat-kommerzieller Rundfunk in Deutschland. Entwicklungen, Forderungen, Regelungen, Folgen. Bonn. S. 103-130

Mikos, Lothar (1999): Erinnerung, Populärkultur und Lebensentwurf. Identität in der multimedialen Gesellschaft. In: medien praktisch, Heft 1/99. S. 4-8.

Mill, John Stuart (1859/1980): Über die Freiheit. Stuttgart (Aus d. Englischen).

Muck, O. (1976): Artikel ‚Identität' I. In: Joachim Ritter und Karlfried Gründer (Hgg.): Historisches Wörterbuch der Philosophie. Bd. 4. Basel und Stuttgart. Sp. 144.

Müller, Hans Peter (1986): Grundzüge der Kultursoziologie Pierre Bourdieus, in: Kölner Zeitschrift für Soziologie und Sozialpsychologie, Sonderheft 27, 162-187.

Müller, Hans Peter (1992): Sozialstruktur und Lebensstile. Frankfurt am Main.

Münch, Richard (1982): Theorie des Handelns. Zur Rekonstruktion der Beiträge von Talcott Parsons, Émile Durkheim und Max Weber. Frankfurt am Main.

Münch, Richard (1991): Dialektik der Kommunikationsgesellschaft. Frankfurt am Main.

Nadel, Siegfried F. (1957/1969): The Theory of Social Structure. Fourth Impression. London.

Nietzsche, Friedrich (1873/1936): Vom Nutzen und Nachteil der Historie für das Leben. Der unzeitgemäßen Betrachtungen zweites Stück. Leipzig.

Nietzsche, Friedrich (1882/1905): Die fröhliche Wissenschaft. In.: Nietzsches Werke. Erste Abteilung. Band V. Leipzig.

Noelle-Neumann, Elisabeth (1981/1996): Öffentliche Meinung: die Entdeckung der Schweigespirale. Frankfurt am Main und Berlin. Zitiert nach der vierten, erweiterten Auflage.

Oechsler, Walter A. (1997): Personal und Arbeit. Einführung in die Personalwirtschaft. 6., völlig überarbeitete und erweiterte Auflage. München und Wien.

Oeing-Hanthof, L. (1976): Artikel ‚Individuum' II. In: Joachim Ritter und Karlfried Gründer (Hgg.): Historisches Wörterbuch der Philosophie. Bd. 4. Basel und Stuttgart. Sp. 304-310.

Park, Robert E. (1904): Masse und Publikum. Eine methodologische und soziologische Untersuchung. Bern.

Parsons, Talcott (1951/1966): The Social System. Third Printing. New York und London.

Parsons, Talcott (1966): Full Citizenship for the Negro-American? In: Ders. und Kenneth Clark (Eds.): The Negro American. Boston.

Parsons, Talcott (1972/1985): Das System moderner Gesellschaften. Weinheim und München.

Parsons, Talcott und Gerald M. Platt (1972/1990); Die amerikanische Universität. Frankfurt am Main.

Patterson, Francine (1979): Linguistic Capabilities of a Lowland Gorilla. In: Fred C.C. Peng (Ed.): Sign Language and Language Acquisition in Man and Ape. Boulder (Colorado). S. 161- 201.

Peng, Fred C.C. (1979): Linguistic Potentials of Nonhuman Primates. In: Ders. (Ed.): Sign Language and Language Acquisition in Man and Ape. Boulder (Colorado). S. 203- 224.

Piaget, Jean (1950/1974): Der Aufbau der Wirklichkeit beim Kinde. Mit einer Einführung von Hans Aebli. Stuttgart.

Piaget, Jean (1923/1972): Sprechen und Denken des Kindes. Düsseldorf.

Pitigrilli (1922/2002): Kokain. Roman.

Platon: Menon. Ca. 390 v. Chr.

Popitz, Heinrich (1966/1975): Der Begriff der sozialen Rolle als Element der soziologischen Theorie. Tübingen. Ursprünglich Freiburger Antrittsvorlesung.

Popper, Karl R. (1934/1994): Logik der Forschung. 10. Auflage. Tübingen.

Postman, Neil (1982/1983): Das Verschwinden der Kindheit. Frankfurt am Main.

Premack, David (1971): On the Assessment of Language Competence in the Chimpanzee. In: Allan M. Schrier and Fred Stollnitz (Eds.): Behavior of Nonhuman Primates. Modern Research Trends. New York and London. S. 185-228.

Proust, Marcel (1913/1981): In Swanns Welt. Frankfurt am Main.

Proust, Marcel (1923/1983): Die Gefangene. Frankfurt am Main.

Rauh, Hellgard (1987): Frühe Kindheit. In: Rolf Oeter und Leo Montada (Hgg.): Entwicklungspsychologie. Ein Lehrbuch. 2., völlig neubearbeitete und erweiterte Auflage. München-Weinheim. S. 131-203.

Read, Kenneth E. (1955): Morality and the Concept of the Person among the Guaka-Gama. In: Oceania XXV, No. 4, June. S. 233-282.

Reich, Jens (1994): Die Macht der Bilder. In: Die Zeit vom 30.September 1994. S. 7.

Reinhardt, Jan D. (2004): Soziologische Dimensionen der Toleranz – ein systemtheoretischer Blick. In: Hamid Reza Yousefi und Klaus Fischer (Hgg.): Interkulturelle Orientierung. Grundlegung des Toleranz-Dialogs. Teil 1: Methoden und Konzeptionen. Nordhausen. S. 323-349.

Reinhardt, Jan D. (2005): Niklas Luhmanns Systemtheorie interkulturell gelesen. Nordhausen.

Reinhardt, Jan D. & Michael Jäckel (2002): Zurechnungsmodelle und Themenrepertoires. Gedanken zur Integrationsleistung von Massenmedien in der Moderne. In Kurt Imhof, Ottfried Jarren und Roger Blum (Hgg.): Integration und Medien. Wiesbaden. S. 77-92.

Reinhardt, Jan D. & Michael Jäckel (2005): Massenmedien als Gedächtnis- und Erinnerungsgeneratoren. Mythos und Realität einer ‚Mediengesellschaft'. In: Patrick Rössler und Friedrich Krotz: Mythen der Mediengesellschaft – The Media Society and ist Myths. Konstanz 2005. S. 93-112.

Reinhardt, Katia (2006): ‚Erinnerte Emotionen' oder emotionale Erinnerungen – über den Zusammenhang von Emotionen, Erinnerung und Persönlichkeit bei Marcel Proust. Psychologie und Gesellschaftskritik 30, 118, H2. S. 35-55.

Renckstorf, Karsten (1977): Neue Perspektiven in der Massenkommunikationsforschung: Beiträge zur Begründung eines alternativen Forschungsansatzes. Berlin.

Riedle, Gabriele (2003): Die neue Bedeutung des Körpers. Essay in: GEO vom 6. Juni 2003. S. 56-80.

Ritter, Joachim (1972): Artikel ‚Ethik'.I-VI. In: Joachim Ritter und Karlfried Gründer (Hgg.): Historisches Wörterbuch der Philosophie. Bd. 2. Basel und Stuttgart. Sp. 759-795.

Rogers, Everett (1962/1995): Diffusion of Innovations. Fourth Edition. New York.

Savage-Rumbaugh, Sue & Roger Lewin (1994/1995): Kanzi – Der sprechende Schimpanse. Was den tierischen vom menschlichen Verstand unterscheidet. München.

Scheler, Max (1927/1991): Die Stellung des Menschen im Kosmos. Bonn.

Scheler, Max (1925/1929/1976) : Die Formen des Wissens und die Bildung. In: Ders.: Philosophische Weltanschauung. In: Werke. Späte Schriften. Bd. 9. Bonn. (Zuerst Vortrag von 1925).

Schenk, Michael (2002): Medienwirkungsforschung. 2., vollständig überarbeitete Auflage.Tübingen.

Schild, W. (1989): Artikel ‚Person' IV: In Joachim Ritter und Karlfried Gründer (Hgg.): Historisches Wöterbuch der Philosophie. Bd. 7. P-Q. Basel. Sp. 322-335.

Schmidt, Gerhart (1991): Einleitung zu Descartes Meditationes. A.a.O. Stuttgart. S. 5-19.

Schönbach, Klaus & Wolfram Peiser (1997/1998): Was wird aus dem Zeitungslesen? In: Walter Klingler, Gunnar Roters und Maria Gerhards (Hgg.) Medienrezeption seit 1945. Baden-Baden. S. 103-112.

Schorb, Bernd, Karin Eichmeyer, Achim Lauber & Susanne Eggert (unter Mitarbeit von Susanne von Holten, Iren Schulz und Maren Würfel) (2003): Was guckst Du, was denkst Du? Der Einfluss des Fernsehens auf das Ausländer-bild von Kindern im Alter von 9 bis 14 Jahren. Kiel.

Schrader, W.H. (1995): Artikel „Selbst" II. In: Joachim Ritter und Karlfried Gründer (Hgg.): Historisches Wörterbuch der Philosophie. Bd. 9. Basel. Sp. 293-305.

Schramm, Holger, Tilo Hartmann & Christoph Klimmt (2002): Desiderata und Perspektiven der Forschung über parasoziale Interaktionen und Beziehungen zu Medienfiguren. In: Publizistik 47. S. 436-459.

Schütt, H.-P. (1989): Artikel ‚Person' III: In Joachim Ritter und Karlfried Grün-der (Hgg.): Historisches Wöterbuch der Philosophie. Bd. 7. P-Q. Basel. Sp. 300-322.

Schütz, Alfred (1932/1974): Der sinnhafte Aufbau der sozialen Welt. Frankfurt am Main.

Schulze, Gerhard (1992/1996): Die Erlebnisgesellschaft. Kultursoziologie der Gegenwart. 6. Auflage. Frankfurt am Main und New York.

Seiler, Thomas Bernhard & Wolfgang Wannenmacher (1987): Begriffs- und Be-deutungsentwicklung. In: Rolf Oeter und Leo Montada (Hgg.): Entwick-lungspsychologie. Ein Lehrbuch. 2., völlig neubearbeitete und erweiterte Auf-lage. München-Weinheim. S. 463-505.

Shannon, Claude Elwood & Warren Weaver (1949/1963): The Mathematical Theory of Communication. Urbana usf.

Shweder, Richard A. & Edmund J. Bourne (1984): Does the Concept of the Per-son Vary Cross-culturally? In: Richard A. Shweder & Robert A LeVine: Cul-ture Theory. Essays on Mind Self and Emotion. Cambridge usw. (Cambridge University Press). S. 158-199.

Sicking, Peter (1998): Leben ohne Fernsehen. Eine qualitative Nichtfernseher-studie. Wiesbaden.

Simmel, Georg (1890/1908/1992): Die Kreuzung sozialer Kreise. In: Ders.: So-ziologie. Untersuchung über die Formen der Vergesellschaftung. Gesamtaus-gabe Band 11. S. 456-511.

Simmel, Georg (1895/1908/1992): Die quantitative Bestimmtheit der Gruppe. In: Ders.: Soziologie. Untersuchung über die Formen der Vergesellschaftung. Gesamtausgabe Band 11. S. 63-159.

Simmel, Georg (1903/1908/1992): Exkurs über den Fremden. In: Ders.: Soziolo-gie. Untersuchung über die Formen der Vergesellschaftung. Gesamtausgabe Band 11. S. 764-771.

Simmel, Georg (1895/1983): Zur Psychologie der Mode. Soziologische Studie. In: Ders.: Schriften zur Soziologie. Frankfurt am Main. S. 131-139.

Smith, Adam (1759/1979): The Theory of Moral Sentiments. Edited by D.D. Raphael and A.L. Macfie. Oxford.

Snyder, Mark, Elizabeth Tanke & Ellen Berscheid (1977). Social Perception and Interpersonal Behavior: On the Self-Fufilling Nature of Social Stereotypes. In: Journal of Personality and Social Psychology 35. S. 656-666.

Spencer, Herbert (1876/1887): Principien der Sociologie. Stuttgart.

Spitz, René (1945): Hospitalism. An Inquiry into the Genesis of Psychiatric Conditions in Early Childhood. In: The Psychoanalytic Study of the Child 1. S. 53-74.

Spitz, René (1958/1972) : Eine genetische Feldtheorie der Ich-Bildung. Freising.

Spitz, René (1965/1967): Vom Säugling zum Kleinkind. Naturgeschichte der Mutter-Kind-Beziehungen im ersten Lebensjahr. Stuttgart.

Spitzer, Manfred (2003): Konsolidierung und Rekonsolidierung. Nervenheilkunde 22, S. 54-56.

Spitzer, Manfred (2004): Falsche Erinnerungen. Präsident Bush in der Schule und Bugs Bunny in Disneyland. In: Nervenheilkunde 23, S. 300-304.

Stäheli, Urs (1998): Die Nachträglichkeit der Semantik. Zum Verhältnis von Sozialstruktur und Semantik. In: Soziale Systeme. Zeitschrift für soziologische Theorie 4, S. 315-339.

Stäheli, Urs (2004): Das Populäre in der Systemtheorie. In: Günter Burkart und Gunter Runkel (Hgg.): Luhmann und die Kulturtheorie. Frankfurt am Main. S. 169-188.

Steinbach, Peter (1999): Zeitgeschichte und Massenmedien aus der Sicht der Geschichtswissenschaft. In Jürgen Wilke (Hg.): Massenmedien und Zeitgeschichte. Berichtsband der Jahrestagung der deutschen Gesellschaft für Publizistik und Kommunikationswissenschaft (DGPuK) vom 20. bis 22. Mai 1998 in Mainz. Konstanz. S. 32-52.

Stendahl (1822/1959): De l'amour. Paris.

Stichweh, Rudolf (1995/2000): Zur Theorie der Weltgesellschaft. In: Ders.: Die Weltgesellschaft. Soziologische Analysen. Frankfurt am Main. S. 7-30.

Stichweh, Rudolf (1997): Inklusion/Exklusion, funktionale Differenzierung und die Theorie der Weltgesellschaft. In: Soziale Systeme 3. S. 123-136.

Stouffer, Samuel A. (1949): An Analysis of Conflicting Social Norms. American Sociological Review XIV. S. 707-717.

Strauss, Anselm (1959/1968): Spiegel und Masken. Die Suche nach Identität. (Aus dem Amerik.). Frankfurt am Main.

Sutter, Tilmann (1999a): Systeme und Subjektstrukturen. Zur Konstitutionstheorie des interaktionistischen Konstruktivismus. Opladen und Wiesbaden.

Sutter, Tilmann (1999b): Bausteine einer konstruktivistischen Theorie der Mediensozialisation. In: Johannes Fromme, Sven Kommer, Jürgen Mansel und Klaus-Peter Treumann (Hgg.): Selbstsozialisation, Kinderkultur und Mediennutzung. Opladen. S. 126-138.

Sutter, Tilmann (2002): Integration durch Medien als Beziehung struktureller Kopplung. In Kurt Imhof, Ottfried Jarren und Roger Blum (Hgg.): Integration und Medien. Wiesbaden. S. 122-136.

Tabucchi, Antonio (2001/2002): Es wird immer später. Roman in Briefform. München und Wien.

Tenbruck, Friedrich H. (1961): Zur deutschen Rezeption der Rollentheorie. In: Kölner Zeitschrift für Soziologie und Sozialpsychologie 13. S. 1-40.

Tenbruck, Friedrich H. (1962/1986): Geschichte und Gesellschaft. Berlin. Ursprünglich Habilitationsschrift. Freiburg im Breisgau.

Tenbruck, Friedrich H. (1990): Die Bedeutung der Medien für die gesellschaftliche und kulturelle Entwicklung. In: Walter-Raymond-Stiftung (Hg.): Die modernen Medien und die Zukunft der Gesellschaft. 27. Kolloquium. München 13. bis 15. März 1989. Köln. S. 57-77.

Thiedecke, Udo (2000): Virtuelle Gruppen. Begriff und Charakteristik. In: Ders. (Hg.): Virtuelle Gruppen. Charakteristika und Problemdimensionen. Opladen und Wiesbaden. S. 23-73.

Thimm, Kaja (1998): Sprachliche Symbolisierungen des Alters in der Werbung. In: Michael Jäckel (Hg.): Die umworbene Gesellschaft. Analysen zur Entwicklung der Werbekommunikation. Opladen und Wiesbaden. S. 113-140.

Tichenor, Phillip J., George A. Donohue & Clarice N. Olien (1970): Mass Media Flow and Differential Growth in Knowledge. In: Public Opinion Quaterly 34. S. 159-170.

Tomlinson, John (1997): Internationalism, Globalization and Cultural Imperialism. In: Kenneth Thompson (Ed.): Media and Cultural Regulation. London. S. 134-149.

Toby, Jackson (1952): Some Variables in Role Conflict Analysis. In: Social Forces 30, S. 323-327.

Vogelgesang, Waldemar (1991): Jugendliche Videocliquen. Opladen.

Vogelgesang, Waldemar (1994): Jugend- und Medienkulturen. In: Kölner Zeitschrift für Soziologie und Sozialpsychologie 46. S. 464-491.

Vogelgesang, Waldemar (1995): Jugendliches Medien-Fantum. Die Anhänger der ,Lindenstraße' im Reigen medienvermittelter Jugendwelten. In: Martin Jurga (Hg.): Lindenstraße. Opladen. S. 175-1992.

Vogelgesang, Waldemar (1997): Jugend, Medien, Szenen. Opladen.

Vogelgesang, Waldemar (1997/1999): Adolescent Media Behaviour: Scenes, Styles, Competence. In: Paul Löhr und Manfred Maier (Eds.): Children, Television and the New Media. Luton. S. 335-359.

Vogelgesang, Waldemar & Marco Höhn (1999): Körper, Medien, Distinktion. Zum Körperkult und zur Körpertkultivierung in Jugendszenen. In: Hans Günther Homfeldt (Hg.): 'Sozialer Brennpunkt' Körper. Hohengehren. S. 136-154

von Bormann, C. (1972): Artikel ‚Erinnerung'. In: Joachim Ritter und Karlfried Gründer: Historisches Wörterbuch der Philosophie, Band 2, D-F. Basel und Stuttgart. Sp.. 636-643.

von Wiese, Leopold (1962): Das Ich-Wir-Verhältnis. Berlin.

Wallace, Alfred Russel (1891): Der Darwinismus. Eine Darlegung von der Lehre der natürlichen Zuchtwahl und einiger ihrer Anwendungen. Braunschweig.

Warning, R. (1974): Artikel ‚Genie' I. In: Joachim Ritter und Karlfried Gründer: Historisches Wörterbuch der Philosophie, Band 3, G-H. Basel und Stuttgart. Sp. 279-282.

Weber, Max (1905/1972): Die protestantische Ethik und der Geist des Kapitalismus. In: Ders.: Gesammelte Aufsätze zur Religionssoziologie. 3 Bände (zuerst 1920-1924). Band 1. Tübingen. S. 17-206.

Weber, Max (1921/1980): Wirtschaft und Gesellschaft. Grundriss der verstehenden Soziologie. Fünfte, revidierte Auflage besorgt von Johannes Winckelmann. Studienausgabe. Tübingen.

Weier, Winfried (1991): Brennpunkte der Gegenwartsphilosophie. Zentralthemen und Tendenzen im Zeitalter des Nihilismus. Darmstadt.

Weimann, Gabriel (1994): The Influentials. People Who Influence People. Albany.

Weinert, F. E. (1974): Artikel ‚Gedächtnis'. In: Joachim Ritter und Karlfried Gründer: Historisches Wörterbuch der Philosophie, Band 3, G-H. Basel und Stuttgart. Sp. 35-42.

Wenzel, Harald (2000): Obertanen. Zur soziologischen Bedeutung von Prominenz. In: Leviathan 28, S. 452-476.

Weßler, Hartmut (2002): Multiple Differenzierung und kommunikative Integration. Symbolische Gemeinschaften und Medien. In: Kurt Imhof, Ottfried Jarren und Roger Blum (Hgg.): Integration und Medien. Wiesbaden. S. 56-76.

Whorf, Benjamin Lee (1956/2003): Sprache – Denken – Wirklichkeit. Beiträge zur Metalinguistik und Sprachphilosophie. Hamburg.

Wilke, Jürgen (1999): Massenmedien und Zeitgeschichte aus der Sicht der Publizistikwissenschaft. In: Ders. (Hg.): Massenmedien und Zeitgeschichte. Berichtsband der Jahrestagung der deutschen Gesellschaft für Publizistik und Kommunikationswissenschaft (DGPuK) vom 20. bis 22. Mai 1998 in Mainz. Konstanz. S. 19-31.

Willems, Herbert (1999): Institutionelle Selbstthematisierungen und Identitätsbildungen im Modernisierungsprozess. In: Ders. und Alois Hahn (Hgg.): Identität und Moderne. Frankfurt am Main. S. 62-101.

Willems, Herbert (2002): Vom Handlungstyp zur Weltkultur. Ein Blick auf Formen und Entwicklungen der Werbung. In: Ders. (Hg.): Die Gesellschaft der Werbung. Kontexte und Texte. Produktionen und Rezeptionen. Entwicklungen und Perspektiven. Wiesbaden. S. 55-99.

Willems, Herbert & Alois Hahn (1999): Einleitung. Modernisierung, soziale Differenzierung und Identitätsbildung. In: Dies. (Hgg.): Identität und Moderne. Frankfurt am Main.

Willems, Herbert & Martin Jurga (1998): Inszenierungsaspekte der Werbung. Empirische Ergebnisse der Erforschung von Glaubwürdigkeitsgenerierungen. In: Michael Jäckel (Hg.): Die umworbene Gesellschaft. Analysen zur Entwicklung der Werbekommunikation. Opladen und Wiesbaden. S. 209-230.

Willems, Herbert & York Kautt (2002): Werbung als kulturelles Forum: Das Beispiel der Konstruktion des Alter(n)s. In: Herbert Willems (Hg.): Die Gesellschaft der Werbung. Kontexte und Texte. Produktionen und Rezeptionen. Entwicklungen und Perspektiven. Wiesbaden. S. 633-655.

Winter, Rainer (1997): Cultural Studies als kritische Medienanalyse. Vom „encoding/decoding"-Modell zur Diskursanalyse. In: Andreas Hepp und Rainer Winter (Hgg.): Kultur – Medien – Macht. Cultural Studies und Medienanalyse. Opladen. S. 47-64.

Winter, Rainer & Roland Eckert (1990): Mediengeschichte und kulturelle Differenzierung. Zur Entstehung und Funktion von Wahlnachbarschaften. Opladen.

Woodward, Amanda L. & Ellen M. Markman (1998): Early Word Learning. In: William Damon, Deanna Kuhn and Robert S. Siegler (Eds.): Handbook of Child Psychology. Fith Edition. Volume 2: Cognition, Perception, and Language. S. 371-420.

Wygotski, Lew Semjonowitsch (1934/1972): Denken und Sprechen. Mit einer Einleitung von Thomas Luckmann. Stuttgart.

Yerkes, Robert M. (1916/1979): The Mental Life of Monkeys and Apes. New York.

Zinnecker, Jürgen (2000): Selbstsozialisation – Essay über ein aktuelles Konzept. In: ZSE 20, Nr. 3. S. 272-290.

Zinnecker, Jürgen (2002): Wohin mit dem „strukturlosen Subjektzentrismus"? Eine Gegenrede zur Entgegnung von Ullrich Bauer. In: ZSE 22, Nr. 2. S. 143-158.